普通高等教育"十一五"国家级规划教材

复旦卓越·21世纪管理学系列

质量管理教程

（第二版）

岑詠霆 主编　盛宝忠 主审

复旦大学出版社

内 容 提 要

本书第二版为普通高等教育"十一五"国家级规划教材。

本书在编写过程中,力图体现以下特色。

首先,在内容选取上,以应用中必需为标准,也即对质量管理的理论,不作全面、系统、深入地展开,而是以技术应用型人才的培养目标为准绳,予以筛选,只有实际应用时必需的内容才编入教材。

其次,强调实践能力的培养,在教材编写中,每章后都选入质量管理的实际案例,在编写中体现"实际怎么做,书中怎么写"的原则,使学生可以以案例为模板,作借鉴,从中受到启示,去分析和解决实际问题。

再其次,在编写中对质量管理中出现的新理念和新方法,也予以介绍,例如,"顾客满意指数测评"、"六西格玛管理"等。这些内容已经成为广大企业质量管理活动的一个热点,成为推进质量工作的一种新的理念和新的号召力,学生了解和掌握这些内容必将使学生生动地体验到时代气息和质量工作与时俱进的步伐,促动学生以创新精神投入质量实践活动。

另外,本教材在编写体例上,采用"主辅合一型",即把主教材、学习指导和学习参考融为一体。这种版式在质量管理教材中似无前例,我们以此作为一种教材改革的探索和尝试,希望接受教学实践的检验。

主　　编　岑詠霆

主　　审　盛宝忠

副 主 编　夏圣亭　汤国生

编写人员　岑詠霆　夏圣亭
　　　　　汤国生　梅宇飞
　　　　　王世明　汤剑青
　　　　　徐勇雁

序

岑詠霆教授主编的《质量管理教程》要我写"序",我不能推辞。因为,第一,凡是写质量管理,我都支持,这是我的原则;第二,岑詠霆教授是我认识的教育者,他对质量管理的执著和热情,是我所敬佩的;第三,多少年来,他集合一批志同道合的同志从事质量管理的教学,这很不容易,所以我写了下面几句话。

这本书的原稿,我没有看过,只从它的编写大纲粗略地了解到它的内容。七位作者分别撰写,而由岑詠霆主编定稿。除了其中讲解质量管理的模糊集合论方法的一章是岑詠霆教授自己的研究成果外,其他几章都是时下比较周知的几个题目。其实,模糊数学的概念和方法用在质量管理上对质量专业工作者来说也并不陌生,而且在产品的质量设计和质量保证上已有成功的应用。但是,在此之前,没有介绍田口方法,好像有点突然的感觉。对于田口方法,世间多有争议,究其本质,也属模糊之类。一是数学意义上的模糊,另是工学意义上的模糊,两者之间,差异似有若无。取此舍彼,在于主编的偏好,似乎并没有一定要这样或那样的规定。

既然是作为教材编写的"教程",我想,每个题目只要准确写出它的来龙去脉就已经很好了,并不需要太多的发挥。即便这样,这本书这样的写法已够难的了。因为各章的内容都有互相重叠或交叉的部分,要写得前后对应、相映生辉,需要各位作者充分的讨论。主编的苦心想必尽在于此。况且,在质量管理的领域里,概念、理论和方法都是与时俱进的。因此,编写起来,既要说清现在的情况,又要点出将来的发展,确实不易。我想,本书作为教材所设的八个模块之中有前沿问题的一块,这可供或要靠教课教师对将来的发展作临场发挥的吧。

每章后面的案例也是本书的一个特点。收集适合的案例,再写成合适的案例,是要费去作者与编者的许多心思。但是这是必要的,好的案例不仅可以使读者更易明白有关章节的内容,而且可以拓宽读者的视野,同时也可培养读者的分析能力。

这些是我的一些事前感想,不是我读了本书的事后感想。我预祝本书的编写成功。当然,最后还是要看读者的评说了。

中国工程院院士
国际质量科学院院士 刘源张 教授
2005年3月30日

第二版前言

2008年是我国改革开放30周年，也是我国推行全面质量管理30周年。1978年11月，一批长期从事经济工作的领导同志组成了中国经济代表团，东渡日本进行了为期一个月的考察工作，从此，打开了国门，把先进的管理思想和方法引入了我国企业。这时，原国家经济委员会技术局专门设立了"质量管理处"。由此，开启了我国企业推行全面质量管理的征程。因此说，我国企业的全面质量管理是改革开放的大潮波涛汹涌推进的产物。

纵观我国企业推行全面质量管理走过的历程。一般可以分为三个发展阶段：第一阶段（1978—1990年），引进推行TQC；第二阶段（1991—2000年），贯彻ISO 9000与国际接轨；第三阶段（2001年至今），实施GB/T19580追求卓越。由国家质量监督检验检疫总局和国家标准化管理委员会于2004年8月颁布的《卓越绩效评价准则》国家标准和《卓越绩效评价准则实施指南》国家标准化指导性技术文件已于2005年1月1日正式实施，这是第三阶段推进质量管理发展的标志性事件。

在本书初版编写之时，我们已经在"第五章全面质量管理，第二节全面质量管理方法与优秀模式"中简要介绍了《卓越绩效评价准则》，但重点还是着眼于波多里奇优秀业绩评定准则。这种处理方法，在《卓越绩效评价准则》实施之初似乎还有其客观原因。但在2009年《卓越绩效评价准则》已经实施5年的今天，似乎有其修订的必要。正基于这种思考，在本版修订时，我们把"《卓越绩效评价准则》概述"作为独立的第十一章向读者介绍，以体现质量管理发展的第三阶段的重心与特色。

在本书修订中，我们还考虑到质量管理界的最新重大事件的补充。2005年3月，我们在编写初版时，举世公认的一代质量管理伟人朱兰博士还健在，我们还有幸引用上海朱兰质量研究院院长唐晓芬女士为《朱兰自传——质量建筑师的美丽人生》所作的推荐序（2004年7月版中国财政经济出版社）中的内容，介绍了朱兰博士。而今天我们在再版时，朱兰博士已于2008年2月28日去世，这是国际质量管理界的一个重大损失，我们在本书引用唐晓芬院长发表在《上海质量》2008年第4期中《质量使人生精彩——追思朱兰博士》一文中的内容，以寄托我们的缅怀之情。

在本书修订中，我们还考虑到某些案例引用的时效问题，尽可能采用质量管理实践中创造的新经验、新成果来充实本书的内容，调换相对陈旧的一些案例，以使本书保持时代气息和生命活力。

在本书修订中，我们的著作者还认真阅读了原书，对书中存在的疏漏之处、累赘之言加以补正或删节，以使本书更臻完善。

本书有幸列入普通高等教育"十一五"国家级规划教材，我们愿奉献本书以新的面貌展现在读者面前,我们愿继续聆听读者的批评指正。

本书第十一章由岑詠霆撰写。岑詠霆、夏圣亭、梅宇飞、王世明参加了本书的修订工作。

岑詠霆

2009 年元月

前 言

放在读者面前的《质量管理教程》一书,是为高等学校"质量管理"课程编写的教材。

国务院颁布的《质量振兴纲要》指出:"质量问题是经济发展中的一个战略问题。质量水平的高低是一个国家经济、科技、教育和管理水平的综合反映,已成为影响国民经济和对外贸易发展的重要因素之一。""在有条件的大专院校设立质量管理课程,培养从事质量工作的人才;建立和完善各级质量管理培训机构,实施不同层次的质量教育与培训;……"由此,质量人才的培养工作得到了社会的高度重视。目前,在全日制高校中已设置了"产品质量工程"本科专业,某些高校已设置了"质量工程"的硕士研究生教学点。在中国工程院院士刘源张教授的倡议下,质量技术员和质量工程师的职称制度已经正式实施,2001年中国第一批质量工程师诞生。

在我国高等教育中,人才培养的规格有四个层次:第一类是学术型人才,即是发现基本理论、基本规律并从事理论研究和探索的人才;第二类是工程型人才,即是应用理论设计工程项目的人才;第三类是技术应用型人才,即在生产、服务、技术、管理第一线和工作现场应用技术解决实际问题的人才;第四类是技能型人才,即是完成具体操作的人才。

我国应该建立一支层次齐全、素质精良、规模宏大的质量人才队伍,应该构筑质量人才高地。在这支队伍中,技术应用型的质量人才的培养显得尤为重要。因为如果没有这样一支在生产、服务、技术、管理第一线和工作现场应用质量管理理论和技术去解决实际问题,并把质量文化加以营造、把质量改进方案付诸实施、把质量体系予以运行、把质量水平予以控制的人才,那么一切质量工作必将成为无源之水、无本之木,这将导致我国的质量大厦只能建立在沙滩之上。

《中共中央、国务院关于进一步加强人才工作的决定》指出,"人才资源能力建设是人才培养的核心"。因此为了培养技术应用型人才,必须以质量工作职业岗位对人才的知识、能力、素质要求为依据,由此确定教学内容、设置课程,在教学内容和教学方法上要努力体现"实际、实用、实践"的特征。

本教材的编写正是上述人才培养目标和人才培养思想的一次探索性实践。本书在编写过程中,力图体现以下特色:

首先,在内容的选取上,以应用中的必需为标准。也即对质量管理的理论,不作全面、系统、深入的展开,而是以技术应用型人才的培养目标为准绳,予以筛选,只有实际应用时必需的内容才编入教材。

其次,强调实践能力的培养。在教材编写中,每章后都选入质量管理的实际案例,在编写中体现"实际怎么做,书中怎么写"的原则,使学生可以以案例为模板、做借鉴,从中受到启示,去分析和解决实际问题。

再次,在编写中对质量管理中出现的新的理念和新的方法予以介绍。例如,"顾客满意指数测评"、"六西格玛管理"等。这些内容已经成为广大企业质量管理活动的一个热点,成为推进质量工作的一种新的理念和新的号召力,了解和掌握这些内容必将使学生生动地体验到时代气息和质量工作与时俱进的步伐,推动学生以创新精神投入到质量实践活动中。

另外,本教材在编写体例上,采用"主辅合一型"。即把主教材、学习指导和学习参考融为一体,为了帮助同学学习,设计了8个学习模块,即① 学习目标和基本概念;② 旁白:包含资料补充、问题思考、要点提示、记住;③ 小结;④ 学习重点;⑤ 前沿问题;⑥ 案例分析;⑦ 练习与思考;⑧ 练习题答案。这种设计在质量管理教材中似无前例,我们以此作为一种教材改革的探索和尝试,希望接受教学实践的检验。

本书由岑詠霆教授任主编,提出编写总体思路,提出编写大纲初稿,在召开编写会议讨论的基础上确定最终编写大纲,并编出样章供各编写者参考以统一编写要求。本书副主编为汤国生、夏圣亭。各章编写人员为:第一、十一章岑詠霆;第二、三章夏圣亭;第四章汤剑青、岑詠霆;第五章夏圣亭、汤国生;第六章梅宇飞、汤国生、徐勇雁;第七章王世明、岑詠霆;第八章梅宇飞、汤剑青;第九章岑詠霆、徐勇雁、汤国生;第十章岑詠霆、王世明。最后由岑詠霆进行内容增删、体例修正、案例补充,以及文字整理、统稿、定稿。

本书由全国质量工程学学术委员会顾问、资深质量管理专家、上海交通大学教授盛宝忠为主审。盛宝忠教授认真审阅了书稿,并提出了许多具体的修改意见,在此深表谢意。

在本书定稿之时,中国工程院院士、国际质量科学院院士、我国质量管理之父刘源张教授欣然为本书写下了热情洋溢的序言。刘院士对上海、中国乃至世界的质量工作、对我国和国际质量界的广泛交流作出了卓越的贡献,他的序言必将鼓励编者在质量管理教材建设的探索之路上永不止息。

朱伟莉、张琰、周美琴、倪月芳、薛春伟同志为书稿的计算机录入付出了辛勤劳动,在此表示感谢。

编写一本适用于技术应用型质量管理人才培养的教材还是一个尝试,虽然编者做了积极的努力,但对技术应用型人才的特征、培养模式以及教材特色恐把握不准,疏漏甚至谬误也会发生,敬请广大师生提出宝贵意见,我们愿让本教材经受教学实践的检验。如果本教材能为质量管理人才培养作出微薄的贡献,那么我们的目的就完全达到了。

岑詠霆

2005 年 3 月 20 日

教材学习导引

本教材为"主辅合一型",它把主教材、学习指导和学习参考融为一体,其内容编写和体例编排上都不同于以往教材,为帮助学好这门课程,我们设计了8个学习模块,具体使用方法如下。

1. 学习目标和基本概念

在每一章的开头,都用"学完本章,你应该能够"的表述,把教学要求具体化。在学习中要按目标要求去掌握教材的内容,保持清晰的思路。

2. 旁白

正文中使用了旁白的版式,这块留白实际上是师生交流的园地,其目的就是使学生的学习由被动接受型向主动参与型转化。在这里使用了五种不同的图标,每种图标的含义如下:

 资料补充。包括教材中提及的人物、著作的介绍;概念的解释;短小案例等。

 问题思考。就教材内容提出的思考问题。

 要点提示。对教材中重点问题提示和归纳,起强化和提醒的作用。

 记住。提示需要记忆的内容。

 媒体使用指南。提示相关内容在其他媒体中的安排。

3. 小结

这是对全章内容的概括总结。在阅读本章之前可以先浏览小结的内容,对全章有大概的了解。学完全章之后再认真阅读一遍,对全章进行回顾和归纳,加深理解。

4. 学习重点

明确本章在学习中应重点理解和掌握的内容。学习重点既是课程的基本知识,又是考试的重点内容。

5. 前沿问题

学科正在研究尚未解决的前沿问题，前沿争议的内容，研究思路的简单介绍。

6. 案例分析

每章的学习指导后都配有案例，要求运用本章所学知识对案例进行分析评判，培养分析问题和解决问题的能力。

7. 练习与思考

我们按考试要求为每章编写了一套练习题，要求课后独立完成，其目的是为巩固所学知识和熟悉考试题型。

8. 思考题答案

本教材只给出填空题和选择题的答案，请在做完题后仔细对照检查，简答题和论述题答案根据教材自己归纳。

目 录

第一章　质量与质量管理 ... 1
- 第一节　质量概述 ... 1
- 第二节　质量管理概述 ... 7
- 案例一　从"三老四严"到"QHSE" ... 17
- 案例二　全面质量管理 30 年实践 ... 18

第二章　质量管理体系 ISO 9000 族标准 ... 22
- 第一节　ISO 9000 族标准的产生与发展 ... 23
- 第二节　ISO 9000 族标准的构成与使用 ... 26
- 案例一　华利电子器件制造厂的质量方针与质量目标及其分解 ... 49
- 案例二　凯和通讯设备有限公司编制的质量手册第六章内容示例 ... 50

第三章　质量审核与质量认证 ... 55
- 第一节　质量审核的概念、程序和实施 ... 56
- 第二节　质量认证的概念和实施 ... 70
- 案例一　通信器件制造有限公司不符合项目报告 ... 78
- 案例二　企事业单位审核分析列举 ... 79

第四章　质量改进 ... 83
- 第一节　质量改进概述 ... 84
- 第二节　质量改进的常用方法 ... 96
- 案例一　"减少票据差错"质量改进项目 ... 108
- 案例二　头脑风暴法——清雪机的构思 ... 115

第五章　全面质量管理 ... 117
- 第一节　全面质量管理概论 ... 118

第二节　全面质量管理方法 ·· 122
案例一　火石轮胎的覆灭 ·· 132
案例二　从肯德基的经营思想和电视广告营销看全面质量管理的实施 ········· 133

第六章　服务过程质量管理 137

第一节　服务和服务质量 ·· 137
第二节　服务过程质量管理 ··· 141
案例一　为上海世博会添彩——上海大众出租汽车公司推行高品质服务 ····· 155
案例二　以服务游客为中心，提高旅游服务的满意度 ···································· 157

第七章　质量管理的统计方法 161

第一节　质量特性及数据处理 ··· 161
第二节　质量管理的常用统计方法 ·· 173
案例一　合金强度与合金含碳量相关分析 ·· 194
案例二　金属零件长度 $\overline{X}$-R 控制图 ··· 195

第八章　顾客满意和顾客忠诚 200

第一节　顾客满意 ··· 200
第二节　顾客忠诚 ··· 217
案例一　运用国际管理模式　完善质量评价系统——顾客满意度的测评系统 ······· 223
案例二　2008年大卖场用户满意度调查报告解读 ·· 224

第九章　6σ管理 228

第一节　6σ管理的原理 ··· 228
第二节　6σ管理的策划与实施 ·· 238
案例一　服务企业六西格玛管理的DMAIC过程 ·· 249
案例二　降低产品包装损伤的6σ管理方法 ··· 253

第十章　质量功能展开 265

第一节　质量功能展开概述 ··· 265
第二节　质量功能展开的基本方法 ·· 274
案例一　床头灯设计的质量功能展开 ··· 295
案例二　超小型射出成型机设计的质量功能展开 ··· 296

第十一章 《卓越绩效评价准则》概述 ……………………………………… 302
第一节 《卓越绩效评价准则》的意义和内容 ………………………… 302
第二节 《卓越绩效评价准则》的评分 ………………………………… 308
案例一 组织面临的挑战 ………………………………………………… 318
案例二 高层领导的作用 ………………………………………………… 320

第十二章 质量管理的模糊集合论方法 …………………………………… 323
第一节 质量的模糊属性及其表示方法 ………………………………… 323
第二节 质量管理的模糊集合论方法 …………………………………… 335
案例一 自动仪表某部件开孔直径的质量特性值分布模糊直方图 …… 347
案例二 6σ 项目选择的模糊综合评判方法 …………………………… 350

附表 ………………………………………………………………………… 355

第一章 质量与质量管理

学习目标

学完本章,你应该能够:
(1) 了解质量的含义、定义和质量观念三个发展阶段;
(2) 了解质量对于国计民生的重要意义;
(3) 明确质量管理的对象;
(4) 明确质量管理发展的三个阶段;
(5) 明确新世纪质量管理的重大任务。

基本概念

质量　质量管理　质量管理的三个历史发展阶段

本章引导学生以生活实际和社会实际为背景了解质量的意义,了解质量在人们生活、企业发展和国力竞争中的重大作用;要求学生初步理解质量的定义,质量管理的目标、对象和任务,了解质量管理的三个历史发展阶段的主要特征;并且,引导学生去思考在新的历史发展时期质量及质量管理创新发展的前景。

> ISO 9000:2000　3.1.1 对质量所作的定义为:"一组固有特性满足需要的程度。"

第一节 质量概述

一、质量的含义

在生活、工作中人们如此轻易地使用"质量"一词,以致人们在专业领域之外很少深入地去探究"质量"一词的含义。然而在本书中,我们必须开宗明义地对"质量"的含义予以专业性的探讨,以此作为本教材的基础。

要准确地说明"质量"的含义,需要进行十分深入的研究工作。然而,在一般意义上说,质量就是指"产品或服务的好差、优劣程度"。人们一般就是在这一意义下广泛使用"质量"一词的,还往往在质量一词的前面加上限制词,使其指向更为明确、意义表达更为具体。例如,广泛地使用"产品质量"、"工程质量"、"建筑质量"、"教育质量"、"服务质量",等等,或更加具体地使用"空调器质量"、"电视机质量"、"服装质量"、"住宅质量"、"轿车质量"、"菜肴质量"、"饮料质量",乃至"员工质量"、"系统质量"、"运行质量"、"信息质量",等等。

实际上,质量是一个具有十分丰富内涵的多侧面的概念,人们可以从不同的视角进行审视、开掘、探究以达到深层的理解。例如,人们可以从产品和服务的市场需求角度、可以从企业生产经营角度、可以从技术工艺角度、可以从管理机制角度对质量进行多层面的剖析进而揭示其内涵。

在这里,特别要提出质量的一个重要特性,即质量的含义具有与时俱进的特性。也就是说,随着生产发展和社会进步,质量的含义不可能凝固不变,而是随时代进步而不断丰富内涵、扩展外延、调整表述进而永葆时代气息。

人类有文字记载的历史几乎总是包含着质量及其控制和管理的内容。早在周王朝春秋、战国时期,《周礼·考工记》就记载了手工业产品的工程技术规格、制造方法、技术要求以及质量管理方法。例如,《考工记》开始就写道:"审曲面势,在饬五材,以辨民器。"所谓"审曲面势",就是对当地的手工业品作类型和规格的设计;所谓"在饬五材",就是在设计后,确定所用原材料的成分比例;所谓"以辨民器",就是对生产的手工业品,通过检查确定是否合格、能否为官方和民间使用。这些记载从一个侧面折射出当时的人们对质量的理解。放射出我国古代文明的灿烂光辉。

 质量概念发展一般分为几个阶段?每个阶段有些什么特征?

质量概念的发展可以分为三个阶段。

1. 符合标准质量

符合标准的质量观是以技术标准作为产品规格要求的,评价质量是以符合技术规范和规格要求作为标准的。例如,对各种产品可以设定尺寸、公差、纯度、硬度、强度、外观和性能等不同的规格要求,以此来衡量一个产品合格与否。与这种质量观念相适应的是,在产品生产阶段可以应用规格符合性来检验一个个产品是否合格。而随着生产规模的不断扩大,产品必须进行抽样检验,于是抽样方案设计方法也成为一种重要的工具,这一阶段是统计质量控制的起始时期,处于20世纪的40年代。到了50年代,人们对符合标准又有了新的认识,质量标准不应是人为无目的设置的,而应追求一种"最佳质量目标值",这种最佳质量目标值往往和质量水平、质量成本具有相关性。所谓"最佳质量目标值",就是质量水平和成本两者最佳平衡点的对应值。符合最佳质量目标值才是企业质量追求的目的。这种观念使符合性质量观念丰富了新的内涵。与这种观念相一致的是广泛采用实验设计、价值工程、可靠性设计和目标管理等方法。

2. 符合使用质量

符合使用质量有两个方面的递进的含义。首先,在20世纪60年代"适用性"质量的概念被提出。国际质量管理权威朱兰博士深刻地指出,对用户来说,质量就是"适用性",而不是规格符合性,最终用户很少知道规格到底是什么,用户对质量的评价总是以到手的产品是否适用且其适用性是否持久为基础的。企业通过市场调查研究,生产适合顾客实际使用要求的产品成为这一"符合使用质量"观念的追求。这一观念是和以市场为导向的营销观念相一致的。为了提高"适用性"质量,企业必须努力改善产品和服务的"适用性"性能。这时采用的主要方法是开展QC小组活动、质量审核(产品审核)和零缺陷计划等。其次,当人们在追求"适用性质量"提高的同时,很可能要付出高昂的代价,产品成本会大幅上升,价格不得不也随之上升,这当然是顾客所不愿看到的事实。这也促使企业追求"适用"的同时,还要追求"成本"的"适用",这就是70年代追求的"符合成本"的质量观念。这时的企业不是单纯地使产品在使用期间满足顾客,而且要求产品价有所值、使用代价低廉、能源损耗较少并且安全可靠。这时的管理方法主要有日本的7种QC统计工具、质量功能展开和田口玄一方法,等等。

3. 符合需求质量

在80年代,日本形成了一种从"理所当然质量"向"魅力质量"进军的思潮,也即企业十分关注对顾客潜在需求的调查和研究,在此基础上,开发、研制、生产具有"魅力质量"的产品,这种产品能大幅度提高顾客的满意度,获得顾客的青睐,甚至引导消费新潮流。这时的产品向多样化拓展,产品线向两端延伸,产品附加特征向多元化辐射。这时,日本已经引入新7种QC工具并广泛使用,ISO 9000系列标准也在质量管理中实施,可持续发展等理念也被广泛接受。与可持续发展观念密切相关的"符合环保"成为广泛接受的理念,并在质量管理中得到贯彻。于是在90年代,"符合需求"的质量观丰富了"符合环保"的内涵,绿色产品纷纷得到开发并投产。这时,对产品质量的评价增加了是否危害人体以及污染环境的标准,追求全社会的生活质量的提高成为质量管理一个十分重要的目标。这一阶段采用的新方法主要有ISO 14000、企业工程以及精益生产等。质量让生活更美好成为富有号召力的新的质量改进方针。

您是如何理解生产者主导阶段、消费者主导阶段、竞争性阶段、战略性阶段质量的不断深化含义的?

对于质量内涵,还可以从生产者主导阶段、消费者主导阶段、竞争性阶段以及战略性阶段的角度加以考察。在生产者主导阶段,质量追求的是满足标准;在消费者主导阶段,质量追求的是顾客满意;在竞争性阶段,质量追求的是努力超越竞争对手让顾客满意;在战略性阶段,质量是顾客价值的核心。

二、质量定义

作为质量管理的教材,本书首先必须对质量给予一个专业性的定义。这里采用国际标准化组织提出的定义,介绍不同时期提出的三个质量定义,以反映质量定义的演变。

> 您是如何理解以下三个质量定义的不同之处的？为什么说ISO 9000：2000 3.1.1 对于质量的定义是十分概括、十分简洁、十分明确的？

1. ISO 8402：1986 3.1 对质量的定义

ISO 8402：1986 3.1 对质量定义为"反映产品或服务满足明确或隐含需要能力的特征和特性的总和"，并对此作了七项注释，对"适用性"、"适合目的"、"顾客满意"和"符合要求"作了全面的描述。

2. ISO 8402：1993 2.1 对质量的定义

它把质量定义为"反映实体满足明确和隐含需要的能力的特性总和"。在这一定义中，对前一定义中的"产品和服务"用"实体"予以替代，而对"实体"则用"可单独描述和研究的事物"予以定义。根据这一定义，质量所指的对象突破了"产品和服务"的规定，而是泛指一般的"事物"，只要这一事物可以和其他事物区分而单独存在，并且可以进一步加以描述和研究。对原有定义中的"特征和特性"改用意义更加明确的"特性"。

对这一定义又作了相关的注释，在注释中进一步明确，根据特定的准则将需要转化为特性的有：性能、合用性（可用性、可靠性、准修性）、安全性、环境、经济性和美学，等等。于是，质量的领域已有了更大的拓展。

3. ISO 9000：2000 3.1.1 对质量所作的定义

它把质量定义为"一组固有特性满足要求的程度"。这一定义十分概括、十分简洁，但是意义却十分明确。它抓住了质量的核心在于"一组固有特性"，而质量的评价在于"满足要求的程度"。这反映了人们对质量的认识和理解达到了新的高度。

同时，在其他的标准条款中，又指出"固有的"（其反义词是"赋予的"）就是指在某事或某物中本来就有的，尤其是那种永久的特性；术语"质量"可使用形容词，如差、好或优秀来修饰。而且，对"特性"又作了进一步说明，明确了特性的类别可以包括物理特性（机械、电、化学或生物学等特性）、感官特性（嗅、触、味、视、听等），以及行为、时间、功能等方面的特性；对"要求"又作了进一步说明，是指明示的、通常隐含的或必须履行的需求或期望。

质量是对满足程度的一种描述，满足要求程度的高低反映为质量的好坏。在比较质量的优劣时，应注意在同一"等级"上进行比较。

三、质量的重要性

> 您能结合社会实际阐述一下质量的重大意义吗？

1. 人类生活需要质量大堤的保护

人类的生活需要质量大堤的保护，一旦质量大堤崩塌，劣质产品和服务的洪水猛兽就将危害人们的生活，危及人们的生命。衣被难以御寒、食物不能充饥、住所危及安全、车辆可能倾覆、飞机失事、煤矿爆炸……这种质量低劣造成伤害甚至危及人类生命的事件，打开每天的报纸总能见到，它让我们深思"质量"对于人们生活的重要意义。

人类的生活只有依托质量才能得以提升。我国已经提出了全面建设小康社会的宏伟目标。在实现这一目标的进程中,可持续发展能力不断增强,生态环境得到全面持续改善,资源利用效率显著提高,人与自然进一步和谐协调,整个社会走上生产发展、生活富裕、生态良好的文明发展道路。要想达到这一目标,如果没有质量大堤的保护是完全不可想象的。只有质量理念全面更新,质量水平显著提高,质量文化不断普及,才能推进质量工作的全面加强和质量成果的极大涌现。于是,人们可以在冠以"质量城市"、"质量社区"、"质量乡村"称号的质量环境中,享受现代质量文明带来的生活乐趣,这样人们的生活质量才得以大幅度提高。

2. 企业发展需要质量工作的支撑

在企业发展过程中,离不开产品和服务项目的开发和生产。一个企业没有产品和服务,就如无源之水、无本之木,一切经营活动必将停止。因此,产品策略一直是一个企业营销策略中最为核心、最为基础、最为根本的策略。然而产品策略的核心又在于"产品"的质量,这种质量体现在产品能极大地满足消费者的物质需求和心理需求。更确切地说,这种产品和服务的质量应能超越竞争者更好地满足消费者的物质需求和精神需求。这种物质需求的满足,离不开产品的符合性质量、适用性质量的综合和统一;这种心理需求的满足离不开产品附加性质量、服务性质量的综合和统一。人们常说,一个产品能拯救一个企业,能促使一个企业的发展,而一个产品策略的失误又可使一个企业陷于困境甚至消亡。从更严格的意义上说,只有一个富有竞争质量的产品才能引导一个企业驶向成功的彼岸。

在企业发展过程中,人们常常提到品牌战略的问题。于是一个误区产生了,认为只要对产品加以形象设计、华丽包装,就能提升产品乃至企业的品牌形象,为企业发展提供强大的品牌支撑。但是人们必须清醒地认识到,品牌的根基还在于质量,试问一个质量低劣的产品,再加包装、再加修饰,一旦人们接触了其实物的品质,一旦自身的物质需求和心理需求不能得到相应的满足,甚至产生受骗上当的感觉,那么再精心的包装,也很难在消费者心中树立起良好的品牌形象。

企业发展,离不开质量工作的支撑,工作质量是产品质量的根本保证,于是质量管理的强化、质量文化的营造、质量队伍的培育、质量制度的建设都将成为企业质量工作的一个重要的组成部分。世界500强企业的成功经验已经揭示了这样一个基本事实。在世界500强大企业中,平均寿命不足50年,每10年就有1/3被淘汰,能够保持在世界500强的正是刻意创新的企业,而质量工作的创新是最富有生命活力的、对企业具有最关键作用的创新。目前6σ管理正风靡全球,而6σ管理正是由摩托罗拉公司提出的一种创新的质量改进模式。这是比传统质量管理方法更具号召力的质量改进方法,质量目标设定为百万分之三点四不合格,这是远远超越原有3σ管理设定的质量水平的一种更富创新精神的质量理念,实际上就是一种"零缺陷"、"一开始就把任何一件事做好"的理念。6σ管理正在企业发展中发挥着巨大的推动作用,产生了巨大的成果。这一事实充分证明了质量工作在企业发展中的重要作用。质量工作创新促进企业发展,企业发展呼唤质量工作创新,创新—发展—创新正成为企业发展的一种基本模式。

3. 综合国力和竞争力以质量为核心要素

当前,世界多极化和经济全球化成为两大主流趋势,世界各国正面临着新的挑战,而综合国力和竞争力则是挑战的焦点。因此,提升综合国力和竞争力已经成为当今时代发展的主旋律。

在经济全球化进程日益加快的时代背景下,综合国力和竞争力集中体现为"国际竞争力",也即"全球竞争力"。"国际竞争力"在国际上有两个最具权威的评价机构:瑞士洛桑国际管理发展系统(IMD)和世界经济论坛(WEF)。

IMD的国际竞争力评价体系,由8大竞争力要素、41个竞争方面、共224项竞争指标构成。WEF的评价体系由国际竞争力、经济竞争力、市场化增长三大指数组成。

根据2003年10月30日公布的《2003—2004年度全球竞争力报告》的数据,我国国际竞争力名列第44位。根据我国国家发展改革经济体制与管理研究所国际竞争力比较课题组的分析,我国的国际竞争力约处于世界"中等偏上水平"。

无论是哪一种评价体系,都把"企业管理"作为其要素。在IMD评价体系中,"企业管理"又分为"生产率、劳动成本、公司经营、管理效率"。在WEF评价体系中,"企业管理"又分为"企业组织、企业家、企业创新、风险经营",等等。显而易见,管理成为基础性评价指标,而管理的"核心"则是"质量",包括产品质量、服务质量、生活质量、经济运行质量,等等。

国家/地区(包括城市)总是综合国力和竞争力的评价与比较的平台,但主体还是企业。IMD和WEF都以经营、管理、创新等作为评价体系的8大竞争力要素之一。我国企业在这三个方面与发达国家的差距是十分明显的,在《财富》杂志2001年度全球500强排名中,中国(内地)企业占了11席,与国际相同主营业务的企业比较,差距还是明显的。因此,中国增强国际竞争力的道路仍然漫长,我国质量工作者应为我国国际竞争力的增长作出不可替代的贡献。

各国质量奖

随着经济全球化和信息革命的迅猛发展,竞争日益加剧,许多国家设立质量奖,引导和帮助企业提高竞争力,从而更好地满足顾客的需求。目前,世界上有60个国家和地区组织设立了质量奖。日本在1951年就设立了著名的戴明奖;美国在1987年就按照《马尔科姆·波多里奇国家质量提高法》设立了政府质量奖,同时制定了卓越绩效模式标准作为美国国家质量奖的评价依据。波多里奇国家质量奖标准在提高组织业绩、改进组织整体效率、促进美国所有组织相互交流、分享最佳经营管理实践、为组织带来市场成功等方面发挥了重要作用。紧随美国之后,欧洲、加拿大、新加坡等地区和国家也先后设立了质量奖。质量奖的设立为这些国家和地区提高质量水平、增强竞争能力起到了非常重要的作用。中国作为发展中国家,提高整体质量水平、增强国家竞争力的任务更加紧迫、更加艰巨。国家质量监督检验检疫总局正会同有关方面酝酿推动我国的国家质量奖制度,以此推动我国的质量振兴。

(摘自 《日本戴明奖》一文的编者按.上海质量,2004年第10期)

第二节 质量管理概述

一、质量管理的研究对象

质量管理是一门什么样的科学,其研究对象是什么?

质量管理是一门研究和揭示质量产生、形成和实现过程的客观规律的科学,它是以质量为研究对象的。如前所述,这一"质量"已经突破了单纯的产品质量的范畴,而已泛化至服务、生活、经济运行诸多方面,已经发展为大质量的概念,但本书在阐述质量管理一般原理时,还是主要以产品或服务为其探讨的主要内容。

质量管理和诸多学科关系密切,主要涉及经济学、管理学,特别是企业管理学等学科;同时它又和数学,特别是数理统计学密不可分。因此,质量管理是一门综合性学科。

人们不能离开具体的产品、实物的生产和制造来探讨质量管理。因此,质量管理又是管理和技术的结合体。只有把管理和技术融会贯通、密切结合、相互渗透,才能真正揭示质量管理的深刻内涵和规律,才能把质量管理作为一门应用科学,真正把理论用于实际来分析实际问题、提出解决方案。

质量管理在微观和宏观层面各有什么具体的内容?

质量管理的内容涉及两个方面。一方面是,在微观层面上探讨质量管理。即主要针对产品和服务、针对企业、针对企业各部门,以提高产品和服务质量为目的,介绍企业质量管理体系的构建和完善;介绍产品质量产生、形成和实现的具体运行过程;介绍企业各职能部门在质量形成及实现过程中的质量职能及运作机制;介绍各种质量管理原理和方法,特别是统计质量管理方法在质量控制和质量改进中的具体应用。另一个方面是,在宏观的层面上探讨企业的外部环境。主要是国民经济和社会整体对企业产品质量及工作质量的影响,讨论经济的、行政的、法律的以及舆论的手段对企业产品质量可以施予、应该施予的影响及其实际运作措施,等等。本书涉及第一方面的内容,具体介绍的内容为质量管理体系 ISO 9000 族标准、质量审核与质量认证、质量改进、全面质量管理、顾客满意、顾客忠诚、6σ 管理、服务质量管理、质量功能展开、质量管理的模糊集合论方法等内容。

二、质量管理的发展简史

在人类历史的漫漫长河中,质量管理是一颗闪烁着灿烂光辉的明珠。

我国是世界上最早进行质量管理的国家,这可以从先秦古籍的官方文献的明确记录中得到证明。早在东周战国时期的《周礼·考工记》就有明确的文字记载。这些记载表明,我国古代不但重视产品质量,而且还根据当时对制作的器物所作的规格进行质量检验和提出质量保证方法。在中东古代史上,一块被发掘的泥土上有这样的记载,公元前429年巴比伦阿尔坦尔西王朝一世第35年,在姆拉修儿子们所设的工场,对原始质量提出了这样的管理要求:这个工场给皇室生产的金戒指,其镶嵌的翡翠要保证20年不会落下来,否则作为处罚,工场要赔偿银子10个"马拉"。

当然这些最原始的质量管理活动,无论从何种意义上说都和一门质量管理科学相去甚远。质量管理科学的发生和发展经历了一个漫长的过程,社会生产力的发展和社会进步成为质量管理科学发生和发展的唯一源泉和强大动力。

一般地,按照质量管理的方法不同,我们把质量管理的发展划分为三个阶段。

 质量检验阶段有哪些特征?有哪些不足?

1. 质量检验阶段

这一阶段一般是指18世纪中期至20世纪30年代。也即从欧洲工业革命开始到第二次世界大战爆发。

这一阶段质量管理活动的特点在于,从观念上看,仅仅把质量管理理解为对产品质量的事后检验;从方法上看,是对已经生产的产品进行百分之百的全数检验,采用剔除不合格品来保证产品的质量。从质量管理的执行者来考察,这一阶段又可分为三种不同情况:开始,由工人自己来完成对自己生产的产品的检验;其后,随着生产力发展、生产分工的全面推进和以美国泰罗为代表的"科学管理"思想的提出,分工由生产分工进入管理职能分工,质量管理的职能从生产工人中明确地划分了出来,由工长专门监督、检查对计划、设计、产品标准等项目的实施,这实际上是为逐步形成职业性的检查岗位、部门和人员作了准备;最后,随着企业规模的扩大,专职检验人员、部门终于从工长完全脱离了出来成为一个职能部门。

在这一阶段,要实施有效的检验,必须对产品是否合格确立一个标准,这里必须提到两个重要的历史事实,一个是产品的标准化问题;另一个是公差界限问题。因为这两个问题的提出和实施为质量管理的进一步发展作了必不可少的技术准备。

所谓标准化问题是指,随着资本主义工业化大生产的发展,工厂工人的劳动生产率几倍、几十倍甚至成百上千倍高于手工业工人,生产产品的大幅增长要求零部件系列化和标准化,从而达到互换性,大幅度降低成本、提高效率。这一生产要求又促使了精密量具的生产和应用。在18世纪四五十年代,美国的这种标准化生产模式取得了巨大成功,引起了欧洲各工业国家的广泛关注。随着生产的发展,人们实际上已经认识到一台机器再精密、调试得再准确、操作工人再熟练,但生产出来的产品质量特征不可能只取一个数值,这已由精密量具的使用而得到证明,这种认识是十分必要的,人们于是提出了公差界限的问题。在1840年左右,美国提出生产者对装配的零部件精密度规定一个公差界限;1870年更加明确规定,超出公差界限即为不合格品,从而保证装配的零部件的通用性、互换性。公差界限概念的提出,实际上反映了人们对产品质量水平和产品经济性的相互约束的新认识,反映了人们追求质量水平和经济性最佳组合的一种新思考。

这一阶段的质量管理有两个问题是必须要解决的,一是事后检验无法在生产过程中就对质量进行预防和控制,当不合格的产品大量出现时,人们已无法加以制止。因此探索新方法,势在必行。二是全数检验成本太高,当产品检验有破坏性时,这种检验的可行性就成大问题了。于是人们必须思考是否可以只检验少数产品就可以达到同样的目的,这些思考为新的质量管理方法的产生作了前期准备。

> 统计质量控制阶段有哪些特征?有哪几位代表人物?他们的工作成果有哪些?

2. 统计质量控制阶段

这一阶段一般是指20世纪40年代至50年代。

这一阶段的代表人物是美国电报电话公司的贝尔实验室的休哈特。在20世纪20年代美国贝尔电话实验室成立了两个课题的研究组,一个研究组从事过程控制,休哈特主张对生产过程的控制,应事先做好生产设备的调试工作、生产环境的整顿工作、技术人员和生产人员的培训工作,并要求生产人员在生产过程中规范操作,保证生产过程处于控制之中从而达到稳定的目的。休哈特的具有里程碑意义的贡献在于,首创了生产过程的监控工具——控制图,并于1931年出版了《产品质量的经济控制》一书,这本专著奠定了质量控制理论的基础。

> 为什么说休哈特发明控制图不是偶然的,它有什么深刻的实践背景和时代背景?

休哈特首创控制图,绝不是偶然的,而是有深刻的时代背景和实践背景。因为休哈特工作的贝尔实验室是研究自动电话机的。在当时,每部电话机有201个零件,而实施电话机之间的通讯其装置更为复杂,要有11万个零件,生产电话机和通讯装置的材料不但数量较多,而且价格昂贵。于是如何在生产中提高质量、降低成本成为一个必须突破的难题。当时数理统计的理论已有了突飞猛进的发展,这又为休哈特的控制图的发明提供了必不可少的理论基础。数理统计的理论需要在实践中寻找应用新领域,而休哈特的工作实践又需要新的理论工具以解决实际问题,在这两者的交融点上,休哈特的控制图在生产实践中应运而生。在和休哈特几乎同时,德国柏林大学贝格等3人于1927年出版的《数理统计学对大量生产问题的应用》,他们得出了和休哈特几乎类似的结论,这也说明控制图的发明是时代造就的质量管理成果。

在与休哈特主持过程控制课题研究的同时,贝尔实验室的道奇与罗米格提出了"产品检查批容许不合格品率的概念及抽样方案",后又提出"平均检出质量极限的概念及其抽样方案"。这些方案在贝尔实验室的大批量产品的生产中进行了无数次的应用,表明它是一种十分有效的质量管理方法。在1944年,正式公布了"道奇-罗米格抽样方案"。

休哈特的"控制图"和道奇、罗米格的"抽样方案"两个成果成为统计质量控制阶段的主要标志性的成果。

在休哈特和道奇、罗米格提出质量控制理论和质量检验理论之时,正值西方资本主义国家经济衰退时期,理论的推广和应用受到了一定的影响。直到第二次世界大战,美国作为同盟国的兵站总基地,需要大量生产军需品,军方为了保证军用品质量,迫切要求进行质量控制,于是休哈特的控制图和道奇、罗米格的"抽样方案"才得到广泛的应用。

但是,统计质量控制也存在不足。统计质量控制阶段由于统计方法的应用的巨大成功,往往使人们产生了一个误解,认为质量管理和统计方法是同一件事,于是质量管理也成为统计专家的事,这就暴露了统计质量控制的不足。这一阶段的质量管理实践,也的确把质量的控制和管理局限在制造和检验部门,而实际上要使企业生产高质量的产品,必须要求全员参与质量管理、全过程质量管理、全企业质量管理,并且采用多种管理方法,这就成为全面质量管理萌生的促动因素。

3. 全面质量管理阶段

这一阶段一般认为始于 20 世纪 60 年代,质量管理至今还处于不断的发展和完善之中。

20 世纪 60 年代,随着生产发展和社会进步,特别是科学技术的飞速发展和创新成果的不断涌现,质量管理的对象、内容和任务发生了新的变化。

这一时期,人们对产品质量的要求从单纯的使用性能发展为对耐用性、美观性、安全性、可靠性及经济性的全面关注,这就大大提升了人们对产品质量的需求水平,也对质量管理提出了新的课题。这一时期,系统分析的观念和方法日趋成熟并广泛应用于生产和管理之中。于是,人们认识到质量管理问题不能同外部环境相隔离,只能把质量管理与整个企业管理乃至企业以外的社会相联系,只能把其作为企业管理系统乃至社会大系统的一个子系统,于是联系的观点、制约的观点、沟通的观点在质量管理中被广泛应用。在管理科学中,以人为本的观念也被充分强调了,于是重视人的积极因素、调动人的积极性、组织员工的广泛参与成为质量管理中被广泛接受的理念,并付诸实施。60 年代初,伪劣商品充斥市场,消费者权益受到了巨大的威胁和侵害,许多国家发起了"保护消费者权益"运动,这就迫使企业更加强化质量管理,这一运动成为质量管理理论发展和实践推行的巨大动力。随着国际贸易的发展、市场竞争尤其是国际市场竞争的加剧,质量已成为企业竞争的核心要素,各国企业都十分重视产品责任和质量保证问题,强化质量管理,以确保用户安全、可靠地使用产品。如上所述,随着人们对质量内涵的认识的不断深化,质量管理的外延不断扩展,而对如此泛化的质量管理任务,单单应用统计质量控制方法显然是远远不够的了。

> 菲根堡姆指出:"全面质量管理是为了能够在最经济的水平上并考虑到充分满足用户要求的条件下进行市场研究、设计、生产和服务,把企业各部门的研制质量、维标质量和提高质量的活动构成一体的有效体系。"

正是在这样的背景下,全面质量管理的理论应运而生。1961 年美国通用电气公司质量经理菲根堡姆出版了《全面质量管理》一书,全面地提出了全面质量管理的原理和方法,在该书中,菲根堡姆指出:"全面质量管理是为了能够在最经济的水平上并考虑到充分满足用户要求的条件下进行市场研究、设计、生产和服务,把企业各部门的研制质量、维标质量和提高质量的活动构成一体的有效体系。"根据这一观点,显然质量管理绝不是质量管理职能部门的单独责任,而是全体员工广泛参与并各负其责的整个企业的活动。

在全面质量管理的新观念提出和推行过程中,美国著名质量管理专家朱兰作出了卓越的贡献。朱兰提出全面质量管理有三个环节:质量策划、质量控制和质量改进,这称为"朱兰三部曲",并于1951年首次出版了《质量控制手册》,成为质量管理领域的权威著作。

质量使人生更精彩——追思朱兰博士

尽管一段时间以来,我知道"世纪质量老人"朱兰博士身体状况一直不是很好,非常挂念,并默默祈祷他平安长寿。但是2月29日得知他于2008年2月28日去世,我仍然十分震惊和深深惋惜。

朱兰博士是世纪质量老人,是举世公认的质量管理大师,也是世界质量管理界至今最负盛名的人物之一,被尊称为"质量之父"。被誉为"管理之父"的彼德·德鲁克是这样评价朱兰博士的:朱兰博士是近30至40年来美国制造业进步的缔造者。

半个多世纪以来,朱兰博士和他的"质量计划、质量控制和质量改进——质量三部曲",以及他主编的被誉为"质量管理的圣经"的《朱兰质量手册》,对全世界的质量事业的发展作出了伟大的贡献,这让人们永远铭记。

朱兰博士在他的自传《朱兰自传——质量建筑师的美丽人生》的结尾是这样写的:"致我深爱的家人:在我谢世的时候,请不要为我哭泣。因为我的人生很精彩。"

(摘自 唐晓芬,质量使人生更精彩——追思朱兰博士.上海质量,2008年第4期)

20世纪60年代以来,菲根堡姆的全面质量管理观念被世界各国广泛接受。

日本在全面推进质量管理过程中作出了创新探索,提出开展"质量管理小组"的活动,使质量管理工作扎根于员工之中,使其具有广泛的群众基础,并且提出了"质量改进七种工具"。日本著名质量管理专家石川馨提出"广义的质量"以及"因果图",田口玄一提出"质量损失函数概念",赤尾洋二提出"质量功能展开"等方法,这些都是对质量管理发展作出的卓越贡献,在世界各国得到了广泛的推广。

美国是全面质量管理理论的诞生地,但是发人深省的是,全面质量管理真正在实际中取得成功的却是日本。日本在推行中的一个特点是把全面质量管理的理论密切结合日本的实际,走出了一条日本化的质量管理新路,创造了新的方法,并且以质量管理小组形式深扎于实践之中。80年代,面对国际竞争的不利局面,美国人反思了自身在质量管理上的失误,在著名质量管理专家戴明的推动下,又把质量管理置于企业管理的核心地位,并努力付诸实施,终于在美国经济发展中发挥了显著作用。经过努力,到 90 年代,美国的钢铁、汽车等质量又超过了日本。这种经历又为全面质量管理重在实践、重在应用作了一个最好的注脚。

新中国成立以来,我国的质量管理在国有企业中曾创造了鞍钢宪法的"两参一改三结合"、大庆精神的"三老四严"等管理理念和模式。在 20 世纪 70 年代,我国邀请日本质量管理专家石川馨来华讲授全面质量管理,并且在全国推进,掀起了全面质量管理的高潮。随后我国又紧跟时代的步伐,在 ISO 9000 质量体系认证贯标方面开展了积极的工作,取得了令人瞩目的成绩,目前又在开展具有相当的深度、广度的 6σ 管理的理念和方法的实践……在新的形势对质量的深层呼唤之下,我国的质量管理必将迈向新的发展时期,必将成为质量大国,对世界作出新的贡献。

鞍 钢 宪 法

毛泽东于 1960 年 3 月 22 日在中共鞍山市委《关于工业战线上技术革新和技术革命运动开展情况的报告》上所作的批示中提出的管理社会主义企业的原则,其内容是:坚持政治挂帅,加强党的领导,大搞群众运动,实行两参一改三结合(干部参加劳动,工人参加管理,改革不合理的规章制度,领导干部、技术人员和工人群众三结合),开展技术革新和技术革命。

(摘自 辞海.上海辞书出版社,1999.5735)

大 庆 精 神

三老:当老实人　　　　　四严:严格的要求
　　　说老实话　　　　　　　　严密的组织
　　　办老实事　　　　　　　　严肃的态度
　　　　　　　　　　　　　　　严明的纪律

三、新世纪的质量管理

21 世纪拍浪而来的知识经济和经济全球化进程的飞速发展,对质量管理提出了新的要求。

知识经济是以信息、知识参与产业运作为主要特征的。如果说在 17、18 世纪人们拥有财富的主要特征在于拥有土地、矿产、工厂的数量,那么在 21 世纪的今天,世界最富有的人之一比尔·盖茨拥有的是以盘片为载体的知识,知识已经成为生产力的要素。

经济全球化的进程加速是 21 世纪人类面临的又一个新的课题。经济全球化是人类经济和社会发展的必然过程,这种跨越国界的经济活动必将引发经济、社会、文化和价值观念的一系列深刻的变革。经济全球化的进程实际上早在 150 年前已经开始,由于两次世界大战以及各国采取"排他性"的竞争政策,全球化进程曾一度遭到制约,但20世纪70年代以来,科学技术和信息产业的发展,终于使全球化进程冲破一切羁绊,迅猛向前发展。

我国已经加入了世界贸易组织,这是我国社会主义市场经济融入全球化经济的一个重大事件。我国加入世界贸易组织大大扩展了我国与世界各国、各地区的相互交融与合作,其规模、其程度与入世之前相比有了量的扩展和质的提升。这必定促使我国作为世界的一员,在更广阔的层面上促进生产要素的广泛交流以及在国际分工中的重新定位发挥优势,提高经济效益。我国和世界各国将在机会上均等而在利益上却并不均等的现状下,加入全球化市场的竞争。这种机遇和挑战共存的局面,将引发我国新一轮改革的深入发展。

在上述形势下,包括我国在内的世界各国和地区的经济界、企业界、质量界、教育界的专家都不能不思考,质量概念将会发生何种内涵的丰富和外延的拓展、质量管理将被赋予何种新的历史使命、质量管理的研究和实践领域将会引发何种新的变革。

1. 质量创新

创新、质量创新是人们在知识经济时代和经济全球化背景下全面推进质量管理工作的强大思想武器。当今,知识已经成为生产力要素中最具活力、最富能量的要素,成为生产力发展的核心和基础,是在生产力发展中比土地、劳动、资本更为重要的要素。企业发展不是简单的有形资产的扩张,而是在深刻的知识创新的基础上,把知识转化为财富。这一转化过程已经突破原有生产模式的传统框架,而赋予了新的运作机制。仅仅对人、机器、原料、方法、环境等传统因素的有效配置和整合、有效管理和控制是远远不够的,在传统因素中,已经或必将注入最具活力的创新知识,与之相适应的是质量观念以及质量管理理念将发生深刻的变化。大质量观念将以知识丰富其内涵。人们在对产品和服务进行评价时,不能不对其知识含量提出全新的要求,人们在享受新时代优质产品和服务之时,不能不深切感受知识和创新为人们带来的福音。而质量管理的理念也将进一步提升,6σ管理、"零缺陷"、"一开始就把任何一件事做好"的理念被人们广泛接受并积极推行,这些新的理念和方法无不闪烁着知识、信息以及创新精神的光辉。我国在新的世纪,在生产力发展和社会进步的强大驱动下,应该借鉴国际先进的质量管理理念和方法,同时要努力实现其"中国化",并且以创新的精神,打造中国质量的新理念,探索具有中国特色的质量管理的新模式,开创中国质量管理的新局面。

新世纪的质量管理面临构筑质量人才高地的重大任务,您是如何认识其重要性的?您作为一名学生将如何成为质量人才大军中的一员?

2. 质量人才

我国质量管理要开创新的局面,最关键的核心因素是人,也即掌握质量管理知识和技能,具有创新精神的人、人才。因为只有掌握了知识和创新能力的人、人才,才能对产品和服务质量及质量管理进行有效的创新。我国已经提出了"努力造就数以亿计的高素质劳动者、数以千万计的专门人才和一大批拔尖创新人才,建设规模宏大、结构合理、素质较高的人才队伍,开创人才辈出、人尽其才的局面"的战略任务,这一目标应该而且可以成为质量人才高地建设的指导原则。企业的质量创新离不开企业质量人才资源的支撑,离不开企业质量人才资源建设的新的理念的丰富和完善,离不开企业质量人才资源建设的新的途径和新的模式的构筑。

质量人才培养要树立大教育、大培训的观念。要大力提高全民质量思想道德素质,为我国质量工作开创新局面营造最良好的氛围、准备最肥沃的土壤。唯有全民质量素质的提高,才能为质量的全面提高、质量工作的全面改进提供最根本的保证。唯有如此,质量工作专门化队伍的建设和发展才有最坚实的基础。质量人才资源建设一个新的理念就是要以"能力建设"为核心,要重点培养质量人才的"学习能力、实践能力,着力提高人的创新能力"。要开拓创新质量工作,人们必须学习新的知识,于是企业应该成为质量的"学习型组织"。质量管理科学是一门应用科学,只有实践才能创造价值和效益。质量管理人才应该是理论专业家和实践工作者,唯有实践才能不断增长知识、提升能力,激活创新思想的火花。而创新能力则是灵魂,唯有创新才能使我国出现超越世界各国的质量及质量管理的卓越成果,我国才能成为质量大国。

3. 质量战略

在知识经济和经济全球化的背景下,在人们面前展现的是一幅国际化市场持续急剧变动的图景,一些企业诞生,另一些企业消亡;一些产业萎缩,而另一些产业持续快速增长;一些地区经济繁荣,而另一些地区衰落萧条。变数、风险使每一位企业家在经营决策中如履薄冰、如临深渊,而成功的喜悦和价值的回报又激励每一位企业家去闯荡新的领域,以达到新的辉煌。于是企业的决策成为企业必须研究,并且精心策划的首要一环。这种决策不是一个产品、一项服务的局部、个别、低层的决策,而是全局性、系统性的最高层的决策,也即进行决定一个企业持续成功发展的方向和目标的战略决策。

对于一个企业的战略决策而言,不能不把质量决策置于一个核心的地位,这是因为在全球化的市场竞争中,质量是竞争力的最具威慑力和震撼力的要素,是克敌制胜的最强大武器;又因为当今时代,顾客对产品和服务追求的是一种多元化的价值,从而质量战略中关于质量方针和质量目标的确定乃至实施的各种活动,必须实现从企业内部向国际市场的跨越;实现企业当前利益向可持续发展的长远利益的跨越;实现企业质量管理模式从局部改进向整体变革的跨越;实现企业综合竞争力从部分提升到创新构建式的跨越。从而质量战略以一种全新的理念和模式展示在世人面前,推进产品和服务质量、工作质量、质量体系的全面创新,以超越竞争对手的实际质量成果赢得市场、赢得消费者、赢得社会效益和经济效益。

4. 质量系统

知识经济的最重要成果之一是互联网的构建,互联网已经成为经济全球化的一个最重要的支撑。这种支撑主要表现为使在经济运行中发挥极其重要作用的物流、信息流以及资金流以最短的时间跨越最大的空间,这种跨越必将使国际的分工和合作得到进一步协调发展,使资源使用和配置进一步优化,从而大幅度降低成本、大幅度提高效率。互联网对企业的组织形式和管理机制产生的影响是十分深刻的。如果说过去企业追求利润最大化,表现为对企业生产的整个过程的控制和管理,那么,现今企业追求利润最大化,却是把产品的研发、原材料及配件的选购和生产制造、销售及售后服务、消费者使用信息的反馈处理的整个过程分解为环环相扣的链节,并把某些链节的职能转移至能以更高效率、更低成本、更短时间完成的外部企业及组织去完成,从而企业与外部组织间建立了具有相同利益及价值追求的共同体或合作伙伴。如果说在初始建立这种共同体和合作伙伴时,还仅仅局限于上道工序与下道工序原料、半成品、零部件的"供应"、"接受"关系的"供应链",那么从其优化管理的视角审视,其发展前景应该是成为具有同一命运的"生态系统",其生存和发展都具有同一的利益基础。此时,质量管理的重要使命和职责将是建立一个与之相适应的质量管理体系,它的运作将对"生态系统"的设计构建质量和运作质量提供最强有力的保证和监控。这种活动,无论从何种角度审视,都将和传统的质量管理体系不同,是富有知识经济气息和经济全球化特征的新的质量管理体系。

您是如何理解质量管理满足个性化需求的?可否结合一个实例予以探讨?

5. 个性质量

质量管理的一个常新的主题就是适应人类和社会对产品和服务的价值追求,这正是质量管理永不止步、不懈追求的最强大的动力源泉,舍此,质量管理将成为无源之水、无本之木。但是随着时代进步和社会发展,人们的价值追求正在与时俱进,发生着新的变化,突现出新的需求。这里有一个最重要的特性,就是需求的个性化,消费者的追求必将导致市场细分的更加精细化,企业在相对稳定的细分目标市场中确定消费群体的基础上,需要附加新的个性化的并能超越竞争对手的特质以满足"每一位顾客"的需求,由此企业才能成功。这一特性就必将引发质量管理理念及模式的深刻变革。目前已经出现"顾客满意理论"以及"顾客满意指数"的测评,从总体上说它正是满足这种需求的一种趋势。与之相适应,还有"顾客关系管理"、"顾客价值分析"、"顾客价值管理"等。这种思潮的兴起其实质还是集中在满足顾客的差异性、动态性、层次性的需求上。在网络经济时代,互联网已经深入千家万户,消费者个人可以安逸地坐在互联网的终端去选择符合自身需求的产品和服务,而展现在消费者面前的产品和服务无论就数量还是质量而言,都是往日不可比拟的,甚至是无可穷尽的。而互联网的深入发展以及企业与顾客的互动交流,又使企业为顾客"度身定制"成为可能,并进入可以实际操作的层面。这时的质量管理已经深入至顾客购买活动的实际过程之中。顾客心理、顾客行为、顾客习惯、顾客使用都将成为企业保证产品和服务质量的最权威的第一手资料及信息,质量管理的对象和模式发生变革是不可避免的了。

质量文化是什么?质量文化的国际化和民族化是如何相互促进的,又是如何相互统一的?

6. 质量文化

质量文化是一种理念、价值观,一种指导企业质量行动的准则。质量文化是一个企业质量及质量管理的理论和实践的历史沉淀和环境氛围的产物,质量文化的核心思想与企业的核心价值标准密切相关,这种价值标准对企业的质量决策与行为将产生重大影响。质量文化归属于精神文明的范围,但又不囿于精神文明。新世纪质量文化的创新应该具有鲜明的时代特征和理念上的超前特性。我国企业质量文化创新在知识经济时代和经济全球化的今天,必须融入世界大家庭,必须吸取国际优秀企业质量文化的宝贵财富,但又必须密切结合中国实际,富有中国特色,创建中国企业自己的质量文化。只有这样,这种质量文化才能扎根于中华民族自己的文化土壤之中,才能在中国大地生根发芽、开花结果;也唯有这样,这种质量文化才能自立于世界民族之林,为国际质量文化作出自己的贡献。质量文化的国际化寓于质量文化的民族化之中,这是为国际质量管理历史所证明的一条真理。例如,日本的企业质量文化就充分吸收了美国质量文化中的理性主义成分,又充分展现了自身已有管理模式的深层文化底蕴。

在新的历史阶段,我国企业营造质量文化已经凸现了如下的价值取向:以满足顾客个性化需求为导向。顾客的概念已经泛化,不仅指外部顾客而且指内部顾客,即企业质量管理活动以各种渠道及方式能影响的所有内部人员。理解及满足顾客个性化需求成为企业价值取向的主要目标。质量管理成为企业最高决策层的首要职责,制定质量目标和方针成为企业战略决策的重大任务。质量文化要营造人人参与质量管理、人人具有强烈质量意识的氛围,质量文化要求企业持续改进产品和服务质量、持续改进过程运行质量,要进一步明确过程各环节的质量责任,使质量工作重心置于过程优化之中,要进一步倡导基于测量、基于数据监控所有过程及活动的工作之风,要以数据展示质量改进成果。我国的企业文化和质量文化在计划经济时代曾创造过《鞍钢宪法》的"两参一改三结合"、大庆精神的"三老四严";而在市场经济条件下,2000 年 ISO 9000 质量管理国际标准中的"八大原则"则是另一种质量文化。这些质量文化的发展与我们虽有不同,但以人为本、以创新和改进为动力的特质却是一脉相承的,反映了一种自强不息、开拓进取的时代精神。于是以顾客需求为导向,发扬团队精神,增强企业凝聚力,以达到社会效益和经济效益全面丰收;以质量打造品牌,去搏击国际市场的惊涛骇浪,以胜利到达成功的彼岸。这正成为新的质量文化的底蕴和真谛。

 小结和学习重点

- 质量的定义
- 质量观念三个发展阶段
- 质量管理的对象
- 质量管理发展的三个阶段

本章是本课程的开篇,试图跨越时空引领学生去回顾质量观念及质量管理发展的历史过程,这一发展历程雄辩地表明质量和质量管理的发展离不开社会生产力的发展,离不开科学技术的进步。而回顾历史的目的在于进一步明确新世纪质量管理的重大任务,这应成为本章学习的重点,深刻理解这一重大任务对于学生明确学习目的、提高学习积极性和自觉性也具有十分重要的意义。

 **前沿问题**

随着经济全球化的推进和世界新一轮经济结构的调整,世界各国和地区的政府、工商界和质量界都在探索全球化市场竞争的新的运行规则、新的质量概念和新的应对之策。国内外质量界不少专家认为,全球的"质量运动正经历一次新的演变"。"传统质量"正在和"可持续发展的质量"集成在一起,从而追求组织的卓越绩效以提升竞争力。

案　例

案例一 从"三老四严"到"QHSE"

1. 从"三老四严"好传统说起

大庆石化公司的前身是大庆石油化工总厂,1962 年 6 月开始筹建,1963 年 10 月炼油装置建成投产。在企业管理中,拥有"三老四严"的好经验,并坚持质量第一的理念,产品出厂合格率始终保持在 100%。公司于 2000 年 9 月整体通过了 ISO 9002 质量体系认证,被评为全国质量管理先进企业。但是,面对入世后国际国内石化行业新的发展态势,公司感到对内必须进一步强化管理,从传统管理走向 QHSE 现代整合型管理,树立更好的企业形象;对外必须适应进入 WTO 后的形势,并确定了把企业"做好、做强、做大,建设具有国际竞争力的石化公司"的目标。QHSE 管理是我们参与国际竞争的基础,我们必须这么做。

2. 富有特色的"QHSE"

公司把整合质量、环境、职业健康安全三种管理的体系,叫做"QHSE"。质量,即 quality,公司的理念是帮助用户实现愿望,用户满意的产品质量才是好的质量;职业健康安全,即 healthy safety,公司的理念是付出一万的努力,防止万一的发生;环境,即 environment,公司的理念是对社会负责任,随着石化的发展,环保要求越来越高,要以最大的努力实现清洁生产。公司于 2002 年 11 月份正式提出建立和推行质量、职业健康安全和环境"三标一体化"整合认证工作。公司把 2003 年确定为 QHSE 管理年,成立了 QHSE 管理委员会、认证组织机构,并设置了 QHSE 管理体系办公室。公司各二级组织也成立了相应的认证组织机构,增设了专职队伍。最后形成的一本整合型的 QHSE《管理手册》和一套共有 30 个程序的 QHSE《程序文件》,全公司形成三层支持性文件 3 664 个,记录 12 088 个。

3. "三标一体化"实效显著

在原来开展 QHSE 管理的基础上,在全公司上下又重新进行了危害辨识和风险评价、环境因素识别与评价工作,最后评价出公司级重大风险 21 个、公司级重要环境因素 13 个,全公司共识别和评价出一般风险 8 915 项、环境因素 8 157 项。公司对所有的风险和重要环境因素都制订了相应的控制措施,对公司级的风险和重要环境因素全部制订了管理方案。截至 2003 年 7 月末,QHSE 目标全部按进度完成。在质量方面,公司重大质量事故为零,产品外部抽检合格率达 100%、争创省级名优产品 5 个、产品出厂合格率 100%,2003 年 1 至 8 月没有发生顾客投诉和质量违法事件;在安全方面,公司对现役 66 套生产装置进行了危险化学品安全转向评价,通过了危险化学品安全评价验收,实现了重大火灾爆炸、重大设备事故、重大人员伤亡、重大交通事故为零的目标;在环境方面,向实现清洁生产迈进,并已全部上缴全年排污费 450 万元,低于年初制定的 500 万元的目标。

4. 大庆的质量文化

大庆石化公司在生产优质产品的同时,也打造了独具特色的企业文化,培育了素质过硬的员工队伍,形成了"互利双赢,共同发展"、"尊重别人就是尊重自己,相信别人就是相信自己,帮助别人就是帮助自己"的价值观,确立了"帮助客户实现愿望、帮助员工实现价值、帮助企业创造效益"的经营理念。管理的核心是"人",正如公司原来的总经理喻宝才比喻的:领导要做狮子,一头狮子带领的一群羊可以打败一只羊带领的一群狮子。但要做的不仅仅如此,还要把员工也培养成狮子。有这样的一批狮子,无论哪头狮子走了,还能是一群狮子,而不是一群没有战斗力的羊。而员工要优秀,就要有优秀的企业文化。公司最大的目标是:在一个开放的市场上,在与国外最优秀企业的竞争过程中,不断地发展和壮大。

(摘编自　甄敏蔚.访中石油大庆石化副总经理焦桐祥.上海质量,2003 年第 12 期)

案例二

全面质量管理 30 年实践

2008 年是我国改革开放 30 周年,也是推行全面质量管理 30 周年和 QC 小组活动 30 周年。上海大力推进全面质量管理,大致经历了三个阶段。

一、第一阶段,1978—1990 年:推行全面质量管理

启动首批千余家工业企业试点推行全面质量管理的计划,开始在各行各业大力推行全面质量管理。这个阶段的特征和成效主要体现在三个方面。

1. 百万干部职工掀起学习 TQC 知识的热潮

举办了首期"局长质量管理学习班",要求全市"各级领导要亲自抓全面质量管理"。全市各行各业掀起了学习 TQC 知识的热潮。

在这期间,先后组织近 300 万人次开展了全面质量管理知识普及教育。

2. 一大批企业广泛推行全面质量管理

1985 年,全市已有 1 800 余家企业先后试点推行 TQC,1986 年增加到 3 000 多家企业。从 1979 年到 1991 年,全市共有 745 项产品获得国家质量金质奖和银质奖,占全国获奖产品总数的 13.4%。

3. 群众性质量管理活动蓬勃发展

QC 小组活动从机电、仪表、轻工等工业企业率先开始,迅速扩展到工程、交通、商业、公用事业等行业。截至 2008 年 6 月,全市质协系统累计登记注册的 QC 小组 61 万个,累计取得成果 241 657 项,直接经济效益近 300 亿元。

二、第二阶段,1991—1999 年:质量管理与国际接轨

进入 20 世纪 90 年代,我国改革开放和现代化建设不断加快。1992 年上海浦东实行开发开放政策。在"引进来"的同时,企业纷纷走出国门,在国际、国内两个市场中参与竞争。质量是企业市场竞争的基础,质量管理工作必须先行一步,与国际接轨,提高企业国际竞争力。这个阶段主要的特征和成效主要体现在三个方面。

1. 全面推行 ISO 9000 管理体系国际标准

1990 年开始,组织引导 60 家企业开展贯彻 ISO 9000 系列标准的试点工作,对全市企业 5 000 多名

"一长三总师"进行贯标培训。随后,上海仪电、机械等行业相应成立了认证审核机构,推动上海企业贯标认证。国家认监委在上海地区的调查表明,同认证前对比,有88%的企业提高了品牌知名度;90%的企业提高了劳动生产率;85%的企业提高了市场竞争能力;95%的企业提高了顾客满意程度。

2. 推进实施用户满意工程

实施用户满意工程有助于推动企业建立以用户满意为核心的发展战略和经营管理体系。

自1994年开始,持续跟踪国内外顾客满意理论研究动态,在全市汽车、钢铁、机电、交通、公用事业、建筑等近60个行业推进顾客满意工程。

3. 构建国际交流平台

随着我国改革开放的深入,越来越多的跨国公司来到中国、进驻上海,带来消费观念和质量观念上的变化。世界渴望了解"中国制造",我们也渴望学习国外先进质量管理理论与方法。为此,上海市质协在国内率先举办大型国际质量研讨会,构筑学术交流互动平台。

从1994年10月到2007年10月,先后成功举办了六届"上海国际质量研讨会"。

上海国际质量研讨会已成为质量管理领域中让"中国了解世界,世界了解中国"的一个重要"窗口",成为中外质量专家学者认同的一个学术交流的品牌,在国际质量界具有一定的知名度。

三、第三阶段,2000年至今:追求卓越跨入新世纪

进入新世纪,以信息技术为代表的科技革命突飞猛进,世界范围的经济结构调整和产业升级步伐明显加快,生产、投资、贸易、金融的全球化趋势进一步增强。加入WTO后,我国企业要在全球化市场的竞争中赢得主动,需要全面认知经济全球化及与之对接的质量管理变革与发展趋势,才能在激烈的市场竞争中赢得优势地位,实现可持续发展。

1. 制定新世纪的质量发展战略

1999年6月至2000年6月,组织申请和实施上海市科技发展基金项目"21世纪上海企业质量管理发展战略研究",调查分析上海企业质量管理实践的现状,研究提出了10项企业质量管理发展战略,包括质量经营、培育以质量为支柱的企业文化、追求用户满意和忠诚等。

2. 开拓质量科学研究新领域

1999年1月28日组建成立"上海质量管理科学研究院"(简称上海质科院)。上海质科院是国内规模较大、为数不多的一家质量与质量管理综合性的科研机构,有3位中国工程院院士、10余位国际知名质量专家担任学术顾问。

3. 引领企业追求卓越

1998年以来,跟踪研究美国、欧洲和日本的卓越绩效模式,参与GB/T19580《卓越绩效评价准则》国家标准的制定和修订工作。组织开展多种形式的研讨、培训和宣传工作,在通信、电力、钢铁、汽车、交通、工程建设等行业组织推广,推动企业实践《卓越绩效评价准则》,并通过上海市质量管理奖的评选和全国质量奖的培育和推荐,引导企业从优秀到卓越。

(摘编自 唐晓芬.把握发展机遇 积极开拓进取 为推动经济社会又好又快发展作出新的贡献.上海质量,2008年第3期)

练习与思考

一、名词解释

(1)质量;(2)质量管理。

二、填空题

（1）符合标准质量观是以＿＿＿＿＿＿＿作为产品规格要求的。

（2）对于质量内涵，还可以从生产者主导阶段、消费者主导阶段以及＿＿＿＿＿＿、＿＿＿＿＿＿加以考察。

（3）质量管理是一门研究和揭示质量＿＿＿＿＿、＿＿＿＿＿和＿＿＿＿＿过程的客观规律的科学。

（4）休哈特的具有里程碑意义的贡献在于首创了生产过程监控的工具——＿＿＿＿＿。

（5）在知识经济时代，＿＿＿＿＿已经成为生产力要素。

三、单项选择题

（1）在20世纪80年代，日本在质量管理中，十分关注能大幅度提高顾客满意程度的质量特性，并称之为（　　）。
    A. 满意质量　　　　　　　　　　B. 忠诚质量
    C. 魅力质量　　　　　　　　　　D. 当然质量

（2）企业的发展需要品牌的支撑，但品牌的根基还在于（　　）。
    A. 包装　　　B. 质量　　　C. 需求　　　D. 实物

（3）质量检验阶段一般是指（　　）。
    A. 18世纪中期至19世纪中期　　　B. 18世纪中期至19世纪末
    C. 18世纪初期至20世纪中期　　　D. 18世纪中期至20世纪30年代

（4）1961年美国通用电气公司质量经理（　　）出版了《全面质量管理》一书。
    A. 朱兰　　　　　　　　　　　　B. 休哈特
    C. 菲根堡姆　　　　　　　　　　D. 石川馨

（5）质量人才资源建设一个新的理念是要以（　　）为核心。
    A. 专业建设　　　　　　　　　　B. 学科建设
    C. 素质建设　　　　　　　　　　D. 能力建设

四、多项选择题

（1）质量管理作为一门科学与其密切相关的是（　　）。
    A. 生物科学　　　　　　　　　　B. 管理科学
    C. 自然科学　　　　　　　　　　D. 技术科学

（2）朱兰提出的全面质量管理三部曲是指（　　）。
    A. 质量策划　　　　　　　　　　B. 质量方针
    C. 质量控制　　　　　　　　　　D. 质量改进

五、简答题

（1）符合使用质量观的基本特征是什么？

（2）您是如何理解"人类生活需要质量大堤保护"这一句话的？

（3）质量管理三个阶段的发展动力是什么？

（4）试述21世纪质量的主要特征。

六、论述题

试述"质量管理是一门应用科学"。

部分参考答案

二、填空题

(1) 技术标准

(2) 竞争性阶段　战略性阶段

(3) 产生　形成　实现

(4) 控制图

(5) 知识

三、单项选择题

(1) C　(2) B　(3) D　(4) C　(5) D

四、多项选择题

(1) B,C,D　(2) A,C,D

第二章

质量管理体系 ISO 9000 族标准

 **学习目标**

学完本章,你应该能够:
(1) 阐述 ISO 9000 族标准的主要特点和适用范围;
(2) 了解 ISO 9000 族标准的结构;
(3) 能够正确运用质量管理八项原则指导质量管理实践;
(4) 会运用管理的系统方法和过程方法,策划、建立质量管理体系;
(5) 掌握 ISO 9001:2000 标准的实施要点,能在标准的运用中给予注意;
(6) 明确质量管理体系文件编制的依据、要求与方法,能够根据组织的实况情况,组织编写质量管理体系文件。

 基本概念

ISO 9000 族标准　核心标准　质量管理原则　质量管理体系　顾客　顾客满意　策划　质量方针　质量目标　过程方法　系统方法　管理评审　内部审核　持续改进　质量手册　程序文件

在日益激烈的产品与服务竞争中,人们越来越注重对质量的要求,无论是顾客还是组织自己都希望能按 ISO 9000 族标准建立质量管理体系,提高管理水平和产品质量、提高竞争能力,使顾客满意。ISO 9000 族标准是科学的现代管理理论的结晶,任何考虑组织生存和发展的管理者都会殊途同归地去实践 ISO 9000 族标准。本章着重探讨 ISO 9000 族标准的主要特点和如何理解、实施 ISO 9001:2000 标准,如何编写质量管理体系文件,以帮助建立符合 ISO 9001:2000 标准的质量管理体系。

> ISO 9000 族标准是在全球经济一体化进程中,随着市场竞争、组织发展和顾客要求提升等方面的迫切需要而建立、发展起来的,标准具有科学、系统、灵活、高效和持续发展的特点,适于寻求竞争优势的组织和寻求优良产品、优质服务的顾客采用。

第二章 质量管理体系ISO 9000族标准

第一节 ISO 9000族标准的产生与发展

为了理解、实践ISO 9000族标准,推进现代质量管理技术的运用和研究,这里首先介绍ISO 9000族标准的产生与发展的历史和未来趋势。

一、ISO 9000族标准的发展史

你知道ISO是什么意思吗?ISO/TC呢?

ISO 9000族标准是国际标准化组织(International Organization for Standardization)颁布的关于质量管理方面的世界性标准,ISO是国际标准化组织的英文简称。ISO成立于1946年,总部设在瑞士的日内瓦,是由140多个国家标准化团体联合组成的国际组织,其宗旨是:在世界范围内促进标准化工作的开展,以利于国际物资交流和服务,并扩大在知识、科学、技术和经济方面的合作。

ISO下设186个技术委员会(简称TC),专门从事国际标准的制定和推广工作。其中,专门从事质量管理和质量保证的技术委员会(ISO/TC 176)于1979年开始着手制定ISO 9000系列标准,1987年完成并正式发布。

1990年,ISO/TC 176决定对1987版ISO 9000系列标准进行有限的技术性修订,1994年完成并正式发布,通称1994版ISO 9000族标准。

随后,ISO/TC 176决定再次对标准进行彻底的大修订,1996年在广泛调研顾客对标准的要求和广泛征求标准使用者意见的基础上,提出了标准修订方案,1997年正式提出以质量管理八项原则为新版标准的设计思想。经过不断地反复修订和征求意见,最后ISO/TC 176于2000年12月15日正式发布了2000版的ISO 9000族标准中的三个核心标准:ISO 9000:2000《质量管理体系 基础和术语》、ISO 9001:2000《质量管理体系 要求》、ISO 9004:2000《质量管理体系 业绩改进指南》。

2002年,ISO/TC 176和ISO/TC 207正式发布了ISO 9000族标准中的另一个核心标准:ISO 19011:2000《质量和(或)环境管理体系审核指南》。

国际标准化组织的质量管理和管理保证技术委员会(ISO/TC 176)在《2000年展望》中提出制定、修订ISO 9000族标准的目标是:"要让全世界都接受和使用ISO 9000族标准;为提高组织的运作能力,提供有效的方法;增进国际贸易,促进全球的繁荣和发展;使任何机构和个人可以有信心从世界各地得到任何期望的产品以及将自己的产品顺利销售到世界各地。"

二、ISO 9000 族标准的主要特点

具有世界影响的 ISO 9000 族标准有哪些主要特点？

1. 系统完善性

ISO 9000 族标准包含了质量管理体系的基础、术语、要求、审核到业绩改进指南及其他支持性技术标准,形成一个系统、完整的体系结构,对指导组织建立、实施、控制、审核、改进质量管理体系有重大意义。

2. 广泛通用性

ISO 9000 族标准克服了以前偏重于加工制造业的倾向,适用于所有产品和服务类别的、不同规模的组织,具有广泛通用性。

3. 实用高效性

ISO 9000 族标准是在许多经济发达国家大量质量管理实践经验的基础上制定的,它的内容和条文都与实际工作密切结合,易于理解和操作。标准减少了过多的强制性文件化要求,扩大了组织根据自身实际决定文件化程度的自由。同时,更注重有效性与效率,强调对过程、体系有效性的评价和改进。

4. 灵活适用性

ISO 9000 族标准采用"过程方法"的模式结构,与各种组织的过程更容易联系起来,增强了灵活适用程度。并且,标准对所有要求的适用性作了科学灵活的规定,在满足标准要求的途径和方法方面,在确保其有效性的前提下,可以由组织根据自身特点自行策划安排,显示在满足标准要求的途径和方法上的灵活性。

5. 科学先进性

ISO 9000 族标准吸取了当今世界质量管理的先进理论和方法,采纳了卓有成效的质量管理八项原则作为基本的质量管理思想,强调采用 PDCA(PDCA 即:策划—实施—检查—处置—再策划……不断循环改进、提高的管理方法。)循环进行过程策划、控制和持续改进,充分体现了标准的科学先进性。

6. 积极主动性

ISO 9000 族标准强调最高管理者的积极作用,强调建立、保持、评审、改进质量管理体系,以及实施质量认证和注册都是组织的自主行为。标准提倡通过质量方针、质量目标的策划、制定、教育,发挥全体员工的积极主动精神,以达到组织预期的目标。

7. 客观可信性

ISO 9000 族标准将对顾客满意与否的监测作为评价质量管理体系业绩和有效性的客观依据,倡导开展第三方质量管理体系认证,要求授权机构独立地按规定程序进行以客观公正为原则的系统审核,使结果具有相当的说服力和可信性。

8. 持续发展性

ISO 9000 族标准中的 ISO 9001 和 ISO 9004 构成了关于质量管理体系的协调一致的一对标准,其结构互相对应。ISO 9001 标准是对建立、保持、改进质量管理体系的

"要求",ISO 9004 标准是对建立、保持、改进质量管理体系的"指南",两者相辅相成,帮助组织实现持续发展。不仅如此,两个标准都强调持续改进业绩使顾客满意的要求和方法。

9. 相容性

ISO 9000 质量管理标准和 ISO 14000 环境管理标准互相兼容,在术语、结构和内容上相互协调,便于组织建立满足两个标准通用要求的质量与环境的统一管理体系,也便于组织实现质量与环境认证。

10. 国际互认性

ISO 9000 族标准作为被许多国家和地区共同承认和理解的质量管理标准,其国际通用性为质量认证的国际互认活动的开展奠定了基础。国际互认是指,参加互认的任何一国认证机构,按 ISO 9000 族标准审核通过所颁发的证书可获其他参加互认的国家的承认。

三、适用范围

ISO 9000 族标准适用于哪些范围?

在 ISO 9000 族标准中,各个标准的适用范围在各个标准中都有明确的不同的规定,概括起来主要适用于有下述需求的组织:

(1) 需要通过实施质量管理体系寻求优势。

(2) 需要证实其有能力稳定地提供能满足顾客要求(包括适用的法律、法规要求)的产品。

(3) 需要通过体系的有效应用、持续改进过程,保证符合顾客要求(包括适用的法律、法规要求),来增加顾客满意度。

(4) 需要提高质量管理体系的有效性和效率性,进而考虑开发改进组织业绩的潜能,以使顾客和其他相关方满意。

ISO 9000 族标准的主要特点和适用范围。

ISO 9000 族标准的基础理论包含了质量管理的原则和方法。其中,八项原则是世界各国总结质量管理实践经验和规律的高度概括,具有实用高效的特性。而 ISO 9001:2000 标准的实施要点是理解标准、编写文件、建立和运行质量管理体系所必须掌握和遵循的关键。

第二节　ISO 9000 族标准的构成与使用

一、2000 版 ISO 9000 族标准的结构

哪些是 ISO 9000 族标准的核心标准？

2000 版 ISO 9000 族标准由核心标准、其他标准、技术报告、小册子组成。

1. 核心标准

核心标准有四个：

1）ISO 9000：2000《质量管理体系　基础和术语》

该标准阐明了 2000 版 ISO 9000 族标准的理论和知识基础，阐述了质量管理的八项原则、12 项有助于对标准理解的质量管理体系基础知识和质量管理领域的 80 个术语。

2）ISO 9001：2000《质量管理体系　要求》

该标准阐明了旨在满足顾客要求、增强顾客满意的质量管理体系的要求。主要内容为：质量管理体系、管理职责、资源管理、产品实现、测量分析和改进。

3）ISO 9004：2000《质量管理体系　业绩改进指南》

该标准为考虑开发改进业绩潜能的组织提供提高质量管理体系有效性和效率性的指南。标准的主要目标不仅包括产品质量和顾客满意，还包括其他相关方满意和提高组织业绩。但该标准不是 ISO 9001 标准的实施指南，不用于认证或合同目的。

4）ISO 19011：2000《质量和(或)环境管理体系　审核指南》

该标准为质量和环境管理体系审核的原则、审核方案的管理、质量和环境管理体系审核的实施，以及对审核员的能力要求提供了指南。

2. 其他标准

ISO 10012《测量管理体系　测量过程和测量设备要求》

3. 技术报告

ISO/TR 10005《质量管理　质量计划指南》

ISO/TR 10006《质量管理　项目管理质量指南》

ISO/TR 10007《质量管理　技术状态管理指南》

ISO/TR 10013《质量手册编制指南》

ISO/TR 10014《质量经济性管理指南》

ISO/TR 10015《质量管理　培训指南》

ISO/TR 10017《统计技术指南》

4. 小册子

《质量管理原理》

《选择和使用指南》

《小型组织实施指南》

二、质量管理八项原则

质量管理有哪些重要原则？什么是过程方法？

ISO 9000：2000《质量管理体系　基础和术语》在引言中提出了可使组织获得成功、使领导者能据以领导组织进行业绩改进的八项质量管理原则。这是 ISO/TC 176 在专门征集世界上最受尊敬的一些质量管理专家的意见、采纳质量管理发展中的成功理论和许多质量管理实践中的典范经验的基础上，用精炼的语言总结归纳出来的经典原则，是 2000 版 ISO 9000 族标准的理论基础。八项质量管理原则的宗旨是：为了成功地领导和运作一个组织，针对所有相关方的需求，实施并持续改进其业绩的管理体系提供原则性的指南。

1. 以顾客为关注的焦点

组织依存于顾客。因此，组织应当理解顾客当前和未来的需求，满足顾客要求并争取超越顾客期望。

"组织依存于顾客"一语道破天机，顾客是组织生存的根本，因此顾客的要求和期望必须是组织关注的焦点，组织的所有工作都应以满足顾客要求并争取超越顾客期望为目标。

什么是"顾客"？按照 ISO 9000：2000 标准的定义，顾客是"接受产品的组织或个人"。包括一般意义上的组织外部的顾客、顾客的顾客、直至最终使用者；还包括组织内部，接受前一个过程输出的部门或个人；还有潜在的顾客，即经过一段时间的孕育或有意识地培育可能成为现实的顾客。后面两种是最容易被遗忘的顾客，实施中更应引起注意。

在ISO 9001：2000 标准中，本项原则主要体现在 5.1 管理承诺、5.2 以顾客为关注焦点、7.2 与顾客有关的过程、8.2.1 顾客满意等项条款的要求中。

实施本项原则的通常做法是：

（1）了解并掌握顾客当前的、潜在的和未来的需求与期望；

（2）将顾客的需求与期望转化为顾客要求；

（3）确保组织的质量目标适合顾客要求；

（4）将质量目标和顾客要求传达到整个组织，增强满足顾客要求的意识；

（5）处理好与内、外顾客的关系；

（6）对顾客满意信息进行监视和测量；

（7）持续改进产品和质量过程，提高顾客满意度，争取超越顾客期望；

（8）以顾客和其他相关方的要求为组织的进一步目标。

2. 领导作用

领导者确立组织统一的宗旨及方向。他们应当创造并保持使员工能充分参与实现组织目标的内部环境。

领导者是指挥和控制组织的人,其才能、素养、领导艺术、管理理念和以身作则的精神对于组织的命运和质量管理起着决定性的作用。因此,作为领导者必须确定方向、策划未来、设计内部环境、倡导积极的理念、激励员工理解并努力实现组织目标,同时采用系统、高效、透明的管理方式,以发挥领导作用。

在ISO 9001:2000标准中,本项原则主要体现在第五章管理职责的要求中。

实施本项原则的通常做法是:

(1) 综合考虑所有相关方,包括顾客、供方、所有者、员工、团体和社会的需求和期望;

(2) 策划、制定质量方针,清晰描绘组织发展的蓝图;

(3) 在组织内制定富有挑战性的目标;

(4) 用先进的、积极的理念,在各级管理层中建立共同的价值观,形成具有自己特色的组织精神与文化,增强组织凝聚力;

(5) 通过各种方式激发员工的创造精神,调动员工的内在能动性,尊重员工的创造和贡献;

(6) 在组织内建立信任,赋予并支持员工职责范围内的自主权;

(7) 建立、保持一个有效的质量管理体系;

(8) 合理提供、分配所需的各种资源;

(9) 鼓励并提供员工所需的培训、学习和研究,倡导学习型组织。

3. 全员参与

各级人员都是组织之本,只有他们的充分参与,才能使他们的才干为组织带来收益。

组织是"职责、权限和相互关系得到安排的一组人及设施",其中设施是为人所用、受人控制的,因此各级人员是组织之本。只有当每一个人的积极性和聪明才智获得充分发挥时,组织的效率才是最高的,组织的收益也才能最大化。这就要求组织识别人员的特长,量才调用;识别员工的发展要求,将这种要求与组织的发展需求统一起来。同时创造培养、锻炼、造就人才的环境,为每个员工创造参与的机会和实现自身价值的机遇。

在ISO 9001:2000标准中,本项原则主要体现在5.5.1职责和权限、6.2人力资源等项条款的要求中。

实施本项原则的通常做法是:

(1) 规定职责和权限,选择岗位的适当人选,实现人尽其才;

(2) 了解并掌握人员的发展要求,鼓励前瞻性培训,为组织发展提供、储备适宜人才;

(3) 鼓励员工参与策划和制定目标,适时评价个人实现目标的程度和业绩;

(4) 推动内部沟通和交流,报告员工的优秀成果,让员工自由分享知识与经验;

(5) 进行培训策划,实施持续有效的培训,提高员工能力、知识和经验;

(6) 识别并消除影响员工积极性的消极因素。

> 全员参与是组织的立足之本,有些常见的认识或做法是偏离这一原则的。例如,认为员工总是厌恶工作、没有积极性,一有机会就设法逃避或避重就轻;认为对员工就是依靠管、依靠纪律,员工自己是不可能自觉的;认为不存在全员参与的可能性,员工往往厌倦学习或研讨,他们不想改善现状;等等。这些都是错误的思想和态度,必须引起注意。

4. 过程方法

将活动和相关资源作为过程进行管理,可以更高效地得到期望的结果。

任何使用资源将输入转化为输出的活动或一组活动均可作为一个过程。通常,一个过程的输出即是另一个过程的输入,但有时也会有几个过程间的关联呈比较复杂的网络状态。系统地识别和管理所使用的过程以及过程之间的相互作用称为"过程方法"。即系统识别所有构成过程及其间的顺序关系,对每个过程确定其输入和输出,确定其为实现将输入转化为输出所需活动、资源和支持性过程,然后确定控制的准则和方法,并通过运行、监测进行改进,持续提高过程的有效性和效率。

标准特别说明 PDCA 循环改进方式适用于所有的过程。

在ISO 9001:2000 标准中,本项原则主要体现在 0.2 过程方法的要求中和标准的"过程模式"结构中。

实施本项原则的通常做法是:

(1) 识别质量管理体系所需的各个过程,确定过程间的顺序和相互作用;
(2) 确定每一个过程的运行目标和关键活动,明确职责和权限;
(3) 确定对过程实施控制的准则、方法和所需资源;
(4) 实施对过程的监视和测量;
(5) 分析监视和测量的结果,寻求改进的机会,持续改进过程的有效性和效率;
(6) 评估过程结果的风险性及其对相关方的影响,尽力加以消除或预防。

5. 管理的系统方法

将相互关联的过程作为系统加以识别、理解和管理,有助于组织提高实现目标的有效性和效率。

系统是指相互关联或相互作用的一组要素,并通过信息反馈实现改进,保持系统的生命力。相互关联、各具功能的过程可以为某种目标构成一个系统。系统方法是指策划、建立、实施为达到预期目标的一个系统一种方法,包括识别和建立构成系统的过程、这些过程的运作关系、每一个过程的要素和控制方法。在质量管理中采用系统方法,就是要将质量管理体系作为一个实现质量方针和质量目标的系统来策划、建立和保持。

系统方法和过程方法都是以过程为基础,都要求识别和管理所使用的过程以及过程之间的相互作用。但系统方法主要着眼于对整个系统的调控和系统目标的实现,包括构成系统的各功能过程的协调、控制与实现;而过程方法主要着眼于对具体过程的控制,包括对每个过程输入、输出、资源、活动的控制和过程之间相互作用的控制,以实现每个过程的预期结果。

在ISO 9001:2000标准中,本项原则主要体现在4.1总要求的要求中。

实施本项原则的通常做法是:

(1) 策划为实现质量方针和质量目标的质量管理体系的最佳结构;
(2) 明确构成系统的各个过程的功能、作用和顺序关系;
(3) 识别关键过程,确定控制的准则、方法和所需资源;
(4) 通过测量和评价,实现体系的持续改进和循环提升。

　　一般运用系统方法建立和实施质量管理体系有八个步骤:
(1) 确定顾客和其他相关方的需求与期望;
(2) 制定组织的质量方针和质量目标;
(3) 确定为实现质量目标所必需的过程和职责;
(4) 确定并提供所需的资源;
(5) 规定测量每个过程有效性和效率的方法;
(6) 测量、确定每一过程的有效性和效率;
(7) 确定纠正或预防措施,以消除产生不合格或潜在不合格的原因;
(8) 持续改进。

6. 持续改进

持续改进总体业绩应当是组织的一个永恒目标。

持续改进是不断增强满足要求的能力的动态循环活动。由于顾客和其他相关方的需求和期望是不断变化的,因此只有实现持续改进的组织才是有生命力的。

在ISO 9001:2000标准中,本项原则主要体现在5.1管理承诺、8.5改进等项条款的要求中。

实施本项原则的通常做法是:

(1) 要使对产品、过程和体系的持续改进成为组织中每个成员的目标;
(2) 为员工提供实现持续改进所需的方法和知识,并提供适宜的培训;
(3) 通过对跟踪、检测、评审、数据分析的策划和实施,寻求预防和改进机会;
(4) 肯定、表彰持续改进的业绩,鼓励持之以恒。

7. 基于事实的决策方法

有效决策是建立在数据和信息分析的基础上。

决策是领导者的职责,数据和信息是客观事实的归纳性反映,以数据和信息分析为基础的决策就是实事求是的决策,是适合实际的有效决策,这样可以防止盲目决策和不必要的决策失误。

在ISO 9001:2000标准中,本项原则主要体现在8.1总则、8.4数据分析等项条款的要求中。

实施本项原则的通常做法是：

（1）确定需要收集的数据和信息的种类、方法和职责；

（2）确保所收集的数据和信息的可靠性和充分性；

（3）运用有效方法包括统计技术对数据和信息进行分析；

（4）在数据和信息分析的基础上，结合有关知识和经验，作出判断和决策。

8. 与供方互利的关系

组织与供方是相互依存的，互利的关系可增强双方创造价值的能力。

随着现代产品的复杂化和社会专业程度的提高，组织分工越来越细，组织与供方相互依存的关系日益显现。明确这种互利关系、照顾双方的利益是增强双方共创价值的能力、实现双赢的重要基础。

本项原则主要体现在 ISO 9004：2000 标准 6.6 供方及合作关系、7.4 采购等项条款的指南中，以及 ISO 9001：2000 标准 7.4.1 采购过程的要求中。

实施本项原则的通常做法是：

（1）识别和选择关键供方，在权衡短期和长期利益的基础上确立互利关系；

（2）与供方建立畅通、开放的沟通渠道；

（3）与供方共同进行产品和过程的策划、开发与改进；

（4）与供方共享有关信息、技术和资源；

（5）促进供方理解顾客需求，鼓励供方改进业绩。

三、ISO 9001：2000 标准的实施要点

怎样理解和实施 ISO 9001：2000 标准？有哪些要点？

下面所指的标准均为 ISO 9001：2000 标准。

1. 标准实施中的删减

标准的要求因组织及其产品的特点而不适用时可进行删减，删减仅限于标准的第七章"产品实现"所列出的要求，前提是必须能够证明删减不会影响组织提供满足顾客和适用法律、法规要求的产品的能力和责任。例如，仅仅是按图施工、没有设计资质的建筑公司，可考虑删减 7.3 设计和开发；一个不存在由顾客提供财产包括设计、技术或原料的组织，可考虑删减 7.5.4 顾客财产；一个没有必要使用监视和测量装置的管理咨询公司，可考虑删减 7.6 监视和测量装置的控制。

允许剪裁是 ISO 9001：2000 标准新增加的条款，但剪裁仅限于第七章，否则不能声称符合 ISO 9001：2000 标准。

2. 关于标准 4.1 质量管理体系总要求的实施要点

（1）识别建立质量管理体系所涉及的全部过程，包括外包过程和子过程以及这些过

程之间的顺序和相互作用。识别每一过程的输入、输出,所需开展的活动和应投入的资源。

(2) 为确保这些过程的有效运作,必须对过程的输入、输出,所需开展的活动和应投入的资源作出明确的规定,包括监视、测量、控制的准则、方法和程序。

(3) 明确有关过程控制、产品评价、顾客满意的信息的收集、分析和评价方法,保持对过程策划结果是否实现、过程是否有效的持续评审和改进。

(4) 建立文件化的质量管理体系。

3. 关于标准 4.2.1 文件要求总则的实施要点

组织可根据自身的规模、产品/服务类型、过程复杂程度、员工能力来确定文件详略程度和使用的承载媒介。媒介可以是纸、照片、样件、磁盘、光碟和其他电子媒介。标准要求质量管理体系文件应包括:

(1) 质量方针和质量目标;

(2) 质量手册;

(3) 程序,其中标准规定要形成文件的程序有文件控制、记录控制、不合格品控制、内部审核、纠正措施、预防措施等六项;

(4) 组织为确保其过程的有效策划、运作和控制所需要的各种文件,如质量计划、规范、检验准则、作业指导书、采购文件、设计文件、图样和内部沟通文件等,也包括需要的外来文件,如标准、法律、法规、客户提供的规范和图样等;

(5) 记录。

4. 关于标准 4.2.2 质量手册的实施要点

质量手册是"规定组织质量管理体系的文件",旨在实现质量方针和质量目标,组织应编制和保持质量手册,并按文件控制的要求进行控制。质量手册的主要内容有:

(1) 质量管理体系的范围,涉及的产品/服务、过程和区域,若存在删减,应充分说明删减的标准要求和删减的合理性;

(2) 质量方针和质量目标一般列入质量手册,也可单独形成文件;

(3) 结合产品/服务的流程,清楚阐述应覆盖的所有主要过程,包括外包过程以及这些过程的相互作用;

(4) 质量管理体系要求形成文件的程序,也可直接引用程序文件的目录。

5. 关于标准 4.2.3 文件控制的实施要点

文件控制是指对文件的编制、评审、批准、发放、使用、更改、再次批准、标志、回收和作废等全过程进行管理。文件控制应编制形成文件的程序。文件控制的范围应是质量管理体系所要求的文件,包括外来文件。控制的要求是:

(1) 文件发布前要进行适宜性与充分性的审批,确保文件适合组织实际,没有疏漏。在实际情况必要时,应对文件的适宜性与充分性进行评审,若有修改、更新,则应再次批准。

(2) 用适当的方式、方法使文件易于识别,使文件的更改和现行修订状态得到识别,使能确保在使用处获得有效适用的版本,如对文件进行分类编号;在文件上对修订状态进行标志或采用"在用文件控制清单";在文件上标明受控状态或采用"发放控制表"等等。一般表明"受控"的文件版本应随文件变更及时更新,始终保持其最新和有效适用。

外来文件应得到识别并受控,最新版本可通过定期了解、查询而获得。

(3)应采取适当措施保持文件的完整、清晰,特别在易损情况下。

(4)采取适当措施防止误用作废文件,如回收销毁、盖"作废"章标志等。

> ISO 9001:2000标准明示规定要形成文件的程序是:文件控制程序、记录控制程序、不合格品控制程序、内部审核程序、纠正措施程序、预防措施程序共6项。比前版规定的17项少,显示了更大的自由和灵活。但需注意标准4.2规定表明:有些地方虽未明示,必要时仍需有形成文件的程序。

6. 关于标准 4.2.4 记录控制的实施要点

记录是"阐明所取得的结果或提供所完成活动的证据的文件",记录格式是一般文件按前述要求控制,填写后就形成证据性的记录按本要求控制。应编制形成文件的程序来控制记录的全过程,控制要求是:

(1)记录应有便于区分、检索的标志,如分类编号、颜色。应建立检索系统和查阅方法,方便追踪查找。

(2)根据产品/服务特点、合同、法规要求确定各类记录的保存期限,确定保存期内贮存和防护的责任部门、合适的贮存场所,采用适当的管理和防护方法。

(3)超过保存期限的记录,应明确其处置权限和方式。

标准要求记录的条款和内容是:5.6.1管理评审记录;6.2.2(e)教育、培训、技能和经验的记录;7.1(d)作为实现过程及其产品满足要求的证据的记录;7.2.2对产品要求的评审及措施记录;7.3.2设计和开发输入记录;7.3.4设计和开发评审及必要措施记录;7.3.5设计和开发验证及必要措施记录;7.3.6设计和开发确认及必要措施记录;7.3.7设计和开发更改的评审及必要措施记录;7.4.1供方评价及必要措施记录;7.5.2(d)特殊过程确认记录;7.5.3可追溯的产品的唯一性标志记录;7.5.4顾客财产损失或不适用情况记录;7.6(a)非国际或国家标准的校准或检定依据记录;7.6监视和测量装置的校准和检定记录;7.6对失准状况下检测结果有效性的评价记录;8.2.2内部审核记录;8.2.4产品符合接收准则的证据或放行的证据记录;8.3不合格品控制记录;8.5.2纠正措施结果记录;8.5.3预防措施结果记录共21项。

7. 关于标准 5.1 管理承诺的实施要点

最高管理者是指(质量管理体系限定范围内)"在最高层指挥和控制组织的一个人或一组人"。要求最高管理者承诺:建立、实施质量管理体系,持续改进其有效性,并通过下列活动证实承诺的有效实施。

(1)采用灵活多样的方式方法,向全体员工宣讲满足顾客要求和法律、法规要求的重要性,牢固树立质量意识、为顾客服务意识和遵纪守法意识。

(2)制定/传达质量方针,参与制定质量总目标,确保在组织的所有相关职能和层次上制定与总目标一致的具体质量目标。

(3)确保组织的各项活动能获得所必需的资源。

(4)进行管理评审,持续推动质量改进。

8. 关于标准 5.2 以顾客为关注焦点的实施要点

组织的生存和发展依赖于顾客,最高管理者应以增强顾客满意为目标,领导好下列活动。

(1) 进行市场调研,了解顾客当前和未来的需求或期望。

(2) 将顾客的需求或期望转化为要求,如产品/服务要求、过程要求等。

(3) 使转化的要求和法律、法规要求得到满足。

(4) 监视、测量顾客满意信息,持续改进。

> 监视、测量顾客满意或不满意的信息是质量管理体系业绩的一种极重要的度量。

9. 关于标准 5.3 质量方针的实施要点

(1) 质量方针是由组织的最高管理者正式发布的该组织的总的质量宗旨和方向。

(2) 制定质量方针应对组织满足要求和持续改进质量管理体系有效性的承诺有简明的描述,应能体现组织的宗旨、特征、追求、改进和对顾客的承诺,并为制定和评审质量目标提供框架。

(3) 质量方针是动态发展的,应适时对质量方针的适宜性进行评审,必要时加以修订、再批准。

(4) 应在组织内部积极宣讲质量方针,使各级人员理解组织的质量方针,理解实现本岗位质量目标的重要性。

10. 关于标准 5.4.1 质量目标的实施要点

(1) 质量目标是质量方针的具体化,应与质量方针保持一致,应在质量方针的框架内展开。

(2) 质量目标应包括满足产品/服务要求所需的内容,组织的质量目标在制定后应分解为组织的相关职能和层次的质量目标。

(3) 质量目标包括定性的和定量的,但必须是可测量的,应尽可能量化。

> 质量目标的内容通常为减少问题、消除疾患、保持优势和实现改进等。例如,定性的质量目标:"2006 年 6 月以前,通过环境管理体系认证";定量的质量目标:"2006 年,顾客满意率比前一年提高 3%"。

11. 关于标准 5.4.2 质量管理体系策划的实施要点

质量策划是质量管理的一部分,为了实现质量目标,满足质量管理体系总要求,必须进行质量管理体系策划,策划的结果应形成文件。这种策划包括:

(1) 设定质量目标,研究并确定必要的活动过程和相关资源,以实现质量目标。

(2) 策划对重要资源、过程、项目进行评审,寻求改进机会,并进行改进策划。

(3) 当组织内部发生变革时,应及时进行策划、更新,确保质量管理体系的完整性。

12. 关于标准 5.5.1 职责和权限的实施要点

最高管理者有责任通过一定的方法确保组织内的职责、权限得到规定和沟通,从而增强质量管理体系的有效性。例如,编制、批准岗位职责规定;颁发任命书;会议宣布;促进检讨等。

13. 关于标准 5.5.2 管理者代表的实施要点

管理者代表是由最高管理者从管理层内部任命的1名具有胜任能力的质量体系管理员,其职责和权限是:

(1) 建立、实施质量管理体系,保持其有效运行。
(2) 向最高管理者报告质量管理体系运行情况、业绩、任何改进的需求和机会。
(3) 采取多种宣讲培训方法,提高全体员工满足顾客要求的意识。
(4) 负责与质量管理体系有关事宜的外部联络。

14. 关于标准 5.5.3 内部沟通的实施要点

内部沟通是了解质量方针、质量目标、岗位职责、质量业绩和改进信息的重要过程,有利于增强质量管理体系的效能。最高管理者应通过多种沟通手段,在组织内建立适当的沟通过程,如直接沟通、文件传递、介绍或研讨会议、内部刊物、音像媒体等。但这种沟通过程必须是适当的,不能影响质量管理体系的有效运行。

15. 关于标准 5.6 管理评审的实施要点

(1) 管理评审是最高管理者按策划的时间间隔,对质量管理体系包括质量方针和目标的适宜性、充分性、有效性进行的系统评价。适宜性是对质量管理体系相对于变化着的内、外环境是否适应、是否适合的评价。充分性是对质量管理体系满足法律、法规、标准、顾客需求是否充分、是否疏漏的评价。有效性是对质量管理体系运行是否达到质量方针和目标或策划结果的评价。管理评审应保持记录。

(2) 管理评审输入的内容:顾客满意程度、顾客反馈意见、内审与外审结果、过程业绩和产品符合性、纠正和预防措施状况、以往评审跟踪措施、可能影响质量管理体系的变化、来自相关职能的改进建议等。

(3) 管理评审输出应有明确的改进决定和措施,包括:质量管理体系及其过程的改进、质量方针和目标的更新、与顾客要求有关的产品/服务的改进、资源需求的评估与提供等。

> ISO 9001:2000 标准特别强调了最高管理者的作用,应特别注意标准第五章管理职责中涉及最高管理者的要求,并将这些要求摘记下来。

16. 关于标准 6.1 资源提供的实施要点

应提供充分的资源,确保满足顾客要求,确保实施、保持质量管理体系并持续改进其有效性。资源包括人力资源、基础设施和工作环境,还可包括技术资源和财经资源。组织应识别资源的短缺或过剩,实施资源提供策划并进行控制。

17. 关于标准 6.2 人力资源的实施要点

每一对产品质量有影响的岗位应由能胜任的人员来承担,基于这一原则,组织应识别确定各过程、层次、岗位的人员能力需求,从教育、培训、技能和经验来评估实际需求空缺,策划人力资源招聘、培训、发展计划,采用培训、探讨等多种措施尽力满足人力资源需求,并对培训和采用措施的有效性进行评价、改进。对教育、培训、技能和经验的适当记录应予保持。

组织还应注重培养员工认识所从事活动的相关性和重要性,树立为实现质量目标作出贡献的意识,使之自觉探索如何在本岗位上实现质量目标。

18. 关于标准 6.3 基础设施和 6.4 工作环境的实施要点

组织应识别、提供、维护为实现产品/服务的符合性(符合规定要求)所需的基础设施和工作环境,并实施管理和必要的控制。

基础设施包括厂房、贮运区域、工作场所和相关设施、生产和检测设备、工具、水电煤供应、运输工具、通信网络系统等。

工作环境是指工作所处的一组条件,包括安全、噪声、污染、温湿度、照明、人体工效、振动等。

19. 关于标准 7.1 产品实现的策划的实施要点

产品实现是在组织质量管理体系中,产品形成并提交给顾客的全部过程。产品实现过程的策划是针对特定产品、合同或项目所进行的,符合质量管理体系过程要求的策划。策划内容为:

(1) 针对特定产品、项目或合同,设定具体的质量目标和要求。

(2) 针对特定产品、项目或合同,依据质量目标和要求,确定所需建立的过程、子过程,确定过程、文件和资源的需求。

(3) 针对特定产品、项目或合同,确定过程控制方法,确定所需要的验证、确认、监视、检验和试验活动以及产品或项目的接收准则。

(4) 针对实现过程及其产品满足要求,确定为评价有效性提供证据所需的记录。

策划的输出形式可以是质量计划或其他形式,以适合组织的运作方式为原则。当现有的质量管理体系不适合特定产品、项目或合同的质量要求时,应制定或修改质量计划。

产品实现的策划是产品实现的首要步骤,也是难点,运用产品实现流程图来进行分析、策划是一个实用方法,应记住策划的实施要点。

20. 关于标准 7.2.1 产品有关要求的确定的实施要点

与顾客有关的过程是产品实现中的首要过程,与产品有关的要求是组织质量管理体系的输入,组织应通过市场调研、与顾客的沟通、了解有关的法律和法规来确定这些要求。要求应包括:

(1) 顾客明确规定的要求,包括交付和交付以后的服务要求。

(2) 规定用途或已知用途所必须的要求,顾客虽没有明确提出要求,但产品的规定用途或预期用途是已知的、明确的,如商品房用途所必须的要求,至少是应有水、电、煤供应系统。

(3) 与产品有关的法律、法规要求,如有关的安全、卫生法规。

(4) 组织自己确定的附加承诺和要求。

21. 关于标准 7.2.2 产品有关要求的评审的实施要点

(1) 组织根据顾客要求、法律法规要求和自己的附加要求提出产品要求,为了确定产品要求是否正确、充分,组织是否有能力实现,必须在向顾客作出提供产品的承诺前对产品要求进行评审。

(2) 评审是要确保产品要求已得到完全正确的识别、规定和理解;确保双方对合同或订单的不一致已得到解决;确保组织有能力满足规定的要求。

(3) 评审方法可以是会议评审、会签确认、责任人直接评审等。对于电话订货,可采用对电话记录确认评审;对于网上订货,可采用对网上发布的产品目录、产品信息、服务和承诺的内容进行评审。

(4) 评审结果及所引起的跟踪措施应予记录。

(5) 产品要求若发生变更,应有规定的程序将变更信息及时传递到有关职能部门重新进行评审,确保相关文件作出相应修改、相关人员获悉已变更的要求。

22. 关于标准 7.2.3 顾客沟通的实施要点

组织应根据产品和顾客的特点,建立、实施与顾客有效沟通的渠道,规定责任部门、人员和沟通方式,在产品提供之前、提供之中、提供之后实施。内容包括产品信息传递、问询答复、合同或订单的处理与更改、顾客反馈与抱怨处理等。

23. 关于标准 7.3.1 设计和开发策划的实施要点

设计和开发是将顾客的需求和期望转化为组织切实可行的一整套产品/服务的质量特性和规范的过程,组织应对此进行策划和控制。

(1) 根据产品的特点和复杂性,确定设计和开发可以分成几个阶段。例如,硬件产品可分为方案设计、技术设计、设计定型、生产定型等;软硬件产品可分为概要设计、详细设计、编程、测试、验收测试等;培训服务可分为专业开发、课程设置、教学大纲、教材、试运行等。

(2) 针对各个阶段确定适合的评审、验证和确认活动。

(3) 规定设计开发活动的职责和权限,明确分工,对参与的不同部门或小组之间的接口进行管理,以确保有效的沟通。

(4) 策划输出应在适当时间内予以保持,并随要求和进展的变化保持更新。

24. 关于标准 7.3.2 设计和开发输入的实施要点

与产品要求有关的设计开发的输入应予确定、评审,并准确记录。对输入评审的要求是确保输入是充分、适宜、没有疏漏的,确保输入完整、清楚、不自相矛盾。输入应包括:

(1) 产品的功能和性能要求、服务的特性要求;

(2) 强制性标准要求和相关法律、法规要求;

(3) 技术文件提供的类似设计中,被证明是有效的信息;

(4) 必需的其他要求,如为竞争而自行规定的要求和行业规定的要求等。

25. 关于标准 7.3.3 设计和开发输出的实施要点

设计开发的输出为其后的产品实现过程提供形成文件的规范和依据,在放行前应得到授权人员的批准。设计开发输出的要求是:

(1) 应满足设计开发输入的要求,并能针对输入实施验证;

(2) 给出采购、生产和服务提供的适当信息,如产品规范和图纸、采购要求、培训要

求、服务规范等;

(3) 包含或引用产品接收准则,如产品检验标准、服务规范等;

(4) 规定对产品的安全和正常使用所必需的产品特性,如安全性控制、安全操作指南等。

26. 关于标准 7.3.4 设计和开发评审的实施要点

组织应按设计和开发策划的安排,在适宜阶段对设计和开发进行系统的评审,如对设计和开发的项目书、输入、输出、设计成果、进展情况等的评审。评审的目标是评价设计和开发的适宜性、充分性和有效性,以使结果达到规定的要求;识别任何问题和改进的机会,提出必要的措施进行解决。评审的参加者应包括所评审阶段的有关职能代表,评审结果及跟踪措施应予记录。

27. 关于标准 7.3.5 设计和开发验证的实施要点

为确定设计和开发输出是否满足输入的要求,组织应按策划的安排对设计和开发的输出进行验证,并记录验证结果与跟踪措施。验证是指"通过客观证据对规定的要求已得到满足的认定"。验证的方法可以包括:变换方法进行计算、与已证实的类似设计进行比较、进行试验或演示、对发放前的成果进行评审等。

28. 关于标准 7.3.6 设计和开发确认的实施要点

(1) 为证实提交的产品能满足规定的或预期的使用要求,组织应按策划的安排对设计和开发进行确认,并记录确认结果与跟踪措施。

(2) 只要可行,确认应在产品正式生产或服务正式提供之前完成。对于某些不可能在这之前完成全部确认的,应在适当范围内实施局部确认,如对有些工程项目的工程设计确认,便是局部确认。

(3) 确认是在实际使用条件下进行,也可在模拟实际使用条件下进行,如对建筑物抗震特性进行计算机模拟试验。

(4) 参加确认的人员通常包括使用者或能代表使用者的人员。

29. 关于标准 7.3.7 设计和开发更改的控制的实施要点

当设计和开发需要更改时,组织应对更改进行控制。

(1) 识别、确定更改的需要与可行性。

(2) 就更改的原因、内容、影响形成文件实施控制。

(3) 对更改进行评审,包括评价更改对交付产品整体或其组成部分的影响,应记录并保持对更改的评审结果与跟踪措施。

(4) 根据需要对更改进行必要的验证和确认。

(5) 更改实施前应得到授权人员的批准。

这里是一个有关设计全过程的关系框图(图 2-1),便于学习、记忆。

30. 关于标准 7.4 采购的实施要点

组织应对采购过程实施控制,包括识别、评价选择供方、采购信息、验证等,以确保采购的产品符合规定的采购要求。

（1）识别采购产品对随后的产品实现或最终产品的影响程度,决定对供方及采购产品的控制类型和程度,并决定采购方法,如外购、外协、分包等。

（2）通过对供方按要求提供产品的能力的评价,选择合格供方。为此,应制定选择、评价和重新评价的准则,定期评价和复评其持续保证能力,有变化时重新评价、选择供方,评价结果及跟踪措施应保持记录。评价的主要内容可以是：

① 供方产品质量、价格、交付与服务能力、相关经验和业绩；

② 供方质量体系的质量保证能力；

③ 供方的顾客满意程度；

④ 与履约能力有关的财务状况。

（3）在采购实施前,组织应根据拟采购产品性质,明确需要向供方提供的采购信息。采购文件应包含完整具体的采购信息。在与供方沟通前,应对采购信息进行审查和批准,确保所规定的采购要求是充分与适宜的。必要时组织应在采购信息中明确作出下述规定：

① 产品的批准要求,即采购产品的验收标准或准则；

② 程序的批准要求,即采购双方应遵循的程序或协议；

③ 过程的批准要求,如当供方产品实现过程是特殊过程时,向供方提出过程确认的要求；

④ 设备的批准要求,如在采购产品的实现需要特殊设备保证时；

⑤ 人员资格的要求,如对委托检测的供方检测人员提出资格要求；

⑥ 质量管理体系的要求,如要求供方通过质量管理体系认证。

（4）采用检验或其他方法对采购产品实施验证,确保采购产品满足规定的要求。如果验证活动由组织或顾客在供方现场实施,则组织应在采购信息（如合同）中规定验证的方式和采购产品放行的方法。

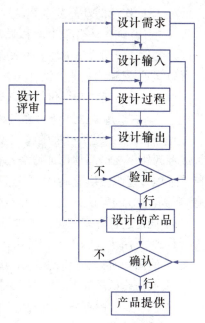

图 2-1　设计全过程关系框图

> 生产和服务提供是达到产品和服务目标的揭晓性过程,其重要性自不待言,那么您知道这一过程的实施有哪些要点吗？

31. 关于标准 7.5.1 生产和服务提供的控制的实施要点

组织应进行策划,对影响生产和服务提供过程质量的所有因素加以控制,使整个过程在受控条件下进行。适宜时,受控条件应包括：

（1）首先应获得有效的产品和服务特性的信息,如产品特性、工艺规程、服务规范等。

(2) 根据作业活动的复杂程度,必要时,获得作业指导书。
(3) 使用、维护适合于生产和服务提供所需的设备,保持其稳定运行能力。
(4) 配置、使用合适的监视和测量装置。
(5) 对监视和测量的方法作出规定,并按规定实施监视和测量。
(6) 对放行、交付和交付后活动作出适宜的规定,并予实施。

32. 关于标准 7.5.2 生产和服务提供过程的确认的实施要点

当生产和服务提供过程的输出不能由后续的监视和测量来验证是否达到规定要求时,或者问题仅在产品使用或服务已交付之后才显露出来时,对任何这样的过程(常称为"特殊过程")组织应实施确认。对过程确认的方法和安排应使过程实现策划结果的能力得到证实,适宜的确认方法和安排应包括:

(1) 规定过程评审和批准的准则,如制定特殊技艺评定准则。
(2) 对所用设备的能力和可用性进行认可,并对操作人员的资格进行考核鉴定。
(3) 使用针对这类过程的特定方法和程序。
(4) 根据确认的需要,建立并保持用于证实的记录。
(5) 按一定间隔或发生变化时,进行再次确认。

33. 关于标准 7.5.3 标志和可追溯性的实施要点

为防止产品或其实现状态在实现过程中的混淆和误用,以及必要时的可追溯性要求,组织应在产品实现的全过程中,使用适当的方法或标志来识别产品和产品的监视测量状态。在有追溯性要求的场合,应规定唯一性的标志方法,采用受控的标志,并记录其历史。标志可以是标记、编号、印章、标签、流转记录卡、标牌、划定区域等。

(1) 产品标志的目的是区分不同性质的产品,如产品名称、型号、批号等。
(2) 产品状态标志的目的是区分同一产品的不同状态,如常用的检验状态标志,待检、合格、不合格、待定;常用的加工状态标志,如待加工、已加工等。
(3) 可追溯性是为了追根溯源的需要,如可追溯的生产批号、机器的唯一的机号等。

34. 关于标准 7.5.4 顾客财产的实施要点

顾客财产是指所有权属是顾客的而由组织控制或使用的财产,如顾客提供的原材料、零件、图纸、知识产权等。组织应予识别、验证适用性,并加以保护和维护。当发生丢失、损坏或发现不适用时,应向顾客报告、听取处置意见,并保持记录。

35. 关于标准 7.5.5 产品防护的实施要点

所有产品或其组成部分,从内部处理直至交付到预定地点期间,都必须采取适当的防护技术和措施来防止符合性质量损失,包括加上防护标志、规定搬运工具和方法、实施包装的防护规定、保障贮存环境的适宜性等。

应记住有关 7.5 生产和服务提供过程的所有实施要点。

36. 关于标准 7.6 监视和测量装置的控制的实施要点

(1) 为确定产品符合要求并提供证据,组织应确定需实施的监视和测量以及所需的监视和测量装置,这些装置必须具有与测量要求相一致的测量能力。

(2) 为确保监视和测量活动的有效性，应对监视和测量过程进行控制，使其可行且符合要求。

(3) 测量设备应做到：

① 对照能溯源到国际或国家的测量标准，按规定的时间间隔或在使用前，进行校准或检定。当不存在上述标准时，应记录校准或检定的依据，如某些新的尚没有国家级标准的专用测量设备，通常采用生产厂家的标准。

② 在使用过程中，按规定要求进行调整或再调整，如测量用电表的零位调整。

③ 采取一定的措施，以防发生错误的调整。

④ 识别并标志校准状态，防止误用，保持校准结果的记录。

⑤ 在搬运、维护和贮存期间，应有适当措施防止损坏或失效。

⑥ 使用中若发现偏离校准状态，应对以往测量结果的有效性进行评价，并采取纠正措施，如追回、重测等。

(4) 用于监视和测量的计算机软件，应在初次使用前对其满足预期用途的能力进行确认，必要时重新确认。

37. 关于标准 8.1 测量、分析和改进的总则的实施要点

监视和测量的目的是：证实产品的符合性、确保质量管理体系的符合性、持续改进质量管理体系的有效性。组织应策划并实施针对这些目标的监视、测量、分析和改进过程。包括对产品、过程能力、顾客满意程度和体系有效性的监视、测量、审核、分析与改进等活动的具体安排，明确活动的要求、资源、文件、适当的统计技术、方法和记录，实现质量控制的持续改进。

38. 关于标准 8.2.1 顾客满意的实施要点

顾客满意是指"顾客对其要求已被满足的程度的感受"，是对质量管理体系业绩和有效性的一种测量。组织应对顾客满意的信息进行监视，规定获取、统计、分析和利用这种信息的程序和方法。例如，按规定的时机、频次、职责和方法，通过问卷调查、市场调研、顾客投诉收集、忠诚度顾客统计、返修统计、与顾客和消费者组织的沟通、订货会信息等，收集分析顾客满意信息的内涵，寻找改进的机会，必要时采取纠正和预防措施。

39. 关于标准 8.2.2 内部审核的实施要点

(1) 组织应按策划的时间间隔进行内部审核，实现自我完善、自我改进。内部审核的目的在于确定质量管理体系是否符合策划的安排、标准的要求、组织所确定的要求（符合性）和质量管理体系是否得到有效实施与保持（有效性）。

(2) 组织应制定内部审核的程序文件，对审核的策划、实施、结果、记录的职责和要求作出规定。

(3) 组织应根据拟审核的过程和区域的状况、重要性、以往审核结果考虑策划审核方案，确定审核的准则、范围、频次、方法和活动程序。

(4) 审核以客观、公正为原则，审核员不能自己审核自己的工作。

(5) 发现不符合项的受审区域管理者应及时分析原因、采取纠正措施，对纠正措施的有效性应予跟踪验证并报告结果。

内部审核实施中常见的问题有：内审策划不周、内审员审核范围包括自己所在部门的工作、审核结论不明确、只是纠正不合格项未采取纠正措施、只是采取纠正措施未进行验证、审核没有覆盖质量管理体系的所有范围和过程、二次内审间隔过长等。所有这些都是在实施中特别需要引以为戒的地方。

40. 关于标准 8.2.3 过程的监视和测量的实施要点

组织应采用适宜的方法对质量管理体系的所有过程进行监视，必要时进行测量，以获得过程能力、业绩和有效性的评价信息。过程的监视和测量的方法包括适宜的统计技术，既要有效、适用，又要易于操作，如利用控制图、工序能力分析、排列图、过程审核、过程输入或输出的监控等。未达到预期目标和要求的，应采取适当的纠正和纠正措施，以确保过程能力。

41. 关于标准 8.2.4 产品的监视和测量的实施要点

（1）组织应确定在产品实现过程的哪些适当阶段对产品（最初的、中间的、最终的）特性进行监视和测量，以验证产品要求已得到满足（符合性）。这种策划的安排可反映在程序或质量计划中。

（2）只有完成了各阶段的监视和测量活动，且产品符合接收准则，才可放行。符合接收准则的证据应予保持，该证据应有经授权的产品放行责任者的认可记录。

（3）在顾客特别急需，并得到有关授权人员批准或顾客批准时，才能提前放行和交付。

42. 关于标准 8.3 不合格品控制的实施要点

（1）组织应制定不合格品控制程序，对不合格品的判定、标志、隔离、评审、处置、措施等活动的程序、职责和权限作出明确的规定，以防止非预期的使用或交付。

（2）不合格品处置措施：

① 返工、返修，消除不合格。这需经重新验证合格才能放行和交付，否则需另行处置。

② 让步使用、放行或接收不合格品。这需经授权人员或顾客批准。

③ 降级使用或改作他用。此时需采取措施，防止按原要求使用。

④ 报废不合格品或拒收采购产品。

另外，不合格服务的处置措施有：道歉、中止、赔偿等。

（3）对于交付或开始使用后发现的不合格品，组织仍应采取适当措施消除不合格的影响，如调换、修理等。

43. 关于标准 8.4 数据分析的实施要点

（1）组织应确定、收集与评价质量管理体系和识别改进机会有关的数据。通常数据包括：产品质量数据、过程运行能力数据、监视和测量所获取的数据、审核与评审数据、顾客有关的数据、供方有关的数据、市场调研数据等。

（2）采用适当的方法，包括统计技术进行数据分析。为评价质量管理体系的适宜性和有效性提供下列信息：
① 顾客满意程度的现状和趋势；
② 产品与规定要求的符合性、符合程度；
③ 产品特性与变化趋势、过程能力与变化趋势、采取预防措施的机会；
④ 供方产品过程和体系的相关信息。

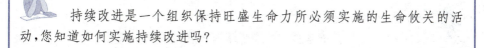

持续改进是一个组织保持旺盛生命力所必须实施的生命攸关的活动，您知道如何实施持续改进吗？

44. 关于标准 8.5.1 持续改进的实施要点

持续改进质量管理体系的有效性是组织质量管理的一项永恒的根本性的活动。一般的做法是：

(1) 通过建立与实施包含持续改进承诺的质量方针、营造激励改进的氛围与环境。
(2) 通过质量目标的确立、分解，明确改进方向。
(3) 通过数据分析、内部审核不断寻求改进机会。
(4) 通过纠正措施和预防措施来实现改进。
(5) 通过管理评审，确定新的改进方向。

45. 关于标准 8.5.2 纠正措施的实施要点

(1) 当出现不合格时，组织应分析原因、采取纠正措施，以消除不合格的原因，防止不合格的再发生。
(2) 组织应制定形成文件的纠正措施程序，规定下列要求：
① 评审不合格，包括顾客抱怨所指的不合格；
② 确定不合格的原因，可采用统计技术或试验等方法来判定主要原因；
③ 评价确保不合格不再发生的措施的需求，通过权衡不合格的风险，纠正措施的成本与效益，决定是否需要采用纠正措施；
④ 确定、实施合适的纠正措施；
⑤ 记录不合格的内容、原因、措施和结果；
⑥ 评审纠正措施的有效性。

注意："纠正"是对不合格的处置，"纠正措施"是为消除不合格的原因所采取的措施，两者不能混淆。

46. 关于标准 8.5.3 预防措施的实施要点

(1) 组织应针对潜在不合格的原因，采取预防措施，以防止不合格发生。
(2) 组织应制定形成文件的预防措施程序，规定下列要求：
① 确定潜在不合格及其原因；
② 评价防止不合格发生的措施的需求，通过权衡潜在不合格的风险、预防措施的成

本与效益,决定是否需要采用预防措施;

③ 确定、实施合适的预防措施;

④ 记录潜在不合格的内容、原因、措施和结果;

⑤ 评审预防措施的有效性。

四、质量管理体系文件编制

怎样编制质量管理体系文件？编写的要求和方法是什么？

1. 质量管理体系文件编写的依据、要求与方法

1) 质量管理体系文件的结构

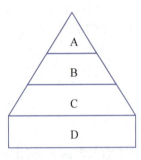

图2-2　质量管理体系文件结构

质量管理体系文件是指描述质量管理体系的整套系统文件,这些文件从系统上可以分为A、B、C、D四个层次(图2-2),从上往下是纲领性关系,从下往上是支持性关系。

A层次,质量方针、质量目标和质量手册。这是最高层次的文件,用来阐明组织的质量方针、目标,明确质量管理的职能机构和职责,纲领性描述质量管理体系的各个过程和过程间的关系、控制方法,是组织质量管理体系的高度概括,同时为体系文件提供指南及索引。一个组织的质量手册只有一种在用版本,供中高层管理者明确组织质量管理体系的精髓和自身职责,并据以实施质量管理。

B层次,程序文件。程序文件是为某项目标需要进行的活动或过程规定其具体实现途径的文件。每一程序文件都应明确活动的目的、范围,具体规定何时、何地、由谁来做、做什么、如何做、使用什么资源、应用何种文件以及规定如何对活动进行控制并记录。程序文件是质量手册的支持性文件,是组织内部各部门据以执行的质量法规性文件。

C层次,作业文件。这是些详细提供如何完成操作或活动的规定性文件,是程序文件的展开、补充和细化,通常供操作和岗位人员使用。

D层次,质量记录。记录是阐明所取得的结果或提供所完成活动的证据的文件,质量手册、程序文件、作业文件可以分别给出记录要求和指引。ISO 9001:2000标准规定需作记录的有21项,详见本节三6中"标准要求记录的条款和内容"。

2) 质量管理体系文件编写的依据与要求

质量管理体系文件编写的主要依据可分为两个方面:一方面是ISO 9001:2000标准、国家有关法律法规和其他要求、ISO 9004:2000标准;另一方面是组织的实际情况和组织现行规范、惯例、程序、技术文件、作业文件、规章、制度等。编写时应依ISO 9001:2000标准的要求为主线,结合组织实情,做到既符合要求又是实际适宜的、可操作的。至于质量管理体系文件的多少与详略程度,可根据组织的规模、组织活动的类型、活动或过程的复杂程度、组织的技术与文化程度、沟通程度等因素自主决定。通常一项活动或过程的程序是否需要形成文件是由对下列因素的考虑来决定的:

(1) ISO 9001：2000 标准和法律、法规要求；
(2) 对产品/服务质量的影响；
(3) 是否会导致顾客不满意的风险；
(4) 缺失或降低有效性和效率；
(5) 经济上的风险。
如果经过上述考虑该项活动或过程的程序不形成文件并无实质影响，则可以不形成文件。
3) 质量管理体系文件编写的方法

编写质量管理体系文件可以按层次从上到下自质量方针、质量手册开始编写，也可以按层次从下到上自基础性文件、作业文件开始编写，也可以从过程分析开始先写中间层次的程序文件。自上而下的编写方法比较系统，但常与组织实际不合，反复修改多；自下而上的编写方法比较贴近组织实际，但在系统关联上易出现混乱，适用于管理基础好的组织。这里提供一个比较适宜的质量管理体系文件编写步骤：

(1) 制定质量方针和质量目标；
(2) 识别、确定质量管理体系的过程、活动程序和相互关系，包括删减和外包过程的识别确认；
(3) 规定各个活动或过程的岗位职责、组织各部门职责；
(4) 规定质量管理体系文件内容要点及格式要求，制定文件编写计划并明确分工；
(5) 按分工编写程序文件和作业文件，同时设计、确定相应的记录样式；
(6) 在程序文件和作业文件的基础上，按标准要求编写质量手册；
(7) 征求部门有关人员意见，编写组反复讨论、修改，处理好文件接口，使文件系统化；
(8) 请咨询专家审阅、指导，提出修改意见，反复修改直至定稿；
(9) 文件审核、批准；
(10) 正式发布、发放、实施。

质量手册是质量管理体系的纲领性文件，如何编写好质量手册呢？

2. 质量手册的编写

质量手册的主要内容与要求详见本节三 4"关于标准 4.2.2 质量手册的实施要点"，质量手册的编写既要符合ISO 9001：2000 标准和国家有关法律、法规要求，又要结合组织的具体情况和行业特点。质量手册的章节最好与ISO 9001：2000 标准的章节保持一致，以便对照检查。为了使用和检索的方便，质量手册内页页头可设计成表2-1的形式。

表 2-1　质量手册内页页头

（组织名称） 质量管理手册	版次/修改：
	页码：第　页　共　页
标题：	章节号：

每一章节的结构应尽量规范,一般将控制的目的、范围、职责写在章首或节首,然后写控制的要求与方法。每一节的内容必须依据质量管理体系的要求,确定需要开展的活动,顺着活动的脉络具体说明需做的工作和方法,确定相关记录,内容编目保持与ISO 9001：2000标准基本相同,最后列出相关程序文件或相关文件。下面是一般质量手册的章节结构与要点提示。

● 封面

封面除注明"质量手册"和组织名称外,还应注明文件编号、版本(次)/修改(次)、受控状态、分发编号、发布日期、实施日期,以及组织地址、电话、E-mail、URL等。

● 0.1 质量手册发布令

质量手册发布令内容包括：质量手册编制目的、作用和版次,动员全体员工认真贯彻质量手册的要求,启动质量管理体系以及质量手册实施日期。因此,发布令也是动员令,最后有最高管理者批准签署。

● 0.2 质量方针与质量目标

阐述组织的质量方针和质量目标,简要说明其内涵。质量目标要分解到各相关层次,并且是可以测量或验证的,要求各级人员认真执行。参见本章案例一。

● 0.3 管理者代表授权书

任命管理者代表,简要说明管理者代表的职责和权限。

● 0.4 目录

当按章节号检索方便时,可省略本项目录。

● 0.5 组织概况

简要介绍组织的性质、产品、规模、历史、业绩,组织的中英文名称、地址及通讯等。最好附有组织机构图,便于了解、审核。

● 0.6 质量手册管理

明确手册的发放、使用、修改、换版、受控方式等。

● 1 范围

明确手册的适用范围,适用的产品/服务和过程,说明删减情况。

● 2 引用文件

ISO 9000：2000《质量管理体系　基础和术语》、ISO 9001：2000《质量管理体系　要求》、有关的国家标准、行业标准、相关的法律和法规。

● 3 术语

明确质量管理体系文件引用的主要术语与定义,包括行业专用术语与定义。

● 4 质量管理体系

编写要点参见本节三ISO 9001：2000标准的实施要点。

● 5 管理职责

编写要点参见本节三ISO 9001：2000标准的实施要点。

● 6 资源管理

编写要点参见本节三ISO 9001：2000标准的实施要点。示例见本章案例二。

● 7 产品实现

编写要点参见本节三ISO 9001：2000 标准的实施要点。
- 8 测量、分析和改进

编写要点参见本节三ISO 9001：2000 标准的实施要点。
- 9.1 手册修订记录

手册修订记录用于记载修订日期、章节、内容和批准。手册修订记录也可放在质量手册前面，以明白版次与修订状态。
- 9.2 程序文件目录

用于检索与质量手册相应的程序文件。

您会编写质量手册了吗？记住这些编写方法！

3. 程序文件的编写

程序文件的编写要注意可操作性，控制方法要适合实际，规定的程序一定要做到，而且结果有可作为证据的记录。同时要注意与质量手册相吻合，应是质量手册的进一步展开。文件在逻辑上应是完整的，没有考虑不周的缺陷。文件阐述不能使用模棱两可或可能引起误解的语言，语言应力求简洁、明确，易于理解。下面是一般程序文件的内容结构与要点提示。
- 1 目的

说明程序所实施的控制的目的。
- 2 适用范围

明确程序涉及的产品/服务、过程和活动的范围。
- 3 术语定义

给出程序所涉及的术语与其定义。
- 4 职责

规定实施程序的部门或人员的职责与权限。
- 5 工作程序

工作程序是程序文件实施控制的核心内容，主要有 11 项：

按逻辑顺序明确需要开展的活动；

明确每项活动的内容和目标；

明确实施部门或责任人；

确定活动时间或时间间隔；

说明活动地点；

规定活动的步骤；

规定控制要求与控制方法；

规定例外特殊情况的处置；

规定所需采用的资源和技术；

说明引用的文件或支持性文件；

明确应保存哪些记录。

● 6 相关文件

列出与程序有关的文件,如相关程序文件、作业指导书、检验规程等和其他支持性文件以及涉及的管理文件。

● 7 记录

给出需要的质量记录表格或报告的形式。

● 8 实施流程图

实施流程图能使整个过程与控制点一目了然,它是工作程序的概括表示。有时编写程序文件可以考虑先作出流程图,然后再按图编写工作程序会比较容易。图2-3是《不合格品控制程序》的实施流程图。但程序文件中实施流程图的编制并不是规定的,可以由组织按实际情况灵活运用。

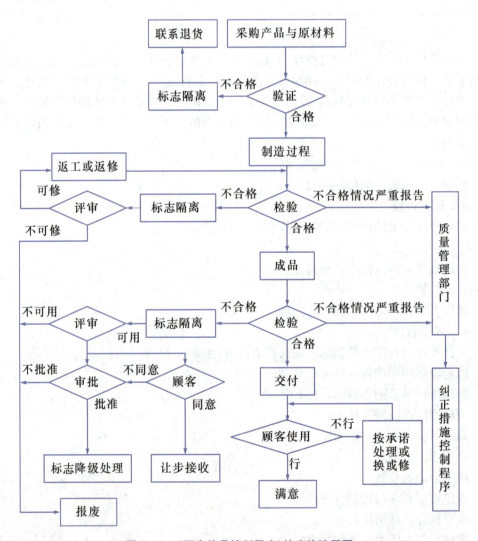

图2-3 《不合格品控制程序》的实施流程图

质量管理八项原则和 ISO 9001:2000 标准的实施要点。

 小结和学习重点

- ISO 9000 族标准的主要特点
- ISO 9000 族标准的适用范围
- ISO 9000 族标准的结构
- 质量管理八项原则
- ISO 9001:2000 标准的实施要点
- 质量手册编写要求与方法
- 程序文件编写要求与方法

ISO 9000 族标准是顺应全球性市场竞争、组织发展和顾客要求提升的产物,因此标准对组织的发展具有举足轻重的指导意义,任何一个组织要在这个迅猛发展的世界上站住脚、走上成功之路,都必须提高质量管理的水平,必须在正确理解标准的基础上认真分析组织的实际情况,建立并运行适宜、有效的质量管理体系,实现科学管理。本章以此为目的,着重介绍了标准的内容、实施要点和质量管理体系文件编制的方法。

 前沿问题

ISO 9000 族标准经过 1996—2000 年的改进,至今已有十余年,在这一时期的应用中又积累了不少的经验和新的想法,ISO 9000 族标准面临持续发展的问题,最明显的变化是计算机管理的应用、控制系统的出现和互联网的发展,这些给质量管理带来了崭新的研究课题,也给质量管理赋予了新的内涵和理念。

案　例

案例一
华利电子器件制造厂的质量方针与质量目标及其分解

质量方针与质量目标

1. 质量方针:创一流品牌,让用户满意

1.1　创一流品牌:通过贯彻 ISO 9001:2000 标准,建立质量管理体系,实施生产、服务的全员、全面、全过程的质量管理,确保本组织产品质量指标、质量效果达到同类产品的一流先进水平,力争超越。同时组织领导鼓励员工以创一流品牌的精神不断提高产品和服务的质量,追求卓越,营造创一流品牌的组织文化。

1.2　让用户满意:通过守合同、讲信誉,向用户提供一流的产品和服务。不断满足用户明示和隐含的需求,促进质量管理体系的不断完善和产品质量、服务质量的不断提高。

2. 质量目标:"9501"

2.1 全厂上下要努力奋斗,达到"9501"的目标

"95"——顾客满意率控制在95%以上(包括及时交货、品质保证、优良服务);

"0"——出厂产品的不合格品率控制在0%;

"1"——每年至少开发1项新产品或改进1项老产品。

2.2 主要部门的质量目标

2.2.1 生产管理部门的质量目标

确保交货产品100%合格,在制品合格率96%以上,检验正确率100%,关键岗位100%持证上岗,无重大安全事故。

2.2.2 经营管理部门的质量目标

确保入库的采购产品和原材料100%符合要求,产品交货满意率100%,服务满意率96%以上,客户抱怨率5%以内。

2.2.3 技术开发部门的质量目标

提高产品质量的技术保证能力,确保输出的技术文件"零"差错;发生质量问题,30分钟内参与;关注顾客需求和期望,平均每年开发新产品、改进老产品各1项。

2.2.4 设备管理部门的质量目标

确保"监视和测量装置"100%有效,确保全年无重大设备故障(指停产3天以上)。

2.2.5 质量管理部门的质量目标

确保统计数据正确率95%以上,顾客投诉处理满意率90%以上,保证每年按计划进行覆盖整个质量管理体系的内部质量审核和管理评审,无疏漏、无脱期。

2.2.6 行政管理部门的质量目标

确保98%岗位人员符合规定要求,特殊工种人员(包括检验员、电工、焊工等)100%符合规定要求,新进员工培训率100%。

案例二
凯和通讯设备有限公司编制的质量手册第六章内容示例

6 资源管理

6.0 目的、范围、职责

6.0.1 目的

提供必要的充分的人、财、物等资源,确保质量管理体系有效运行,确保持续改进和提高,以使顾客满意。

6.0.2 范围

适用于本组织人力资源、基础设备和工作环境等资源的配置、保持和改善。

6.0.3 职责

a) 总经理领导本组织总的资源配置,保障资源的必要性和充分性;

b) 行政管理部决定岗位及能力要求,负责人力资源的配置、保持和管理,包括教育、培训的计划与实施;

c) 技术开发部负责生产质量基础设施的配置、维护和管理;

d) 生产部、生产车间负责现场工作环境的控制、基础设施的正确使用和日常维护;

e) 财务管理部负责所需资金的运筹。

6.1 资源提供

为使本组织的产品质量、服务质量满足顾客、社会的需要,本组织确定、提供以下资源,并以质量体系审核和管理评审来证实,当出现资源不能满足要求时由总经理负责协调处理。

6.1.1 本组织选派经过培训且具备必要资格或能力的产品质量管理人员、工艺技术人员、质量体系审核人员、检验和试验人员来承担生产和服务的管理工作。

6.1.2 本组织按实际需要确定并配置保证生产能力、保证产品或服务质量、保证各项验证工作所需的设备和设施。

6.1.3 安排、调度资金,确保生产与服务的顺利进行,实现顾客满意、社会认可。

6.1.4 确保信息得到及时、有效的沟通,持续改进质量管理体系的有效性和效率。通过质量管理体系的运行,满足顾客的要求,增加顾客对产品质量、服务质量的满意度。

6.2 人力资源

6.2.1 总则

本组织对与质量管理体系有关的人员进行识别,以确定人员所需的学历、经历、资历和技能等要求。并通过适当的教育培训,聘用技能和经验能胜任的人员,确保从事影响产品/服务质量工作的人员是胜任的。

6.2.2 能力、意识和培训

6.2.2.1 控制要求

本组织制定岗位规定,明确人员所需资格要求以及必备的技能。

6.2.2.2 人员配置

a) 根据岗位需求,按规定要求配备所需人员;

b) 配备的人员在教育程度、培训效果、技能状况和相关工作经历方面有充分的资料,能证明其能力满足岗位要求;

c) 特殊岗位操作应具有相应的资格证书,包括电工、焊工、检验员等;

d) 对各种岗位人员适时进行必要的考评,验证其满足岗位要求。

6.2.2.3 培训

a) 为了确保人员能胜任岗位要求,且能意识到工作的重要性和相关性,本组织采取培训、带教等措施;

b) 本组织采取考核、实际技能操作、考试等方法来验证培训、带教的效果;

c) 验证内容包括如何实现质量目标和提高质量意识的要求;

d) 建立人力资源档案,保存人员培训、带教、验证等有关记录,并按《记录控制程序》要求控制;

e) 由行政管理部负责编制、实施《人力资源培训管理程序》,对人力资源培训进行管理。

6.3 基础设施

6.3.1 本组织根据企业产品的特点,识别、提供并维护保证生产质量和服务质量的基础设施。主要基础设施包括以下内容:

a) 适于保证生产质量的专用设备和检测、监控设备,包括温控、湿控、尘控设施;

b) 适于保证技术服务质量的服务设施,包括汽车、电话、传真、电脑、专用设备等。

6.3.2 由技术开发部会同生产部编制、实施《基础设施维护和保养条例》,并保存维护和保养的记录。

6.4 工作环境

a) 本组织根据产品的特点,设置适宜的生产环境,保证工作安全、舒适;

b) 倡导严谨、和谐、互助的工作氛围,激励员工的勤奋精神,提供积极进取的人文环境。

6.5 相关文件

a)《人力资源培训管理程序》;
b)《基础设施维护和保养条例》;
c)《记录控制程序》。

练习与思考

一、名词解释

(1) 顾客;(2) 过程方法;(3) 管理评审;(4) 质量手册。

二、填空题

(1) ISO 是_____的英文简称,最新的 ISO 9000 族标准诞生于_____。

(2) ISO 9000 族标准的核心标准是:_____、_____、_____、_____。

(3) 质量管理八项原则是:_____、_____、_____、_____、_____、_____、_____。

(4) ISO 9001:2000 标准规定要形成文件的程序是:_____、_____、_____、_____、_____、_____。

三、选择(单选或多选)题

(1) "顾客满意"的含义是(　　)。
　　A. 没有顾客投诉
　　B. 顾客对其要求已被满足的程度的感受
　　C. 没有顾客抱怨
　　D. 产品全合格

(2) 质量管理中所谓的"要求"包括(　　)。
　　A. 明示的　　　　　　　　B. 通常隐含的
　　C. 必须履行的需求或期望　　D. 早先曾经有过的

(3) 质量手册不一定非要包括的内容是(　　)。
　　A. 质量方针和质量目标　　B. 剪裁的细节及其合理性
　　C. 形成文件的程序或对其引用　　D. 过程之间相互作用的表述

(4) ISO 9001:2000 标准要达到(　　)。
　　A. 社会满意　　　　　　　B. 相关方满意
　　C. 顾客满意　　　　　　　D. 员工满意

(5) "最高管理者"的定义是(　　)。
　　A. 长官或领导
　　B. 在最高层指挥和控制组织的一个人
　　C. 董事长
　　D. 在最高层指挥和控制组织的一个人或一组人

(6) 纠正措施是要(   )。
　　A. 处置不合格品　　　　　B. 消除不合格
　　C. 消除不合格的原因　　　D. 惩治错误
(7) 为确保产品能够满足规定的或已知预期用途的要求,应对设计和开发进行(   )。
　　A. 确认　　　　　　　　　B. 策划
　　C. 评审　　　　　　　　　D. 验证
(8) 对于生产和服务过程下列哪种说法是不正确的?(   )
　　A. 应有必要且充分的资源
　　B. 可修复的不合格品要修复后才能进入下道工序
　　C. 应由胜任的人员进行操作
　　D. 不是所有的作业都要有作业指导书

四、判断题

在受控条件下进行的生产和服务提供,其受控条件应包括以下哪些项?
(1) 质量策划;
(2) 获得表述产品特性的信息;
(3) 产品标志;
(4) 必要时获得作业指导书;
(5) 使用适宜的设备;
(6) 获得并使用监视和测量装置;
(7) 顾客投诉信息;
(8) 实施监视和测量;
(9) 统计数据;
(10) 放行、交付和交付后活动的实施。

五、简答题

(1) ISO 9001:2000 标准规定需要控制的文件有哪些?
(2) 简要说明关于标准5.2以顾客为关注焦点的实施要点。

六、论述题

(1) 对哪种生产和服务提供过程需进行过程确认?适宜的确认方法和安排应包括哪些内容?
(2) 试就程序文件的编制方法谈一点自己的想法,你认为要编出一本适宜的程序文件应注意哪些问题?

部分参考答案

三、选择题

(1) B　(2) A,B,C　(3) A　(4) C　(5) D　(6) C　(7) A　(8) B,D

四、判断题

(2)(4)(5)(6)(8)(10)

五、简答题

(1) 根据ISO 9001：2000 标准 4.2.3 文件控制的规定，文件控制的范围应是标准 4.2.1 中所列的质量管理体系文件，参见本章第二节三 3 中所述质量管理体系文件。

(2) 参见本章第二节三 8. 关于标准 5.2 以顾客为关注焦点的实施要点。

六、论述题

(1) 参见本章第二节三 32. 关于标准 7.5.2 生产和服务提供过程的确认的实施要点。

第三章 质量审核与质量认证

 **学习目标**

学完本章,你应该能够:
(1) 理解质量管理体系审核的定义、概念和特征,掌握审核准则,了解审核的分类、范围与频次;
(2) 了解审核实施全过程,会进行审核策划和准备,明确实施现场审核的注意点,掌握不符合项的判定方法,会编写审核报告并进行跟踪验证;
(3) 熟悉现场审核的方法与技巧,会进行现场审核;
(4) 了解质量认证的概念与作用;
(5) 明确质量体系认证程序,了解审核活动全过程;
(6) 了解组织申请 ISO 9001 认证的前提条件,明确通过认证所必需的准备工作。

 基本概念

审核　质量管理体系审核　内部审核　第三方审核　现场审核　检查表　不符合项　审核结论　质量认证　质量体系认证　合格评定　证后监督审核

质量审核用于确定组织的质量管理符合要求的程度和其实施的有效性,质量审核也是质量认证的重要组成部分。通常质量认证用于证明组织的产品或服务的质量能满足顾客的要求,具有足够的质量控制和保证能力。随着顾客对质量关注程度的不断提高,质量审核与质量认证已成为世界性的大趋势。本章着重探讨质量体系审核的实施程序、现场审核技术和质量体系认证的实施程序。

> 容易理解质量审核对于建立、改进和完善质量管理体系,持续改进质量的重要性。那么如何进行质量审核呢?实施质量审核的程序和技术又是如何呢?这是质量实践中常遇见且非常重要的问题。

第一节　质量审核的概念、程序和实施

质量审核是监测和验证质量管理体系是否符合要求、是否有效实施的重要工具，通过审核获得对质量管理体系的客观评价，以帮助组织掌握改进的机会，实现持续改进。

一、质量管理体系审核概述

> 什么是审核？什么是质量管理体系审核？什么是内部审核？什么是第三方审核？

1. 审核的定义与有关术语

1) 审核的定义

审核是为获得审核证据并对其进行客观评价，以确定满足审核准则的程度所进行的系统的、独立的并形成文件的过程。

2) 有关术语

审核准则——用作依据的一组方针、程序或要求。

审核证据——与审核准则有关的并且能够证实的记录、事实陈述或其他信息。

注：审核证据可以是定性的或定量的。

审核发现——将收集到的审核证据对照审核准则进行评价的结果。

注：审核发现能表明是否符合审核准则，也能指出改进的机会。

审核结论——审核组考虑了审核目标和所有审核发现后，得出的最终审核结果。

2. 审核的分类

按审核对象与目的不同，审核分为以下几类。

1) 产品质量审核

产品质量审核是对最终产品的质量进行单独检查评价的活动，以确定产品质量符合规定质量特性的程度和适合使用要求的程度。

2) 过程质量审核

过程质量审核是独立地对过程进行检查评价的审核活动，以确定质量计划是否可行、是否有效、是否需要改进；评价过程因素的控制情况，研究因素波动与质量特性间的关系，确定过程控制的程度和存在的问题，从而改进质量控制的方法、提高过程能力。

3) 质量管理体系审核

质量管理体系审核是独立地对一个组织的质量管理体系进行的审核，以确定覆盖质量形成全过程的质量管理体系的符合性、有效性、适用性。

此外,有时按情况,当组织的质量管理体系和环境管理体系一起审核时,称为结合审核;当有两个以上的审核组织共同审核同一组织时,称之为联合审核。

3. 质量管理体系审核的概念与分类

质量管理体系审核是为获得质量管理活动及其结果的审核证据,并对质量管理体系进行客观的评价,以确定满足审核准则的程度所进行的系统的、独立的并形成文件的过程。

质量管理体系审核是为了确定质量管理体系与标准的符合性和体系实施的持续有效性。对审核中发现的不合格项采取纠正和改进措施,完善质量管理体系。

质量管理体系审核按审核方式不同分成以下几种。

1) 第一方审核

第一方审核又称内部审核,简称内审,由组织自己或以组织的名义对自身的质量管理体系所进行的审核。用于组织内部目的,如管理评审,也可作为组织声明自身质量符合标准的基础。

2) 第二方审核

第二方审核由组织的相关方,如顾客或其他人,以顾客的名义对组织的质量管理体系所进行的审核。

3) 第三方审核

第三方审核由独立于第一方和第二方的另外一方,即与第一方和第二方没有行政隶属或经济利害关系、具有一定资格、经认可的能提供认证或注册的审核机构对组织的质量管理体系所进行的审核。

第二方审核与第三方审核统称为外部审核。

4. 质量管理体系审核的特征

1) 被审核的质量管理体系是正规的

组织的质量管理体系必须文件化,形成完整的文件系统,一般应制定或提供有效的质量手册和程序文件,有关的质量管理运作情况要有记录可追溯。

2) 质量管理体系审核是一项正式规范的活动

质量管理体系审核必须由审核方授权,按特定的要求、规范的程序和方法,由具备相应资格的人员进行,审核过程要形成书面文件,如正式的计划、记录、报告等。

3) 质量管理体系审核具有独立性、客观性、系统性

审核的独立性是指审核必须不受干扰或诱导独立进行,审核员必须与被审核的领域无直接关联。审核的独立性是审核公正性和审核结论客观性的前提;审核的客观性要求审核员在审核过程中保持客观心态,掌握基于证据的方法,客观公正地评价审核对象;质量管理体系审核的系统性要求审核必须按规定程序全面评价所审核的各项活动和结果,不能抓住一点不及其余、以偏概全。

4) 质量管理体系审核是一项抽样审核

由于时间和人力的制约,质量管理体系审核只能是抽样审核,样本应有随机性和代

表性,以保证抽样方法的正确运用。正因为是抽样,所以有偶然、有风险,审核中没有不合格并不等于没有问题,要科学对待审核结论。

5. 质量管理体系审核的目的

一般审核的目的可以归结为下述一项或几项的组合。

(1) 确定受审的质量管理体系(或其一部分)与审核准则的符合程度。

(2) 评价受审的质量管理体系确保满足合同要求和有关法律、法规的能力。

(3) 评价受审的质量管理体系实现规定目标的有效程度。

(4) 识别受审的质量管理体系潜在的需改进项和改进方向。

在实际进行审核时,审核目的按审核需要有所不同:通常第一方审核的主要目的是促进组织内部的改进;第二方审核的主要目的是为了选择、评价或控制供方;第三方审核的主要目的是进行质量认证注册。

6. 质量管理体系审核的准则(依据)

质量管理体系审核准则是一组方针、程序或要求,用作与审核证据进行比较的依据。

(1) 标准《ISO 9001:2000 质量管理体系 要求》。

(2) 组织的质量管理体系文件。

(3) 合同要求。

(4) 有关的法律法规。

在第二方审核中,审核准则由顾客与组织协商确定,可在上列依据中增、删。

7. 质量管理体系审核的范围、时间与频次

1) 审核的范围

审核范围这一概念的内涵包括:

(1) 审核活动所覆盖的组织单元;

(2) 审核活动所涉及的组织场所、区域;

(3) 审核活动所覆盖的产品、产品实现过程;

(4) 审核活动所覆盖的时期。

第一方审核的审核范围由组织的最高管理者确定,可包括体系覆盖的所有范围;第二方审核的审核范围由顾客确定,只限于顾客关心的范围;第三方审核的审核范围由申请认证的组织与认证机构一起确定,以申请认证的范围为准。

2) 时间与频次

第一方审核,时间与频次比较灵活,组织有自主权,一般按年度计划执行,如每月对一个部门或过程进行审核、每年覆盖所有部门或过程至少一次、特殊情况下可增加频次;第二方审核的时间与频次由顾客根据需要和产品质量情况决定;第三方审核的时间一般是组织提出认证申请后,由认证机构确定,获证后的监督审核频次为每年1～2次,初次复审为6个月。

审核员犹如法官,是审核的执行者,那么对审核员有些什么要求呢?如果您想成为一个注册审核员,那还需满足对审核员的资历要求。

8. 对审核员的要求

审核工作关系重大,时间紧、难度高、责任重,因此对审核员素质的要求也比较高,这里所述的是对审核员最基本的一些要求。

1) 品质修养要求

(1) 公正、诚实和谨慎。这是审核员必须具备的品质修养。在审核中审核员必须不作根据不足的判断,不弄虚作假,不使用虚假信息,不接受任何贿赂,不屈从任何旨在影响审核、改变结论的压力,不作变相的咨询,信守不泄漏受审组织机密信息的承诺。

(2) 尊重别人,虚心沟通。审核员在审核中不能老大自居、盛气凌人;必须具有与人沟通的热情;尊重别人的意见和想法;能与别人探讨或争论,但不能讥讽或争吵;凡事切忌主观武断、自以为是。

(3) 忠诚、坚韧不拔的精神。审核员必须忠诚于审核工作,切忌三心二意、马虎轻率,遇到复杂情况或突发事件要冷静处理,坚持把工作做细做好,坚韧不拔地完成审核任务。

(4) 积极进取,不断完善自我。审核工作的发展要求审核员具有积极进取、不断完善自我的品格。实际情况往往千变万化,各个受审组织的情况差异很大,一般很难照搬硬套,故步自封绝对要不得,审核员必须通过实践和学习不断充实自己,才能临阵不慌、处变不乱。

2) 能力要求

(1) 观察能力。审核离不开观察,尤其是现场审核。主动观察周围相关环境和活动是认识、分析的开始,审核员必须善于观察,从观察中进行比较、发现疑点或问题、寻求合理的解释或找出症结所在。

(2) 交流能力。审核是一种互动的交流,审核员必须能将自己的意思表达清楚,而且能很好地理解对方的意思,能与他人展开增进理解的讨论,在不断的交流中完成审核。

(3) 判断能力。审核中的现实是多种多样的,审核员常常需要在较短的时间内确定抽样的重点、追查的方向、重要与次要、所审事实与相应准则符合不符合,这就要求审核员具备较强的逻辑推理与分析判断能力,在问题面前能及时明断。

(4) 独立工作能力。审核员常常会遇到需要独当一面的情况,或在某一指定的范围内独立完成审核任务,因此审核员必须具有不依赖他人的独立工作能力。

(5) 灵活应变能力。审核中常会出现与预计不同的情况需要变更计划,或是情况有变不得不采取调整措施,此时就需要审核员实事求是地灵活应变,保持审核的主动权,尽力完成审核目标。

3) 资历要求

资历要求对于内审人员并非完全必要,但对注册审核员却是必要的。依据国际审核员培训注册协会(IATCA)和 ISO 19011 以及中国认证人员与培训机构国家认可委员会(CNAT)《质量管理体系审核员注册准则》的规定,主要要求如下:

(1) 教育程度:大专以上学历。

(2) 工作经历:从事技术、专业或管理工作,大专学历的 6 年,本科以上学历的 4 年。

(3) 质量工作经历:至少有 2 年从事实施、运作和/或审核质量管理体系的相关经历,该质量工作经历可包含在上项工作经历内,但必须是在申请审核员注册前 6 年内。

(4) 正规的审核员培训：必须在申请审核员注册前3年内，完成经CNAT批准的质量管理体系审核员培训课程，并通过考试。

(5) 审核经历：审核经历必须是申请审核员注册前3年内获得的，首先需要取得CNAT实习审核员资格；然后在参加审核中完成至少4次完整的质量管理体系审核，现场审核工作量不少于20人日，其中至少有1次的完整审核应由验证审核员见证，包括见证申请人对所审核的质量管理体系的有效性作出的客观判断的内容。

二、审核实施过程

怎样进行审核？审核实施过程如何？

1. 审核的一般步骤

1) 审核的提出

通常内审的质量管理体系审核由组织按年度计划自行安排，第二方审核由顾客向组织提出，第三方审核由委托方向认证机构提出。

2) 审核启动

审核启动包括：确定审核的目的、范围和准则，指定审核组长，成立审核组，外部审核还需要与受审核方建立初步联系。

3) 文件初审

审阅组织的质量管理体系文件，如质量手册等，评审其对审核准则的适宜性和充分性。一般内审时略去这一项。

4) 现场审核准备

编制审核计划，审核组长分配审核任务，审核员准备工作文件，如编制检查表。

5) 现场审核实施

举行首次会议，然后通过现场审核收集、验证各种信息，形成审核发现，准备审核结论，最后举行末次会议。

6) 审核报告

编制审核报告，经批准后分发，完成审核。

7) 纠正措施跟踪

主要是纠正措施、预防措施等改进活动的验证和评审，通常视作审核后续活动。

2. 审核的启动

内审启动由组织的管理者代表确定审核的目的，指定审核组长，成立审核组。审核的范围、准则由管理者代表和审核组长确定。第二方审核由顾客确定审核目的，审核范围、准则由顾客与组织协商确定。第三方审核，审核目的由审核委托方确定，审核组长由受委托的认证机构指定，审核范围和准则由审核委托方与审核组长确定。

被指定的审核组长应具备领导、管理审核所必需的知识和技能，其主要职责是：与审核委托方确定审核的范围和准则、组成审核组、负责文件初审、制定审核计划、分配审核任务、主持审核工作、控制审核过程、协调解决审核中遇到的异常问题、组织审核组讨论确定不符合项和审核结论、编写并提交审核报告、组织跟踪验证等。

审核组的构成和规模取决于受审核方的过程和产品的复杂程度、受审核方的组织结构和规模等。审核组中应有相关专业审核资格的成员或技术专家。组成情况应在审核前得到审核委托方和受审核方的认可,如有改变成员的合理要求,则应妥善解决。

审核的效率与审核的策划有很大关联,如何策划才能使审核顺利实施呢?

3. 审核的策划和计划

审核策划是审核的前奏,通过对审核活动的策划来确定审核计划,在审核策划中首先要考虑的是采用按部门审核或按过程审核,还是按标准的条款来审核,通常采用按部门审核或按过程审核。按部门审核先确定部门职能所管理的主要过程和相关过程,再按过程方法审核,最好编制一个质量管理体系过程职责分配表。按过程审核先识别过程的输入、输出、资源、活动等,然后进行综合评价。对于关键性的质量过程和管理部门的审核要安排较充分的时间,对产品实现过程和测量分析过程的审核应安排专业审核员来进行。

审核计划是实施审核的指导性文件,是审核组与受审核方、审核委托方之间在审核范围、准则、日程和审核路线等方面达成一致的文件。其内容至少应包括:审核的目的,审核的准则(ISO 9001:2000标准、质量管理体系文件、产品标准、检验规范、与产品有关的法律和法规及合同),审核范围(受审核组织的职能单元、产品、活动、场所),审核组成员名单和向导要求,审核日程(主要审核活动的时间、涉及部门或过程安排,包括会议安排),公正和保密承诺。

4. 文件的初审

文件初审必须收集与查阅的文件是质量手册,6个必需的程序文件(文件控制程序、记录控制程序、内部审核程序、不合格的控制程序、纠正措施程序、预防措施程序)和一份其他文件的清单。

文件初审着重检查质量管理体系文件与认证标准的符合性和充分性,质量管理体系文件的适宜性和可操作性在现场审核中检查。文件初审时特别要注意质量管理体系文件中是否确定了质量方针和质量目标,质量方针是否有满足顾客要求、法律法规要求和质量管理体系有效性的承诺;质量目标是否贯彻质量方针,体现产品要求,质量目标是否展开、分解并可测量;质量手册是否有关质量管理体系范围及删减理由的合理陈述,是否有过程顺序和相互作用的清晰说明以及对外包过程的说明;质量管理体系文件是否覆盖了标准的全部要求。

5. 现场审核前的准备

现场审核前,审核组长必须将审核计划发给受审核方和审核组,并与组员协商,根据审核资源、审核活动的要求和审核员的能力,分配好每个组员的具体任务,包括受审核过程、职能、活动和场所。审核组成员在接受任务以后,要准备好必要的工作文件,以备现场审核用作参考和记录,如审核作业指导书、审核抽样计划和检查表等。审核组长负责协调审核活动的接口,避免审核总体内容的遗漏和重复。

现场审核前,对审核员来说最重要的是准备审核检查表,怎样编制审核检查表呢?

6. 审核检查表的编制

检查表是现场审核中审核员使用的重要工作文件,主要是解决查什么和怎样查的问题。事先考虑周全的检查表能够在现场审核中帮助提示审核的路径、方向、重点,减轻审核员临场的压力,避免审核的随意性,保证审核的连续性与完整性,同时检查表也是审核实施的记录。

设计检查表既要依据审核准则考虑查什么,更要策划审核的思路、方便有效的检查方法和合理取样。对每个过程或活动的基本审核思路是:过程是否已识别并被适当规定?相关职责是否已分配并明确规定?程序和规定是否得到实施和保持?实施结果是否满足预期要求?过程是否有效?

检查表的内容和形式没有硬性规定,通常同一次审核、同一审核组的检查表应该一致,检查表可以按标准条款或按部门职责或按过程方法来编制,一般推荐按部门或按过程编制,今分别给予说明。

1)按标准条款编制检查表

按标准条款编制检查表就是根据标准的系统、每项条款的要求,逐项、逐条思考审核过程与检查方法,写出检查提纲。其优点是能使审核比较系统、全面,避免遗漏;缺点是由于对同一个要求的审核往往涉及多个部门,造成一个部门需要接受多次调查,审核操作往复较多。下面是按标准条款 4.2.3 编制的检查表,其中检查方法是建议性的,每个审核员对每次审核考虑的具体检查方法、抽样方案都会因事因人而千差万别,不可能完全相同。表 3-1 是此种检查表的样表。

表 3-1 按标准条款编制的检查表

审核日期:　　　　　　　　　　　　　　　　　　　　　　　　　　　编号:

依据:ISO 9001:2000　4.2.3 文件控制	审核员:	陪同人:		
检 查 内 容	检 查 方 法	客观证据	结 论	
			符合	不符合
(1) 对文件控制是否建立了形成文件的程序? (2) 质量管理体系所要求的文件是否都予以控制? (3) 文件发布前是否对其充分性与适宜性进行了审批?	(1) 查阅组织的程序文件是否包括所有标准要求建立形成文件的程序。 (2) 检查文件控制程序的控制内容是否符合标准要求。 (3) 从不同管理部门各抽一份在用的文件,查验其审批情况,包括审批日期、审批者是否符合要求等。			

(续　表)

检查内容	检查方法	客观证据	结论 符合	结论 不符合
(4) 文件控制的现状是否符合文件控制程序的规定？现场正在使用的文件是否是适用的有效的版本？质量文件和记录的文字含意是否清楚？字迹是否难以辨认？标志是否易于识别和检索？ (5) 必要时，是否对文件进行过评审与更新，并再次批准？文件的更改和现行修订状态是否得到识别？ (6) 外来文件是否已标志？其分发是否控制？ (7) 作废文件是否实施有防止其非预期使用的措施？保留的作废文件是否有清晰的标志？ (8) 规定作为记录的文件是否都已受控？	(4) 从生产现场抽一份操作文件、一份现场管理记录，从技术部门抽一份正在生产用的技术文件，并抽查一份外来文件，查看"编号"、"审批"与"版本"情况，包括编号是否具有唯一性、版本状态是否标志、现场抽得的是否是有效适用的版本等。 (5) 询问发生质量问题时是否对有关文件进行过修订、更新，抽检这种文件，查验是否重新进行过审批，修订状态是否标志。 (6) 选择技术部门，调查外来文件，如行业标准、规范等如何控制，查看分发登记。 (7) 询问文件管理员是如何控制和处理作废文件的，实际做法是否符合程序规定；查阅文件收发记录，检查已作废文件是否全部收回；如有保留的作废文件，其标志是否清晰醒目。 (8) 抽查现场质量控制记录或管理评审记录，检查其是否符合标准4.2.4记录控制的要求。			
不合格现状叙述：				

2) 按部门编制检查表

按部门编制检查表是根据受审核组织所设立的部门，按部门在质量管理体系中的位置、作用、职责、活动和实施结果以及与其他部门的关联，逐个思考审核过程与检查方法，写出检查提纲。其优点是能使审核比较集中，一个部门只需审核一次；缺点是由于一个完整的过程常需有几个部门共同合作来完成，因此如果疏忽了接口关系，可能使审核出现纰漏或不完全。表3-2是此种检查表的样表。

表3-2　按部门编制的检查表

审核日期：　　　　　　　　　　　　　　　　　　　　　　　　　　　　　　　编号：

部门：质量管理归口部门	区域：	审核员：	接待者：
检查内容	标准条款	检查方法	审核记录
(1) 本部门在质量管理体系中参与的主要过程和涉及的相关过程是否获得识别？所有人员是否了解组织的质量方针和质量目标？组织的质量目标是否经分解后在本部门落实？如何关注顾客满意？	5 管理职责	(1) 询问部门经理：本部门的工作流程、相应活动内容、职责、责任人，抽问几个员工：说明组织的质量方针、质量目标和本部门的质量目标，审核本部门制定的质量目标是否可测量，抽查用户反馈表和顾客满意度调查信息以及产品合格情况。	

(续 表)

检查内容	标准条款	检查方法	审核记录
(2) 质量管理体系有关文件是否完整、是否受控？现场正在使用的文件其版本是否有效、适用？作废文件是否得到有效控制？ (3) 质量记录是否完整、规范？标志是否清晰，字迹是否工整、清楚？是否易于管理和保存？ (4) 是否进行了内审策划？内部审核员是否经过培训和任命？是否审核自己的工作？审核是否全面，实施过程与记录是否符合要求？对发现的问题是否采取相应措施并予验证？ (5) 是否对质量管理体系的过程进行监视和测量？ (6) 是否明确不合格品的控制方法，并监督对不合格品的控制？ (7) 是否进行数据分析？数据来源如何？提供了哪些信息？ (8) 是否对包括顾客投诉在内的不合格项按规定进行了评审、实施了纠正措施并进行验证？实施了哪些预防措施，是否符合规定的要求？都有记录吗？	4.2.3 文件控制 4.2.4 记录控制 8.2.2 内部审核 8.2.3 过程的监视和测量 8.3 不合格品控制 8.4 数据分析 8.5 改进	(2) 检查是否所有标准要求形成文件的程序都编制了程序文件，审核文件控制程序的内容是否符合标准要求；询问文件管理员，了解文件审批、标志、发放、修订、作废的有关规定和实施情况，判定其控制的适用性和有效性；从现场随机抽取一些文件，查检编号、版本与受控状态。 (3) 审核记录控制程序的内容是否符合标准要求；检查本部门涉及的有关质量记录是否符合程序规定，是否便于检索。 (4) 查阅内审实施计划、内审员资格认定、内审记录、内审报告及发放记录，检查是否符合内审要求；抽查3～5份检查表、不合格项报告/纠正措施要求表和跟踪验证记录。 (5) 询问主管人员：对质量管理体系的过程是如何进行监视和测量的？并要求提供这方面的实施证据。 (6) 询问对不合格品控制的监督情况，了解不合格品发生后的处置，采取纠正措施和预防措施的情况，并要求提供这方面的记录。 (7) 首先检查是否明确了数据收集和分析的方法，规定了相应的频次；接着查看数据分析报告，了解通过数据分析提供的信息是否达到规定的要求。 (8) 询问部门经理：质量管理体系运行至今，曾经采取过哪些纠正措施和预防措施，改进的效果怎样？要求提供相关记录，以检查是否符合规定的要求。	

3) 按过程编制检查表

按过程编制检查表是在识别质量管理体系过程的基础上，依照"目标—策划—实施—监视与测量—改进"的过程方法，针对每个过程，可以顺向也可以逆向，逐个思考审核过程与检查方法，写出检查提纲。其优点是能对每一个过程进行完整的审核，有利于对组织的质量管理体系作出正确的评价；缺点是由于一个部门常涉及几个过程，审核工作往复较多，但如果能将按过程编制的检查表用适当的方法按部门集中，就能提高审核效率。表3-3是此种检查表的样表。

表 3-3　按过程编制的检查表

审核日期：　　　　　　　　　　　　　　　　　　　　　　　　　编号：

审核过程：采购过程		涉及部门：采购、技术、质检	审核员：	陪同人：
检 查 内 容	标准条款	检 查 方 法		审核记录
(1) 采购产品如何分类？是否规定了对供方进行选择和定期评价的准则？是否保存对供方的评价结果和跟踪措施的记录？ (2) 采购信息是否明确清楚？采购文件规定的要求是否充分适宜？ (3) 是否建立和实施了对采购产品的检验或其他必要的活动？是否有顾客或组织到供方现场实施验证的情况？这又是如何规定的？	7.4.1 采购过程 7.4.2 采购信息 7.4.3 采购产品的验证	(1) 查阅采购产品分类文件和采购产品清单；询问采购部门经理，了解合格供方评定程序与准则；查阅合格供方名录，验证采购产品均有相应的合格供方；按采购产品分类分别抽调几个合格供方的评价和跟踪措施记录，验证评定是否符合规定的程序和准则、是否定期举行。 (2) 要求技术部门提供采购技术文件，采购部门提供采购计划、采购申请单、采购合同等文件资料；检查采购文件是否齐全，是否经过审批，是否写清了采购产品的不容置疑的具体信息，是否包含了顾客的要求，采购是否控制在合格供方中进行，对于关键的或量大的采购是否提出了质量管理体系的要求。 (3) 查阅进货检验规程或检验规定，抽查 2～3 种采购产品，现场观察检验操作，判定其是否符合规定的要求；询问在进货检验中发现问题是如何改进的，并要求提供有关记录；询问采购部门经理：对非合格供方的采购如何进行检验控制？另外，是否有顾客或组织到供方现场实施验证的情况，如有，又是如何规定的？查阅其规定是否符合标准要求。		

> 由于检查表对于现场审核的重要性，应记住检查表的编制方法，特别要记住按过程编制检查表然后按部门集中的方法。

7. 首次会议

首次会议是现场审核的序幕，是审核组与受审核方中、高层管理人员正式接触和介绍审核过程的、由审核组长主持召开的会议。参加者包括：审核组全体成员、高层管理者（必要时）、管理者代表、受审部门领导或过程管理人员、陪同人员、有关专家。会议要求精简明确，能获得受审方的理解和支持，时间通常控制在半小时左右，应做好会议记录，与会人员都要签名。首次会议的程序和内容如下：

(1) 审核组与受审核方分别介绍人员及职责（内审时，双方比较熟悉，可简略）。

(2) 确认审核的目的、准则、范围和审核计划。如确有需要，通过双方协商可以适当变更审核计划。

(3) 介绍审核采用的方法和程序。强调审核所遵循的客观公正原则，同时着重说明审核是抽样调查过程，审核证据基于随机抽取的样本，审核结果有一定的风险和局限性。

(4) 关于审核结论的说明。审核组长应就不符合项和审核结论的有关须知作出解释,包括有异议时的申诉方法和渠道,认证审核应说明审核结论中提供的审核组对认证/注册的建议是推荐性的,最后的正式结果须由认证机构决定和发布。

(5) 确定审核用语,确定联络、陪同人员,确定审核组办公条件,建立审核组与受审核部门的正式沟通渠道。

(6) 承诺有关保密事项。即审批组承诺保守受审核方在技术、管理、商业信息等方面的秘密。

(7) 明确现场审核的限制条件、安全事项,如专利技术、机密信息、危险区域等。

(8) 澄清疑问。如有疑问应在会上给予澄清。

文件审核和现场审核是审核实施的两个方面,尤以现场审核为审核工作的重点,那么在现场审核中应注意哪些事项呢?

8. 现场审核实施注意

1) 审核组长必须控制好审核的全过程

首先审核组长要掌握审核计划的实施,督促成员按计划控制审核进度,协调成员间的工作,必要时采取适度的调整,保证审核计划顺利执行。审核中,充分利用检查表是掌握审核方向、提高审核效率的行之有效的方法。在审核过程中,审核组长应积极支持成员间互相交流沟通,发现问题及时探讨、集思广益,确保审核正确、客观、公正、有序地进行。

2) 以客观证据为准

审核必须以事实为基础,所有判断都要有支持性证据,任何缺乏证据的主观臆断一定得摒弃,特别要慎重对待没有文件的不符合判定。审核所要验证的是客观证据,并不是非找到不合格不可。同时,任何事实、任何客观证据都应及时取得受审核部门的共同确认。

3) 合理选择样本

样本对于审核至关重要,抽样必须是随机抽样。一要注意抽样数量适当,一般为2~12个;二要注意均衡、有代表性,特别对产品质量有重要影响的环节应有样本;三是样本应由审核员亲自在现场随机抽取。

4) 深入调查

审核中对于问题,一要多方求证,从问题的各种表现形式去寻找客观证据,最好有两个以上的证据;二要注意过程间的关联性,深入追踪;三要找出问题的原因,将问题分析到一定深度;四要注重关键环节和体系运行的主要问题,把握审核方向。

5) 营造并保持良好的审核气氛

审核过程中,审核员必须始终保持客观、公正、耐心、礼貌的工作态度,与受审核方进行友好、有益的沟通,营造并保持良好的审核气氛。

6) 控制审核结果

评价和结论必须以共同确认的事实为依据,要有明确的针对性,审核组内部必须意见一致,没有搞清的问题绝对不下结论。

9. 不符合项的判定与报告编写

1) 不符合的定义及分类

ISO 9000:2000《质量管理体系 基础和术语》标准中,不符合的定义是:"未满足明示的、通常隐含的或必须履行的需求和期望"。在审核中,"明示的"可以理解为文件规定的或顾客明确提出的要求;"通常隐含的"是指组织、顾客和其他相关方的惯例或一般做法,所考虑的需求或期望是不言而喻的;"必须履行的"是指法律、法规的要求以及强制性标准的要求。

例如,电瓶自行车的电瓶不仅需要满足明示的生产质量标准和通常隐含的使用安全要求,还需要满足必须履行的环保要求。

根据不符合产生的不同情况,不符合可以分成三类:

(1) 文件性不符合。这有两种情况,一是质量管理体系文件与质量管理体系标准、有关法规、合同要求不符,属于体系性不符合;另一种情况是质量管理体系文件之间相互不协调或不可操作。

(2) 实施性不符合。质量管理体系实际执行现状与质量管理体系有关文件的规定不符。

(3) 效果性不符合。质量管理体系运行结果不符合预期的效果/目标。

2) 不符合程度的判定

在第二方审核、第三方认证审核时,为了对受审核的质量管理体系作出评定,以便决定是否通过认可、是否给予认证/注册,常需要对不符合项的不符合程度作出区分,一般分成严重不符合与一般不符合两种。

(1) 严重不符合。严重不符合通常是指已引起或将导致质量管理体系失效的不符合。实际审核中,如发现下列情况之一的,即应判断为严重不符合。

① 与审核准则要求严重不符,如缺少标准规定的不可删减的要求,过程的关键部分没有控制等;

② 质量管理体系出现系统缺陷或失效,如存在反复失效而又无有效纠正的过程;

③ 产品/服务质量不能完全保证,可能造成严重后果,如家用电器绝缘质量不稳定可能造成人身伤害事故;

④ 一般不符合项数量过多,导致系统性失效。

(2) 一般不符合。通常认为出现下列情况之一的,即构成一般不符合。

① 与审核准则要求轻微不符;

② 属于个别的、偶然的、轻微的与质量管理体系要求不符的事件;

③ 影响不大、无严重后果的不符合情况。

另外注意,有一类问题虽然未构成不符合项,但有发展成为不符合项的趋势,或者可以进一步提高,这类问题通常作为"观察项"口头向受审核方提出,不纳入书面报告,只是审核组应有观察项记录。

3) 不符合项报告的主要内容

审核中发现的、经审核组讨论决定的不符合项,由审核员负责编写不符合项报告,报告格式无统一规定,其主要内容如下:

(1) 不符合事实的描述。这是不符合项报告的关键部分,应着重写清发现不符合项的区域场合、不符合事实发生的时间、不符合的事情与结果、说事的人或做事的人是谁。

(2) 作出不符合判定所依据的审核准则及条款。

(3) 不符合项的不符合程度。

(4) 审核员、审核组长签字。

(5) 受审核方代表确认并签字。

此外,为了紧接着对不符合项的纠正和验证的方便,常常将不符合项原因分析、纠正措施、对纠正措施的评审及效果验证等项依次列入不符合项报告。

4) 不符合项报告的编写要求

(1) 语言表达要确切、真实,使用规范术语,切忌使用"如果……"、"认为……"、"可能……"等含意不确定或有主观成分的语句。

(2) 所举事实确凿,有可追溯性,追溯途径具体无遗漏,便于重复查证。

(3) 报告应简单明了,写明不符合理由和相应的标准条款,便于受审核方理解和采取纠正措施。

(4) 涉及具体人员时,只注明岗位,不写姓名,更不能有责备。

> 在审核工作中,不符合项的判定与报告编写是一项必须郑重对待的作业,应记住不符合项判定和不符合程度判定的方法。

10. 审核结论

根据ISO 9000:2000《质量管理体系 基础和术语》标准,审核结论是:"审核组考虑了审核目标和所有审核发现后得出的最终审核结果",是审核组对受审核方质量管理体系的总体评价。在现场审核后,审核组长应及时召开内部的审核结论讨论会,汇总审核结果,共同评审审核发现,确定审核结论。

审核结论一般包括:质量管理体系文件审核结论;质量管理体系运行与标准的符合性;不符合项对体系有效性的影响程度;是否有严重缺失和系统性问题;顾客满意信息;质量管理体系总体运行是否有效等。

认证审核的审核结论还应包括审核组对认证/注册的建议,建议应根据认证机构审核方案的有关规定作出。例如,无不符合项,可作出推荐注册的建议;如有两项以上的严重不符合项,可作出不推荐注册的建议;对其他情况,可作出有条件推荐注册的建议,条件是受审核方纠正措施的有效性经审核组成员验证确认。

11. 末次会议

末次会议是在现场审核后,审核组向受审核方报告审核发现和审核结论的会议,由审核组长主持召开。参加者与首次会议基本相同,特别是审核结果涉及的重要人员应该到会,以利于实施纠正措施。会议要求精简明确,能获得受审方的理解和支持,时间通常控制在1小时左右,应做好会议记录,与会人员都要签名。末次会议的程序和内容如下:

(1) 审核组感谢受审核方在审核过程中对审核工作的配合与支持。

(2) 重申审核的目的、准则、范围,说明审核计划完成情况。

(3) 重申审核是抽样调查过程,审核证据基于随机抽取的样本,审核结果有一定的风险和局限性。

(4) 报告审核中发现的受审核方质量管理体系运行中的优点和成功之处。

(5) 报告不符合项及其不符合程度、不符合项数量及分布。

(6) 澄清疑问。对于不符合项,受审核方如有质疑、意见,应在会上给予澄清、解释;如有分歧,应尽可能讨论解决,未能解决的,应将分歧记录在案。

(7) 报告审核结论,主要是对受审核方质量管理体系的总体评价,认证审核还应包括审核组对认证/注册的推荐性建议。

(8) 请受审核方确认审核结果和结论。由受审核方代表在不符合项报告和审核报告上签字。

(9) 商定对纠正措施效果的跟踪验证安排。

(10) 认证审核时,应告知受审核方认证机构的有关注册管理规定,包括证后监督审核要求,正确认识、使用认证证书和标志的要求等。

(11) 受审核方领导讲话。

12. 审核报告的编写

审核报告是审核的总结,是在对审核发现的统计分析基础上,提供对受审核方质量管理体系有效性的总体评价的正式文件,其编制和内容由审核组长负责。审核报告经批准后向有关方发放,一般内部审核由最高管理者批准,认证审核的审核报告由审核组长提交认证/注册机构按规定进行评审和批准。审核报告的主要内容有:

(1) 受审组织名称、地址,认证审核需要有认证/注册机构名称和合同编号。

(2) 审核目的、范围和审核日期。

(3) 审核准则。

(4) 审核组成员和受审核方主要领导。

(5) 审核过程、审核发现概述。

(6) 审核结论,主要是对受审核方质量管理体系运行有效性的评价,认证审核需有推荐认证/注册的建议。

(7) 附件,包括不符合项报告、审核计划、首次和末次会议记录、其他认为必需的见证资料。

13. 纠正措施与跟踪验证

审核组在审核中发现不符合项并获得责任部门确认后,应向受审核方提出采取纠正措施的要求。针对每一不符合项,受审核方责任部门应及时分析原因,制定纠正措施,并在商定的时间内完成实施。审核组负责对纠正措施的实施情况与效果进行验证,主要验证对不符合项的原因分析是否正确、纠正措施是否适宜、实施是否有效、能否防止类似问题再次发生、能否提供实施结果的有效证据等。

实施质量审核的程序、方法和技巧以及对审核员的要求。

在质量竞争愈演愈烈的今天,质量认证对于组织不能不说是在竞争中得分的重要条件,第二节着重阐述质量认证的概念、作用和程序以及组织如何进行认证准备。

第二节 质量认证的概念和实施

21世纪,经济向全球化发展,贸易趋向国际化,质量意识、质量竞争贯穿于全球交易,组织实施质量认证犹如雨后春笋成为世界性的大趋势,了解、研究、发展质量认证的有关知识已成为组织的迫切需求,也是时代的需求。

一、质量认证概述

什么是质量认证?质量认证有哪些作用?

1. 质量认证的概念

质量认证也称合格认证(conformity certification)。国际标准化组织(ISO)将其定义为:"第三方依据程序对产品、过程或服务符合规定的要求给予书面保证(颁发合格证书并给予注册登记)。"其要点归纳如下。

1) 质量认证的对象是产品(服务)和质量管理体系

(1) 产品质量认证包括有形产品和无形产品的质量认证。有形产品包括原料、零部件、元器件、整机等硬件产品,包括计算机程序、工作程序、信息、数据等软件产品,还包括电镀、焊接、热处理、检测等工艺性作业和建设工程。无形产品是指服务,它是满足顾客的需要,在同顾客接触中,供方的活动和供方内部活动所产生的结果,如修理维护、食宿招待、交通运输、医疗卫生、公用事业、金融贸易、咨询委托等。

(2) 质量管理体系认证是组织为了证明自己的产品(服务)能满足顾客的要求,具有足够的质量控制和保证能力,在合同环境下,根据组织自身的特点并结合顾客的要求,选用一定的质量管理体系要求标准,通过客观方对自身的质量管理体系所进行的认证活动。

2) 质量认证的依据是标准

作为认证依据的标准应是经过标准化机构正式发布的,由认证机构所认可的产品

（服务）标准、技术规范、ISO 9001质量管理体系标准等。

3）认证鉴定的方法是抽样检验和审核

质量认证鉴定的方法包括对产品质量的抽样检验和对质量管理体系符合性、适宜性、有效性的审核。

4）认证机构属于第三方性质

通常把产品的生产组织称为"第一方"，把顾客称为"第二方"，独立于第一方和第二方的另外一方称为"第三方"。在质量认证活动中的第三方就是一个得到中国认证机构——国家认可委员会（CNAB）认可的认证机构，它与第一方、第二方都不存在行政上的隶属关系和经济上的利害关系。

5）质量认证的合格表示方式

通常是颁发"认证证书"和"认证标志"，并予以注册登记。

2. 认证机构概述

如上所述，组织为了证明自己的产品（服务）能满足顾客的要求，具有足够的质量控制和保证能力，需要有一个权威的第三方依据标准经过审核合格发给的认证证书和标志，并予注册登记，作为客观公正可信的证明。那么作为第三方的认证机构的可信性和权威性又是如何建立的呢？

实际上认证机构的可信性与权威性正是源于任何一个认证机构必须得到国家认可委员会（CNAB）的审核认可与监督，都必须按国家认证认可条例办事。我国于2001年8月由国务院授权组建中国国家认证认可监督管理委员会（简称国家认监委，CNCA）主管国家认证认可工作，2002年国家认监委授权组建了3个国家认可委员会：中国认证机构国家认可委员会（简称国家认可委，CNAB）、中国认证人员与培训机构国家认可委员会（CNAT）、中国实验室国家认可委员会（CNAL）。分别对认证机构、认证咨询机构实施资格认可，对认证培训机构、认证人员实施资格认可，对校准、检测、检验机构及实验室实施资格认定。2003年9月3日国务院颁布了《中华人民共和国认证认可条例》规范认证认可活动，11月1日正式实施，它加强了国家对认证认可活动的监督管理。中国国内的所有认证机构都必须得到国家认可委（CNAB）的审核认可与监督，都必须按国家认证认可条例规范认证/注册活动。

20世纪90年代以来，经济全球化的发展趋势促进了不同国家和地区的认证认可机构之间的双边或多边互认，中国认证机构国家认可委员会（CNAB）是国际认可论坛（IAF）"多边承认协议"的成员，经CNAB认可的认证机构颁发的认证证书可附加国际互认标志，为IAF所有成员共同承认。中国还是国际认证联盟（IQNET）的成员之一，IQNET是国际认证机构间的联盟，旨在推动和支持其成员机构推进质量管理，对成员机构颁发的认证证书实现互认、互换。IQNET成员包括28个国家的29个权威认证机构，经国家认可委（CNAB）认可的中国质量认证中心（CQC）是IQNET的正式成员。

3. 质量认证的作用

通过质量认证对产品(服务)质量和质量管理体系作出了公正、客观的评价,为人们提供了完全可信的质量保证信息,这对于顾客、组织和社会都有着极其重要的意义。综合起来质量认证的主要作用有以下几方面。

1) 提供顾客选择供方的质量依据

由于科学技术的高度发展,现代产品的技术含量越来越高、越来越专业,使得仅有有限知识和选择条件的顾客很难判断产品质量是否是自己所满意的。实行质量认证制度后,顾客可以在有认证标志的产品(服务)中或从认证注册的组织中找到质量有保证的供方,满足了顾客选择供方的要求,同时也使顾客的利益得到保护。

2) 提高组织的质量竞争能力

一个组织要在市场竞争中胜出,必须提高质量竞争能力,使人们相信这个组织具有质量控制和保证的能力。而实现质量认证/注册是一个重要途径,经过认证/注册把自己的产品(服务)与没有认证/注册的产品(服务)拉开距离,从而取得竞争优势。

3) 促进组织不断改善质量管理体系

组织通过质量认证/注册,就是要把自己纳入认证审核与监督的连续过程中,这促使通过认证的组织不断改善自身的质量管理体系,不断提高自己的产品(服务)品质。

4) 有利于组织拓展国际市场

质量认证制度已被全球越来越多的国家和地区所接受,国与国之间常常通过签订双边或多边的认证合作、互认的协议,承认并接受协议成员的认证证书或同意换取另一方成员的认证证书。这使获得国际权威性认证机构认证的产品质量信誉能在成员国内获得普遍承认,并按协定享受一定的优惠待遇,如免检、优惠开放等。因此,质量认证的国际性增强了产品在国际市场上的竞争能力,有利于组织拓展国际市场。

5) 避免重复验证和审核

一个供方往往有多种产品,一种产品也往往涉及许多用户,如果每次交易都要重新验证和审核,这对于人力和物力是一个巨大的浪费。实行质量认证可避免这样的重复验证和审核,据国外资料报道,约可减少80%的重复检查工作量,因而降低交易成本。

6) 有利于社会发展

质量认证制度的实现提高了社会对质量的诚信和享受,提高了人们改进质量、提升生活的志趣,提高了交易效率,社会的方方面面也将获得有益的改变,显然有利于社会发展。

二、质量体系认证程序

如何进行质量管理体系认证,认证程序是怎样的?

1. 质量管理体系认证工作流程

从组织申请质量管理体系认证到获得认证证书的工作流程如图 3-1 所示。

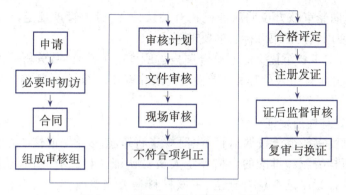

图 3-1　质量管理体系认证工作流程

2. 申请与受理

当需要进行质量管理体系认证时,组织应向经过国家认可委(CNAB)审核认可的认证机构提出申请。组织可以根据顾客的要求、自身的专业和实际情况自由选择有权威的、合适的认证机构。申请书应包括:

(1) 申请人概况,如组织的名称、性质、地址、电话、法律地位和有关的人力资源、技术资源状况。

(2) 申请认证的范围。

(3) 认证审核的准则。

(4) 申请人同意遵守认证要求、提供认证审核所需信息的承诺。

(5) 申请人授权代表签署。

认证机构在接到申请后应通过信息交流、必要时初访等方式,了解申请与申请人的基本情况,在规定时间内对申请进行评审,以决定是否受理。当决定受理时,认证机构应与申请方签订"质量管理体系认证审核合同",双方对认证活动及其结果承担相应的责任。

3. 认证审核的准备与文件审核

认证合同签订后,认可机构负责人向审核管理部下达审核任务书,任命审核组长,而后组成审核组,并将审核组成员名单通知受审核方,注意受审核方是否有异议。审核组正式任命后,认证机构的审核管理部应将有关审核操作规程发给审核组。

审核组长负责审核受审核方的质量手册和质量体系程序文件是否符合审核准则的要求,并作记录。如有问题,应要求受审核方在现场审核之前进行纠正。

根据合同要求和文件审核情况,审核组长负责拟订审核计划,经认证机构负责人审批后执行。审核计划与日程安排应征得受审核方同意。

现场审核前,由审核组长召集审核组会议,布置计划、明确分工、熟悉受审核方质量管理体系文件,审核员按分工作现场审核准备。

4. 现场审核与不符合项纠正

关于现场审核的具体操作详见上一节有关现场审核的内容,这里不再赘述。

审核组在现场审核后的末次会议上,应报告审核结论,包括受审核方质量管理体系不符合项情况和对受审核方质量管理体系的总体评价,提出审核组对认证/注册的推荐性建议。同时,向受审核方说明认证机构有关认证/注册的管理规定,证后监督审核要求,正确认识、使用认证证书和标志的要求等。

受审核方针对审核组提交的不符合项报告所列的不符合项,分析原因、采取积极有效的纠正措施,经审核组人员对其有效性进行跟踪审核、验证并获得确认后,将结果记录在案,整个审核过程关闭。

5. 合格评定与注册发证

审核结束后,审核组长按照认证/注册规定将审核报告与审核的全部材料上报认证机构,认证机构委派经批准的合格评定人员对认证过程的有效性、认证结论的正确性和有效性、认证程序是否符合规范、审核材料是否完整属实进行合格评定。然后认证机构根据合格评定的结论意见对受审核方质量管理体系作出是否给予认证/注册的决定。对于决定给予认证/注册的,由认证机构向受审核方颁发有统一注册编号的、印有认证机构认证标志和国家认可标志的质量管理体系认证证书。证书注明:受审核组织名称、地址;认证依据的标准;体系覆盖的范围和 3 年有效期。证书由认证机构代表签署批准,在每年规定时间审核机构定期以公告的形式发布获得认证/注册的组织名单。

一个组织获得认证/注册以后,是否可以放任自流、不需要任何监督了?

6. 证后监督审核与复审

组织在获得认证注册以后,在证书的有效期内,必须接受发证/注册机构的监督审核,以验证获证组织质量管理体系是否持续满足审核准则的要求、质量管理体系是否持续有效运行、考察组织运行引起的质量管理体系的变化是否符合认证要求以及提出是否保持认证的推荐性意见。一般首次监督审核在获证半年后进行,以后每年进行一次。每次审核范围约为受审核方质量管理体系所涉及的全部组织单元及活动和过程的三分之一,并在认证证书有效期内覆盖全部的组织单元及活动和过程。监督审核结论中的建议可以是继续使用证书、暂停使用证书、撤销使用证书三者之一。

认证证书有效期满时,组织若想继续保持认证/注册证书,应及时(通常提前 1 个月)申请复审换证。认证机构受理后,重新对组织进行复评审核。复审的程序和方法与初次审核相同,审核范围约为初次审核的三分之二。复评审核结论中的建议可以是推荐换证、不予推荐换证,或组织采取纠正措施并经审核组对其有效性进行跟踪审核、验证获得确认后推荐换证。

三、组织实现 ISO 9001 认证须知

一个组织若要申请 ISO 9001 认证,应该做些什么准备呢?

1. 组织申请 ISO 9001 认证的前提条件

一个组织若要申请 ISO 9001 认证，首先应该满足的主要前提条件有：

（1）组织具有独立法人地位的证明文件。

（2）组织已按 ISO 9001 标准建立了文件化的质量管理体系，并按规定的周期运行后，经内部审核运行有效。

（3）组织所提供的产品/服务符合相关的法律、法规。

2. 组织通过 ISO 9001 认证所必需的准备工作

一个组织推行 ISO 9001 认证，从贯彻标准动员到迎接认证审核，所要做的主要准备工作如图 3-2 所示。其中的重要环节是：两次大会、四次培训、一套文件、三次评审。

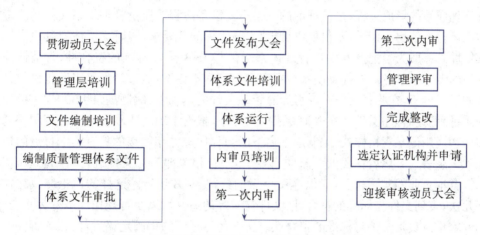

图 3-2　组织推行 ISO 9001 认证准备工作流程

1）两次大会

组织决定推行 ISO 9001 认证，首先由领导主持召开全体员工贯彻 ISO 9001 标准动员大会，将领导的决心变为全体员工的决心。大会结束后即转入管理层培训。

另一次重要的大会是质量管理体系文件正式批准以后，由领导主持召开的质量管理体系文件正式发布大会。要求全体员工理解质量管理体系的重要性，认真参与质量管理工作，认真学习相关的质量管理体系文件，认真执行相关文件规定。

2）四次培训

四次培训是：管理层培训、文件编制培训、体系文件培训和内审员培训。为了把握标准的精髓，一般请认证咨询机构的专家来实施培训。管理层培训的主要内容是：ISO 9000 标准有关知识、标准的要素构成、标准要素理解要点等。文件编制培训和内审员培训除上述内容培训得更为深入外，增加有关体系文件编写要求、编写要点与编写技巧的内容。培训结束，即开展质量管理体系文件编制工作。内审员还须参加操作练习、考试和考试讲评，考试通过后核发内审员证书，准备参加内审。体系文件培训是在质量管理体系文件发布以后，分层次进行的针对组织的文件化的质量管理体系的培训，是为质量管理体系运行打基础。此项培训应使组织的每位员工了解自身岗位在质量管理体系中的位置、职责，了解自身岗位与哪些过程有关，工作中应执行什么文件的规定，有哪些要求,应做哪些质量记录。具体培训时可让内审员发挥作用,进一步熟悉组织的质量管理体系,以利将要进行的内审。

3) 一套文件

一套文件是指形成系统的质量管理体系文件,主要包括:

(1) 质量方针和目标。

(2) 质量手册(通常将质量方针和目标包括在内)。

(3) 程序文件。

(4) 作业文件。

(5) 通用记录表格样式。

质量管理体系文件的编制是一个将标准与组织的具体实践相结合的过程、是文件化质量管理体系的形成过程、是认证前的一个重要准备过程。质量管理体系文件是质量管理体系运行的依据和记录,不仅要符合 ISO 9001 标准的要求,同时又要注意其适宜性和可操作性。一般为了把握好质量管理体系文件与 ISO 9001 标准的符合性,常请认证咨询机构的专家来掌舵。文件编制人员在咨询专家的指导下,通过对本组织所包含的大大小小的过程分析,在收集、整理、参考原有管理文件的基础上,编制满足 ISO 9001 标准要求的质量手册和程序文件。在咨询专家的指导下,根据组织的实践和特点分析所需的作业文件和通用记录表格样式,编制承上启下的与程序文件相衔接的具有实践特点的作业文件和记录表式。然后在咨询专家的指导下,集合相关部门对文件进行讨论修改,使其更加符合本企业的实际状况,确保体系今后的持续、有效运行。这样的讨论修改往往要有好几次,直到文件与标准的符合性、文件与实际的适宜性以及可操作性都好为止,其中咨询专家重点负责文件对标准的符合性。文件经过仔细的审阅定稿后,由相关责任人员批准,接着就可以发布、运行了。

4) 三次评审

质量管理体系试运行时间至少为 3 个月,通常为 6 个月。在试运行期间,要进行内部审核和管理评审,以确保建立的质量管理体系符合标准的要求和规定的目标并保持有效运行。由于没有审核经验,一次内审往往不能解决问题,所以常在第一次内审通过整改后再进行第二次内审,必要时延长运行时间进行第三次内审。第一次内审最好请认证咨询机构的专家来主持审核,带着内审员实践整个审核过程。由咨询专家指导审核计划、现场检查表的编制,指导进行现场审核,提交审核报告。现场审核结束后,在咨询专家的指导和带领下,就审核中发现的问题与领导层进行交流,提出改进建议,采取纠正措施和实施验证。在取得一定审核经验的基础上,第二次内审中组织自己的内审员应担负主要的审核任务,条件成熟时也可独立进行。

内部审核的整改工作完成以后,应立即开展管理评审。由咨询专家指导体系管理人员编制管理评审计划、实施管理评审、起草管理评审报告、编制管理评审纠正预防措施并提出改进意见。

内审和管理评审是对质量管理体系的测量、分析和改进的过程,是一个持续完善的过程。经过内审和管理评审并完成整改以后,组织可以着手选择认证机构,递交认证申请,迎接认证审核。

质量认证的概念、ISO 9001 认证的程序和组织为通过 ISO 9001 认证所必需的准备工作。

小结和学习重点

- 质量管理体系审核的概念与实施程序
- 审核检查表的编制方法
- 不符合项的判定与报告编写
- 质量认证的概念与作用
- 质量管理体系认证程序
- 注册发证与证后监督
- 组织实现ISO 9001认证的前提条件和必要的准备

质量审核与质量认证的发展已是世界性趋势，从竞争角度看，作为全球贸易壁垒的关税已让位于质量壁垒，变成质量竞争，在 ISO 的规划下逐渐演进为质量认证的竞争。了解质量审核与质量认证知识、掌握质量审核与质量认证技术是贸易与组织生存的需要、不断提高的生活质量的需要，也是时代发展的要求。本章着重介绍质量管理体系审核的概念和程序、现场审核实施方法与技巧、质量体系认证过程和必需的准备工作，对于质量审核和认证具有一定的指导性。

 前沿问题

随着质量审核和质量认证的发展，质量管理体系认证已经从生产硬件产品的企业逐渐向生产其他产品和提供服务的组织拓展，这是一种正在发展的必然趋势。这些其他的组织按其属性可归结为信息技术企业、数据技术企业、程序软件生产企业；检测作业单位、工程建筑单位；汽车维修单位、商业企业、餐饮企业、旅馆酒店、娱乐服务业、交通运输单位、水电煤供应单位、学校教育单位、医疗保健单位，等等。在这些不同的领域里，只有极少数领域，如信息技术企业、程序软件生产企业、工程建筑单位、学校教育单位等，已经有零星的组织实现了质量管理体系认证，其中大多数组织尚未实施。而其他大多数领域的质量认证尚未启动，比起生产硬件产品的企业来，这些组织具有不同的或非常不同的特征，这使得在这些领域里组织的质量认证技术、规范和操作方法需要进一步研究和开发。问题是如何依据 ISO 9000 族标准，对这些目前尚未启动的、具有其自身固有特征的领域里的组织实施认证操作活动呢？其操作技术和方法是怎样的呢？这是质量认证发展需要解决的问题。由此可见，质量管理体系认证的发展领域是相当宽阔的。

案 例

案例一 通信器件制造有限公司不符合项目报告

表 3-4 不符合项报告

报告日期：2004 年 11 月 13 日		编号：045202
受审核方名称：×××通信器件制造有限公司		受审核部门：装配车间
审核日期：2004 年 11 月 13 日	审核员：缪 ××	陪同人：孙 ×
审核准则：■ ISO 9001：2000 标准条款 7.5.1 ■ 质量管理体系文件		
不符合项描述： 审核发现通信配线架焊接工位的返工品中焊点间距过大，进一步检查发现焊接工位 D047-2004 工艺文件中未规定焊点间距，而 C017-2004 检验文件规定："两焊点之间的距离为 6±3 cm"。 此项事实不符合 ISO 9001：2000 标准第 7.5.1 b）条"必要时，获得作业指导书"的要求。 受审核方代表签字/日期：王 ×× /2004.11.13		
不符合程度：■ 严重　　　□ 一般		
原因分析： （1）工艺人员编制工艺文件时，未注意焊点间距的质量要求； （2）D047-2004 工艺文件审批不严。 受审核方：李 ×× /2004.11.14		
纠正措施： （1）技术部负责修改 D047-2004 工艺文件，并组织评审； （2）技术部组织全体成员学习相关文件，要求加强工艺文件评审； （3）生产部组织操作人员学习修改版的 D047(1)-2004 工艺文件，要求控制焊接质量。 受审核方：李 ×× /2004.11.15		
对纠正措施的评审及效果验证： 修改版 D047(1)-2004 工艺文件已规定焊点间距质量要求，并有通过评审的记录，11 月 18 日正式发布使用；培训记录证实技术部、生产部已分别进行了文件学习；11 月 18 日至 30 日的检验记录证明焊点间距问题已得到控制（附修改记录、评审记录、培训记录、检验记录）。 纠正措施落实，运行有效。 审核员：缪 ×× /2004.12.1		

案例二
企事业单位审核分析列举

审核发现下列情况,经分析认定为与 ISO 9001:2000 标准不符(以下所指标准均为 ISO 9001:2000 标准)。

(1) 抽查产品老化试验的操作文件,发现没有规定环境要求。询问试验人员环境情况对产品老化有否影响,回答说:"有些影响,但不显著,因此不需要考虑。"

不符合标准 6.4,没有确定并管理为达到产品符合要求所需的工作环境。

(2) 组织的质量方针是:"为顾客着想,质量第一。"询问各层次人员对质量方针的解释,五花八门:高层管理人员说,顾客是企业的生命源,做什么事都应从顾客着想;中层管理人员说,质量第一就是要使产品达到国际领先的目标,至少是国内第一;普通员工说,质量符合顾客要求是第一位的……

不符合标准 5.3,质量方针标语口号式,理解不一,难实施。

(3) 高等职业学校的质量管理体系中删减了标准 7.3 设计和开发的要求,理由是设计开发对学校不适用。

不符合标准 1.2 应用条款,实际上高等职业学校为了紧跟社会职业发展形势,常需要设计开发新的专业与专业课程。

(4) 发现在所有内审不符合项报告的纠正措施验证一栏中都只写了"纠正措施已验证"。

不符合标准 8.2.2,跟踪验证活动的记录应包括对所采取措施的验证和验证结果的报告,并评审所采取的纠正措施。

(5) 审核员在公司与顾客签订的制造合同中,看到其中有一条是规定制造中的某一塑料件必须来自顾客指定的一个生产厂。审核员询问管理人员这些塑料件在使用前是否经过检验或验证,回答说:"这是顾客指定的,有问题由指定生产厂负责或顾客自己负责,我们拿到就用,不去多管。"

不符合标准 7.5.4,对顾客提供的产品应予验证、保护、管理,发生情况应报告顾客。

(6) 审核发现质量管理体系对产品实现过程进行监视和测量的证据不少,但提供不出对其他过程进行监视和测量的证据。

不符合标准 8.2.3,应对质量管理体系的所有过程进行监视,并在适用时进行测量。

(7) 在检查顾客投诉和意见记录时,发现记录全空白。经理说:"没有顾客投诉,顾客有意见会提出来,但至今没有发生这种情况,可见顾客对我们是满意的。"

不符合标准 8.2.1,没有对顾客的满意和满意程度的信息进行监视。

(8) 在钢材仓库发现有 2 根长短不一的钢材,上面没有任何标志。仓库管理员说:"这 2 根钢材被用去了一部分,标志正好在被截用的那段,好在只有 2 根,能记得,不会搞错。"

不符合标准 7.5.3,当标志被用去后,应将标志移植到剩下的部分上,保持可追溯性。

(9)《质量手册》中没有对行政部、财务部的职责作出规定,认为行政部和财务部的工作与产品质量无关。

不符合标准 5.5.1,对组织内的职责和权限应作出明确的规定。

(10) 检查设计过程中使用的标准时,发现设计人员手中保存有相关的国家标准,而资料室中没有国家标准和国家标准保管记录。资料管理员说:"设计人员常要用到那些国家标准,而且也只有设计人员才用,所以就由设计人员保存。"

不符合标准 4.2.3 f),没有识别外来文件(如这里的国家标准),也没有控制其分发情况。

练习与思考

一、名词解释

(1) 审核；(2) 第三方审核；(3) 不符合项；(4) 质量认证。

二、填空题

(1) 通常质量审核用于_____；通常质量认证用_____。

(2) 质量管理体系审核按审核方的不同_____。

(3) 组织通过 ISO 9001 认证所必需的准备工作中的重要环节是_____次大会、_____次培训、_____套文件、_____次评审。

(4) "培训学校的课堂上，教师正在给学生上课"，在ISO 9001：2000 标准中适用于这种情景的条款是_____。

(5) 审核发现：生产车间对 3 台加工机床内置的计算机软件从来不加维护，认为不会出问题。这种情况不符合ISO 9001：2000 标准的_____(条款号)。

(6) 现场审核发现公司对客户发来的 E-mail 大多置之不理，有的是要求提前交货的。公司工作人员认为这些客户已签订有合同，应照合同办事，对其询问不用多费神去答复。这种情况不符合ISO 9001：2000 标准的_____(条款号)。

(7) 中国认证人员与培训机构国家认可委员会的英文缩写为_____。

三、选择(单选或多选)题

(1) 现场审核前不应发送给受审核方的文件是(   )。
　　A. 审核工作文件　　　　　B. 检查表
　　C. 审核计划　　　　　　　D. 审核记录表

(2) 审核发现是指(   )。
　　A. 现场发现审核证据
　　B. 将现场取得的证据与审核准则对照所获得的结果
　　C. 开出不合格项报告
　　D. 审核结论的构成部分

(3) 现场审核中使用检查表的方法是(   )。
　　A. 先让受审核方填检查表　　B. 请受审核方按检查表回答并出示证据
　　C. 作为现场审核的辅助工具　D. 从检查表中随机抽取几项进行调查

(4) 第二方审核可以用在(   )。
　　A. 对采购部门的审核　　　　B. 采购前对供方的评价
　　C. 采购后对供方的再评价　　D. 对供方的监督

(5) 质量管理体系审核是一个什么样的过程呢？(   )。
　　A. 发现不符合项　　　　　　B. 采取改进措施
　　C. 审核职责完成情况　　　　D. 评价质量管理体系

(6) 审核组要求受审核方针对不符合项实施（　　）。
　　A. 纠正　　　　　　　　　B. 纠正措施
　　C. 纠正与纠正措施　　　　D. 预防措施
(7) 下列可以构成审核证据的情况是（　　）。
　　A. 食堂人员抱怨吃饭时间太集中
　　B. 陪同人员向审核员解释作废文件的处理情况
　　C. 某办公人员不准时下班
　　D. 审核员检查某项操作,确按作业指导书操作
(8) 下列可以构成不符合项的是（　　）。
　　A. 厨师没有健康证明
　　B. 所有测量设备的校准都不自己进行
　　C. 返工品重检合格即进入下道工序
　　D. 有两位管理人员之间没有内部交流记录

四、判断题

以下各项,哪几项是正确的?
(1) 审核计划不能更改;
(2) 所有产品的标志必须有记录;
(3) 文件更改必须有书面程序并按程序执行;
(4) 审核发现的问题只要纠正就行了;
(5) 顾客投诉只要应付得当,不使问题扩大就好;
(6) 管理者代表是企业的最高领导;
(7) 审核组应该共同评审审核发现;
(8) 内审与外审不同,内审员可以提出纠正措施建议;
(9) 质量管理体系认证范围就是这个体系所覆盖的产品范围。

五、简答题

(1) 审核中发现加工关键零件的设备是一台相当先进的刚进口的设备,操作人员正在操作,试对这种情况提供简要的审核思路。

(2) 某审核组在经过审核后的末次会议上所宣布的审核结论是:"本次审核没有发现严重不符合项,一般不符合项共六项,建议在实施针对不符合项的纠正措施并经有效性验证合格后推荐认证"。这样表述的审核结论是否合适? 为什么?

六、案例分析题

(1) 审核发现组织的质量管理体系中删减了标准7.6监视和测量装置的控制,管理者代表解释说:"所有在用的测量设备都定期送国家有关计量部门校准,从没发生过问题",这样做是否符合ISO 9001:2000标准的要求? 为什么?

(2) 审核发现有2张成品抽检单的检验结果为不合格,原因相同,分别来自批号为200410316和200410317的2批成品。询问质量检验科,回答是原因已查明并已将情况通知生产部、销售部和成品仓库;询问销售部,回答是已发货30件,正在设法追回。这种情况符合ISO 9001:2000标准要求吗? 不符合哪项条款?

部分参考答案

二、填空题

(4) 7.5.1 生产和服务提供的控制

(5) 6.3 b)过程设备(硬件和软件)

(6) 7.2.3 顾客沟通

(7) CNAT

三、选择题

(1) A,B,D (2) B (3) C (4) B,C,D (5) D (6) C (7) D (8) A

四、判断题

(3)(7)

五、简答题

(1) 简要审核思路：审核设备的适宜性,标准 7.5.1 c)；审核有否作业指导书并切实执行,标准 7.5.1 b)；审核是否维护过程设备,标准 6.3 b)；审核相关操作人员的能力、意识和培训,标准 6.2.2；审核是否对关键零件的加工进行监视和测量,标准 8.2.4；以及对监视和测量装置的控制,标准 7.6。

(2) 不合适。作为审核组对受审核方质量管理体系总体评价的审核结论不够完整。

六、案例分析题

(1) 不符合。组织的质量管理体系中不能删减 7.6 监视和测量装置的控制,标准要求确定需实施的监视和测量以及所需的监视和测量装置,为产品符合确定的要求提供证据,并要求建立过程来实施控制。

(2) 不符合标准 8.3 项。

第四章

质 量 改 进

 **学习目标**

学完本章你应该能够：
(1) 了解质量改进的意义；
(2) 了解质量改进的地位；
(3) 了解质量改进的原理；
(4) 了解质量改进的步骤；
(5) 掌握质量改进常用的调查表法、分层法、头脑风暴法、流程图法、树图法、因果图法、水平对比法。

 基本概念

质量控制　质量策划　质量改进　PDCA法　质量改进常用方法

本章要求学生通过学习能够理解质量改进的意义、质量改进在朱兰"三部曲"中的地位、质量改进的原理以及质量改进的步骤。本章同时介绍在质量管理中，特别在质量改进中常用的调查表法、分层法、头脑风暴法、流程图法、树图法、因果图法、水平对比法。

ISO 9000：2000 标准中质量改进的定义为：
"质量管理的一部分，致力于增强满足质量要求的能力"。
随着我国加入WTO，我国将进一步融入全球经济一体化的体系之中，机遇和挑战并存，我国企业不得不进入国际竞技场去拼搏、去摔打。质量改进将为企业提升核心竞争力提供强有力的质量管理支撑。

第一节 质量改进概述

一、朱兰质量管理"三部曲"与质量改进

朱兰在阐述质量管理的过程时,提出了著名的"质量策划"、"质量控制"、"质量改进"三部曲。

1. 朱兰"三部曲"

朱兰在阐述质量管理的过程时,提出了著名的"质量策划"、"质量控制"、"质量改进"三部曲。当人们在讨论质量改进之时,把其置于"三部曲"的背景之下,把它置于"三部曲"的其中一个部曲的地位予以考察和审视,将加深和拓展对其的认识和理解。

"质量策划"部曲是以实现质量目标为其根本目的的,因此其主要内容是致力于质量目标的制定,并且规定为实现这一目标必需的运行过程和相关资源。质量策划是质量管理最初始的一个部曲,在策划中,确定顾客是谁、顾客需求是什么是首要一环,由此才能开发产品,进而开发产品生产的过程。策划的输出即是把策划制定的整个方案输入给运作部门进行运行。质量策划对于新产品的设计是不可或缺的一个环节,正是质量策划才能确保产品以顾客适用的特性提供给顾客。质量策划也可用于对过程的修改与完善,这时质量策划应广泛地吸收质量管理实际运行过程中发现的问题及必须修改的方面作为策划的输入,从而提出使质量管理进一步完善的目标得以实现的计划。

"质量控制"部曲针对这样一个事实,尽管进行了质量策划,但在实际的运作中,生产带有缺陷的产品总不能避免,由于质量低劣而需返工的产品总是不断产生,从而造成浪费。诚然,这种情况的发生,质量策划尚未做到尽善尽美是一个重要原因,但在运作过程中由于缺乏有效的控制也是一个重要原因。因此,"质量控制"又是一个必需的重要的质量管理部曲。有时在运行过程中,由于突发性的非策划因素造成的产品质量异常波动的情况很可能发生,这将造成更严重的损失和浪费,这时质量控制的运作机制更应积极反应、采取预案措施,以确保运行过程回到正常状态,这成为质量控制一个重要的内容。由此可见,质量控制确是以"致力于满足质量要求"为目的。在质量管理活动有效运作的情况下,还应努力"提供质量要求会得到满足的信任",这就是质量保证的含义。

"质量改进"部曲在"三部曲"中有其独特的意义。按照 ISO 9000:2000 标准的定义,质量改进是"质量管理的一部分,致力于增强满足质量要求的能力"。"质量改进"是朱兰三部曲中最关键的一个部曲,只有实施质量改进,才能有组织地促成有益的改变得以实施,并达到前所未有的业绩水平,即质量突破得以成为现实。

质量改进是"质量管理的一部分,致力于增强满足质量要求的能力"。

2. 质量改进的意义

 对于质量改进的定义应该从哪几个方面去理解？

对于上述的质量改进的定义可以从以下几个角度进行讨论，以加深理解。

1）质量改进的内容广泛性

根据定义，凡是"致力于增强满足质量要求的能力"的质量管理活动均在质量改进之列。鉴于质量要求来自多个方面，如外部顾客、内部顾客，满足"质量要求"贯穿于质量管理的始终，涉及质量管理的所有方面，于是质量改进应该包括产品改进、过程改进、体系改进，因此是质量管理的全方位改进。

2）质量改进的满足提升性

质量改进对质量要求的满足不是一般的满足，而是"增强性"、"提升性"的满足。这就鲜明地区分了其与质量控制的不同之处，质量控制的目标是使质量活动回复到正常的状态之中，它的基本要求是制订控制计划，依据规定的质量标准发现偏差、分析原因、采取措施、维持稳定。但质量改进并不满足于现状，它提供一种"与时俱进"的进取精神，核心理念是要探索增强满足程度的新途径，因此它要发扬创新精神，追求新的质量水平，实现质量水平的新提升、新突破。

3）质量改进的业绩有效性

质量改进并不是一项盲目的质量活动，应考核其业绩的有效性。这种有效性是指在确定目标、实施改进的前提下，对照目标、评估成果。以"有效性"作为质量改进活动的一个鲜明的成功标志和业绩记录。对于一项质量改进活动，如果不能达到可以增强"顾客满足"的项目，只能视为是一项失败的活动。

4）质量改进的资源效率性

质量改进活动必然要动用企业方方面面的资源，资源投入的经济性问题，即投入与产出之间的比例问题，也即这里所说的效率问题是质量改进活动必须考虑的一个重要方面，使"达到的结果"与"使用的资源"达到显明的增强效应的项目才是一个成功的改进项目。

5）质量改进的持续发展性

质量改进活动绝对不可当作一项临时性的、断续性的活动，而是要持之以恒、锲而不舍、再接再厉，一个项目的告一段落应连接一个新的项目的新的探索，以显示质量改进是一种持续改进、不断追求、不断突破的活动。质量改进的目的是增强"满足程度"，而质量改进的动力却在于发扬永不满足的精神。

3. 质量改进是质量经营的核心

 质量改进应该而且必须成为企业经营管理的核心，其对企业发展的重要性在于推动新产品开发、新产品推广、效率提高、成本下降、潜力挖掘、品牌打造。

质量改进在企业中的重要性在于,质量改进应该而且必须成为企业经营管理的核心,也即企业的经营管理应该是一种质量经营,也即以质量为中心的经营管理。这种经营管理理念的提出有其深刻的历史原因。作为提出全面质量管理的美国,其质量管理理论和实践的巨大推动力是军用品的生产,而其质量管理是一种以买方市场为依据的质量管理,与此相对应的是采用强有力的检验和控制以保证质量,至于产品的销售则是无需担心的事情,这种质量管理的实践活动一般容易安于现状而缺乏创新。日本则不同,第二次世界大战后日本作为一个资源相对匮乏的小国,以质量优良的工业产品出口来求得生存和发展是其唯一可以选择的道路,这时日本的质量管理必须站在买方市场的角度来思考问题。它必须以市场作为出发点,必须采用不断改进的质量策略才能满足不断高涨的顾客的质量需求,也唯有采用超越竞争对手的质量策略才能使自己置于不败之地。因此,在整个经营活动中必须把质量管理作为核心、重心,以便更好地满足顾客需求,同时可极大地提高经营效率、超越竞争对手、争夺市场份额。

这种以质量改进为核心的经营管理方法必将推动企业的进一步发展。

1) 推动新产品的开发

采用质量改进为核心的经营管理方法必将以市场调查为企业活动的先导。由此,把顾客需求合理地转化为产品的质量特性的设计,并且构建产品生产的新的质量管理体系,以提升产品对顾客而言的质量信誉程度,这必将要求对企业原有的质量管理模式进行改进或创新。

2) 推动新产品的推广

营销管理理论表明,一个新的产品投入市场是否能取得成功,除了新产品的质量是否能完全满足顾客的需求或引导顾客产生新的需求之外,还必须有一整套高质量运行的企业经营管理活动予以保证。要求企业制定高效的促销策略,构建高质运行的销售渠道,建立快速应对顾客反馈信息的服务机制,这些活动都必须高质、高效地进行,它必须在质量改进的层面上予以保证,离开了质量改进,离开了创新,企业是难以前进一步的。

3) 推动企业效率的提高

为了应对多元变化市场的激烈竞争,企业必须通过质量改进来促进管理的组织、体系、程序的革新,促进工序、设施、技术、服务的改进,唯此才能提高企业的效率、超越竞争对手。

4) 推动企业成本的降低

质量管理活动的一个根本性的目标在于降低成本以取得良好的经济效益。质量成本的降低一直是质量改进的一个重要的目标。在质量改进中,人们的目标除了显而易见的可以降低的成本之外,还针对冰山之下的劣质成本,这些成本藏而不露、隐蔽而沉积,是质量改进持续活动一再追求降低的一个重要目标,其空间之大往往使质量改进活动的每一次努力都总有收益,犹如一座挖掘不尽的金矿。

5) 推动企业潜力的挖掘

质量改进活动从时间而言,贯穿企业质量经营活动的始终;从空间而言,可以覆盖企业质量经营活动的每个领域、每个方面、每项活动、每个部门、每位员工。从这种意义而言,质量改进活动对企业潜力的挖掘是永无止境的,应该是永不止步的,质量改进的触角应该伸向企业的每一个细胞,从而成为推进企业永葆青春的不竭动力。

6) 推动企业品牌的打造

企业要打造品牌,离不开质量改进。质量改进推动的产品质量的持续提高成为企业品牌打造的最坚实的基础,质量改进推动的企业经营活动的高质量运行成为企业品牌打造的最根本的动力,质量改进推动的企业核心竞争力的提升成为企业品牌打造的最具震撼力的克敌制胜法宝。质量改进成为质量立业的源泉。

二、质量改进的原理

结合图4-1,形象地说明长期浪费原理。

1. 长期浪费原理

长期浪费是指在产品生产的运作过程中,一定含有不合格产品产生而需要返工,这一数量的比例大约要占20%,并且这种浪费如果不采用改进措施加以制止,那么会不断地延续下去,形成长期浪费。这种浪费造成的损失是十分惊人的。据统计,在20世纪80年代初,美国企业工作量的三分之一是耗费在因产品缺陷而造成的返工上,这一数据从目前来看是多么触目惊心!

降低长期浪费成为企业必须开展的一项长期工作,这一任务自然地落在质量改进之上,质量改进的原理之一就是减少长期浪费。

图4-1表示在劣质成本中,约有20%的空间存在着长期浪费,这既是对质量改进的一种挑战,也可以说是质量改进的一个机会。通过有效的质量改进活动,将使质量控制的区域发生转移达到质量控制新区,而这种转移的一个明显的经济性成果就是长期浪费大大减少。

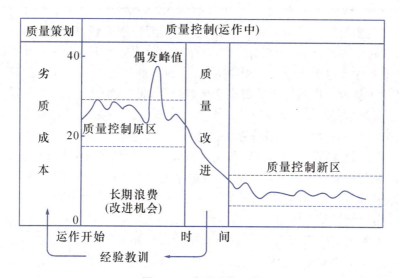

图4-1 劣质成本示意

2. 突破性原理

如何理解"维持"与"突破"的矛盾运动？

在质量管理活动中，有一对矛盾，即"维持"和"突破（或改进）"。维持呈现的特质是按照质量管理的预定计划和运行方案监督、保持运作的平稳、有序，努力排除各子系统空间的摩擦或碰撞，努力克服外系统对系统的干扰和冲击，以"稳定"防止"混乱"是"维持"的基本目的。人们不能消极地低估"维持"的重要性，从"维持""稳定"、"防止和消除""混乱"的角度来看，"维持"是质量管理系统的生命所在，没有"维持"就没有"质量管理"乃至企业整个经营管理的"生命"。然而一个系统仅仅有"维持"是不够的，从系统内部而言，随着时间的推延，必定有某些单元因长期运作而老化、死亡；从系统外部而言，随着时间的推延，对系统必定会提出新的要求、新的标准、新的规则，系统不适应环境也必定导致死亡。这就要求系统调整、修正、改进、突破、创新，以给自身增添新的活力，以针对环境适应其新需求。因此，"维持"和"突破"各有其自身存在的依据和价值。同时，"维持"和"突破"又处于相互转化之中。"维持"应视为"突破"成果的实现的必然，而"突破"则是为更高层次的"维持"构筑平台。"维持"是相对的，"突破"是绝对的。整个质量管理活动则是沿着"维持—突破—再维持—再突破"螺旋上升，每一个循环不是回复到原地，而是提升到了一个新的层面，实现了质的飞跃。从这种意义而言，质量改进是质量管理中一种最具生命、最富活力的突破因素。因此，"突破"应该成为质量改进的又一基本原理。

3. 过程原理

为什么说提高产品质量、降低长期浪费离开过程的改进就不能前进一步？

产品质量是质量策划所设计的"过程"的产物，而长期浪费则伴随产品质量同时产生，因此，要提高产品质量、降低长期浪费，离开过程的改进就不能前进一步。所以，质量改进应在所有的生产过程及业务过程中进行，应设计新过程以替代原有过程，或对原过程进行突破性的修改。用系统论的观点来考察过程，过程实际上是一个转换系统，具有输入和输出，转换过程的实现离不开人力资源和设施、技术、服务、管理等其他资源，并且输出并不是输入的等价物，而应具有系统的增强效应。据此改进过程应建立相应的评价体系，以此对改进过程进行监控和测评，衡量其绩效。人们在强调对过程进行重新设计的时候，并不能忽视或放弃对过程的某一局部、某一阶段小过程的改进，要注意量的积聚可以导致质的飞跃，全过程的改进往往是各个小过程改进的总和和提升。在论及过程改进时，还应十分重视过程与周边环境的协同关系。输入、输出端实际是与外部环境的接口，接口往往是最需关注的节点，要保证其连接的有效和有序。在质量改进中，从过程着眼重视资源配置、注重效率、协调内部及内外关系，这些应成为其另一个基本原理。

4. 预防原理

质量改进不应是一种问题发生后的处理方法，而应牢固树立把质量隐患消灭在其发生之前的思想,要不断地、主动地、敏锐地去寻找质量改进的"战机"。企业应该不断捕捉市场信息,快捷地、深刻地理解顾客的需求,适应需求地开发新的产品,采用新工艺、新技术、新方法去实现新的产品生产,从而在企业的产品结构体系中,推陈出新、新品迭出,永葆企业品牌之青春。同时大幅降低长期浪费,实现质量改进的最终目标。

任何质量问题的产生都是有其原因和根据的,质量改进不应仅仅着眼于"质量问题"这一结果,而应主动出击去寻找原因、采取措施、控制原因、消灭事故或使事故发生率大为降低。预则立、不预则废,预防应该成为质量改进的又一个原理。

三、质量改进的管理

对于质量改进,可以从组织、策划、测量及评审四个方面进行管理。

1. 组织

质量改进的组织一般分为两个层次,一是由企业质量管理职能部门承担的管理机构;二是由广大员工参与组织的质量改进小组,就是质量改进的实施组织。

对于管理机构,其主要职责是:在企业质量方针和质量策略的大前提下,提出质量改进的具体方针、策略和目标,提出或审批质量改进的具体项目;动员广大员工积极参与质量改进活动,对组织内各部门开展的质量改进活动进行指导、支持、协调;组织领导各质量管理小组积极参与质量改进活动,对质量改进开展的人力资源等进行配置;组织并实施跨部门的企业级的质量改进活动;对质量改进项目进行评估、评审以确定其绩效。

除了企业组织一级的管理机构以外,对于较大的企业还应设置单位或部门一级的管理机构,其基本职能和组织一级相对应,只是其涉及的面一般仅局限于单位、部门一级。这一级管理机构应该发挥上通下达的作用,以保证组织全局质量改进活动的全面展开。

质量管理小组则是开展质量改进活动的一种重要组织形式,其扎根于生产、技术、服务、管理的第一线或工作现场,由工作性质相同或相近的员工自愿组织,定期召开会议、具体实施改进。质量管理小组成为全面质量管理深入开展的一种重要组织形式,为了保证质量管理小组的正常运行,这一活动应得到组织最高领导的全力支持。小组成员虽然是自愿参加但也必须进行管理、进行培训,并且选择、确定活动课题,决不能放任自流,小组活动课题要务实,不能贪大贪全,要一步一个脚印、一个一个地解决问题,以取得实效。组织最高领导应对小组活动的绩效予以交流、报告、评价,对优秀成果予以奖励。

2. 策划

质量改进活动应在策划的基础上付诸实施。质量改进策划是组织的管理者以及质量改进管理机构的一个首要职责,其应围绕组织总的经营方针,以提高效率和效益为目标,制定质量改进计划及实施方案。质量改进的策划要吸收组织的各个部门、各个方面的成员参与,以保证策划符合实际,并且具有可行性,可取得积极绩效。质量改进的策划应注意质量改进计划的点与面的关系,既要注意组织层面跨单位、跨部门的管理改进活动,又要注意把组织单位、部门层面的质量改进纳入计划之中,并制订有关的指导、监督、控制措施。质量改进策划要特别处理好主攻方向,把质量改进空间较大、可以取得明显绩效的项目作为重点,取得突破、扩大战果、带动全面以获全胜。

3. 测量

质量改进离开测量必然陷入盲目的境地，离开测量无法把握活动的进程、活动的进展、活动的阶段性成效以及最终业绩。所以每年质量改进项目都要建立测量体系，这种体系应以顾客满意以及过程效率、效益为两大评价指标。每个质量改进项目在顾客满意方面，应开展广泛的顾客需求调查、顾客满意度调查、顾客忠诚调查、顾客抱怨调查以及竞争对手调查，应记录产品及服务的质量特性及其变化信息，及时收集顾客的反馈信息。这里特别要注意用数量来说明现状和变化，在过程效率和效益方面应广泛测量人、财、物资源的投入及产出，过程中返工及报废，过程的调查时间、幅度、强度、测量过程能力、过程能力指数及实际过程能力指数，等等，以使过程改进有数量化的指标可以衡量、分析、识别、控制。质量改进当然不能以加强员工压力以及对社会和周边环境损害为代价，所以质量改进的测量还应了解员工对改进的承受能力以及质量改进的社会环境适应性。

4. 评审

质量改进要有激励机制，而激励机制的基础在于对项目绩效的合理评审。这种评审不仅在项目终结时可发挥积极的促进作用，并且在项目开展的某一阶段，也将推进活动的深入发展。评审主要考察质量改进各级组织发挥作用的有效性、质量改进计划实施的有效性、质量改进成果的顾客满意性及效率提高程度等等。

四、质量改进的 PDCA 循环法

PDCA 循环的意义。
P，计划；D，执行；C，检查；A，处理。

PDCA 循环是全面质量管理的基本方法，PDCA 循环适用于产品实现过程，质量改进活动也应遵照 PDCA 循环开展活动。

1. PDCA 循环的意义

PDCA 循环是美国质量管理专家戴明提出的，所以有时也以"戴明循环"为其别称。

PDCA 循环是由四个英文单词的第一个字母组成：

P(plan)，计划；

D(do)，执行；

C(check)，检查；

A(action)，处理。

图 4-2 PDCA 循环意义

图 4-2 给出了 PDCA 循环的意义。

2. PDCA 循环的基本步骤

PDCA 循环可以分为四个阶段和八个步骤：

（1）计划阶段，其任务是制订质量方针、确定质量目标以及设计活动方案。这一阶段又可分为四个步骤：① 对现状进行分析，寻找当前存在的质量问题。也就是说寻找问题是开始活动的第一步，人们常常说发现问题比解决问题要来得困难，这是因为发现问一开始并无一个明确的方向,并无一个准则可以遵循。一般来说,寻找问题总是在质量存在明显缺陷的方面进行,如顾客的反馈信息中提出的产品或服务的不满之处、抱怨之处,在内部管理中发现的成本比重过于庞大的部分等等。② 对寻找得到的各种问题分析其原因或影响因素。因为寻找问题不是目的,解决问题才是目的所在,而要解决问题,不明确原因和影响因素是无法再进一步的。分析原因一定要明确确有联系的因果关系,并且原因是可以分层予以追溯的。③ 在众多原因中找出影响质量的主要原因。找出主要原因可以使质量管理活动集中有限的资源去攻克问题之根源,如果对各个原因都去消耗资源,其结果往往是各种原因的克服都缺乏有效的资源支撑而半途而废。另外,找到了主要原因并解决后,还可举一反三、触类旁通,使其他原因也迎刃而解。④ 主要原因找到后则应调动各种力量、提出改进方案、制定具体实施计划,并预计其产生的绩效。这里一般要明确地回答"5W1H",即"why"(为什么制订计划)、"what"(计划要达到什么目标)、"where"(什么时候执行计划)、"who"(谁去执行计划)、"when"(什么时候完成计划)、"how"(用什么方法执行计划)。

(2) 执行阶段。这一阶段就一个步骤,即⑤ 严格按照计划去执行、去落实。这时应对计划的"5W1H"有一个完整的理解和掌握,在具体执行时有所遵循、克服盲目性、加强计划性。这一阶段是计划转化为成果的阶段,是一个十分关键的步骤。

(3) 检查阶段。这一阶段也包含一个步骤,即⑥ 检查执行计划的成效。这实际上是把执行计划的结果与要执行的计划的要求予以对照、比较的过程。没有检查,执行是否有偏差无从发现,执行是否有成效也无从评价。总而言之,没有检查也无从发现计划的合理性和科学性。

(4) 处理阶段。这一阶段有两个步骤,即⑦ 总结经验和⑧ 巩固成绩。总结经验有两个方面的含义,即成功经验和失败教训。成功经验是指执行计划之后,原先要求克服的缺陷和不足确实能够得以实现,这说明计划正确、执行也正确。这就要进入最后的"巩固成绩"一步,要把计划规定的目标以及各个环节都以文字的形式固定化地用文件予以记载,这就使原有的质量管理体系文件得以修改、充实乃至完善,成为质量管理运行的新的准绳。而就失败教训而言,也有两个方面,一是发现原定的计划有不当之处或目标设定不明确,设定目标不能实现,规定的实施方案不可行,等等;另一方面是计划尚无不足,而执行时产生了偏差,以致原有的目标不能实现。从根本上说这里不但有执行阶段的问题,而且最主要的还是计划阶段没有对执行方面予以清晰的界定。无论是哪方面原因,都应转入下一个循环之中,从新的计划开始再次循环。

3. PDCA 循环的基本特点

如何理解"大小循环互动"?如何理解"循环的阶梯提升"?

1) 大小循环的互动

PDCA 循环是一种科学的管理方法,它对于整个组织各个方面、各个层面的管理是普遍适用的。这里可以有两个方面的展开,一个方面是组织分解为各个单位、各个部门的展开,即组织的 PDCA 循环和一个个单位和部门的 PDCA 循环相互交织、相互连接、相互促动、相互推进；另一个方面是组织 PDCA 循环的某一阶段工作在实施时又可套用较小的 PDCA 循环，这里大小循环又呈现相互交织、相互连接、相互促动、相互推进之中。图 4-3 形象地展示了这种大小循环互动的运作机制。这里下一层面的 PDCA 循环是依据上一层面的 PDCA 循环展开的，其具体实施、具体落实了上一层面循环的要求；而上一层面的 PDCA 循环又以下一层面 PDCA 循环作为其基础和支撑。由此，组织的 PDCA 循环呈现大小循环联动的多层、多元结构，有力地促进了质量管理活动内涵丰富地、能动地展开。

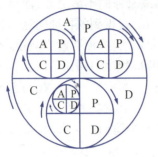

图 4-3　PDCA 大小循环互动

2) 循环的阶梯提升

PDCA 循环还可以从时间深度来考察。PDCA 循环是有前、后时间差异的，前一循环的输出往往成为后一循环的输入，在吸取前一循环经验和教训的前提下又开展了新一轮循环。但是这种循环的接连滚动并不是在原地进行的，也不是在同一水平线上进行的，而是每一个新的循环的开始，质量改进的水平跃上了一个新的台阶。PDCA 循环的不断滚动，质量改进的水平也不断提升、永不停息、永不止步，使质量改进持续地发展推进。图 4-4 生动地体现了循环的阶梯提升。

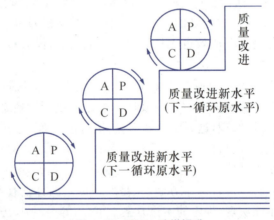

图 4-4　PDCA 阶梯提升

五、质量改进的六步法

质量改进六步法：
（1）识别项目；（2）建立项目；（3）诊断原因；（4）改进措施；（5）保持增益；（6）复现成果与推荐新项目。

PDCA 循环法是从方法论的角度对质量改进进行了讨论。在实施时，就其具体步骤，许多著名质量管理专家都有各自的见解，如朱兰提出了质量改进七个步骤、美国质量管理专家克劳斯比提出质量改进的十项活动等等。本书采用质量改进六步法的划分方法。

1. 识别项目

识别项目是从众多被推荐项目中,通过评价最后确定一个项目作为质量改进项目的过程。在这一过程中,需进行四个方面的活动。

1)推荐项目

质量改进项目是从众多被推荐项目中遴选出来的。推荐者应有广泛的覆盖面,可以是基层的员工,也可以是负责质量改进活动组织工作的高层管理人员。推荐项目还可以走访专家或者有合作关系的经销商甚至顾客,以获得有价值的信息,甚至可以用征集的方式公开收集项目再交专人负责汇总。

2)评估项目

对于推荐的项目,总是反映了质量中的某些缺陷和不足,而评估项目必须了解这些缺陷和不足会对顾客造成多大的不满和抱怨;和竞争者存在多大差距;会有多大的成本损失;会对内部顾客造成多大的不利等等。

3)选择项目

在评估项目基础上,要进行选择,有以下七个标准。即:长期存在的问题、具有重要性的问题、具有规模性的问题、可以用"经费"来测评的问题、顾客迫切需要解决的问题、风险相比较小的问题以及阻力相比也较小的问题。根据这七个方面标准的评价、比较,从中选择最合适于质量改进的项目。

4)验证项目

在质量管理中存在的问题并不都是质量改进的对象,有些问题是"质量策划"方面的,有些是"质量控制"方面的。经过这方面的分析和思考,可以把某些用"质量策划"、"质量控制"来解决更为合适的问题不归于质量改进项目之中。

2. 建立项目

建立项目是建立项目组织、编制项目文件的过程,共有三个方面的活动。

1)起草使命陈述

使命陈述实际上是由质量管理主管部门发出的项目任务书,它对被选中的项目明确地描述了项目中的问题是什么、项目的目的是什么。这一任务书的下达,可以使项目成员明确自身的任务,对于任务的描述应该是明确的、可观测的、可测评和可管理的。

2)组建项目团队

质量改进项目一般不是一个人或几个人所能完成的,而要有一组人员去共同完成,这一组人员应以某种团队的组织形式进行组建。因为这些人员很可能是跨部门的,以团队形式进行组建有利于管理和指导,有利于发挥每个人员的智慧和能力,有利于以团队合力的作用去解决问题。

3)验证使命

质量改进团队组建仅仅是从组织上完成了任务,但一个团队要能真正开展有效活动,必须对自己的使命有正确的、明确的了解和认识。验证使命就是为了达到这一目的而开展的团队组建后的第一项重要活动,其目的在于使团队每一个成员对项目的目的和要求、内容都有清晰的了解。同时,如发现团队的成员结构和使命不相符的话,还可以重新调整团队成员,以达到更好的团队整体素质。

3. 诊断原因

质量改进活动可以归结为两个阶段：诊断旅程和治疗旅程。诊断原因是诊断旅程的主要内容，治疗旅程则是下一步的内容。

诊断原因是分析问题症状到确定其根本原因的过程。

1) 分析症状

诊断原因始于分析长期质量问题的症状，具体做法：

(1) 界定症状。症状是指缺陷的外在表现与可见证据。界定症状就是把这种外在表现和可见证据予以揭示，并与其他外在表现和可见证据予以区分的过程。

(2) 了解症状。了解症状就是要取得有关缺陷的可见证据。在界定症状时，可能发现的症状是一时的，为了了解症状，一般应持续性地观察记录可以获取阶段性的可见证据。

(3) 定义症状。定义症状则是用明确无误的文字揭示症状的本质属性，以确保团队成员对症状陈述有一个一致的理解和认识。这里特别注意定义要有操作性，如某质量改进项目为"消除顾客注册登记时的长时期等待现象"，其中所谓的"长时期"很难把握，只有明确定义了"长时期"的含义，才有可能加以改进。

(4) 测评症状。这里要解决三个问题：一是识别被测评对象的特征；二是确定测评单位；三是决定测评方法。凡无法测评的事物是无法改进的，所以这一环节是一个十分关键的环节。

(5) 定义边界。定义边界其目的是确定项目的范围，即项目是从哪里开始的、到哪里结束的。只有明确了这一点，团队才可以以此检查自己所承担的项目是否完成，这使得项目管理具有可行性。

(6) 集中关键。揭示的问题症状的原因可以很多，团队应抓住关键的少数，把有限的资源集中于解决主要问题。这时可以应用排列图等工具。

2) 确认或修改使命

在团队对问题的症状已经测评、对关键术语达成了一致意见、对工程流程绘制了流程图、对问题的边界作了明确界定，并且已经找出关键少数等各项工作后，又要回到"使命"，进行再确认或者修改。凡是原有使命与前期工作结果一致的即应确认，凡有不符之处的即要修改使命，使其更加符合质量改进活动实际。

3) 构建设想

在确定质量问题原因时，项目团队必须推测许多产生问题的原因，构建种种设想。当然这种设想是要加以证实的，在未经证实之前不能对原因武断地下结论。为了得到种种设想，可以广泛地应用头脑风暴法等鼓励发散性思维的方法。由于头脑风暴法产生的设想是比较分散的，一般应该把它们予以排列，这可以采用因果图法，经过排列后的设想可以使团队成员对各设想的关系有一个次序性的认识，并且对于挑选需要验证的设想也提供了方便。

4) 测评设想

提出种种设想之后，必须对设想进行测试，即要对设想寻找数据和事实的支持，只有得到证据支持的设想才是有效的，才能作为问题的根本原因。为了保证测试设想的准确性,团队应该提出测试的策略,制定数据收集的计划,实施数据收集并进行分析,以确定根本原因。直方图、散布图都是数据分析的有力工具。

5) 识别根本原因

根本原因是引起问题的直接原因,也是对问题真正有影响的、以数据和事实为基础的原因设想。它和一般设想有明显的不同,其判别的要点在于数据应能否定其他可能的原因,并且这种原因是可以用某种方法加以控制的。

4. 改进措施

上述的诊断旅程以找到问题的根本原因而告结束,治疗旅程开始后,即进入质量改进的第四步——改进措施。它有六项活动组成。

1) 评估不同措施

改进的过程实际上是以更新的措施替代原有的措施。因此为了改进,要广泛地提出替代措施,并对其实行评估。评估可以从效果、优化成本、效益率值、文化阻力、实施时间、不确定性、社会影响、可接受性诸方面进行。

2) 设计措施与设计控制方法

在确定了一个最佳措施后,应从确保措施达到项目目标出发,确定实施措施所需的资源,详细说明程序,根据要求对人员进行评估。其后,应设计控制方法以保证措施稳定运作。

3) 设计文化

新的改进措施必将受到文化阻力,于是应该设计克服阻力的"行进"规则,其基本原则是小步前进、吸引参与、尊重他人等等。

4) 证实有效性

证实有效性是指在操作环境下,试验新措施的实际效果,可以采用小规模试验、模拟试验的形式,最后还应通过验收性试验。

5) 实施

在完成了上述各项工作以后就可对改进方案进行实际的施行了。在实施前,应在执行文件、人员培训、设备环境、材料诸方面做好准备。

5. 保持增益

保持增益是一种保持已经取得质量改进成果的活动。主要是要采取有效的质量控制方法,这种方法应该以程序化的文件形式予以固定。对于可能产生的差错要有预案、要有弥补措施,对于控制方法应予审核。这种审核,主要是监督措施的实施情况。为了保持增益,必须回答所要求的结果是否得以实现、质量控制过程是否跟踪监督。同时,团队应定期报告成果,并提供质量控制文件。

6. 复现成果与推荐新项目

在这一阶段,主要做好以下各项工作:

(1) 确保该项目的质量改进成果,包括观念、知识、技术等能进行扩散,可用于解决同类项目,使同类问题得以有效纠正。

(2) 保证立即转入新的质量改进项目的识别,以促使质量改进持续发展。

(3) 由此实现质量改进的最终目的,把好的产品和服务提供给顾客。

第二节 质量改进的常用方法

请思考质量改进活动中适合定性资料分析的有哪些方法?

在质量改进项目和活动中,需要用到许多定性和定量的方法,在此介绍七种最常见的用于定性资料分析的方法和技术,定量资料分析的方法在第八章作详细介绍。

一、调查表

什么是调查表?主要用于哪些方面?

1. 调查表的含义

调查表也称检查表、核对表等,它是主要用来系统地搜集和整理质量的原始数据、提供原因、帮助解决问题的一种表格。因调查的对象目的、工艺特点、产品类别等都不一样,所以采用的调查表格式和内容也不一样。一般常用的调查表有工序质量调查表、不合格品原因调查表、产品故障类型调查表、产品等级分类调查表、废品分类调查表、产品缺陷分析调查表等。

2. 制作步骤

调查表具体的制作与操作步骤如下:

(1)确定对象。首先要明确调查最终要达到的目的,据此来确定具体的产品或零件作为调查的主要对象。

(2)设计表格。根据调查对象和调查目的的特点,设计形式多样的调查表。

(3)记录汇总。确定调查周期,在规定期限里对调查对象进行调查、记录,最后进行汇总整理。

(4)分析结果。分析调查记录的结果,找出主要原因,制订改进措施。

[例4-1] 在对一批轴承的质量检验过程中,发现有部分不合格品,产生的原因有多种,为了找出产生不合格品的主要原因,我们采用不合格品原因调查表(表4-1),每检查出一个不合格,就画一个标记,最终获得质量改进的主攻方向。

表4-1 不合格品原因调查表

原因	调查记录	次数	原因	调查记录	次数
断裂	正正正正正正丅	32	裂纹	正一	6
擦伤	正正正正	20	砂眼	正	4
污染	正正	10	其他	正下	8
弯曲	正	5	合计		85

通过对不合格品的调查统计,不难看出这批轴承中不合格品主要原因是断裂和擦伤两个项目,进而明确了改进方向。

二、头脑风暴法

1. 头脑风暴法的含义

"头脑风暴法",也称畅谈法、集思法,是由美国从事广告创意的奥斯本在1941年最早提出的,他受精神病人"胡言乱语"很有创意的启发,在管理上也创造一种自由畅想的氛围,制订一套规则,让人们能无限遐想,涌现出更多的创意来,因此就有了"头脑风暴法"。

"头脑风暴法"是采用会议的方式,引导每个参加会议的人围绕某个中心议题发表个人独特见解的一种集体创造性的思维方法。在质量改进中,头脑风暴法可以用来识别存在的质量问题并能寻求纠正措施,还可用来识别质量改进的潜在机会。

"头脑风暴法"是一种有用的质量管理工具,为取得成功应遵循下列四条基本原则。

1) 自由畅想

不受约束,畅所欲言,鼓励发散性思维,甚至可以是骇人听闻的。

2) 数量不限

多多益善,不提倡参加者在发言之前作详细分析和周密思考,要当场把每个人的观点毫无遗漏地记录下来。

3) 不加评论

不作评判对激发创新思维是很有必要的,参加者不对任何观点作出评论,不因人废言,也不对发言人作出任何情绪上的反应。

4) 相互融合

参加者可以相互补充各自的观点,在此基础上得到完善和延伸。

2. 制作步骤

"头脑风暴法"应用的程序有如下几个阶段。

1) 会前准备阶段

确定一名会议组织者,其作用是介绍方法、明确原则、阐明目的、确保会议不偏离主题、按程序规则执行。指定一名记录员,记下所有可能提出的观点,即便是重复的。

2) 鼓励创造性思维阶段

参加者应遵循"程序规则"发表观点,即轮流发表意见。每轮每人只提一个观点,若无新观点则轮空,到下轮再发表,这样持续到不再有新观点产生为止,不要为自己的观点作任何解释。

3) 最后整理阶段

组织者要将每个人的观点重述并让参加者了解全部观点的内容,合并类似的观点,对各种见解进行评价、论证,回答参加者可能提出的任何问题,最后按问题进行归纳。

"头脑风暴法"使用时应注意以下几点:

(1) 增强解决问题的迫切感。组织者必须对到会的参加者讲明意图,提高参与感。

(2) 充分做好会前的准备工作。事先要收集资料、积极思考,要提出自己的观点。

(3) 尊重"不加评论"原则。不要把某些开创性的思维想法当作荒诞的东西予以否决,抹杀了别人的灵感。

(4)"头脑风暴法"能产生大量创造性的观点,但不能替代具体的数据,因此采纳时要考虑它的可行性。

头脑风暴法在使用时必须遵循四条基本原则,方能保证取得成功。

三、因果图

什么是因果图?如何确定原因的类别?

1. 因果图的含义

因果图又称鱼刺图、石川图,是日本质量管理先驱者石川馨先生所创,它是整理和分析质量问题与其影响因素之间关系的一种方法,运用因果图有利于找到问题的症结所在,然后对症下药来解决质量问题。

因果图在使用时,先列出所有影响质量问题的原因;然后分层次地展示原因间的因果关系;在逐层分析的基础上,最终找出影响质量问题的根本原因。因此在质量管理活动中,尤其在质量分析和质量改进活动中得到广泛的应用。

2. 制作步骤

(1)确定要分析的质量问题,画出主干线。

(2)找出影响结果的因素。采用"头脑风暴法"等方法,集思广益,尽可能找出可能影响结果的所有因素。

(3)确定原因的类别,画出分支线。大原因数目一般不少于2个,不多于6个;然后分析寻找影响质量的中原因、小原因……直至每个分支都找出了潜在的根本原因。

(4)检查每个因果链的逻辑合理性,画出因果分析图(见图4-5)。

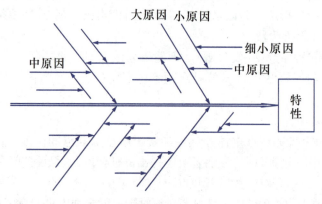

图4-5 因果图

(5)制订解决的措施。找出主要原因后,应拟订适当的措施,到现场去解决问题。

[例 4-2] 某企业生产的轴承套存在"轴承套圈超差"现象,现要寻找原因。问题提出后,召集有关人员参加讨论,用"头脑风暴法"集思广益,把各种建议记录下来,并把原因按人、机、料、法、环五大类进行分类,见表 4-2。

表 4-2 轴承套圈超差原因表

工艺方法	设备	操作者
操作规程不全 工艺装备不佳 测量装置精度不够	设备精度失调 夹具基准失控 电压不稳定	工艺纪律松懈 缺乏指导 操作技术不过硬
材料	环境	
硬度不一致 刚性不足	噪声 环境污染 照明度	

然后按中原因再进行细分,从中找出影响质量的小原因,画出因果图(图 4-6)。

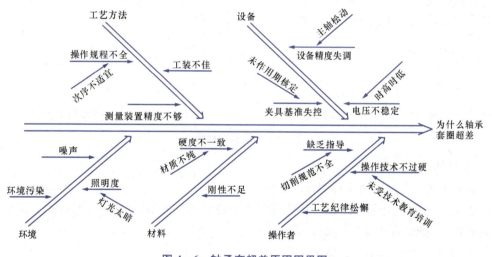

图 4-6 轴承套超差原因因果图

四、流程图

流程图可分几类?它有哪些用处?

1. 流程图的含义

所谓流程图是表示工作步骤所遵循顺序的一种图形。它能使人们对整个工作过程有一个全面的、完整的了解。具体地,其主要作用有以下几方面。

1）全面、完整地了解过程

流程图把具体的工作过程通过图形形象地描述出工作步骤的顺序,使人们对整个过程十分了解,可更透彻地理解、分析这个主过程。

2）充分地识别、发现问题

在全面了解的基础上,通过对流程图的分析,检查工作过程是否符合逻辑,也使得人们充分识别问题、发现问题,从而标明了改进的机会。

3）科学地推断原因

通过对一个过程中各个步骤之间的关系进行研究,并对实际状况进行详细的调查,再将其结果与所预期的运作进行比较,人们便可以发现并推断造成问题的潜在原因,从而找出需要改进的关键环节。

4）明确界定范围

界定质量改进项目的范围大小,亦即确定过程的起点和终点。

流程图一般分两类,一种是用来描述现有过程的;另一种是用来设计一个新过程的。不论在解决问题的哪一个阶段,流程图都有广泛的用途。

2. 制作步骤

1）绘制要素（标志）

流程图是由一系列容易识别的标志构成,一般常用的是:用椭圆表示开始和结束、用矩形表示活动说明、用菱形表示决策、用箭头表示流向,如图 4-7 所示。

图 4-7 流程图标志

2）具体制作步骤

（1）描述现有过程的流程图作图步骤如下:

① 界定过程的开始和结束。用流程图符号表示第一步和最后一步,把第一步放在顶端或最左端,把最后一步放在底部或最右边。

② 观察从开始到结束的整个过程。

③ 规定在该过程中的步骤。包括有关的重要输入、导出重要的输出,过程中有哪些活动需要作出判断和决定。

④ 画出表示该过程的流程图草案。

⑤ 与该过程中涉及的相关人员共同评审已完成的流程图,视其是否遗漏任何决策点、是否可能引起某些工作按另一个不同的过程运行的特殊情况。

⑥ 根据评审结果改进流程图草图。

⑦ 与实际过程比较、验证改进后的流程图。

⑧ 注明正式流程图形成的日期。以备将来使用和参考,既可用作过程实际运行的记录,也可用来判别质量改进的程度和时机。

(2) 设计新过程的流程图应用步骤如下:

① 界定该过程的开始和结束;

② 使此新过程中将要形成的步骤形象化;

③ 确定该过程中的步骤;

④ 画出表示该过程的流程图草图;

⑤ 与预计该过程可能要涉及的相关人员一起评审流程图草案;

⑥ 根据评审结果改进流程图草图;

⑦ 注明正式流程图形成的日期。以备将来使用和参考,既可用作设计该过程的运作记录,也可用于判别质量改进的程度和时机。

[例 4-3] 某企业外购零件运入仓储中心的过程图,如图 4-8 所示。

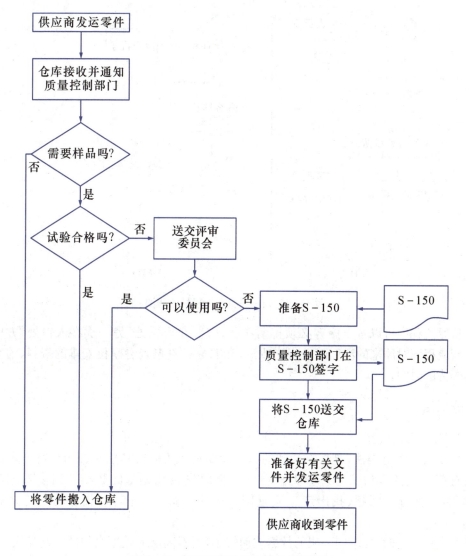

图 4-8 外购零件运入仓储中心流程图

[例 4-4]. 乘客在机场候机流程图,如图 4-9 所示。

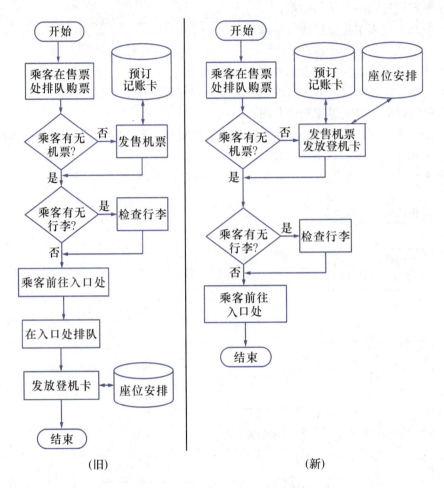

图 4-9 乘客在机场上候机流程图

从原流程中可以看出旅客必须排两次队,一次在售票处,另一次在入口处,方能登机。新流程图对原来的流程图进行了改进,让票务员直接查看座位安排的资料,缩短了乘客等待的时间。

五、分层法

1. 分层法的含义

分层法又称分类法,是根据活动的目的和要求将数据按其性质、来源、特征等因素进行分门别类的方法。通过分类整理可以将原先杂乱无章的数据和因素系统化和条理化,以便分析问题、找出产生质量问题的主要原因,并制订相应的措施来解决问题。

在进行分层时,要求同一层的数据波动较小,而不同层的数据之间的波动较大,便于找出原因、改进质量。

2. 分层法的依据和方法

分层法一般可按以下的指标进行分层：

（1）按操作者分层，如按性别、年龄、技术等级等。

（2）按作业方法分层，如按工艺规程、作业环境条件等。

（3）按机器设备分层，如按设备的型号、新旧程序工装分类等。

（4）按原料分层，如按原料的成分、规格、供货厂家、批号等。

（5）按时间分层，如按日期、季节、班次等。

（6）按检测手段分层，如按测量方法、测量仪器等。

3. 制作步骤

分层法可以采用统计表形式，也可以用图形的形式。其步骤为：

（1）确定分析研究的目的和对象。

（2）收集有关质量方面的数据。对有待于解决的问题，采用分层法分析，收集与此相关的数据，通常用的办法是抽样调查。

（3）根据分析研究的目的不同，选择分层的标志。

（4）按分层标志对数据资料进行分层。分层时注意使用一层内数据在性质上差异尽可能小，而不同层的数据间差异尽可能大，便于分析、找出原因。

（5）画出分层归类图（或表）。分析分层结果，找出主要问题产生的原因，并制订改进措施。

[例 4-5] 某装配厂装配轴穿过箱体时用轴承紧固，在轴承端面要放置 O 型密封圈，防止轴承内润滑油渗出及外界灰尘的进入而影响工作。通过现场调查发现有时有润滑油渗出，可能是工人在放置密封圈时操作手法不一样，也可能是密封圈生产厂家不同。为此，根据调查所得数据，按不同的生产厂家和不同的操作手法进行分层分析，如表 4-3 所示。

表 4-3 密封圈渗油原因分层表

			工 厂		合 计
			甲	乙	
操作者	A	渗 油	10	0	10
		不渗油	2	20	22
	B	渗 油	3	1	4
		不渗油	6	7	13
	C	渗 油	0	7	7
		不渗油	9	9	18
合 计		渗 油	13	8	21
		不渗油	17	36	53
总 计			30	44	74

从表 4-3 可知,在使用乙厂的密封圈时应采用 A 工人的操作法,在使用甲厂的密封圈时应采用 C 工人的操作法,这样就可以使密封圈渗油的问题得到解决。

六、树图法

1. 树图法的含义

树图又称系统图,是将某个质量问题与其影响要素之间的关系,或寻求达到目的与所采取的措施手段之间的关系通过一种树板状示图系统地展开,从而解决问题或达到目的。

树图一般是单一目标的,按自上而下或自左至右展开作图的树图可以把某个质量问题细细分解成符合逻辑关系、顺序关系、因果关系的许多要素。诸如可以将因果图、分层法等形成的内容转换成树图,使之更有条理、逻辑性更强,如图 4-10 所示。

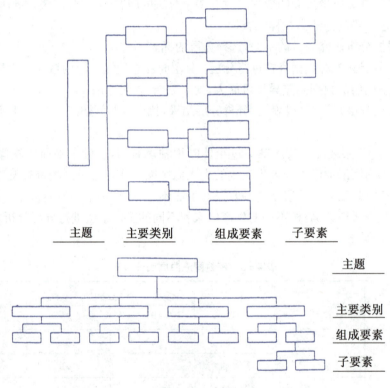

图 4-10 树图

树图法在质量管理中主要是用来对企业目标、方针、实施措施手段的展开。用于新产品开发研制过程中设计质量的展开,用于解决企业产品质量、成本和测量标准等问题展开,也可作为因果图分析质量问题的展开。

2. 制作步骤

树图法可根据其使用目的分为因果因素展开型和措施手段展开型两种,前者是将构成树的因素逐层展开,后者是将目的、措施手段系统展开。两者绘制手法基本相同。

1) 确定具体的目标、目的或主题

在确定目标时,要考虑为什么要达到此目标、如何达到以及应注意的事项。

2) 提出手段和措施或确定该目的的主要层次

针对目标提出具体的方法,或针对每个主要层次确定其组成要素和子要素。

3) 进行评价和验证

对找出的措施和手段,评价或验证其技术的可行性和经济的合理性。对找出的原因,应分析是否能有效解决。

4) 评审画出的树图

对制作的树图进行评审,以确保逻辑上和顺序上的无差错。

3. 例题

(1) 按目的手段逐级展开。

[例4-6] 为达到"符合组织基本目的增值"而进行的目标手段展开,见图4-11。

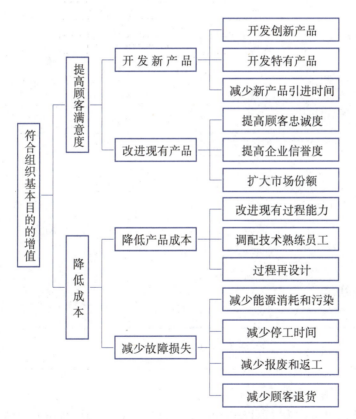

图4-11 符合组织基本目的增值展开图

(2) 按原因结果逐层展开。

[例4-7] "汽车失控"现象按原因结果逐层展开,见图4-12。

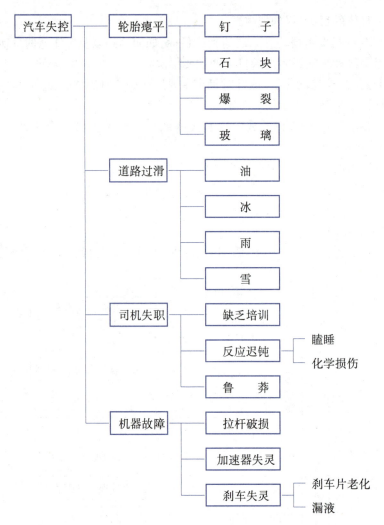

图 4-12 "汽车失控"原因展开图

七、水平对比法

 什么是水平对比法？与传统的找差距有何不同？

1. 水平对比法的含义

水平对比法也可称为"标杆法"，就是将自己企业的产品、服务和过程质量与处于领先地位的竞争者进行比较，来找出与对手的差距，提高质量改进的水平。运用水平对比法，可以明确改进的目的、制定改进的计划，在确定企业质量方针、质量目标和质量改进中，使自己处于有利地位。

2. 制作步骤

1) 确定进行水平比较的项目或课题。

对比的项目或课题应该是与产品质量特性有关的内容,如产品的性能、可靠性、安全性、经济性等直接与顾客需求相关的。

选项时,应注意所选项目是产品质量的关键特性,同时又是切实可行的。

2) 确定对比的对象

进行对比的对象应该是产品质量领先的竞争对手。

3) 收集整理资料

根据确定的项目收集相关的资料。一则通过直接访问考察顾客、有关的专家、有关的生产技术人员、销售人员以获取信息资料,二则通过媒介(国际互联网、行业信息中心、广告、报刊等)方式收集相关的信息资料,然后按要求进行整理、分析。

4) 进行对比,确定质量改进内容并制订措施

经过对比分析,如果竞争对手的项目质量水平超过了顾客需要,则应把它作为直接的奋斗目标;如果竞争对手的项目没有满足顾客的需要,则应重新评价顾客的需要;如果竞争对手的项目质量水平没有满足顾客的需要,而非竞争对手的相关项目质量水平都满足了顾客的需要,则应以顾客需要为标准来进行对比。

3. 水平对比法的特点

(1) 水平对比法以满足顾客需要为前提,与竞争对手对比找差距,从而达到改善产品质量,提高企业和产品在市场中的竞争能力。

(2) 水平对比法虽然与传统的"比先进、学先进、赶超先进"活动有些类似,但它是一项传统的持续的改进质量活动,而不是随意和偶然的活动。

(3) 要求企业在经营的观念上要不断进取、不断赶超、勇于创新,始终以顾客需求为企业最高追求。

 小结和学习重点

- 质量改进的原理和步骤
- 调查表法
- 分层法
- 头脑风暴法
- 流程图法
- 树图法
- 因果图法
- 水平对比法

本章介绍质量改进的基本原理,着重介绍了质量改进的六个步骤,学习这一内容应该结合阅读案例,只有结合案例的具体实施过程才能确切地理解质量改进六个步骤的具体含义,并在解决问题时具体应用。本章还介绍了七种在质量改进中常用的定性方法,这七种方法虽然集中在这里介绍,但其应用却分散在其他各章节,如在 6σ 管理和服务质量管理中都可结合实际具体运用这些方法。因此,掌握这七种方法,不但是本章的学习重点,也是本课程要求学生重点学习的内容。学生应该结合具体案例举一反三、触类旁

通,真正掌握这些方法。

 前沿问题

质量改进作为朱兰"质量策划、质量改进、质量控制"三部曲中的一个部曲,只有研究新问题、吸收新营养,才能与时俱进开拓新的领域。目前风靡全球的6σ管理其实质就是一种更具号召力的质量改进模式,其正以特有的魅力把质量改进推向创新的前沿。

案 例

案例一
"减少票据差错"质量改进项目

一家经销350多种科技书籍的出版商面临的一个重要质量问题是其票据的差错率较高,顾客们经常向销售部门抱怨其票据出错。财务人员估计至少要耗费20%的时间去追查出错的票据并予以更正。因此,公司质量委员会选择该项目作为4个需要立即关注的事项之一。

一、项目识别(第一步)

该项目是一个很好的质量改进项目,因为所涉及的票据差错问题是一个长期性问题。无论是对降低公司的成本还是消除顾客对公司的不满来说,它都是很有价值的;而且,这个项目的范围也是可管理的;从项目的可测评性来看,项目中的有些内容早已给予测评。

二、建立项目(第二步)

1. 起草使命陈述

(1)项目名称:减少票据差错。

(2)问题陈述:顾客经常抱怨票据出错。票据出错在财务上要涉及近2 100万元的款项;此外,财务人员还要耗费20%的时间去纠错。

(3)使命陈述:显著减少票据差错率。

(4)期待支持:① 团队成员每周应有8小时用于本项目;② 每月应向质量委员会提交进展报告,该委员会应在其每月的例会上拨出时间讨论本团队的进展情况;③ 本团队将接受质量改进方面的培训,遵循质量改进步骤并予以实施;④ 财务部门提供专业人员和计算机予以支持。

2. 选择团队

公司质量委员会指派下列人员组成质量改进团队:财务收款主管薛女士、地区销售经理艾先生、运输部经理汤先生、顾客服务主管郎小姐、公共财务营业主任徐先生。

在为顾客开具发票的过程中,上列人员都负有一定的责任。

该团队的组成还是比较适当的,因为它包括了那些具有如何开具和修改账单直接知识的人员;而且在整个团队中,这些人能够描述整个过程。

3. 验证使命

1) 证实所存在的问题

为证实所存在的问题,必须识别问题的症状。本团队所应关注的问题症状是结账差错率。其他的症状还有由于差错而造成顾客的不满意,以及因回收款延迟所造成的成本支出。

为测评问题的症状,团队采取了下列的步骤:

(1) 由薛女士负责收集最近1年内每张经更正后的发票副本。

(2) 累计每张发票所更正的差错数,有时每张发票不止一个差错。

(3) 计算每个月所有发票的差错总数。

(4) 计算每个月所开具的发票总数。

(5) 将差错总数除以开具的发票总数得到每个月平均每张发票发生的差错率,具体见图4-13。

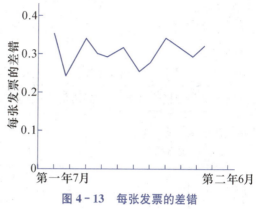

图4-13 每张发票的差错

2) 澄清"差错"问题

在团队活动中,大家认为需对"差错率"作出明确的界定。因为,以前团队曾对此比较含糊地作过如下定义:所谓差错率是指在财务体系中任何引起对发票作出修改的情况。但大家感到此定义缺乏可操作性。

因此,团队应事先对"差错率"作出明确的定义并达成一致的意见,否则,以后在对数据进行处理时会引起歧义。

在团队活动中,大家提出了不少关于差错数据按不同类别分层统计的建议,如按差错类型、订购方式、销售地区、书籍类型等进行分层。但团队最后决定,还是将差错数据按发票上可能发生的不同差错类型分层制成频数分布表。

3) 结论

该公司存在着在每张发票上平均约有0.31个差错这一严重的、长期的差错率问题。由于每月约开出2 000张发票,这就意味着每月在开具发票上存在着600个差错。

团队认为:因为差错数始终很大,他们只需采集最近1个月的差错数即可作出分析;而且他们自信有足够的能力和信息去解决问题。

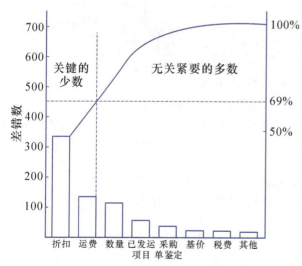

图4-14 票据差错排列图

三、诊断原因(第三步)

1. 分析症状

团队成员所能见到的差错有多种,从图4-14可见,"关键的少数"项目是在折扣和运费两项原因所造成的差错上。虽然它的量很少但却重要,于是团队将力量集中在折扣问题上。

下一步,团队将绘制概略的流程图(图4-15)以确定问题的边界,并对整个过程如何运行取得共识。

(1) 由图4-15可见,该公司有几种不同的订货方式:向地区销售经理订货;通过传真或邮寄直接订货;亦可通过电话向顾客服务部订货。

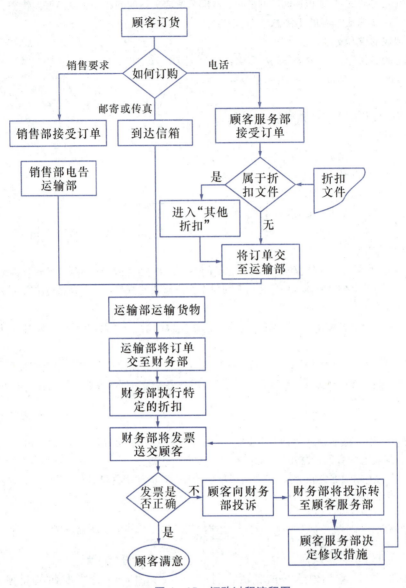

图 4-15 订购过程流程图

(2) 对每月订货方式执行订单的方法也略有不同：由销售经理接下的订单，以及通过邮寄或传真直接从顾客处收到的订单由运输部门的工作人员将它们转入订单输入体系中；通过电话向顾客服务部的订购，则应由该部人员查看"其他折扣"文件，确定该顾客是否享有其他特殊折扣后，将订单直接送入订单输入体系中。

(3) 无论是以何种方式获得订单的，当运输部通过计算机订单输入体系得知订单内容后，就需根据订单要求配置并发运所订货物。再经电子订单输入体系将订单转至财务部，待该部收到后即开具发票，然后寄给顾客。

(4) 若顾客投诉有结账差错，顾客服务部就要求对此进行调查并让财务部作出更正。

2. 构建设想

团队首先关注折扣差错这一选择是正确的。于是，团队将流程图贴在墙上，并采用头脑风暴法构建在折扣中为何会发生差错的各种可能设想,用图 4-16 所示的因果图列示了可能的设想。

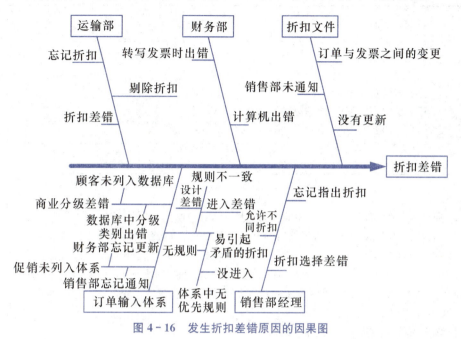

图 4-16 发生折扣差错原因的因果图

3. 测试设想

在调查设想时,应做好如下三项工作:

(1) 决定测试哪些设想?
(2) 决定如何测试这些设想?
(3) 收集数据以测试设想。

团队决定就每种折扣类型统计其折扣差错数,以对设想进行测试。由于有些差错是因同一笔交易的几种折扣共同作用而引起的,故团队决定另设第五种折扣——复合折扣。现将因折扣差错而作发票更正的 337 起案例折扣类型分类统计,其结果如表 4-4 所示。

表 4-4 折扣差错分类统计

折扣差错类别	销 售 数
顾客特别折扣	213
商业分级折扣	67
促销折扣	26
复合折扣	19
销售量折扣	12
累　计	337

由表 4-4 可见,顾客特别折扣是问题发生的最大根源。

接着,团队决定测试顾客特别折扣是否是由于顾客服务部的折扣文件所引起的。他们复印了一份文件并检查了每一份与重要顾客签订的合同,未发现有错。于是,团队决定追查这 213 次顾客特别折扣差错其订单是通过何种渠道获得的,从而缩小了引起问题的原因范围。追查结果如表 4-5 所示。

表 4-5　订单来源统计

订单来源	差错数	累计发票
现场销售部	102	645
国内销售部	8	35
邮寄或传真	85	743
顾客服务部	6	587
其他	12	0
累计	213	2 010

由表 4-5 可见：

(1) 通过国内销售部订购的差错数很少,这是因为以这种订购方式开具的发票最少。

(2) 通过顾客服务部、现场销售部、邮寄或传真订购途径都有数量可观的发票数,但其中顾客服务部的差错数仅 6 起,相对而言次数最少。究其原因,是因为该部严格遵守公司确定的折扣规定,并建立一套正规方法系统地检查每一张订单。所以,可以说造成折扣差错的根本原因是由于缺少标准程序所致。

经过上述的统计分析,团队在因果图的基础上,根据新的发现提出更多的设想或经证实排除某些设想,最后决定保留如下设想：

(1) 销售人员没有接到改变折扣的通知。

(2) 销售人员没有精确记录所得到的折扣通知。

(3) 销售人员在填写订单时没有检查记录。

(4) 销售人员错误选择折扣。

(5) 销售人员向顾客允诺了有错的折扣数。

(6) 通过邮寄或传真订货的顾客不知道应使用何种折扣。

(7) 通过邮寄或传真订货的顾客忘记检查他们应得折扣数的记录。

其他设想或被排除,或因对问题影响很小而被略去。

据地区销售经理艾先生称,大多数销售人员可能收到了公司确定的折扣改变通知,但由于通知经常变动,所以很难做好记录。于是团队决定对 15 名销售人员各寄出一份问卷进行调查。结果证实：在 15 名销售人员中,只有两位保存折扣改变通知,其余大多数人员或将通知放置在办公室中,或仅凭记忆确定折扣。所以问题的根本原因还在于缺乏标准程序。

同样,团队对由顾客邮寄或传真操作可能引起的差错的确切原因尚不肯定,但是有一点是明确的,即在开具发票前,在电脑系统内未设置一个过程可以为通过电话或传真订购的订单确定一个合适的折扣数。因此这也是造成问题的第二条根本原因。

四、改进措施(第四步)

1. 评估不同措施

1) 评估措施的标准

团队经过诊断后,找出了两个根本原因。现在团队决定先对折扣差错采取措施。经大家讨论,一致同意评估措施的标准应为：

(1) 减少差错的数量。

(2) 成本。

(3) 对变革的阻力。

(4) 实施时间的紧迫性。
(5) 对顾客的影响。

2) 改进措施

接着他们开展头脑风暴法,列出所有潜在的改进措施,并让团队成员按标准进行快速评估,按序排列措施,排在最前面的四项措施为:

(1) 将折扣率输入计算机网络,以备查询。
(2) 将最新的折扣率制成表格并打印成册,分发给每位销售人员以及货运部的订货员。
(3) 将订货员从货运部调到顾客服务部,让所有订单都经过顾客服务部处理。
(4) 将公司详细的折扣表输入电脑发票系统,实现自动化操作。

团队成员采用选择矩阵图对上列四个措施打分排序,其结果如表4-6所示。

表4-6 措施选择矩阵图

标　准	网络中的折扣率	打印折扣率表	调动订货量	自动化
减少差错的数量	1	2	5	5
成　本	5	5	4	2
阻　力	3	3	2	3
时　间	5	5	4	3
对顾客的影响	2	2	4	4
排　序	(4)	(3)	(1)	(2)

打分:1.差;3.可;5.好。排序:(1)最好;(4)最差。

2. 设计改进措施

所拟措施是对过程中发生变异的一种补偿。经过如上评估,最后选择了措施(3),即将订货员调入顾客服务部。由于该部工作比较标准、规范,统一由他们处理订单,使用统一的折扣率表,可将差错率降到最低,能比较彻底地解决票据差错问题。

为了在设计措施中不致遗漏任何问题,团队还绘制了图4-17所示的树图。图中最左边的方框是总计划:将"所有订货员调至顾客服务部";接着的4个方框是这一变革的4个主要部分:调动员工、移动传真、移动电话线、转移邮件至顾客服务部。这4个步骤保证了措施的成功。右边的方框是一些更为具体化的步骤,如调动员工需要培训、实物搬移以及完成书面工作等。而培训又可细化为课堂培训与现场培训两种。

五、保证增益(第五步)

1. 控制措施

团队建立了足够的控制以保持增益。具体地说,作为过程的结果——发票差错被有效测评。当差错水平超出了新的运行水平时,则需制定特定的控制计划。

为了保证应收款项的回笼,任何账单差错会自动送往顾客服务部要求查询并解决问题。于是团队建立一个简单的记事系统,采用日志将所有差错数据记录在案。该日志不仅能跟踪个别情况,而且还能提供每周差错数控制图所需的原始数据。顾客服务部主管每周周一上班时都要评审控制结果。如果前一周的数据显示出票据差错增大而失控时,那么主管还要进一步评审差错类别表。若有必要,主管还要召集由应收款主管、货运经理和其他有关人员参加的快速评审会议,以研究对策、采取措施,解决问题。

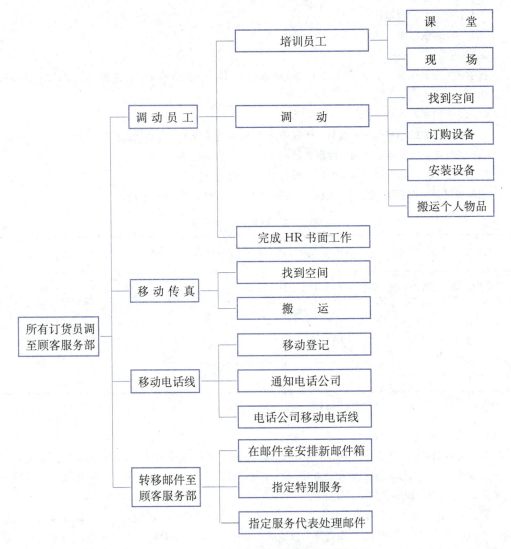

图 4-17 折扣差错改进措施树图

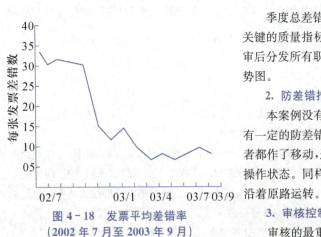

图 4-18 发票平均差错率
（2002 年 7 月至 2003 年 9 月）

季度总差错率则作为质量报告中的一部分列出，关键的质量指标图表经公司质量委员会进行季度评审后分发所有职工。图 4-18 为发票平均差错率的趋势图。

2. 防差错措施

本案例没有专门设计防差错措施，但纠正措施中有一定的防差错措施的特征。例如，员工与电话线两者都作了移动，这样可使控制过程很难回复到原来的操作状态。同样，传真机也进行了移动，以防止订单沿着原路运转。

3. 审核控制

审核的最重要方面是把过程的成果作为每季度

高层管理评审的部分。若增益没有得到保持,高层管理将要求进行更全面的审核。

4. 其他

团队应对复现成果或推荐新项目提出提议。例如,可委派团队对其余的诸如数量折扣、装运方式等差错进行跟踪。

六、复现成果与推荐新项目(第六步)(略)

(摘编自　盛宝忠主编.质量改进六步法.上海交通大学出版社,2001.)

案例二

头脑风暴法——清雪机的构思

问题:美国北部某地区冬季格外严寒,大雪纷飞,电线上积满冰雪,大跨度的电线常被积雪压断,严重影响了通讯。

人物:电讯公司经理应用头脑风暴法,尝试解决这一难题。他举行了一次团队活动,参加会议的是不同专业的技术人员。

按照头脑风暴法的规则,团队人员七嘴八舌地议论开来。有人提出设计一种专用的电线清雪机;有人想到用电热来化解冰雪;也有人建议用振荡技术来清除积雪;还有人提出能否带上几把大扫帚,乘坐直升机去扫电线上的积雪。对于这种"坐飞机扫雪"的设想,大家心里尽管觉得滑稽可笑,但在会上也无人提出批评。有一位工程师在百思不得其解时,听到用飞机扫雪的想法后,大脑突然受到启发,一种简单可行且高效率的清雪方法产生了出来。他想,每当大雪过后,出动直升机沿积雪严重的电线飞行,依靠高速旋转的螺旋桨产生的风力即可将电线上的积雪迅速扇落。他马上提出"用直升机扇雪"的新设想,又引起其他与会者的联想,有关用飞机除雪的主意一下子又多了七八条。在不到1小时的时间里,与会的10名技术人员共提出90多条新的设想。

会后,公司组织专家对设想进行分类认证。通过团队活动的深入开展,认为设计专用清雪机、采用电热或电磁振荡等方法清除电线上的积雪,在技术上虽然可行,但研制费用大、周期长,一时也难以见效。那种因"坐飞机扫雪"激发出来的几种设想,倒是一种大胆的新方案,如果可行将是一种既简单又高效的好办法。经过现场试验验证,发现用直升机扇雪果然奏效。

练习与思考

一、名词解释

(1)质量改进;(2)长期浪费原理;(3)分层法;(4)因果图法。

二、填空题

(1)朱兰在阐述质量管理的过程时,提出了著名的_____、_____、_____三部曲。

(2)对于质量改进,可以从_____、_____、_____及_____四个方面进行管理。

(3)质量改进的方法通常分为_____、_____两类。

(4) 流程图的用处有_____、_____、_____、_____。
(5) 调查表的操作步骤有_____、_____、_____、_____。

三、单项选择题
(1) 在质量改进活动中,有一对矛盾,即(　　)。
　　A. 失控与控制　　　　　　　　B. 平稳与波动
　　C. 维护与突破　　　　　　　　D. 发展与飞跃
(2) PDCA 循环是指 P,计划;D,执行;C,检查;A,(　　)。
　　A. 管理　　　B. 控制　　　C. 维持　　　D. 处理
(3) 构建设想非常有用的质量管理工具是(　　)。
　　A. 因果图法　　B. 头脑风暴法　　C. 排列图法　　D. 调查表法
(4) 对于长期存在的问题,我们一般是用(　　)来解决的。
　　A. 质量策划　　B. 质量控制　　C. 质量改进　　D. 质量分析
(5) 因果图的发明者是日本的(　　)。
　　A. 赤尾洋二　　B. 石川馨　　C. 戴明　　D. 水野滋

四、简答题
(1) 简述 PDCA 循环的意义?
(2) 在质量改进中的"5W1H"是指什么?
(3) 简述质量改进的实施六步法?

五、论述题
(1) 质量改进与质量经营的核心是什么?
(2) 试述"头脑风暴法"产生的背景、遵循原则及操作步骤。

六、计算题
某厂加工曲轴主轴颈不合格品统计资料如下:

轴颈刀痕153件,开档大29件;轴颈小25件,弯曲6件。试绘制排列图,并分析影响主轴颈不合格的主要原因。

部分参考答案

二、填空题
(1) 质量策划　质量控制　质量改进
(2) 组织　策划　测试　评审
(3) 定性方法　定量统计方法
(4) 了解过程　识别问题　推断原因　明确界定范围
(5) 确定对象　设计表格　记录汇总　分析结果

三、单项选择题
(1) C　(2) D　(3) B　(4) C　(5) B

第五章

全面质量管理

 学习目标

学完本章,你应该能够:
(1) 阐述、掌握全面质量管理的含义;
(2) 了解全面质量管理成功的基础与思想;
(3) 掌握过程方法与过程重组方法,会运用过程方法于全面质量管理过程;
(4) 了解 ISO 9004:2000《质量管理体系 业绩改进指南》的作用与特点,会运用 ISO 9004 的指导改进质量管理体系;
(5) 掌握不断创新的全面质量管理方法。

基本概念

全面质量管理 全员 全过程 以人为本 过程方法 过程重组 ISO 9004 所有相关方

全面质量管理发展到今天的水平,其对经济增长的重要性已被世界各国所确认,世界各国的经济发展证明:经济发展的成功与研究与实施全面质量管理有关,美国、日本、欧洲包括我国的经济在不断推进实施全面质量管理基础上的强劲发展就是最好的例证。本章着重探讨全面质量管理,包括全面质量管理的含义与思想、全面质量管理与 ISO 9000 标准的关系、全面质量管理方法等。

 全面质量管理是伴随着生产发展、市场竞争和质量要求的提升而逐步发展起来的一种质量管理的思想和方法,现今不论是发达国家还是发展中国家,只要是经济稳健发展的国家,都大力推行全面质量管理,全力研究并促进全面质量管理的发展。

第一节　全面质量管理概论

为了理解、实施全面质量管理,推进全面质量管理技术的运用和研究,这里着重介绍全面质量管理的内涵和思想,同时为进一步的学习、研究奠定基础。

一、全面质量管理含义

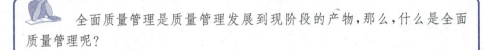
全面质量管理是质量管理发展到现阶段的产物,那么,什么是全面质量管理呢?

1. 全面质量管理的含义

全面质量管理(total quality management,TQM)是在20世纪50年代中期,由日本、美国等首先倡导、发展起来的。1961年,美国通用电气公司质量经理菲根堡姆(A. V. Feigenbaum)发表了《全面质量管理》一书,他对全面质量管理的定义是:"全面质量管理是为了能够在最经济的水平上、考虑到充分满足用户要求的条件下,进行市场研究、设计、生产和服务,并将企业各部门的研制质量、维持质量和提高质量的活动构成一个有效的体系。"

在1994版的ISO 9000标准中,全面质量管理的定义是:"一个组织以质量为中心,以全员参与为基础,目的在于通过让顾客满意和本组织所有成员及社会受益而达到长期成功的管理途径。"在2000版的ISO 9000标准中,没有将全面质量管理列为标准的术语,也没有对全面质量管理作出新的解释。本书采用ISO 9000:1994标准中的全面质量管理定义,并参考菲根堡姆的定义加以理解。

著名的日本质量管理大师石川馨教授根据日本企业的质量管理实践,将全面质量管理描述为全公司的质量控制(company-wide quality control,CWQC)。他指出:"全公司的质量管理的特点在于整个公司从上层管理人员到全体职工都参加质量管理。不仅研究、设计和制造部门参加质量管理,而且销售、材料供应部门和诸如计划、会计、劳动、人事等管理部门以及行政办事机构也参加质量管理。质量管理的概念和方法不仅用于解决生产过程、进厂原材料管理以及新产品设计管理等问题,而且当上层管理人员决定公司方针时,也用它来进行业务分析,检查上层管理的方针的实施状况,解决销售活动、人事劳动管理问题以及解决办事机构的管理问题。"

2. 全面质量管理的含义

从1961年菲根堡姆定义到1994年ISO 9000标准定义,可见全面质量管理发展之一斑,将全面质量管理的定义与有关质量管理大师对全面质量管理的论述联系起来,可以将全面质量管理的含义和特点归结为以下几点。

1) 超越满足顾客需求,追求使所有相关方获益

组织应关注、识别、满足顾客和其他相关方的需求和期望,包括当前的、潜在的和未来的需求,确保使所有各相关方均能获益。这不仅是指各种各样的顾客(参见本书第三章第二节二1中关于什么是顾客的叙述),还指组织的所有者、组织内的员工、组织外的供方、合作伙伴、银行、有关团体和社会等所有相关方。

2) 超越狭义的质量,追求广义的质量

狭义的质量是满足顾客要求并使其满意的产品性能质量,广义的质量还需包括产品的交货时间、使用效率、寿命周期、可维修性和质量成本等等。从历史发展看,TQM也作TQC即total quality control解,而TQC也作time,quality,cost解,即将时间、成本纳入广义质量范畴。因此,追求广义的质量不仅要超越满足顾客的需求、注重交货期和使用效率,还需注重实效,达到最经济的成本和最佳效益,这才是成功的质量。

3) 以人为本,全员参与

这有三层意思:一是倡导凝聚合作精神,调动人的主观能动性和创造精神,群策群力,创建命运共同体,一方面人人都关注组织的发展,一方面努力使员工满意;二是建立以人为主体的领导、干部、员工人人参与的质量管理体系,要使每个人都知道"做什么"、"如何做",都明白自己所获得的授权与职责,都有自己的承诺;三是重视人的自我完善要求,加强教育培训,鼓励学习交流,提高全员素质。

必须注意"全员参与",是指与组织有关系的所有成员、所有职能部门都参与,包括供方,可行时还应包括顾客。在此之中,应特别注意领导的关键作用。1986年,美国质量大师戴明(W. Edwards Deming)对发生的质量问题作了一个调查,发现有约94%的质量问题是由管理者或管理者建立的质量管理体系所引起,因此管理者的领导作用、领导思想是质量工作的关键性因素,必须特别给予注意。

在"以人为本,全员参与"上,日本做得比较好,对于一个缺乏资源的岛国,其产品能所向披靡、畅销世界市场,获得举世瞩目的巨大成功,靠的就是"质量立国",推行全面质量管理。日本企业调动员工的积极性、关心员工的想法的工作做得很细,员工的质量意识很强,几乎每个工作岗位都有员工自己作的质量承诺、质量控制图表等,人人都为提高产品质量、满足顾客需要献计、献策。员工的任何旨在改进工作的意见,都会引起领导的重视,获得适当的结果。日本企业上层领导均非常关心下属的工作、生活和思想,上下之间有牢固的信任关系和利益与共的关系,大多数员工勤勤恳恳、忠诚于企业。这是日本经济强盛的成功之道,已引起世界各国的注意、学习和研究。

4) 全过程的质量管理

即包括从研究市场、开发产品开始,经设计、制造、交付到售后服务的所有过程,运用系统的过程方法对有关质量的开发、产生、形成、实现、营销和维护的所有因素实施以预防为止的控制,使可能的质量问题消除在形成之前或形成之中。特别要注意,全面质量管理思想并不认为质量是从设计或制造过程开始,而是从市场机遇调研与营销开始。

5) 采用科学的、切合实际的质量决策和技术质量方法

为了实现成功的质量管理,必须始终以科学的、切合实际的质量决策来确定质量方针与目标,正确进行质量定位。同时,始终用有效的技术质量方法来分析、解决质量问题,使质量管理技术与专业技术相辅相成、互为促进。

6) 持续改进,追求卓越

为实现长期的成功,需要持续地寻求改进、提高的机会,不断改进。不仅是在原有基础上的持续改进,还需致力于创新,提高基础;致力于追求卓越,追求优良业绩,不断地更上一层楼。

上述这些内涵充分阐释了"全面"、"成功"、"长期"的含义,充分说明全面质量管理是全面的、成功的、长期成功的质量管理思想,是最有活力的质量管理。

全面质量管理的思想与含义。

二、全面质量管理成功的基础

要想成功地开展全面质量管理,其基础是什么?

成功实现全面质量管理的基础有三:全面取悦顾客、全面调动人的积极性和全面运用适宜的科学方法,如图 5-1 所示。

1. 全面取悦顾客

顾客是组织赖以生存和发展的基础,全面质量管理的成功首先有赖于对顾客要求和期望的全方位的了解、满足和超越。

就使用者来说,一般对产品的要求和期望的项目有:产品功能、性能、品牌、质量保证、使用寿命、外观、文化蕴涵、经济性、先进性、方便性、安全性、包装、交货期、交货方式、使用指导与培训、维修、配件、定期关心访问、升级优惠、产品信息等。

全面质量管理就是要求对上述能引起顾客注意、导致顾客购买、获得顾客赞赏的各质量项进行研究、控制和创新,追求使顾客全面满意。从购买中获得惊

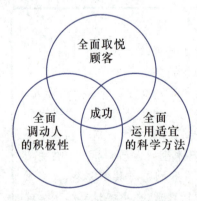

图 5-1 成功实现全面质量管理的三个基础

喜和满足的顾客,往往会情不自禁地向他人夸耀自己所购置的产品,宣传其优势,从而引来更多的顾客,忠诚于该品牌的顾客群就会像滚雪球一样越来越大,这是全面质量管理成功的重要标志。

2. 全面调动人的积极性

人是一个组织事业成功的第一要素,没有人的积极性的组织是缺乏活力的组织。全面质量管理是以人的积极性为基础的,如何调动人的积极性是一项需要研究的技术,亦是一门艺术。在这一方面可以采用如下的做法:

(1) 聘用与组织宗旨和组织文化相适宜的、有活力和相应技能的人员。

(2) 给予授权,明确职责,要求作出适当的承诺。

(3) 重视员工的需要,了解员工的困难,尽力帮助解决;关注员工思想,注意引导、鼓励;发现、承认、赞赏员工的努力和成绩,营造追求上进的组织文化,运用多种方式、方法来提高员工的士气。

(4) 交流经验与好的工作方式、方法,提倡协同工作、互相学习、团结一致,形成积极向上的工作团队。

(5) 强制培训与自愿学习相结合,为员工创造学习、进修和提高能力的机会,提倡"我要学",提倡自我提问"我有什么可改进的",协助员工实现自我优化和提高,鼓励员工提出创造性意见。

(6) 为员工的工作和改进提供思想、方法或工具。

3. 全面运用适宜的科学方法

全面质量管理的成功还有赖于发挥创造精神,全面运用适宜的科学方法。没有一套系统的、科学的方法,实现全面质量管理谈何容易。首先全面质量管理要运用系统/过程的方法建立有活力的质量管理体系,这个体系不仅能进行有效的、预防为主的质量控制,而且具有不断改进、完善和提高的机能。这涉及一系列措施和方法,科学的策划方法、控制方法、分析方法、决策方法、管理方法、改进方法等等,其间不乏创造性。同时,成功的全面质量管理是有效益的管理,没有效益的质量和质量管理是没有价值的,它必须使所有相关方都能获益。因此,完善的质量管理体系还应包含效益和价值的分析、控制机制,这就更需要选择适宜的方法,如市场调查方法、价值评估方法、成本核算方法、经济预测方法等来实现。总之,寻求、创造良好的、适宜的方法是开启全面质量管理成功之门的重要钥匙。

> 全面质量管理的含义和成功的三个基础,注意全面质量管理与ISO 9000标准的关系。

> 全面质量管理是一种持续的创造性过程,其思想和方法是不断发展的。在第二节里我们将介绍全面质量管理的一些方法:过程方法与过程重组、ISO 9004:2000标准。

第二节　全面质量管理方法

组织实施全面质量管理可以运用许多被历史证明是有效的科学方法,其中有过程方法与过程重组等,最主要的是组织应建立质量管理体系,这可以参照本书第三章有关质量管理体系要求、实施要点、文件编写方法的叙述来操作。这是实施全面质量管理的基础,然后在此基础上创造性地运用全面质量管理的思想和方法,实现持续改进,并进而追求卓越、追求好上加好的提高。这里在前一节介绍全面质量管理内涵和思想的基础上,着重介绍全面质量管理的一些方法。

一、过程方法与过程重组

你知道过程有什么特点吗?你知道什么是过程方法吗?为什么它很重要?

1. 过程方法

1) 过程与过程特性

根据 ISO 9004:2000 标准,通过使用资源和管理将输入转化为输出的活动可视为过程。通常,一个过程的输出是另一个过程的输入。一般地,过程具有下述特性:

(1) 都有输入和输出。任何过程都有输入和输出,输入和输出都有两种类型:一是产品或服务,包括原材料、在制品、中间产品、无形产品等;二是信息,包括产品和服务要求、产品性能状态信息、测量数据、反馈信息等。输入和输出并不一定只有简单的一种,也可能有多种。为了把握输入和输出,必要时应对其进行测量和试验。

(2) 包含一定的资源、活动和程序。任何过程都包含有一定的资源、活动和程序,三者缺一不可。事实上,任何过程都是通过将资源依一定的程序进行活动而实现的。

(3) 具有增值性。过程通过将资源依一定的程序进行活动而实现转化,即将输入转化为输出。对生产或服务过程来说,过程输出的结果与输入相比,其价值增加了(当然破坏不是增值)称为过程的增值性,生产或服务过程的根本目标应该是增值。

(4) 联系性。过程与过程之间不是各不相干,而是互相联系、互相影响的,往往一个过程的输出是另一个过程的输入。过程间的联系也并不一定是涉及两个过程的直线序列式联系,有时是涉及多个过程的网络状联系。几个小过程可以组成一个大过程,一个大过程也可以分解成几个小过程,甚至可以一层一层地加以分解。

(5) 认识、可控与活力。当一个过程没有被认识时,显然它是不可控的,不能被认识的过程是不可控的过程,世界上有很多这样的过程。仅当一个过程被认识且找到变换方法时,才是可控的过程。这里所指的包含管理的过程都是可控过程,通过设计、运用适当的程序和资源使可控过程得到管理。对过程的有效控制依赖于检测反馈的信息,一个有检测、有反馈信息并能据此调整的过程是有活力和适应能力的过程,见图 5-2 过程示意图。

2) 过程方法

根据 ISO 9004：2000 标准，组织内诸过程的系统的应用，连同这些过程的识别和相互作用及其管理，可称之为"过程方法"。过程方法的优点在于，能对系统中的单个过程、过程组合和相互作

图 5-2 过程示意图

用进行连续的控制。过程方法的实施要点参见第三章第二节二.4 过程方法中关于"通常做法"的叙述。将过程方法应用于全面质量管理必须重视：

（1）理解并满足所有相关方的要求。满足所有相关方的要求是应用众多过程组成过程网络的系统的重要目的，这首先要全面地理解并满足顾客对于产品/服务的适用性、价格、交货期、质量、安全性、信誉和文化品位等方面的需求和期望，还要理解并满足其他相关方包括所有者、员工、供方、伙伴、社会的需求和期望，在他们的需求和期望之间寻求平衡。在组织内部，应使员工确实受益，使员工对工作和组织感觉满意、对前景乐观，真心诚意地投身于所从事的工作，为组织创造业绩。

（2）确保并提高过程的增值。对于已经识别的过程，应从如何增值或提高增值的角度考虑过程的目标、资源、活动、程序和控制方法，使过程获得较高的增值。

（3）追求有效的过程业绩。对一系列过程及其相互关系的策划和控制必须以获得良好业绩为目的，即追求有效的过程业绩，进而保证良好的系统业绩。

（4）以客观测量为依据，持续改进过程。在输入、输出或过程之中的适当处设置测量点，用适当的办法进行测量，获取过程的动态信息；然后对获得的信息进行分析，寻求改进的机会，不断改进过程，保持持续的改进过程的能力。

群益塑料制品厂对聚甲醛塑料粒子的需求量比较大，能供应的厂商也较多，原采购过程的控制方法以老的评审合格供方为供货的主要对象，进料验证数据基本稳定。考虑到提高过程增值，经过策划，他们在评审选择供方时以交货期、质量与价格比为主要条件，引进了竞争奖励机制。对排名第一的给予60%的供货份额奖励；排名第二的给予30%的供货份额；排名第三的给予10%的供货份额；排名第四的不给予供货份额，但作为备选供方；排名第五以后的则予淘汰。经改进的采购过程，由于主要原材料的质量与价格比有了显著提升，获得了较大的效益，提高了过程增值。

2. 过程重组

 什么是过程重组？过程重组和过程改进有什么区别？

1) 过程重组定义

为增加顾客和其他相关方的满意度、提高业绩，而对以过程为基础的管理系统进

行重新策划,对其中的过程进行增删和重新排序组合,称为管理过程重组,简称过程重组。

例如,以前大多数的销售过程都是由制造、批发、零售三个过程组成,适应于制造商的营销较为落后、零售商规模小而分散的情况。当商务活动获得飞跃发展以后,这种情况发生了变化,最显著的就是销售过程重组。为了提高业绩,现今大多数的销售过程已删除批发,由制造、零售两个过程组成,产品流通渠道缩短,销售成本下降,产品品质保障加强,顾客和相关方均获实惠。

2) 过程重组的应用

通常在下列情况下常采用过程重组方法:

(1) 顾客或其他相关方发生变化,有关需求和期望有较大改变,市场萌发转换趋势,此时由于源头情况改变,相应的机制和管理系统势必要重新加以设计。

(2) 发现管理系统的运行结果与顾客需求相差太远,顾客的关键需求恰好是系统的弱点,此时对薄弱的一些过程必须进行过程重组。

(3) 发现管理系统或其一部分远远落后于时代的进步,如必须采用新的科学技术,相应的系统过程必须重组。

(4) 存在增加顾客和其他相关方的满意度、提高业绩、提高价值效益的可能机会,如增加产品的某些对顾客满意有较大影响的功能,而由此增加的成本却不多。此时实施过程重组,实现新增功能的产品,将会赢取顾客满意,使业绩大大提升。

1985年,台湾一家电扇制造厂从顾客使用方便着眼,最先开发出电扇遥控功能,他们重组了产品实现过程,增加遥控电子芯片与红外线遥控器制造过程,剥离了原来技术含量相对较低的电机制造过程,将电机制造承包给合适的供方。结果他们获得了巨大的成功,遥控电扇受到顾客的青睐和欢迎,当年销量翻一番并打入竞争激烈的日本市场。

3) 过程重组与过程改进的区别

持续的过程改进是在管理系统原有过程基础上的改善,而过程重组则往往撇开原有的过程另起炉灶。过程重组必须从源头开始,重新识别、审视顾客与其他相关方的需求和期望,重新策划为满足这种需求和期望所需应用的过程。相对来说,过程改进是持续的、渐进式的变化,过程重组是不连续的、跳跃式的变化。当持续的过程改进达到系统的极限而系统又亟须提高时,就必须运用过程重组来达到提高系统业绩的目的。由于事实上过程改进和过程重组各有各的益处,都能给系统带来增值,因此在全面质量管理中过程改进和过程重组是相辅相成、并行不悖的。

在实践中运用过程方法与过程重组。

二、质量管理体系与 ISO 9004：2000 介绍

> 你知道 ISO 9004：2000 在实现全面质量管理中的意义与作用吗？如何运用 ISO 9004：2000 呢？

ISO 9004：2000 是组织为改进和提高业绩进行策划、实施的指南性标准,为全面质量管理提供了一个很好的原则和方法指导。通常是在实施 ISO 9001：2000 标准、建立质量管理体系的基础上,进而根据组织的实际情况,按 ISO 9004：2000 标准的指导,实施全面质量管理。这里对 ISO 9004：2000 标准作一个概略的介绍,突出其比 ISO 9001：2000 标准拓展和提高的一面。下面在不混淆的情况下,将 ISO 9001：2000 标准简称为"9001 标准",将 ISO 9004：2000 标准简称为"9004 标准"。

1. 应用 9004 标准的准备

通常,主要的准备工作有：

1) 识别并确定需改进和补建的过程

根据 9004 标准的指导和组织的实际情况,识别并确定需要改进和补充建立的过程,不一定一步到位,可以按组织需要逐步健全。

2) 明确过程的活动与职责

规定过程的活动内容、资源和方法,明确过程职责,特别是新增过程,必须明确过程责任人及其职责,这有利于对过程的策划、控制和改进。一般过程责任人的职责和权限为：

(1) 确定过程的界限,包括活动的内容、涉及范围以及与其他过程的关系与接口。

(2) 确定过程内部是否还需分解,应分解成几个子过程,确定这些子过程的内容、界限、关系和接口,并明确子过程的责任人。

(3) 识别、明确并理解过程的输入与输出。

(4) 规定过程目标和要求,确定跟踪监控的方法,保证过程输出符合规定的要求。

(5) 持续改进过程。

3) 程序和方法文件化

根据改进过程和新建过程的需要,将有关的程序和方法文件化,这可以是质量手册或程序文件的修订、补充,也可以是新建作业文件或数据报告等。

4) 有关过程的培训

通过培训让员工了解过程方法,明确自己在质量管理系统中的位置、职责和所获得的授权,强化员工在过程活动中的积极作用。

> 你有 ISO 9004：2000 标准吗？不妨去买一本来研究。下面按 9004 标准顺序,就质量管理体系、管理职责、资源管理、产品实现、测量分析和改进等超越 9001 标准的部分作有重点的介绍。

2. 有关质量管理体系

1) 9004 标准 4.1 体系和过程的管理

着重指出成功的最高管理者在建立以顾客需求为导向的组织时,应当有效和高效地应用过程方法,并通过对过程的持续改进和过程重组来达到使顾客和其他相关方满意。

2) 9004 标准 4.2 文件

从提高组织的有效性和效率出发,对文件的制定、使用和控制提出了 9001 标准没有提到的进行评价的准则,体现在:

(1) 功能性(如处理速度)。
(2) 便于使用。
(3) 所需的资源。
(4) 方针和目标。
(5) 与管理知识相关的当前和未来的要求。
(6) 文件体系的水平对比。
(7) 组织的顾客、供方和其他相关方所使用的接口。

3) 水平对比法

上述"水平对比"是 9004 标准提出的一种了解自身组织在同行或重要领域中的位置的好方法,称为水平对比法。水平对比法通过对比、借鉴具有在某些项目上比自己更先进的组织的方法,找到差距、找到改进的机会和办法,促进自身组织的提高。通常水平对比法是这样进行的:

(1) 首先确定对比的具体项目,重点在于与顾客和其他相关方有关的项目,如产品性能、服务品质、价格优势等。
(2) 确定要与之进行水平对比的组织,重点在于与比自己水平略高的类似的组织。
(3) 确定收集信息的渠道和方法,从各种渠道收集信息和情报,这种渠道包括各类媒体、资料报告、相关数据库、经济分析机构、Internet 等。
(4) 运用适当的方法综合分析获得的信息,找出差距和问题。
(5) 策划改进措施。

4) 9004 标准 4.3 质量管理原则的应用

认为组织的成功要求最高管理者必须学习、理解、运用质量管理八项原则。

3. 有关管理职责

1) 9004 标准 5.1(管理职责)通用指南

给出了最高管理者为建立和保持质量管理体系、确保过程有效和高效运作,所需考虑的事项,特别提出需考虑相关方的需求和期望以及对风险进行识别和管理。

2) 9004 标准 5.2 相关方的需求和期望

详细提示了为识别、确定、满足各相关方的需求和期望所需开展的各项活动,它包括:

(1) 识别相关方,并始终兼顾他们的需求和期望。
(2) 将已识别的需求和期望转化为要求。
(3) 在整个组织内沟通这些要求。

(4) 注重过程改进,以确保为已识别的相关方创造价值。

9004 标准还将法律、法规要求纳入质量管理体系,以保障相关方利益。

3) 9004 标准 5.3 质量方针

强调组织的质量方针应体现满足顾客和其他相关方的需求和期望以及在有效基础上的高效。

4) 9004 标准 5.4 策划

给出了有效和高效质量策划过程的输入和输出的具体内容,对开展质量策划提供了详细的指导,补充了 9001 标准的不足,特别提出质量目标策划时应考虑的 7 个因素,很有指导意义。

(1) 组织以及所处市场的当前和未来需求。

(2) 管理评审的相关结果。

(3) 现有的产品性能和过程业绩。

(4) 相关方的满意程度。

(5) 自我评定结果。

(6) 水平对比,竞争对手的分析,改进的机会。

(7) 达到目标所需的资源。

其中所述的自我评定,在 9004 标准的附录 A 自我评定指南中有详细的指导,并且该指南列出了组织进行自我评定可能用到的典型问题。

5) 9004 标准 5.5 职责、权限与沟通

从全员参与的原则出发,强调组织应给组织的所有人员明确相应的职责和权限,并在组织内运用工作会议、情况介绍、成绩表彰、内部媒体、意见建议、E-mail 等进行充分的沟通。

6) 9004 标准 5.6 管理评审

在覆盖 9001 标准的基础上有较大扩展,在管理评审的输入项上不仅将"顾客反馈"扩展为"相关方满意程度的反馈"、将"审核结果"扩展为"审核和组织自我评定的结果",还增加了市场因素、水平对比结果、供方业绩、市场评估、战略合作、质量经济效果等项;在管理评审的输出项上也增加了市场营销的战略和切入点、预防和减少风险计划、未来战略策划信息等项。

领导职责、领导作用尤为重要。

4. 有关资源管理

1) 9004 标准 6.1(资源管理)通用指南

为追求卓越业绩,将资源管理的范围从 9001 标准的三个方面扩展到包括:人员、基础设施、工作环境、信息、供方及合作者、自然资源、财务资源等七个方面。

2) 9004 标准 6.2 人员

既重视全员参与又重视人员素质的提高,重视能力、意识的培训。特别提出为了提高业绩,组织的管理者应当通过下述 12 项活动鼓励其人员的参与和发展。这 12 项活

动,非常值得参照实施。

(1) 提供继续培训,并进行个人发展的策划。
(2) 明确各自的职责和权限。
(3) 确立个人和团队的目标,对过程业绩进行管理并对结果进行评价。
(4) 促进人员参与目标的确立和决策。
(5) 对工作成绩给予承认和奖励。
(6) 促进开放式的双向信息交流。
(7) 对其人员的需求进行连续评审。
(8) 创造条件以鼓励创新。
(9) 确保团队工作有效。
(10) 就建议和意见进行沟通。
(11) 对人员的满意程度进行测量。
(12) 了解人员加入和离开组织的原因。

3) 9004 标准 6.3 基础设施、6.4 工作环境

此两项都比 9001 标准有所扩展,基础设施的配置和管理不仅要满足使产品符合要求的需要,还要充分考虑经济性、相关方风险及其利益;同样工作环境不仅要满足使产品符合要求的需要,还要充分考虑工作环境对发挥人员潜能和其满意程度以及对社会等相关方的影响。

4) 9004 标准 6.5 信息

强调了数据、信息和知识对于组织的决策、增值和创新的重要性,提出了对信息进行管理的 6 项活动,这是 9004 标准所特有的。

(1) 识别信息的需求。
(2) 识别并获得内部和外部的信息来源。
(3) 将信息转换为对组织有用的知识。
(4) 利用数据、信息和知识来确定并实现组织的战略和目标。
(5) 确保适宜的安全性和保密性。
(6) 评估因使用信息所获得的收益,以便对信息和知识的管理进行改进。

5) 9004 标准 6.6 供方及合作关系

比 9001 标准着重对供方的选择和控制更进一步,为了获得各种增值机会,9004 标准提议管理者应与供方和合作者建立良好的合作关系,推动和促进相互交流,力争双赢或多赢。

6) 9004 标准 6.7 自然资源

特别指出管理者应针对影响组织业绩的自然资源的可获得性制成计划或应急计划,以预防其可能产生的负面影响。

7) 9004 标准 6.8 财务资源

特别提出将财务资源管理纳入质量管理体系,这包括:确定财务资源需求、确定财务资金来源和对财务资源进行控制。指出为实施和保持一个有效和高效的质量管理体系,管理者应当策划、提供并控制必需的财务资源。同时,管理者应当考虑开发具有创新性

的财务方法，以支持和鼓励业绩的改进。

5. 有关产品实现

1) 9004 标准 7.1（产品实现）通用指南

系统细致地阐述了过程方法在产品实现中的应用，特别在下述方面给出了重要指导。

（1）过程可分为产品的"实现过程"和"支持过程"。其中，产品的实现过程是增值过程；支持过程是间接增值的必要过程，如营销、信息管理、人员培训、与财务有关的活动、基础设施的维护和服务的保持、工业安全和防护设备的使用。

（2）为确保产品实现，管理者不仅应该识别、管理实现过程，还应识别、管理相关的支持过程。

（3）过程管理必须考虑下列重要因素，包括：输入的规范和资源的配置、预期的输出、过程的活动流程和控制的方法、过程与产品的验证确认、信息收集、培训需求、风险识别和评估、纠正和预防、过程改进。

（4）过程应形成文件，以支持组织的有效和高效运作。

（5）组织应对其人员在过程中所起的作用进行评价，促进员工的能动性。

2) 9004 标准 7.2 与相关方有关的过程

此项显然比 9001 标准 7.2 与顾客有关的过程有了扩展，指出组织应建立与所有相关方沟通的过程，确保理解相关方的需求和期望，并将其转化为组织的要求。

3) 9004 标准 7.3 设计和开发

提出了一个广义的质量概念，即在设计和开发产品或过程时，不仅需考虑满足顾客对产品性能的需求和期望，而且需考虑满足所有相关方对产品性能的需求和期望，如合适的功能或多功能、使用性能、易用性、可靠性、安全和卫生、易维修性、耐用性、寿命周期、人体工效、经济性、环境影响与保护、产品处置、产品或过程风险。因此，9004 标准对设计和开发的输入、输出、评审、验证和确认提出了更为宽泛的考虑和要求，特别提出应对设计和开发方法进行评审，这太重要了，因为设计和开发方法不适合，设计和开发也就无效了。评审的内容包括：

（1）过程和产品的改进。

（2）输出的可用性。

（3）过程和评审记录的适宜性。

（4）故障的调查活动。

（5）未来的设计和开发过程的需要。

此外，9004 标准强调管理者有责任在设计和开发时，对产品或过程可能出现的故障、失效及其影响进行风险评估，并采取预防措施；识别和减轻对产品和过程使用者存在的潜在风险。

4) 9004 标准 7.4 采购

给出了为确保采购产品能满足所有相关方的需求和要求以及组织的最高管理者应考虑和采取的策略。

（1）首先应确保对评价和控制采购产品的有效和高效的采购过程作出规定并予以实

施,包括及时有效和准确地识别需求和采购产品规范、评价采购产品的成本、考虑采购产品的性能价格和交付情况、物流情况、对采购产品进行验证的准则、对采购产品不合格和偏离要求的控制、识别并减轻与采购产品有关的风险等等。

(2) 组织应建立有效和高效的过程,积极开发供方和合作者。吸收供方参加与其产品相关的采购过程,与供方共同制订对供方过程的要求和产品规范,利用供方的知识使组织获益,并考虑在沟通中使用电子媒体,以提高沟通效率。

(3) 组织的管理者应预先考虑并准备好,当供方未能履约时,保持组织业绩以及使相关方满意的措施。

5) 9004 标准 7.5 生产和服务的运作

提出了为使相关方获益,提高实现过程和相关支持过程有效性和效率的途径,包括:减少浪费、培训人员、完善信息的沟通和记录、开发供方的能力、改善基础设施、预防可能发生的问题、运用投入产出比改进加工方法与过程、考虑并实施监视方法。

6) 9004 标准 7.6 测量和监视装置的控制

提示管理者应规定并实施有效和高效的测量、监视过程,包括确定、确认合适的测量和监视装置,并考虑消除过程中潜在错误的手段,为相关方增值,使所有相关方满意。

6. 有关测量、分析和改进

1) 9004 标准 8.1(有关测量、分析和改进)通用指南

指出测量数据对于最高管理者作出以事实为依据的决策非常重要,最高管理者应确保能有效和高效地测量、收集和确认数据,以确保组织的业绩和使相关方满意。组织的过程业绩测量可以包括:产品的测量和评价、过程能力、项目目标的实现、顾客和其他相关方的满意程度。管理者应当将测量数据通过分析转化为有益于组织的信息和知识,用于有效和高效地改进组织的增值过程和总体业绩。

2) 9004 标准 8.2 测量和监视

给出了有效识别质量管理体系业绩改进机会和区域的四种方法,它们是顾客和其他相关方满意程度的调查、内部审核、财务测量、自我评定。其中,其他相关方满意程度调查、财务测量和自我评定是 9004 标准特有的倡导,为 9001 标准的扩展。

(1) 其他相关方满意程度的调查。9004 标准分别给出了除顾客以外的其他各个相关方满意程度测量的内容和方法的指南:

对组织内部人员,应当调查人员对组织满足其需求和期望方面的意见,评定个人和集体的业绩以及他们对组织成果所作的贡献。

对所有者和投资者,组织应当评定其达到规定目标的能力,评定其财务业绩,评价外部因素对结果产生的影响,识别由于采取措施所带来的价值。

对供方和合作者,应当调查供方和合作者对组织采购过程的意见,监视、反馈供方和合作者的业绩,监视、反馈其与组织采购方针的符合性,评定采购产品的质量以及供方和合作者的贡献,评定通过合作而给双方带来的利益。

对社会,应当规定并追踪与组织目标有关的适宜数据,以使组织与社会的相互影响令人满意,并且定期评定组织采取措施的有效性和效率,定期评定社会相关方面对组织业绩的感受。

(2) 财务测量。9004标准指出财务测量有助于促进组织有效性和效率的提高,并提出预防和鉴定成本分析、不合格成本分析、内部和外部故障成本分析、寿命周期成本分析等方法。

(3) 自我评定。9004标准提出最高管理应当考虑确立并实施自我评定,以获得对组织的有效性和效率以及质量管理体系成熟水平的评价和判断,促进组织业绩的改进。但自我评定不应当作为内部或外部质量审核的替代。在9004标准的附录A里给出了简单易懂、易于使用、对管理资源使用影响最小、能为提高质量管理体系业绩提供输入的自我评定方法。

3) 9004标准8.3 不合格的控制

强调最高管理者应当赋予组织内人员有报告不合格和对不合格作出反应的职责和权限,并应建立能有效和高效地评审、处置已识别的不合格的过程。

4) 9004标准8.4 数据分析

强调组织应当采用有效的分析方法和适宜的统计技术,汇总分析各种来源的数据和信息,评定业绩,确定改进区域,确定现有的或潜在的问题的根源,依据逻辑结果,权衡经验和直觉,作出决策并采取措施。标准指出了数据分析的作用,即通过数据分析可确定:发展趋势、顾客和其他相关方的满意程度、过程的有效性和效率、供方的贡献、组织业绩改进目标的完成情况、质量经济性业绩、财务和与市场有关的业绩、业绩的水平对比结果、组织的竞争能力。

5) 9004标准8.5 改进

强调管理者应当不断寻求对组织的过程的有效性和效率的改进,而不是等到出现了问题才去改进。改进也不仅是由于偏离要求而引起的符合性改进,更包含预防性改进和创新性改进。改进的范围可从渐进的日常持续改进开始,直至战略性项目的突破性改进。9004标准还提出了对改进活动的具体指导,在标准的附录B里表述了组织实施持续过程改进的过程指南。

ISO 9004:2000标准给出的指南,实现全面质量管理的技术。

小结和学习重点

- 全面质量管理的含义
- 全面质量管理成功的基础
- 过程方法与过程重组
- ISO 9004:2000《质量管理体系 业绩改进指南》的特点

全面质量管理是一个不断发展的概念,包含超越满足顾客需求、使所有相关方获益、追求广义质量、采用科学的技术方法、实施全员参与的全过程的质量管理、保持持续改进、不断创新追求卓越等含义和思想,学习全面质量管理应全面把握这些精髓。未来对质量管理既有挑战,也有机遇。为了研究、参与这一新形势,本章特为着重介绍了全面质量管理的一些方法、有指南意义的 ISO 9004:2000 标准等。

 前沿问题

随着科学技术的突飞猛进,产品质量由制造决定的观念已经改变,制造流程、检测流程的自动化程度提高,出现了不少全自动化的工厂,制造质量由自动化技术来保证,质量控制成为自动化体系的一部分。网络时代丰富的信息资料、方便的利用方式,使新技术的开发与推广变得非常容易,推广速度显著提升,产品质量决定于设计质量的情况迅速改观,从而使产品质量的决定性环节不断前移,开发过程的质量设想、质量控制和控制技术的选择成为关键环节。对于全自动化工厂来说,质量控制又提前到自动工厂的建立方案,包括质量自动控制方案的确定上来。伴随着这种"前移"的质量控制,是网络时代质量管理值得研究的前沿问题。

案　　例

案例一　　火石轮胎的覆灭

火石(Firestone)轮胎创始于 20 世纪初,是美国火石轮胎制造公司创立的轮胎品牌。创始人哈韦(Havey)在创业中匠心独具,采取了许多有利于经营、有利于全面质量管理的策略,使火石轮胎很快发展起来,并占领了巨大的汽车轮胎市场。在以后的几十年里,火石轮胎始终掌握着美国轮胎制造业的主导权。哈韦采取的主要策略可以归纳如下:

(1) 策划、执行以顾客为关注焦点、"将每一位客户视作座上宾"的经营方针。哈韦通常总是能首先考虑客户的利益,理解并满足客户的需求,使得客户都与他成为好朋友,尤其是一些大的汽车制造公司的高层人士。后来甚至他把他的孙女嫁给"汽车大王"福特的孙子,可见相互关系之深。没过几年美国较大的汽车制造公司一个个都采用火石轮胎作为生产汽车的专用轮胎。

(2) 注意调动员工的积极性,关心员工的心声与福利,"把每一位员工当成自己的亲兄弟"。哈韦定期召开"无级别恳谈会",与员工随意交流,倾听员工的想法。哈韦还别出心裁地给员工筹建了"火石乡村俱乐部",作为员工的活动中心。哈韦对员工的态度使员工都非常关心公司的发展,将自己的发展与公司的发展连在一起。

(3) 注意产品质量保证,提供优良到位的服务。火石轮胎以它的质量打出了品牌效应,同时以细致周到的服务赢得了众多客户的好感,市场自然成为火石轮胎的天下。

(4) 在哈韦以顾客驱动、员工为本、照顾其他相关方的战略方针下,火石轮胎制造公司形成了一整套有效且高效的策划、运作管理体系。这使得火石轮胎制造公司在与当时最大竞争的对手"美国固特异轮胎制造公司"的"战争"中大获全胜,从而夺得美国汽车轮胎制造业的霸主地位。又经过几年的努力占领了欧洲市场,其锋锐不可当,所向披靡。

显然,哈韦当时创造和执行的上述策略思想与今天的全面质量管理思想是相吻合的,也是火石轮胎制造公司几十年历经风雨而长盛不衰的原因。另一方面,优秀绩效的实现和持续成功,也使哈韦及其员工们相信这套体系是完善的,只要按"哈韦总裁的既定方针"办,什么风险都能迎刃而解。

20世纪60年代,法国汽车轮胎制造业新锐"法国米奇林轮胎制造公司"崛起,他们以卓越的技术,创造了"子午线轮胎"。比起传统轮胎来,不论在经济性、耐用性、舒适性还是安全性上,都具有无可争辩的优势。技术上的领先使米奇林的"子午线轮胎"在欧洲大行其道,迅速的扩张殃及了火石轮胎在欧洲的市场份额。总裁哈韦意识到市场在变化,虽然这些变化还不至于影响火石轮胎在美国的市场地位,战火仅在欧洲弥漫,但哈韦还是能感觉到这种变化的威胁。哈韦预料"子午线轮胎"必能开创新型轮胎之先河,不过他同时认为自己稳固的客户关系和有效的策略体系仍具有胜人一筹的优势。这种矛盾的想法导致他一方面不想改变其策略体系,一方面又迎头应战。哈韦仍从源头——顾客出发,重新研究了各大汽车制造商的需求变数,采取了不少满足客户要求的积极措施,稳定重大客户群。并在欧洲响应法国米奇林轮胎制造公司的叫板,迅速创办了一家子午线轮胎制造厂,摆开架势与之竞争。竞争双方:一方是轮胎制造业的新秀,具有优势的产品和锐气;另一方拥有几十年的稳固市场关系和老成持重的战略。真是棋逢对手,一时胜负难分,僵持的结果只好握手言和,谁也没有占到更多的便宜。

然而,暂时的平局给了哈韦一个错误的信息,他认为这是火石轮胎制造公司的胜利,证明其历经考验的市场经营策略、产品策略和内部组织策略等均是完美的、不容改变的。以前无往不胜的体系框架限制了哈韦及其决策层审时度势的眼光,使他们没有及时觉察到顾客需求的变迁,丧失了利用"战争"间隙改变策略和体系的时机。他们仍我行我素不改变传统轮胎的生产,而步米奇林后尘的"子午线轮胎"产量既少,质量又差,无法与米奇林的"子午线轮胎"相比。果然,法国米奇林轮胎制造公司在经过约10年的蓄谋准备后,卷土重来,这次矛头直指火石轮胎的老巢——美国市场。1972年一举夺得美国福特汽车制造公司这个大客户的大批订单,一声惊雷,将传统轮胎市场炸得粉碎,"子午线轮胎"占统治地位的时代开始了。几经挣扎,保守的火石轮胎制造公司终于垮了,拖到1988年被日本日桥轮胎制造集团收购。

案例二
从肯德基的经营思想和电视广告营销看全面质量管理的实施

肯德基是世界最大的炸鸡快餐连锁企业,在全球拥有上万家餐厅。肯德基的名字"KFC"是英文Kentucky Fried Chichen 的缩写。肯德基创始于1930年,创始人哈兰·桑德斯经过学习和研究,创造了由11种香料和特有烹饪技术合成的炸鸡秘方,在家乡美国肯德基州开了一家餐厅,其独特的口味深受顾客欢迎。1935年,肯德基州为表彰他对肯德基州餐饮事业的贡献,特授他为肯德基上校。满头白发及山羊胡子的上校形象已成为肯德基最著名的国际品牌的象征。1987年肯德基进入中国,在北京开设了第一家餐厅,现在除西藏自治区之外,肯德基已遍布中国30个省市的170多个城市,总数已超过1 000家。

作为全球著名企业,肯德基的立业宗旨用肯德基自己的话来说是:

肯德基的使命是成为世界上最受欢迎的餐饮品牌;

肯德基的期望是给予每一位顾客绝佳风味的食品、愉悦的用餐体验和再次光临的价值;

肯德基注重对员工的培训,期望给予员工充满关爱的家庭归属感,让所有员工都能成长发展,并对肯德基这个大家庭及其他成员的发展作出贡献;

肯德基期望将此大家庭扩展到事业上的各种伙伴,包括加盟伙伴、供应伙伴等;

肯德基也关爱社会,期望永远在市场中领先,期望拥有最好的人才及足够的财力做该做的事;

肯德基期望保持最佳的获利状态,让投资者愿意支持肯德基的发展,并期望拥有世界一流的利润管理能力。

可见,肯德基的经营思想是地道的全面质量管理思想,它在中国的成功与其将全面质量管理应用到管理的所有方面有关,特别在营销上它推行全面质量营销,试看肯德基的电视广告营销策略,下面就2004—2005年间肯德基的37则电视广告作一分析。

(1) 肯德基的广告对象面向社会和家庭的各类层次,有少年儿童、青年男女、康乐老人、学生和白领工薪阶层等,十分广泛。但其定位重心是永远充满朝气和勇于挑战的年轻人,肯德基认定社会中最活跃的成员能带动肯德基的飞跃。

(2) 肯德基的主要广告语有三条:"有了肯德基,生活好滋味!""立足中国,融入生活!""有你就有肯德基!"它们充分显现了肯德基的广告营销策略。因此,肯德基电视广告的内容和场景既丰富又多彩,极其贴近顾客群的生活,亲和力极强!其中宣场"生活好滋味"的著名题材有:

① 以快乐生活为题材的,如《哈姆乐园》、《骨肉相连》;
② 以男女情趣为题材的,如《秋千女孩的心思》、《寒风中的温暖》;
③ 以学习、工作为题材的,如《加班》、《校巴》;
④ 以旅游趣闻为题材的,如外带肯德基全家桶享受露营野趣的《露营》;
⑤ 以家庭温馨为题材的,如《不约而同》、《无所不在》。

(3) 肯德基的广告极力揣摩并迎合顾客的消费心理。例如迎合顾客喜爱美食的心理,推出各种新鲜的甚至有异国情趣的美食《泰国风味》、《韩国泡菜猪肉卷》、《墨西哥鸡肉卷》、《新奥尔良烤鸡腿堡》、《葡式蛋挞》等,宣扬美食天下全在肯德基。又如迎合顾客需要健康生活、均衡营养的心理,推出《均衡生活》两则广告。其中一则针对工作紧张、进餐匆促的上班族,形象夸张地提出为什么把肚皮带在身上跑?从而推出肯德基的均衡美食;另一则面对一个活泼可爱、吵着"要吃鸡翅"的小女孩,肯德基的一位员工姐姐笑容可掬地对她说:"小妹妹,肉好吃,蔬菜也要多吃噢!"广告非常亲切动人。同时这两则题材,还充分展现了肯德基员工为顾客着想的服务精神,拉近了员工与顾客的亲密关系。

(4) 为了立足中国,肯德基的广告极力营造适合中国国情和人文环境的经营氛围。譬如春节广告里,肯德基上校也穿唐装,推出"来肯德基点新年套餐将'哆啦A梦'(DolaAmon,一个会说恭喜发财的录音智能玩偶)带回家"。为了争夺更多客源,肯德基还融入中国菜肴,推出标准化的中国传统名菜,有"正宗粤味,一卷上瘾"的咕咾鸡肉卷、老北京鸡肉卷、川香辣子鸡、寒稻香蘑饭、香菇鸡肉粥、海鲜蔬菜汤等等。

(5) 肯德基的广告深具故事性和欣赏性,常有悬念和搞笑,如《哪里有鱼?》、《牙医如何使害怕诊疗的病人张口?》等,效果很好。

(6) 肯德基广告还积极宣传肯德基的社会贡献,其中有一则广告主题是肯德基的曙光奖学金帮助一个来自贫困山区的女孩圆了大学梦,后来又使她进入肯德基这个给人以精神动力的大家庭。

根据上述分析,肯德基所推行的全面质量营销是相当成功的,其可取之点有四,可供实施全面质量营销的组织借鉴。

(1) 明确理想:立足并尽量扩大市场。
(2) 全面质量营销的核心是了解、确定并满足顾客和其他相关方的需求,组成和谐协调的共同体。
(3) 融入顾客生活,采用与顾客十分贴近的、亲切的营销策略和广告内容,确保将建立亲密关系贯彻到营销的所有要素中去。
(4) 坚持营销创新。

练习与思考

一、名词解释

(1) 全面质量管理;(2) 过程重组。

二、填空题

(1) 过程的特点是：_____、_____、_____、_____、_____。

(2) 全面质量管理成功的基础是：_____、_____、_____。

(3) ISO 9004：2000 标准的名称是：_____。

三、选择题

(1) 世界著名的三大质量奖是（　　）。
   A. 英国皇家质量奖　　　　　　　　B. 美国波多里奇国家质量奖
   C. 欧洲质量奖　　　　　　　　　　D. 日本戴明奖

(2) 全面质量管理的英文简称是（　　）。
   A. TQS　　　　B. TQC　　　　C. TQM　　　　D. QMS

(3) 全面质量管理与有关质量管理标准的关系是（　　）。
   A. 全面质量管理就是 ISO 9000 标准
   B. 通过质量认证就是实现了全面质量管理
   C. 实施全面质量管理就是为了获得国家质量奖
   D. 以上都不正确

(4) ISO 9004：2000 标准要求关注的是（　　）。
   A. 只求与供方互利　　　　　　　　B. 相关方满意
   C. 只要顾客满意　　　　　　　　　D. 员工满意与否可以不考虑

四、判断题

全面质量管理是以人的积极性为基础的，如何调动人的积极性是一项需要研究的技术，亦是一门艺术。以下哪些做法可以调动人员的积极性？

(1) 赞扬高学历的人；
(2) 明确职责，给予授权，并要求作出确当的承诺；
(3) 工作出错及时批评；
(4) 为员工创造学习、进修和提高能力的机会；
(5) 购置最先进的设备；
(6) 关注员工思想，注意引导、鼓励；
(7) 交流经验与好的工作方式、方法；
(8) 严格控制员工的一举一动，防止意外事件；
(9) 为员工的工作和改进提供思想、方法或工具；
(10) 鼓励少提意见多做工作。

五、简答题

(1) ISO 9004：2000 标准特别提出在质量目标策划时应考虑哪几个因素？
(2) 简要说明过程重组与过程改进有什么区别？

六、论述题

(1) 阐述全面质量管理的含义，你对贯彻全面质量管理有何建议？
(2) 你对"全面取悦顾客"作为成功实现全面质量管理的基础之一，是如何理解的？

部分参考答案

三、选择题
(1) B,C,D (2) C (3) D (4) B

四、判断题
(2)(4)(6)(7)(9)

五、简答题
(1) 参见本章第二节二 3 中 4)的讲述。
(2) 参见本章第二节一 2 过程重组。

六、论述题
(1) 参见本章第一节一的内容。
(2) 参见本章第一节二的内容。

第六章

服务过程质量管理

 学习目标

学完本章,你应该能够:
(1) 掌握服务、服务质量的有关概念;
(2) 了解服务业的分类;
(3) 掌握服务质量管理的意义及其特征;
(4) 掌握服务质量管理体系及服务质量管理的过程。

 基本概念

服务　服务质量　服务质量管理体系

本章内容分为两大部分。首先介绍服务及服务质量的基本概念,学员通过学习可以了解另一类产品——服务的含义,并在相当广阔的企事业单位中找到服务活动之所在,为理论应用于实际打下基础;第二部分是具体介绍服务过程的质量管理,使学员掌握具体的管理方法。

> 服务是一类产品,也是"过程"的结果,通常是无形的,并且是在提供方和顾客接触面上至少需要完成一项活动的结果。

第一节　服务和服务质量

一、服务的概念

什么是服务?

ISO 8402:1994《质量管理和质量保证术语》中对"服务"的定义:

为了满足顾客的需要,供方和顾客之间接触的活动以及供方内部活动所产生的结果。

ISO 9000:2000《质量管理体系 基础和术语》中对于"服务"的解释:

产品是过程的结果,包括四大类:服务、软件、硬件和流程性材料。服务通常是无形的,并且是在供方和顾客接触面上至少需要完成一项活动的结果。服务的提供可涉及:

在顾客提供的有形产品上所完成的活动(如维修家电);

在顾客提供的无形产品上所完成的活动(如为准备税款申报表所需的收益报告);

无形产品的交付(如提供咨询报务);

为顾客创造氛围(如宾馆和饭店环境)。

二、服务的特性

服务的特性有哪些?

1. 服务以人为主体

服务以人为主体——依附于人,绝大部分的服务是由人提供给消费者,因此,即使是相同的服务,也会因为提供服务者的不同而使服务的品质有很大的差异,如顾客去美发店美发或搭乘出租车,由于不同的美发师和不同的出租车司机所提供的服务质量是不同的,所以消费者所感受到的服务品质也是不相同的。

2. 质量不易管理

服务质量的控制、提高远比产品质量的管理难,企业提供给顾客的服务,多数是分散在各处进行的,要对每一项服务进行全面质量管理是很困难的。

3. 难以申诉

服务提供之后立即消失,不像产品出了问题有实物可以作证、容易申诉。所以当顾客遇到不良服务时,往往是今后不再光临,而不愿为了困难的申诉导致更不愉快。

4. 满意的顾客会带来新顾客

对于服务来讲,若不亲身体验难以知其优劣。因此,购买服务就必须冒付一定代价的风险。顾客往往在购买服务前通过咨询来了解情况,如果企业能提供优质服务让顾客满意,满意的顾客将会给企业带来新顾客。

三、服务质量概述

什么是服务质量?

质量对所有行业都是决定性的,质量对服务业来说具有更重要的意义。因为在服务业,顾客的满意具有决定性的作用,对服务质量的评价往往含有顾客的主观成分,顾客一旦感受不好将会主动放弃对服务的购买,而且会高效传播。服务质量的优劣也会影响服务组织的业绩,所以,通过质量管理来保证服务质量对于服务业是必需的。

服务业的目的是满足顾客的需要,并以此获得自身的发展和应有的效益。满足顾客需要是服务业目的的核心,没有顾客的需要就没有社会的需要,满足不了顾客的需要就满足不了社会的需要,服务组织就无法生存和发展。所以,不断了解顾客需要,用于改进服务,才能使服务组织具有生命力。

1. 服务质量的定义

菲利普·科特勒对服务下的定义是:一项服务是一方能够向另一方提供的任何一项活动或利益,它本质上是无形的,并且不产生对任何东西的所有权问题,它的生产可能与实际产品有关,也可能无关。

既然服务是服务系统向顾客提供的一种利益,那么服务质量的高低就可以由顾客的满意程度来表现。所以我们也可认为,服务质量是指顾客对服务生产过程、服务的效用感知认同度的大小及对其需求的满足程度的综合表现。

2. 服务质量的特性

> 服务产品具有无形性、非贮存性、提供与支付的同时性,以及服务产品及对象的差异性。

服务质量特性是服务产品所具有的内在的特性。有些服务质量特性是顾客可以直接观察或感受到的,如服务等待时间的长短、服务设施的完好程度、班机的延误、服务用语的文明规范和程度等。还有一些是反映服务业绩的特性,如银行柜员的差错率、报警器的正常工作率等。一般来讲,服务质量的特性是由服务产品的"四性"决定的。

1)服务产品的无形性

服务产品不像有形产品,它不能让人看得见、感觉得到。服务产品本身及消费服务获得的利益都具有无形性。因此,消费者在购买服务前,难以对其质量及价值预先作出准确定量的判断。消费者在购买服务时,会收集许多相关的信息或别人的消费经验。

实际上,真正意义的无形服务并不多见,一般很多服务中包含了有形成分,很多有形产品也与服务附加在一起出售,如航运服务中的班机、维修服务中的零配件等;反之,服务的提供也必须有有形的过程,如餐饮服务必须有厨师的工作,婚庆服务必须有一系列的设计创意过程。

2)服务产品的非贮存性

服务产品不能像有形产品一样可贮存起来,顾客也不能一次购买较多的服务以备未来需要时用。当宾馆里的房间在限定的时间内没有顾客入住,过了时间就不可能再利用,不会再有获得收入的机会。同样,飞机起飞后飞机上的空座位、轮船起航后船上的空舱位都不可能再实现服务的价值了。

由于服务产品的非贮存性,使得服务能力的设定非常重要,如何充分利用服务企业现有的人力资源、设备资源,尽可能提高使用效率,使服务能力能适应变化的服务需求显得至关重要,如节假日商业街的客流量比平时多得多、大卖场傍晚收银台前排起的队伍比白天空闲时长得多。服务企业要尽量使服务供给有弹性,以解决供需矛盾。

3）服务产品的提供与交付具有同时性

服务产品的生产和消费是同时发生的,服务人员在提供服务的同时,顾客也开始消费,如去美容店美容、搭乘出租车、去医院看病等等。因此,服务产品无法"库存",也无法"拿走",如果顾客接受了不良服务,也无法像购买有形产品那样退货或更换,也不能进行修理,企业也无法在事先对服务产品质量经检查合格后交付顾客。如果企业提供了不良服务,将会导致顾客流失。

4）服务产品及对象的差异性

提供服务产品的人员素质的不同,接受服务的对象的年龄、性别、职业、性格、爱好、受教育程度、身体健康程度、思想情绪等的不同,使得服务质量有多变性。即使同一服务人员在不同时间提供的服务其质量水平也可能不同；而同样的环境下,不同的服务人员提供的同一种服务的服务质量也可能不同。对顾客而言,同一顾客在不同时间消费相同质量的服务也会有不同的消费感受。这样就难以用统一的量化标准或特殊指标来要求和衡量服务企业的质量水平,因此服务企业对质量的水平要求有较高的标准,不然容易使顾客对服务企业的服务质量认识不清,由此造成对服务企业形象和声誉的损害。

3. 服务质量的技术性与功能性

服务质量不仅与服务结果有关,也与服务过程有关,主要包含下列内容。

1）技术性质量

指服务结果的质量。即服务本身的质量标准、环境条件、网点设置,以及服务项目、服务时间、服务设备等是否适应和方便顾客的需要。大多数顾客能比较客观地评估服务结果的技术性质量。

2）功能性质量

指服务过程的质量。服务过程和顾客消费过程同时发生。

服务功能性质量是指服务人员的仪态仪表、服务态度、服务程序、服务行为是否满足顾客需要。它与顾客的个性、态度、知识、行为方式等因素有关,并且顾客对功能性质量的看法也会受其他顾客的消费行为的影响。所以,顾客对功能性质量的评估是一种比较主观的判断。

服务质量是服务的技术性质量和功能性质量的统一,也是服务的过程和结果的统一。

4. 顾客心目中的服务质量

服务质量的好坏是由顾客的意见决定的,顾客对服务质量的态度会由于他(她)对某产品的深入了解或生活标准的提高而改变。

顾客追求优质服务,但优良的服务质量常需要购买者付出更多的钱。当价格与服务质量之间的相关程度较小时,顾客往往倾向于选择优质服务；当价格随着服务质量的提高而上涨时,顾客往往倾向于选择花费较少的服务。

顾客对服务质量优劣的评价,是以一个整体概念来判断的,整个服务过程中薄弱环节的印象会影响顾客对整个服务质量的综合印象。

例如某一项服务的判断标准有10条,对每条标准的1%的差错率会导致9.6%的顾客有不同程度的不满意；如果差错率为5%,不满意的顾客会上升至40.1%。

上述结果可以通过计算得到,不满意率有以下的简单公式:

$$不满意率 = 100\% - \left(\frac{满意的顾客}{全部顾客}\right)^x$$

x：判断标准的条数

当每条标准有 1‰ 错差率时，

$$不满意率 = 100\% - \left(\frac{99}{100}\right)^{10} = 9.6\%$$

如差错率为 5%，

$$不满意率 = 100\% - \left(\frac{95}{100}\right)^{10} = 40.1\%$$

如有 100 条标准，

$$100\% - \left(\frac{99}{100}\right)^{100} = 63.4\%$$

可见，服务标准越多，顾客不满意的可能性就越大。

5. 服务质量的成本

不合格的有形产品可以被退回、更换或修理，但是服务产品是无形的，当顾客没有得到良好的服务时，除了流失就是抱怨或投诉。因此，为了提高顾客的满意度，就要提高服务质量。为提高服务质量，需增加一些成本支出，但能预防更大的成本支出。

质量成本分为四类：

(1) 内部失败成本。即为产品及服务在交付顾客前改正不符合标准的工作所发生的费用，如废弃的表格和报告、返工、机器的停机时间等。

(2) 外部失败成本。即为产品及服务在交付顾客后改正不符合标准的工作所发生的费用或未满足顾客特殊需要而发生的费用，如利息惩罚的赔付、调查时间、道德的评判、反面的口碑、未来业务损失等。

(3) 检查成本。为检查服务状况确定是否符合质量标准所发生的费用，如定期检查、过程控制检查、平衡、鉴定收集质量数据等。

(4) 预防成本。与避免失败发生或检查成本最低化有关的活动和工作费用，如质量计划、招聘和选择培训计划、质量改进计划等。

第二节 服务过程质量管理

一、服务质量的标准

服务质量标准有哪些特点？

服务质量管理不能像产品质量管理那样完全采用标准化规章制度，尤其是对服务过程的质量管理。无论服务质量管理采用什么样的原则和方法,服务质量标准应具有以下特点。

1. 从顾客的立场出发制订

服务质量的优劣由顾客来评定,服务质量的标准要从顾客的立场来制订,服务企业要了解顾客为什么要来,顾客的需求是什么。企业的每位员工都应知道自己"做什么"、"怎么做",尤其是知道"这为什么重要"。

2. 易于被顾客评估

服务质量的标准要让顾客易于评估,如企业员工对顾客的态度(微笑)、与顾客的语言沟通、姿势沟通、书面沟通,以及企业对顾客的欢迎表达的技能、有专业水准的接待等等,都要从顾客出发制订易于被顾客评价的标准。

3. 在组织内部自上而下实施

服务企业可以将所有的服务行为分解为各个可以对服务后果产生影响的部分,并且自上而下地让从事这些部分的员工理解工作重要性,认真做好本职工作。

服务企业要使服务达到所定的质量标准,应该从企业的人员、设备、方法(程序)、材料、环境五个方面进行质量分析。

轿车维修的服务质量分析。

(1) 服务战略:使顾客得到最好的服务。

(2) 质量标准:维修点营业时间为1周7天,1天24小时,送修1小时后如查不出故障,为顾客借1辆轿车。

(3) 质量分析。

步骤1) 顾客给维修点打电话

此时可能会出现以下问题:

* 顾客没有得到回答;

* 回答不够友好、不够专业;

* 电话没有转给维修人员;

* 电话忙;

* 对某一型号缺乏了解。

解决以上问题的方法如下:

* 人员:培训维修点人员接待顾客的技巧。

* 设备:增加电话或使用电话交换机。

* 材料:详尽的资料。

步骤2) 顾客将轿车送至维修点

此时可能会出现以下问题:

* 不知维修的细节工作;

* 无法给出报价;

* 没有向顾客询问导致故障的关键问题;

* 欢迎顾客表现得不够。

解决以上问题的方法如下：

* 人员：培训维修人员分析故障、迎接顾客并准备好发票。
* 方法：列出修理时间收费标准。
* 环境：亲切、整洁、忙碌而有序的环境。

步骤3）修理轿车

此时可能会出现以下问题：

* 没有可用的零件；
* 无法判断故障的原因；
* 没有足够的维修人员。

解决以上问题的方法如下：

* 人员：培训维修人员的技能。
* 设备：准备备用零件。
* 方法：诊断故障的方法、安排监督维修过程。

步骤4）交还轿车给顾客

此时可能会出现以下问题：

* 轿车没有修好；
* 没向顾客解释理由；
* 过高的收费；
* 错误的收费；
* 修好时没通知顾客。

解决以上问题的方法如下：

* 设备：借出轿车。
* 方法：对开发票过程严格要求、检查维修质量并测试后通知顾客。

二、服务质量要素

1. 服务质量的要求

服务质量的要素有哪些？

既然服务质量的高低是由顾客通过对期望的服务和感知的服务的差异的满意程度来评判的，那么从哪几方面来评判服务质量呢？通常从其五个要素来评判。

（1）有形性。是指有形的设备、设施、人员和沟通材料的外表。
（2）可靠性。是指可靠的、准确的履行服务承诺的能力。
（3）响应性。是指帮助顾客并迅速提供服务的愿望。
（4）保证性。是指员工所具有的知识、礼节以及表达出自信与可信的能力。

（5）移情性。是指设身处地地为顾客着想和对顾客给予特别的关注。

2. 服务质量的度量

也有学者认为，可以依据可度量的或顾客可感受到的要求作出定量的或者较好的定性评判，通常可从以下六个方面来度量服务质量。

（1）功能性。指服务功效上满足需要的程度，如餐饮服务要满足顾客吃、喝等功能要求。

（2）安全性。指在服务过程中对顾客的生命健康及财产安全的保障程度，如航空、铁路、汽车运输服务中安全是第一位的服务质量特征。

（3）经济性。指顾客获得服务所需费用的合理程度，通常与服务等级相联系，如不同的星级宾馆的收费标准不同。

（4）时间性。指顾客获取服务时在时间上满足要求的程度，包括及时、准确和省时三方面的要求。

（5）文明性。服务提供过程中，服务人员的文明程度，如服务人员的礼仪、整洁，服务环境的优雅等。

（6）舒适性。在服务过程中，顾客感官上感觉到的舒适程度，包括服务方式、服务设施的舒适。

3. 服务质量的感知

服务质量的好坏可以由服务业自己评定，但更多的是依靠顾客的评价，顾客的评价是服务业质量度量的重要方式。

顾客对服务质量感知的形成过程如图6-1所示。

图6-1表明，顾客感知服务质量首先是受企业所做广告或宣传、他人的口头信息传播、自己以前的消费经验的影响，形成对准备消费的服务较具体的预期；然后带着这种预期，在接受服务的过程中感知了该企业的服务质量；最后将预期与感知的服务质量作比较，得出服务质量的优良、中等、恶劣的结论。

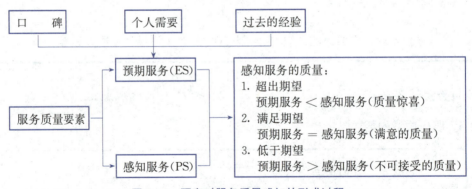

图6-1 顾客对服务质量感知的形成过程

三、服务质量差距模型

什么是服务质量差距模型？每一种差距的含义是什么？举出实例说明之。

服务质量模型是西方学者贝里、隋塞莫尔等人于1985年提出的,通过这种模型可以分析服务质量问题的起源,从而使服务企业的管理者据此研究如何采取措施、改进服务,以提高服务质量。

服务质量模型说明了服务质量的形成过程,模型的上半部分表明与顾客有关的内容,下半部分表明与服务企业有关的内容。该模型如图6-2所示。

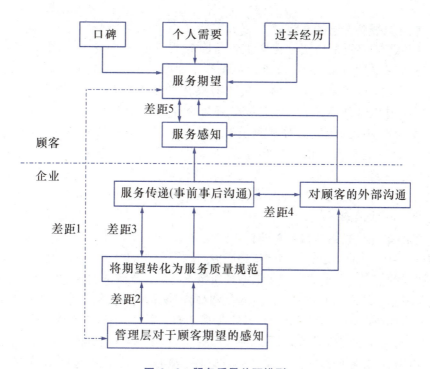

图6-2 服务质量差距模型

该模型表明了五种服务质量的差距,也就是产生服务质量问题的可能起源。造成这些差距的原因是质量管理过程中的偏差和缺乏协调一致,其中顾客期望的服务质量与所体验的服务质量之间的差距,是由整个过程的其他差距综合作用引起的。

1. 差距1(管理层认识差距)

管理层认识差距是指顾客期望与管理层对这些期望的感知间的差异,即管理层没有准确理解顾客对服务质量的预期。导致的原因有:管理层从市场调查和需求分析中得到的信息不准确;管理层对从市场调查和需求分析中得到的信息的理解不准确;服务企业对顾客的需求没有进行正确的分析;一线员工没有准确、充分、及时地向管理层反馈顾客的信息;服务企业的内部组织机构层次过于复杂,一线员工不能直接向管理层传递顾客的信息。缩小这一差距的战略是改进市场调查方法,增进管理层与员工间的交流,减少组织机构层次,缩短与顾客的距离。

2. 差距2(服务质量规范的差距)

服务质量规范的差距是指管理层对顾客期望的感知与服务质量标准的差异,即服务企业制订的服务质量规范未能准确反映出管理层对顾客期望的理解。导致的原因有：企业对服务质量的规划还缺乏完善的管理；管理层对企业的服务质量规划也缺乏完善的管理；服务企业本身还没有一个明确的目标；企业最高管理层对服务质量的规划支持力度不够；企业对员工承担的任务不够标准化；对顾客期望的可行性没有足够的认识。缩小这一差距的战略是管理层首先要重视服务质量，要确定服务目标，将服务传递工作标准化、规范化，使员工真正理解管理层希望提供怎样的服务。

3. 差距3（服务传递的差距）

服务传递的差距是指实际传递服务与服务质量标准的差异，即服务在生产和供给过程中表现出的质量水平，未能达到服务企业制订的服务规范。导致的原因主要有：质量规范的制订太复杂、具体；员工对具体的质量标准不习惯、不认同；服务的生产和供给过程管理不完善；新质量规范与企业现行企业文化不一致，在企业内部的宣传、引导也不足，使员工对规范没有一致的认识；企业的设备、体制不利于员工按新规范操作；员工尚无能力按质量规范提供服务；员工与顾客、管理层间协作不力。缩小这一差距的战略是完善管理与监督机制，改变营运系统，合理设计工作流程，加强团队协作，招聘合格员工，加强培训，使员工与管理层对规范、顾客的期望与需求有统一的认识。

4. 差距4（市场信息传播的差距）

市场信息传播的差距是指实际传递服务与顾客感受的差异，即企业在市场传播中关于服务质量的信息与企业实际提供的服务质量不一致。导致的原因主要有：企业市场营销规划与营运系统之间的协调未能奏效；企业向市场和顾客传播信息与实际提供的服务活动之间未能协调好；企业向市场和顾客传播了自己的质量标准，但在实际服务中都未按标准进行；企业在宣传时承诺过多，夸大服务质量，使顾客的实际体验与宣传的质量不一致。缩小这一差距的战略是企业在对外宣传、沟通时不要提出过度承诺，不要过于夸大其词，要和一线服务人员很好地沟通。

5. 差距5（服务质量感知差距）

服务质量感知差距是指顾客期望的服务和顾客感知的服务的差异，即顾客体验和感觉到的服务质量未能符合自己对服务质量的预期。导致的原因是上述四类差距的综合作用。

当顾客体验和感觉的服务质量比预期的服务质量差时，会产生以下不良影响：顾客对企业的服务持否定态度，并将亲身的体验和感觉向亲朋好友诉说，使服务口碑较差，企业的形象和声誉遭到破坏，企业将使顾客流失；反之，当顾客体验感觉的服务质量比预期的服务质量好时，顾客在享受了优质服务的同时，会给企业的服务带来良好的口碑宣传，使企业不仅留住了老顾客，还会吸引更多的新顾客。

利用服务质量差距模型可找出引起服务质量问题的起源，从而据此制订解决缩小差距的战略。我们用以下的服务质量管理的扩张模型来表示这一战略，如图6-3所示。

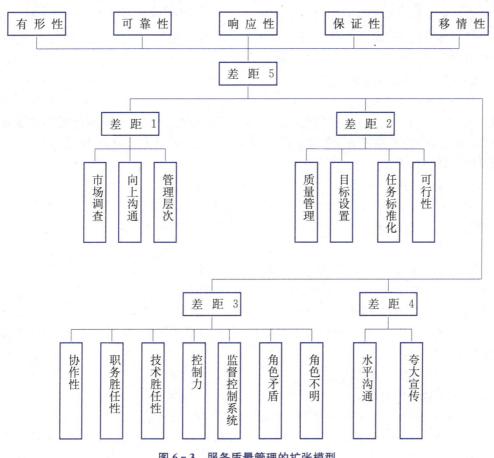

图6-3 服务质量管理的扩张模型

四、服务质量体系

 什么是服务质量体系？应从哪几个方面进行理解？

1. 服务质量体系的概念

"服务质量体系"就是指在服务质量方面指挥和控制组织的体系，是为实现服务质量管理所需的组织结构、程序、过程和资源。建立服务质量体系就是服务企业通过建立质量方针和质量目标，并制订一组相互关联或相互作用的要素（管理职责、资源管理、服务实现过程以及测量、分析和改进）来实现其规定的质量目标。对服务质量体系的理解应注意以下几个方面：

（1）服务质量体系的内容应以满足质量目标的需要为准。

（2）服务企业的质量体系主要是为满足服务企业的内部管理的需要而设计的，它比特定顾客的要求广泛，顾客仅对该服务质量体系的相关部分进行评价。

（3）当为了合同或强制性质量体系评价的目的时，可以要求对已确定的服务质量体系要素的实施情况进行证实。

服务质量体系是实施服务质量管理的基础,也是实施服务质量管理的技术和手段。服务质量体系的作用是为了达到服务质量的目标,保持服务质量的目标。服务质量体系的建立要服从于服务企业的质量方针和目标。

2. 服务质量体系建立的要点

服务质量体系主要有三个关键方面:管理者的职责、资源、质量体系结构,这三个关键方面的核心则是顾客。服务质量体系的建立要求从顾客需求出发,制订明确的质量方针和质量目标,分析服务质量形成流程,确定质量活动,落实质量职责,使管理者的职责、资源以及质量体系结构这三者之间相互配合和协调,这样才能使顾客满意。

1) 管理者的职责

制订和实施服务质量方针并使顾客满意是服务企业管理者的职责。服务质量方针能否成功实施,取决于管理者对服务质量体系的开发和有效运行的支持。

(1) 质量方针。

质量方针是服务质量体系的灵魂,是服务企业总的质量宗旨和方向,服务企业在进行服务质量体系设计时,首先应编制、颁布本企业的服务质量方针。由于服务企业应以服务质量为中心,因此服务质量方针应是整个企业总方针的核心部分,应涉及服务企业所提供服务的等级、企业的质量形象和信誉、服务质量的目标、保证服务质量的措施、全体员工的作用等内容。

(2) 质量目标和质量活动。

服务质量目标的建立主要考虑以下几方面:顾客的需求与职业标准和道德标准相一致、持续不断地改进服务、考虑社会和环境方面的要求、服务效率的提高等等。

服务质量活动是指从市场开发到服务设计和服务提供全过程中涉及服务质量的全部活动。质量活动是质量要素的延伸和体现,没有质量活动,质量要素无法控制,整个服务质量也无法运转。

服务质量活动分为直接质量活动和间接质量活动,但这种划分不是绝对的,而是相对的。服务质量活动的确定应该鲜明准确、突出重点,这是服务质量体系结构制订的基础。

直接质量活动是指与服务质量设计、形成和实现直接相关的活动。

服务质量环概述服务质量体系要素的各项过程。不同的服务类别的服务质量环不尽相同,服务企业可根据本企业的具体情况、服务类型和特点确定适合本企业的服务质量环。

间接服务质量活动是指以组织、计划、协调、控制、反馈为特征,通过一定的媒介对服务质量形成和实现产生间接影响的活动。包括质量改进、质量信息管理、质量教育、质量审核、质量奖惩、群众性的质量活动等。直接或间接质量活动经确定后,服务企业应将它形成文件,并采取一定措施保证活动的正常进行。

(3) 质量职责和权限。管理者的职责包括对影响服务质量的所有人员明确规定一般的和专门的职责和权限。

服务企业的一线员工直接与顾客接触,对服务质量和顾客满意有直接影响,其他员工间接与顾客接触,对服务质量和顾客满意有间接影响,只有明确各自的质量职责和权限,使一线员工能在确定的权限范围内尽可能地满足顾客的要求,使其他员工能通过承担适当的义务与一线员工进行有效的合作,才能持续改进服务质量,让顾客感到满意。

落实职权是指分配权限或承担职责。企业应将分解、细化的质量职能——对应地分配到各层次、各部门、各岗位,让企业内的每个员工都有自己的职责和权限。

2) 资源

资源包括人力资源、物质资源和信息资源,资源是服务质量体系的物质基础和技术基础,是服务质量体系得以存在的根本条件,也是服务质量体系能够有效运行的前提和手段。

(1) 人力资源。服务企业最重要的资源是人,因为绝大多数服务都是由服务企业的员工来提供的。顾客往往把服务企业的一线员工作为评价服务质量的重要依据。由于服务工作带有情绪性,因此管理好服务企业中的人力资源必须考虑以下几个因素:

首先几乎所有的服务企业中的大多数工作岗位都需要员工与顾客经常密切接触,因为工作过程中有许多不确定性,不同的顾客其需求和期望各不相同,员工在具体操作中,不可能完全按标准作业来进行。他们要能够具备自行判断如何解决顾客问题的能力,能够不断采取主动式服务,针对每个顾客的特殊需求提供个性化服务。因此服务企业在聘用员工时首先要考虑个性适宜提供良好服务的人,尤其是对一线员工的聘用更要注意。服务是无形的,顾客是根据他们与服务人员相互接触的体验来评价服务质量的,对任何一个服务岗位,都应当挑选个性上开朗、适合服务企业文化的人。

其次是要对员工不断地、密集地进行全面培训,使服务质量体系要素能有效实施。培训的课程因职位的不同而不同,一线员工与办公室工作人员的培训差异很大。但所有的培训都应包括后勤支持人员(监督和管理人员)如何对待第一线员工或其他工作人员——内部顾客。

第三是要对员工进行适当的激励。激励是一种正式的鼓励和赞美,可以激发所有员工的工作热情。但缺乏公正、次数太少或缺乏心理意义的激励方式往往容易失败。只有慎重、大公无私的挑选获胜者,将顾客心目中的服务质量优劣作为衡量标准,这样的激励才会有意义。要保持企业的服务质量优势,维持员工长期的干劲,光靠赞美和奖赏还不够,还必须让员工可以展望自己的未来发展前景、实现自我价值。完善服务企业质量管理体系的一个重要课题就是如何通过最佳的激励方式调动员工的积极性,尤其是直接影响企业形象和服务质量的员工。

(2) 物质资源。为保证顾客能享受到高质量的服务,企业必须拥有先进的物质资源,建立起完善的服务基础设施。物质资源包括技术和装备。

基础设施和设备的建立会使服务企业资本密集度相当高,如公用事业、航空公司以及其他一些需要昂贵设施提供服务的行业和主要依靠人力提供服务的行业,都需要大量的资本投资。服务企业可以根据顾客的服务需求以及自我服务能力适时调整对基础设施及设备的需要。服务企业对基础设施的投资有利于在一些服务行业形成适当的规模,其产生的规模效应可以形成有力的垄断优势,使企业在市场竞争中具有优势。

(3) 信息资源。服务质量体系依赖于服务质量信息系统的支持,信息资源是服务企业能否在市场竞争中获胜的关键之一。

服务企业对信息资源的投资,是为了提高和加强竞争优势,有了信息基础,企业可根据自身的信息资源,为顾客提供个性化服务,针对顾客的偏好调整服务,以提高服务的效率。服务企业可以通过顾客、企业第一线员工、企业管理层、社会公众这四个主要渠道获得信息。企业也可通过各种调查方式获得与服务质量有关的信息资源。

例如,沃尔玛公司于20世纪70年代就建立了一个每周提供给公司总部最新信息的计算机终端网络,同时也向贸易伙伴传送电子信息。1984年,公司更是耗资2 400万美元发射了自己的卫星。至1990年1月,沃尔玛的卫星系统是全球最大的交互式、高度整体化的私人卫星网络。卫星网络向所有商店同时广播通信,加快了信息的传递,也降低了电话费用。卫星系统还给公司提供交互式的音像系统,便于库存控制的数据传输,能够在结账柜台上进行快速信用卡授权,增强了电子信息的传输功能。利用这些信息资源,沃尔玛提高了服务效率,获得了竞争优势,逐渐成为零售业的世界巨人。

3) 质量体系结构

(1) 组织结构。组织结构是组织为行使其职能按某种方式建立的职责、权限及其相互关系。重点是将服务企业的质量方针、目标展开成多级的职能,再转化分解到各级、各类人员的质量职责和权限。明确其相互关系,其中规范人的行为的组织结构是整个管理的核心。

组织结构的确立要考虑管理框架、层次结构、部门职能分配、职责、权限和相互关系的协调与落实,形成一个质量管理的组织系统。

(2) 过程。ISO 9000标准认为,所有工作都是通过过程来完成的。对于服务企业,过程的输出是无形的服务,每个服务企业都有它独特的过程,服务企业通过对服务企业内部各种过程进行管理来实现质量管理。

服务可划分为三个主要过程:市场研究和开发、服务设计和服务提供过程。市场研究和开发过程是指服务企业通过市场研究和开发来确定与提升对服务的需求和要求的过程。服务设计过程是指把前面市场研究和开发得到的结果转化成服务规范、服务提供规范和服务质量控制规范,同时体现出服务企业的目标、政策和成本等方面的选择方案。服务提供过程是指将服务从企业提供给消费者的过程,也是顾客参考的主要过程。

(3) 程序文件。程序是指为进行某项活动所规定的途径。服务质量体系的程序是对服务质量形成全过程的所有活动,规定恰当而连续的方法,使服务过程按具体规定动作,达到系统输出的要求。

服务质量体系的所有程序最终必须形成程序文件,以保证服务质量体系有效运行。形成文件的程序应根据服务企业的规模、活动的具体性质、服务质量体系的结构不同而采用各种不同的形式。

服务工作程序根据性质,可分为管理性程序和技术性程序两类。服务质量体系程序属于管理性的工作程序。服务质量体系程序的作用有:由于各部门、岗位都严格执行程序,因此可对服务质量活动进行恰当而连续的控制,使服务质量始终处于受控状态;由于程序文件中对预防措施都进行了适当的事先安排,因此可减少发生服务质量问题的风险;由于作业安排是事先进行的,一旦发生服务质量问题,可以及时反应,快速纠正。

五、服务过程质量管理

服务过程质量管理分为哪三个方面？它们之间有什么联系与区别？

服务过程质量管理包括市场研究和开发、服务设计和服务提供过程三个方面的管理。

1. 服务市场研究和开发的质量管理

服务企业市场研究与开发的职责是识别和确定顾客对服务的需求和要求，形成服务提要，作为服务设计过程的基础。表 6-1 是某航空公司的需求分析。

表 6-1 航空公司需求分析

需求类别	需求特征	服务对策
设施设备	设施设备先进、齐全且完好率高，租金适宜	提供确保飞机安全起降的设施设备，优质的物业管理，动态调配值机柜台的使用，灵活的价格调控手段，设施设备保持正常使用
地面服务	服务品种多样、规范、便捷	提供加油、客舱清洁、特种车辆、行李分拣及装卸、行李查询等一条龙地面保障服务
安全保障	提供基础和应急保障服务	提供良好的基础安全保障和应急救援保障

与一般产品的市场研究相比，服务市场研究的范围有所不同，一般包括：对各种市场的确认和测量，对各种市场进行特征分析，对各种市场进行预估，明确个体服务市场的特征、重点项目发展。

2. 服务设计的质量管理

服务设计是服务质量体系中的重要因素，是预防质量问题的重要保证。假如系统中出现一个缺陷，那么它将连续不断地被重复。戴明认为 94% 的质量问题是设计不完善导致的，而粗心、忽视、坏脾气等原因造成的质量问题仅占 6%，并且差的服务设计还会影响员工，损害他们的能力和提供优质服务的动机，也使员工和顾客之间、员工与员工之间不能和谐相处。

一项服务过程的设计包括把服务提要的内容转化成服务规范、服务提供规范和服务质量控制规范，同时体现出服务企业对目标、政策和成本等方面的选择方案。

服务设计的职责应由企业管理者确定，并保证所有影响到服务设计的人员都意识到他们对达到服务质量的职责。

服务规范是服务体系和服务过程的起点，是对所提供服务的完整阐述，包括对服务特性的描述及每一项服务特性的验收标准,这些服务特性有等待时间、提供时间和服务过程时间、安全性、卫生、可靠性、保密性、设施、服务容量和服务人员的数量等。

服务企业设计服务提供过程时,应考虑服务企业的目标、政策和能力以及其他,如安全、卫生、法律、环境等方面的要求。在服务提供规范中,应描述服务提供过程所用方法。对服务提供过程的设计,是通过把过程划分为若干个以程序为标准的工作阶段来实现的。

服务设计内容包含:员工、顾客、组织和管理结构、有形或技术环境、质量控制规范。

服务设计的内容包含以下几方面。

1) 员工

员工是一种"资源",是服务的基本组成部分,更是服务质量的决定性因素。顾客在很大程度上是依赖于他们对员工的知识和态度的评价来感觉服务质量的。因此,服务设计不仅要根据体系和过程对员工提出详细的要求,还要考虑员工个人和整体怎样才能对他们的工作和设计思想作出最大的贡献。员工的服务设计应包括人员选择、培训教育和开发、与激励系统相适应的工作内容和工作设计的分析。

2) 顾客

服务设计应考虑顾客在消费服务的不同阶段的作用和他们与体系中其他要素以及与其他顾客接触的方式。服务体系的设计需要仔细,要易被初次使用者理解,服务质量在很大程度上是顾客之间、顾客与员工之间、顾客与组织之间和顾客与有形环境之间的相互作用。

3) 组织和管理结构

服务的组织和管理部门和服务体系的其他要素必须相配合。主要体现在:通过服务概念、授权和分配责任的清晰定义,确保在控制和自由之间保持平衡;确保组织内的非正式结构和员工所在部门之间的自动协调。

4) 有形或技术环境

服务的有形或技术环境往往首先给顾客产生印象,如办公室的设备、旅馆的地理位置、建筑物的外观设计、大堂的布局、客房内的家具等。这些有形或技术环境的质量高低对员工和顾客都是很重要的,它们传递无形服务质量的线索和信息,是服务质量体系的组成部分。

5) 质量控制规范

质量控制应设计为服务过程的一个组成部分,包括市场开发设计和服务提供。质量控制规范应对每一服务过程能有效控制。质量控制设计包括:① 识别每个过程中对规定的服务有重要影响的关键活动;② 对关键活动进行分析,明确其质量特性,对其测量和控制以保证服务质量;③ 对所选出的特性规定评价的方法;④ 建立在规定界限内影响和控制特性的手段。

3. 服务提供过程的质量管理

 服务提供过程有哪些特征？

服务提供过程是顾客参与的主要过程，是将服务从服务供方提供给服务消费者的过程。服务提供者与服务消费者之间的关系十分密切，服务生产过程和消费过程的同时性是服务提供过程的两大基本特征。

1）服务供方的评定

服务供方即服务企业，为保证服务提供过程的质量，就要对服务提供过程是否符合服务规范进行监督，并在出现偏差时进行调查和纠正。服务企业要对关键的过程活动进行测量和验证，以免出现不符合顾客需要而导致顾客不满意的倾向，可将员工的自查作为过程测量的一个方面。

服务企业可以用绘制服务流程图的方法进行过程质量测量，流程图显示工作步骤、工作任务、确定关键时刻，找出服务系统中的管理人员不易控制的部分、不同部门之间的衔接等薄弱环节，分析各种影响服务质量的因素，确定预防性措施和补救性措施。

由于服务的无形，因此考核难以计量，结果由顾客主观判断，不易精确量化。服务过程质量控制关系到企业中顾客看得见和看不见的每一个人，为有助于质量控制，企业所制定的各种质量控制制度应该能发掘质量缺陷和奖励质量成功。另外，企业也可以通过提高生产率的方法来改善质量，如采用机器设备，研究时间与动作，具体业务实行标准化、专门化、流水线操作等措施。

对服务企业来讲，承诺也是一种特殊的质量标准，如美国联邦快递公司承诺 24 小时内将包裹送到。

2）顾客评定

顾客的评定不一定是及时的，可能是滞后的、回顾性的，顾客评定是对服务质量的基本测量。

由于很少有顾客愿意主动提供自己对服务质量的评定，不满意的顾客往往在企业还没有意识到的时候就已经停止消费服务了，因此企业不能太依赖顾客评定对服务质量的测量，不然会导致企业决策失误。

顾客评定与服务企业的自我评定相结合，可以避免发生企业以为提供的是优质服务，但顾客并不满意的事。两者评定的相互结合，可以为改进服务质量，采取改进措施提供有效的信息。

对顾客满意的评定和测量，可在服务提要、服务规范、服务提供过程满足顾客需要的范围内进行。

例如，美国运通公司为掌握服务对顾客态度和行为所造成的影响，从 1986 年开始，每年大约追踪 12 000 笔交易。在顾客刚与公司有过某种接触后，立刻进行访谈，以了解他们对柜台作业的满意程度，以及是否会影响他们将来对信用卡的使用。这种访谈调查使他们与信用卡持有人更加接近，并且最终的调查结果为他们指出改善服务质量必须采取的具体行动。

3) 不合格服务的补救

虽然服务企业也应该追求"零缺陷服务",但是没有一个服务质量体系能绝对保证所有服务都可靠、无缺陷,不合格的服务仍不可避免地存在于服务企业,问题是如何尽早识别潜在的不合格服务和对它进行补救。

当不合格服务出现时,顾客对服务企业的信任将会发生动摇;但如果以下两种情况,即过去的不合格服务重复出现或不合格服务的补救未能使顾客满意,还都没有出现的话,说明顾客的信任还没有完全丧失。

不合格服务的重复出现可能意味着服务可靠性发生了严重问题,若出现不合格服务时,紧跟的服务补救也毫无力度,服务企业让顾客失望了两次,那么其后必然是顾客对服务企业丧失信任。因此,对不合格服务的识别和报告是服务企业内每个员工的义务和责任,服务质量体系中应规定对不合格服务的纠正措施的职责和权限。服务质量体系针对不合格服务的补救的两个阶段是:

(1) 识别不合格服务。我们可以通过建立一个有效的系统来监测、记录和研究顾客的抱怨,以此将服务问题揭示出来,达到识别不合格服务的目的。完整地了解顾客抱怨,可以用定性或定量的方式对顾客进行研究,也可以顾客的身份亲身经历来识别不合格的服务。还可通过对服务过程的详细流程图,如服务蓝图等进行细致的检查,找出缺陷及潜在的问题,进行重点监测,形成文字记录,对不合格服务进行系统的追踪和分析。

(2) 处理不合格服务。对已经暴露的不合格服务,企业要采取积极措施来处理,以满足顾客的要求。在服务质量体系中,可通过以下三个方面得到保证:首先让员工为不合格服务的纠正做准备。不让员工毫无准备地面对服务问题作出反应,要对员工在沟通技能、创造力、应变能力等方面进行培训,使员工有准备地面对不合格服务。其次要充分授权给第一线员工。不合格服务往往发生在顾客与第一线员工之间,通过授权第一线员工"将事情做对"是可以将服务失败的情况加以弥补的,有时还会有意外的好结果。第三是奖惩员工。对能正确识别并能采取积极措施来处理不合格服务的员工进行适当的奖励,同时对由于相反的行为而丧失掉解决不合格服务的机会,并可能最终导致顾客永远流失的员工进行必要的惩罚。

 小结和学习重点

- 服务及服务业的概念
- 服务质量的内涵
- 服务质量标准和要素
- 服务质量差距模型的意义
- 服务质量管理体系的概念
- 服务过程质量管理内容

任何一个服务企业都应该建立完善的服务质量管理体系,根据顾客需求,不断改进提高服务质量管理水平,由此才能在激烈的市场竞争中获胜。

本章从介绍服务的定义、分类及特性入手,阐述了服务质量的基本理论,服务质量的标准、要素及差距模型等基础知识;从管理者的职责、资源、质量体系结构等关键方面,阐述如何健全服务质量体系;最后从服务市场研究和开发、服务设计和服务提供过程三方面,介绍服务过程的质量管理。

 前沿问题

服务质量及其管理作为质量管理一个特殊方面,一直成为质量管理学术界、企业界关注的热点。目前,对于服务过程评价、服务品牌评价的数量化处理方法,以及各个服务业的管理标准的探讨与制订都成为研究的方向。特别,对服务接触的研究与精确营销相结合,开拓了服务质量研究的新领域。

案 例

案例一
为上海世博会添彩——上海大众出租汽车公司推行高品质服务

在迎接 2010 年上海世博会倒计时之际,上海大众出租汽车公司强化了高品质服务规范,从以下几方面着手提高服务质量。

一、提高出租汽车服务的品质

1. 严格制订车容车貌标准

严格控制车辆在行驶中出现的服务设备损坏、车厢环境脏乱等状况,确保车厢在营运中的整洁度,以使每一位乘客上车就能感受到大众出租车干净、温馨、舒适的乘坐环境,愉悦地享受高品质的服务。

2. 建立两级清洗制度

公司建立了"营运车辆两级清洗制度"。提出"以打扫五星级宾馆客房的标准打扫营运车厢""白衬衣放进行李箱不污染"的要求。在车辆日常清洗的基础上,由专职人员定期对车厢内外进行专业、彻底的清洗。

3. 严格规范驾驶员的服饰

公司对服务人员从发型、仪容、着装,到穿什么鞋配什么袜都做了明确规定。要求着装整洁、仪容大方。

4. 出租车内全面禁烟

为保持车厢的空气清新,大众出租车在行业内率先提出车内禁烟,向驾驶员宣传吸烟的危害,通过上门家访、岗中学习、班组结对等方式引导驾驶员做到少抽烟、不抽烟。

二、全面推行温馨服务

1. 制订温馨服务标准

大众出租在 1995 年为统一规范出租汽车的营运服务,制订了《大众出租营运服务流程》,将服务分为四个阶段十二个环节,对每一环节的要求作出具体注释,要求驾驶员营运中严格执行。

温馨服务是规范服务的提升,是人性化服务的体现。营运中实施温馨服务融洽了乘客与驾驶员的关系,使出租汽车服务向世界先进水平迈进了一大步。

2. 推行礼貌服务用语

公司制订礼貌服务用语,率先推行"开口"服务,要求驾驶员在营运服务中用语恰当,措辞委婉,交流文明,心态积极,以规范礼貌的服务用语来与顾客交流,给顾客留下训练有素的好印象。

三、全面提高员工队伍素质

1. 提高内部员工满意度

大众出租制订了《管理人员"三心"、"七不"规定》,通过规范管理人员的行为举止,推行《管理人员接待员工礼貌用语》,兑现《管理承诺》,开通《员工热线》听取员工的心声,及时解决员工的困难,减轻驾驶员的负担。

2. 加强员工培训,树立正确的服务观

积极引导驾驶员以良好的服务心态正确认识顾客,让驾驶员怀着感恩的心情为顾客服务。

3. 刚性制度,柔性管理

公司在日常管理与投诉处理中充分考虑人的因素,仔细分析被投诉的服务人员产生投诉的原因与应承担的责任,并结合平时的营运实绩,对投诉作出恰如其分地处理。

4. 清除"害群之马",保持员工队伍的素质

对营运中出现的严重违纪、拒载等不良行为,公司决不姑息,及时清除少数损坏公司、行业声誉的"害群之马",保持整体驾驶员队伍的素质。

四、加强过程管理,控制质量波动

1. 进出场严格检查

为避免车容车貌、仪表仪容出现较大的质量波动,公司编制进出场控制程序,通过扫描车辆条形码对营运车辆进行严格的进出场检查,及时发现、纠正车辆不整洁、车况设施污损、驾驶员仪表仪容、着装不规范等,复验合格后才能出场。

2. 开展动、静态质检

在进出场检查解决了静态控制服务质量的前提下,公司开展内外部乘车检查与质量巡检,坚持在动态中监控服务质量,发现营运服务中的不合格,及时通知分公司监督整改。

3. 及时收集、处理各类质量反馈

为有效控制质量,公司十分注重收集各类质量反馈:开通 24 小时的服务热线,听取顾客的意见与建议;认真处理顾客投诉并进行质量回访;定期汇总分析监理员的意见。

4. 完善服务承诺,加强顾客监督

1996 年 6 月 1 日大众出租向社会率先推出服务承诺,请求顾客帮助监督服务质量。10 多年来公司不断完善、修订服务承诺,根据实际情况增加、修订承诺的条款内容,将驾驶员在营运服务中的"礼貌用语、行为举止、安全行车"等补充作出承诺,并奖励反馈驾驶员违反承诺的顾客。

五、关怀弱势群体,体现行业人文精神

1. 为残障人士提供服务方便

车辆管理部门设计了方便残障人士出行安放轮椅的"方便绳"、公司对服务中受到残障人士表扬的驾驶员加倍奖励,这些措施得到了企业员工的积极响应,更得到了社会的好评。

2. 投入社会公益,承担社会责任

大众出租始终以积极参加社会公益活动为己任,十多年来如一日地坚持春节免费接送产妇,积极参加各类大型社会活动,为大型会务供车,始终如一地以文明行业一员的身份,充分展示出租行业的形象与风采。

2007年大众出租出巨资购入50辆中型客车成立"阳光车队",配合市政府的"爱心工程",为残障人士的出行提供了便利。

六、建立长效管理机制

1. 坚持推行长效管理

公司在质量管理各重要环节均制订落实长效管理措施,任何工作都明确谁做、怎么做、不扯皮、不推诿。谁的责任,谁负责! 要求对待质量一丝不苟,不搞"花架子",不做表面文章,365天一个样地将平凡的小事做好,职责分明地将每项工作落到实处。

2. 质量实绩,经责考核

公司人力资源部将每一项质量指标都与管理人员的经济收入挂钩考核,每月公布服务质量排行榜,管理人员的经济分配与质量业绩有着密切关系。

(摘编自 管玉明.为上海世博会添彩——上海大众出租汽车公司推行高品质服务.上海质量,2008年第11期)

案例二

以服务游客为中心,提高旅游服务的满意度

旅游业的发展与游客唇齿相依。因此,旅游服务必须确立以游客为中心的理念,用规范化、优质化和个性化的服务,来提高游客对旅游服务的满意程度;同时,也提升自身的旅游服务水平。从这一基本点出发,从2002年起,就开始尝试由第三方进行游客满意度的调查评价。请经历过旅游的游客来当"考官",为旅游业企业的服务质量打分。从2006年起,上海市游客满意度测评就纳入了标准化、常态化的管理工作之中。从近几年的实践可以看出,在政府管理下,上海市旅游行业的服务质量在飞速进步,收获了成功。

表6-2是一组2006—2008年3年间游客满意度的(测评)数据:

表6-2 2006—2008年游客满意度

年 份	2006	2007	2008
满意度	76.06	79.50	82.27
比较	——	↑	↑

从表6-2中可以清晰地看出,这3年中,(游客)满意度逐年上升,游客对旅游服务的满意程度越来

越高。而且在这个过程中,建立起了较为科学完善的指标体系和测评内容(见图6-4)。

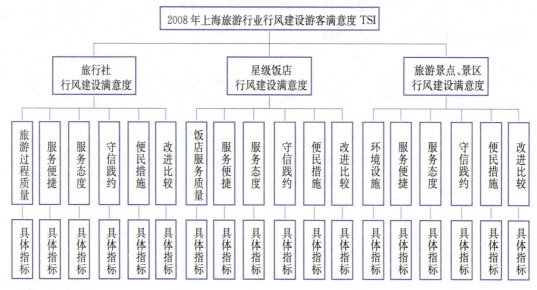

图6-4 上海市旅游行业行风建设游客满意度测评体系

这一测评体系,从覆盖面来看,涵盖了旅游行业的三大板块:旅行社、饭店和旅游景点、景区。从测评指标来看,涵盖了旅游环境、设施,服务态度、质量,诚信守法等诸多方面。通过这样的指标体系和常态化的测评,规范和激励行业员工想游客之需,帮游客之忙,解游客之忧,给旅游行业的发展带来了朝气,催化了生机,展现了活力。

从委托上海市质量协会开展的2008年上海市旅游行业行风建设游客满意度测评情况中可见一斑。在被调查的11 202名中外游客中,普遍对旅游服务质量表示认可。具体体现在以下5个方面:

——旅游行业从业人员自身形象有较大改进,服务态度、文明待客有明显改善;

——旅游行业守信践约、行风好转、诚信建设有了长足进步;

——旅游行业便民服务各具特色,关注细节,人性化服务充分体现;

——旅游安全防范细致到位,确保了旅客生命、财产安全;

——旅游资源整合趋于合理,旅游环境愈加成熟。

(摘编自 "上海市旅游局满意为尺 构建文明和谐的旅游环境".上海质量,2008年第12期)

练习与思考

一、名词解释

(1)服务;(2)服务质量;(3)服务质量管理体系;(4)管理层认识差距。

二、填空题

(1)服务质量的特性是:_____、_____、_____、_____。

(2)服务质量分为_____质量和_____质量两种。

(3)质量成本分为_____、_____、

_____、_____、_____、_____ 四类。
(4) 服务质量差距模型中的五种服务质量差距是_____、_____、_____、_____、_____、_____。

三、单项选择题

(1) 服务企业最重要的资源是（　　）。
　　A. 物质资源　　　　　　　　B. 信息资源
　　C. 人力资源　　　　　　　　D. 设备资源
(2) 服务质量差距模型是西方学者贝里等人于（　　）提出的。
　　A. 1975 年　　B. 1985 年　　C. 1995 年　　D. 1990 年
(3) 服务业度量服务质量的重要方式是（　　）的评价。
　　A. 管理者　　B. 顾客　　C. 服务业　　D. 员工
(4) 实际传递服务与服务质量标准的差异即为（　　）差距。
　　A. 市场信息传递　　　　　　B. 管理层认识
　　C. 服务传递　　　　　　　　D. 服务质量感知
(5) 在服务质量差距模型中，（　　）差距是由整个过程的其他差距综合作用引起的。
　　A. 管理层认识　　　　　　　B. 服务质量规范
　　C. 服务质量感知　　　　　　D. 服务传递

四、多项选择题

(1) 服务质量体系的要点是（　　）。
　　A. 管理者的职责　　　　　　B. 资源
　　C. 质量体系结构　　　　　　D. 质量管理
(2) 质量体系结构包括（　　）等部分。
　　A. 质量方针　　　　　　　　B. 组织结构
　　C. 过程　　　　　　　　　　D. 程序文件
(3) 服务设计的内容有（　　）。
　　A. 员工　　　　　　　　　　B. 顾客
　　C. 组织和管理结构　　　　　D. 有形或技术环境
(4) 通常我们可以从（　　）等方面来度量服务质量。
　　A. 功能性　　B. 安全性　　C. 经济性　　D. 舒适性
(5) 评判服务质量可以从（　　）等要素进行。
　　A. 可靠性　　B. 有形性　　C. 响应性　　D. 移情性

五、简答题

(1) 服务质量要素有哪些？
(2) 服务质量差距模型的作用与意义是什么？
(3) 建立服务质量体系有哪些要求？
(4) 质量控制设计包括哪些内容？

六、论述题

试述企业进行服务质量管理的重要性。

部分参考答案

二、填空题

(1) 服务产品的无形性　服务产品的非贮存性　服务产品的提供与交付具有同时性　服务产品及对象的差异性

(2) 技术性　功能性

(3) 内部失败成本　外部失败成本　检查成本　预防成本

(4) 管理层认识差距　服务质量规范差距　服务传递差距　市场信息传递差距　服务质量感知差距

三、单项选择题

(1) C　(2) B　(3) B　(4) C　(5) C

四、多项选择题

(1) A,B,C　(2) B,C,D　(3) A,B,C,D　(4) A,B,C,D　(5) A,B,C,D

第七章 质量管理的统计方法

 **学习目标**

学完本章后,你应该能够:
(1) 掌握统计特征数的概念和计算方法;
(2) 掌握直方图;
(3) 掌握排列图;
(4) 掌握控制图;
(5) 掌握过程能力指数的概念和计算方法;
(6) 掌握散布图;
(7) 掌握试验设计方法。

 基本概念

计量数据 计数数据 随机抽样 总体与样本 统计特征数 直方图 排列图 控制图 过程能力指数 散布图 试验设计

本章是在学生了解质量管理的基本原理之后学习的,是实际应用中十分重要的一部分内容。本章首先介绍数据处理的最基本方法、统计特征数,随后介绍直方图、排列图、控制图、散布图,对过程能力指数的概念也进行了深入的介绍,最后介绍试验设计中的正交试验法。本章内容和其他各章内容密切结合,为学生在质量管理实践中分析和解决实际问题提供有力的工具。

第一节 质量特性及数据处理

 质量数据有哪几类?质量数据收集方法有哪些?

一、质量数据的收集方式

在日常所进行的质量管理活动中,经常会遇到两类形式的质量信息:一类表现形式是数据的,即质量数据;另一类是非数据的,即非数据形式的质量信息。对于质量数据,可以运用一些处理工具和技术,如直方图、排列图、控制图、散布图等作出判断;而对非数据形式的质量信息的加工、分析和判断,可以运用分层法、因果图、调查表、流程图和头脑风暴法等。本章主要对前一类方法予以探讨和分析。

1. 质量数据的分类

在质量管理的活动中,经常会遇到一些统计数据,如产量、直径、尺寸、重量、化学成分、硬度、纯度、强度、压力、温度、时间、耗电量、用水量、耗油量、气孔数、砂眼数、疵点数、色斑数、不合格数、不合格品率等。这些数据,有的是测量得到的,有的是数出来的。它们大致可分成两大类:计量值数据、计数值数据。

(1)计量值数据。计量值数据可以连续取值,如长度、重量、硬度、电流、温度、浓度、强度、容积等。就拿长度举例,在 1～2 mm 之间,还可以连续测出 1.1,1.2,1.3 直到 1.9 等数值;而在 1.1～1.2 mm 之间,还可以进一步测出 1.11,1.12 等数值。

(2)计数值数据。计数值数据不能连续取值,只能以 0,1,2,…等自然数表示,如不合格品数、疵点数、气泡数、缺陷数等。

2. 质量数据的收集

收集数据的一种方法是试验(实验)法,另一种方法是抽样法。

1)抽样法的基本概念

在介绍抽样法以前,首先了解以下基本概念:总体、样本、抽样。

总体是指在某一次统计分析中研究对象的全体。例如全国人口普查时,总体就是全国总人口。总体中所含的个体数叫做总体大小,用符号 N 表示。

样本是从总体中随机抽取出来,并且可以对总体进行推断的一部分个体。样本中所含的样品个数叫做样本量或样本大小,用符号 n 表示。

抽样,就是指从总体中抽取样品组成样本的过程。

2)简单随机抽样

简单随机抽样是一种从每个个体都独立的、且被抽取的机会都相等的总体中,抽取样本的抽样方法。例如要从 100 件产品中随机抽取 10 件组成样本时,首先应把这 100 件产品从 1 号开始编号一直到 100 号,然后采用抽签的方法,任意抽取 10 个编号分别是 3,8,16,24,35,47,51,78,90,100 等,于是样本就由这 10 个编号组成。以简单随机抽样为基础可以得出若干个具有实用价值的抽样方法,等距抽样法就是其中常用的一种。例如要从 120 件产品中抽取 10 件产品组成样本,首先应把这 120 件产品从 1 号开始编号一直到 120 号,考虑到 120 个产品抽取 10 个样本,其间隔数为 120/10=12,所以先采用抽签的方法确定 1～12 中的哪一号产品为入选样本(假定是 4),则余下的编号分别由前一个编号加上间隔数得出,它们为 16,28,40,52,64,76,88,100,112。这一方法的最大优点在于操作简便,但缺点是如果总体中存在周期性缺陷,容易产生误差。

二、质量数据的统计特征数

 表示数据的集中趋势和分散趋势的特征数各有哪些?它们是如何计算的?

1. 表示数据集中趋势的特征数

1) 平均值

平均值的计算公式是

$$\bar{x} = \frac{1}{n}\sum_{i=1}^{n} x_i \qquad (7-1)$$

式中,$x_i(i=1,2,\cdots,n)$ 表示第 i 个质量数据;n 为质量数据个数。

当 $x_i(i=1,2,\cdots,k)$ 出现次数为 f_i 时,平均数的计算公式为

$$\bar{x} = \frac{1}{n}\sum_{i=1}^{k} f_i x_i \qquad (7-2)$$

式中,$n = f_1 + f_2 + \cdots + f_k$ 是质量数据的个数。

2) 中位数

将数据 $x_1, x_2, \cdots, x_n$ 按从小到大的顺序排列,得到 $x_{(1)} \leqslant x_{(2)} \leqslant \cdots \leqslant x_{(n)}$,它们的中位数,记作 $\tilde{x}$,有如下计算公式

$$\tilde{x} = \begin{cases} x_{(k+1)}, & n = 2k+1 \\ \frac{1}{2}[x_{(k)} + x_{(k+1)}], & n = 2k \end{cases} \qquad (7-3)$$

[例 7-1] 从一批铆钉中随机抽取 7 个铆钉,测量钉帽的直径,得到 7 个数据。如果按从小到大的顺序排成一行,即得

6.896, 6.899, 6.901, 6.903, 6.907, 6.910, 6.913

那么,中位数 $\tilde{x} = 6.903$。

如果再取一个铆钉来测量,直径是 6.915,那么共有 8 个数据,将它们按从小到大的顺序排成一行,即

6.896, 6.899, 6.901, 6.903, 6.907, 6.910, 6.913, 6.915

因此,中位数 $\tilde{x} = \frac{1}{2}(6.903 + 6.907) = 6.905$。

3) 众数

在一批数据中,出现次数最多的那个数称为众数,记作 M_0。

[例 7-2] 某厂先后对本厂的某型号的一批产品的不合格数进行统计,得到如表 7-1 所示的数据。

表 7-1 不合格品统计

不合格品(个)	0	1	2	3	4	5	6
出现次数	8	20	32	48	20	21	11

对照定义可以看出,出现 3 个不合格品的次数最多,共有 48 次。故众数

$$M_0 = 3$$

4) 众数组

但在质量管理实际中,一个数据多次出现的情况可能不多,这时可以先把数据进行分组,然后计算每组中数据出现的次数——频数,以及每组中频数占总数的百分比——频率,则频数最高的组称为众数组。这时众数有如下的计算公式

$$M_0 = L + \left(\frac{d_1}{d_1 + d_2}\right)h \tag{7-4}$$

式中,L 为众数组的下限值;d_1 为众数组的频数与前一组频数之差;d_2 为众数组的频数与后一组频数之差;h 为组距。

[例 7-3] 现有 100 个数据,分组如表 7-2 所示,试求众数。

表 7-2 数据分组

组 号	下限～上限	频 数	累计频数
1	68.95～69.15	3	3
2	69.15～69.35	7	10
3	69.35～69.55	9	19
4	69.55～69.75	11	30
5	69.75～69.95	25	55
6	69.95～70.15	13	68
7	70.15～70.35	11	79
8	70.35～70.55	10	89
9	70.55～70.75	6	95
10	70.75～70.95	3	98
11	70.95～71.15	1	99
12	71.15～71.35	1	100
合计		100	

从上表中可以看出,众数组是第五组。因而 $L = 69.75$,$d_1 = 14$,$d_2 = 12$,$h = 0.2$。根据公式(7-4),得

$$M_0 = L + \left(\frac{d_1}{d_1+d_2}\right)h = 69.75 + \frac{14}{14+12} \times 0.2 = 69.86$$

2. 表示数据离散程度的特征数

在分析数据的分布状态时,除了需要知道它的集中趋势之外,还需要知道它的离散程度。常被用于表示数据分布的离散程度的特征数,主要有极差、方差、标准差。

1) 极差

极差就是数据中最大值与最小值之差。通常用字母 R 表示,即

$$R = (x_i)_{\max} - (x_i)_{\min} \tag{7-5}$$

[**例 7-4**] 在例 7-1 中的原数据最大值是 6.913,最小值是 6.896,所以极差

$$R = 6.913 - 6.896 = 0.017$$

极差能正确反映数据的分布范围。

2) 方差与标准差

当样本容量增大时,数据中出现最大或最小异常值的可能性也将随之增大,这时样本极差表示数据波动程度的可靠性随之下降。解决这个问题的有效方法是改用样本方差或样本标准差来作为衡量数据波动大小的标准。

样本数据的方差计算公式为

$$s^2 = \frac{1}{n-1}\sum_{i=1}^{n}(x_i - \overline{x})^2 \tag{7-6}$$

把样本方差的正平方根作为样本标准偏差,用符号 s 来表示。标准偏差又称标准差,其计算公式为

$$s = \sqrt{\frac{1}{n-1}\sum_{i=1}^{n}(x_i - \overline{x})^2} \tag{7-7}$$

式中,$x_i(i=1,2,\cdots,n)$ 为数据;$\overline{x} = \frac{1}{n}\sum X_i$。

[**例 7-5**] 有 2,3,4,5,6 等 5 个数据,则其方差为

$$s^2 = \frac{1}{5-1}[(2-4)^2 + (3-4)^2 + (4-4)^2 + (5-4)^2 + (6-4)^2]$$

$$= \frac{1}{4}[(-2)^2 + (-1)^2 + (0)^2 + (1)^2 + (2)^2]$$

$$= \frac{1}{4} \times 10 = 2.5$$

而其标准差为 $s = \sqrt{2.5} \approx 1.58$。

当数据 $x_i(i=1,2,\cdots,k)$ 出现 f_i 次时,方差和标准差的计算公式分别为

$$s^2 = \frac{1}{n-1}\sum_{i=1}^{k}f_i(x_i - \overline{x})^2 \tag{7-8}$$

$$s = \sqrt{\frac{1}{n-1} \sum_{i=1}^{k} f_i (x_i - \overline{x})^2} \tag{7-9}$$

式中，$n = \sum_{i=1}^{k} f_i$ 为数据总数。

三、直方图

 直方图的建立步骤、应用方法。

数据中蕴藏着大量的信息，但这些信息不是一目了然的，必须对它们进行适当的处理，以显示其有用的价值。这里介绍一种有用的工具——直方图。

直方图是用一系列宽度相等、高度不等的矩形表示数据分布的图形，它能显示质量波动分布状况。

1. 直方图的制作步骤

直方图的制作步骤包括下列几方面的内容：
(1) 收集数据。
(2) 确定数据的极差 R。
(3) 决定组数 k。
(4) 计算组距 h。
(5) 确定各组的边界值。
(6) 统计频数。
(7) 列频数分布表。
(8) 画直方图。

现在，就通过一个实际问题来介绍直方图的作图过程。

[例 7-6] 从某台自动车床加工的螺栓中，随机抽取 100 个螺栓，并且测量这 100 个螺栓的外径(单位：mm)，从而获得下表所示的 100 个计量值数据。

表 7-3 100 个螺栓的外径的测量数据　　　　　　　　　　单位：mm

11.95	11.75	12.05	11.85	12.05
11.80	12.00	11.95	11.85	11.95
11.55	11.90	11.85	11.45	11.90
12.10	12.05	12.35	12.00	12.00
11.95	11.60	12.15	11.80	12.20
11.75	12.15	12.05	11.85	12.05
11.65	12.05	11.75	11.90	11.90
12.10	11.90	12.15	12.20	11.90

(续　表)

11.70	11.85	12.20	11.95	11.95
11.85	11.90	11.80	11.70	11.80
11.85	11.75	12.00	12.10	11.90
12.00	11.80	11.95	12.00	11.70
11.90	12.00	11.75	12.15	11.85
12.00	11.85	11.90	12.15	12.00
12.15	12.00	11.80	11.95	11.80
12.00	12.10	12.00	12.00	12.00
11.95	12.10	11.75	11.70	11.80
12.10	11.70	11.70	11.95	12.10
11.90	11.90	12.00	11.90	12.00
12.20	12.00	11.85	12.25	11.95

构作直方图的步骤如下：

(1) 收集数据。如上表所示，需要注意的是数据一般要大于等于50个。

(2) 确定数据的极差 R。找出表中原始数据的最大值和最小值，其差值等于极差。本例中的最大值为 $x_{\max} = 12.35$，$x_{\min} = 11.45$，所以极差 $R = 0.9$。

(3) 决定组数 k。组数的确定一般有以下几种：

一种方法是查表法，见表 7-4。

表 7-4　组数选用表

数据总个数(n)	适当分组个数(k)
50～100	5～10
100～250	7～12
250～	10～20

另一种方法是公式计算法，表示为

$$k = 1 + 3.3 \lg n$$

本例中 $k = 1 + 3.3 \lg 100 = 7.6 \approx 8$。

(4) 计算组距 h。组距公式为

$$h = \frac{R}{k}$$

本例中 $h = \dfrac{0.9}{8} = 0.112\,5 \approx 0.1$。

(5) 确定各组的边界值。为避免各数据落在边界上,并保证数据中最大值和最小值包括在组内,组的边界数值单位应取最小测量单位的 1/2,本例的边界单位值为 0.005 mm。

第一组下边界值为:$11.45 - 0.005 = 11.445$

第一组上边界值(即第二组下边界值)为:$11.445 + 0.1 = 11.545$

第二组下边界值(即第三组下边界值)为:$11.545 + 0.1 = 11.645$

依次类推得出各组边界值,见表 7-5。

表 7-5 100 个螺栓外径的频数分布

组 号	下限～上限	频数统计	频数累计
1	11.445～11.545	1	1
2	11.545～11.645	2	3
3	11.645～11.745	7	10
4	11.745～11.845	14	24
5	11.845～11.945	23	47
6	11.945～12.045	28	75
7	12.045～12.145	13	88
8	12.145～12.245	10	98
9	12.245～12.345	1	99
10	12.345～12.445	1	100
	$h = 0.1$		

(6) 统计频数。把测得的各数据分别归入相应的组中,统计各组的数据个数,即频数。

(7) 列频数分布表,见表 7-5。

(8) 画直方图。以横坐标表示质量数据(本例为螺栓外径)、纵坐标为频数,并在横坐标上标明各组的组界,以组距为底、频数为高,画出一系列的直方柱,就成了直方图,见图 7-1。

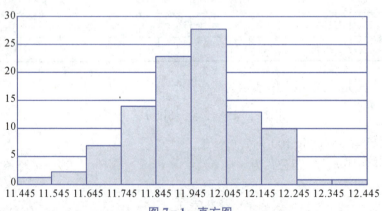

图 7-1 直方图

上述直方图称为频数直方图,如果用频率作为小矩形的高,那么作出的直方图为频率直方图。

2. 直方图在质量管理中的应用

1) 直方图的观察

观察直方图应该着眼于整个图形的形态,见图7-2(a)。

(1) 标准型直方图。标准型(也称正常型或对称型)直方图具有"两边低,中间高,左右对称"的特点,形状像"山"字,见图7-2(a)。如果产品质量特征值的频数分布呈现标准图形状,可以初步断定生产过程稳定。

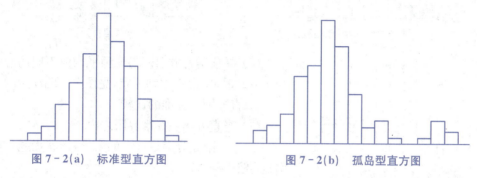

图7-2(a) 标准型直方图　　　　图7-2(b) 孤岛型直方图

(2) 孤岛型直方图。是指在标准型直方图的一侧有一个小岛,见图7-2(b)。出现这种情况是夹杂了其他分布的少量数据,如短时原料变化、设备故障、测量错误、更换操作人员等。

(3) 双峰型直方图。就是在直方图中有左右2个峰,见图7-2(c)。当两种不同分布混在一起时,会出现此种情况,如2个操作者或2台设备加工相同规格的产品混在一起。

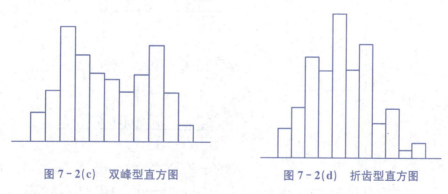

图7-2(c) 双峰型直方图　　　　图7-2(d) 折齿型直方图

(4) 折齿型直方图。折齿型(也叫锯齿型)直方图形状像梳子折断一样,见图7-2(d)。数据处理时的分组不当,如分组过多、组距没有定为测量单位的整数倍、测量方法有问题时都会出现这种情况,见图7-2(d)。

(5) 绝壁型直方图。绝壁型也叫陡壁型,直方图的一侧(或两侧)像高山绝壁的形状。当工序能力不足,为找出符合要求的产品经过全数检查后,常出现这种形状,见图7-2(e)。

(6) 偏峰型直方图。数据的平均值位于中间值的左侧(或右侧),从左至右(或从右至左)数据分布的频数增加后突然减少,形状不对称。操作者的心理因素和习惯都会引起此种现象,见图7-2(f)。

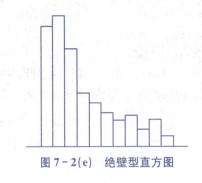

图 7-2(e) 绝壁型直方图

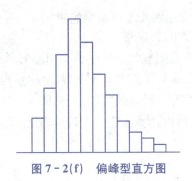

图 7-2(f) 偏峰型直方图

(7) 平顶型直方图。当几种平均值不同的分布混合在一起时,常出现这种形状,见图 7-2(g)。

2) 直方图与标准的比较

(1) 当直方图在标准界限之内。

a. 直方图充分满足标准的要求,形状无须作任何调整,见图 7-3(a);

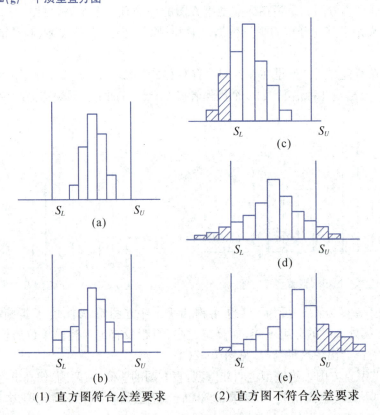

(1) 直方图符合公差要求　　(2) 直方图不符合公差要求

图 7-3　直方图与标准比较

b. 直方图能满足标准的要求,但不充分,图的两侧与标准界限之间没有间隙、稍有波动,就会超越标准界限,见图 7-3(b)。

(2) 当直方图不满足标准要求时。

a. 直方图平均值向左(或右)偏离,致使超出标准界限,因此必须采取措施,使平均值回到标准中心,见图 7-3(c);

b. 直方图相比标准太大,左右两边都超出标准界限,因此必须采取措施,减少标准差(波动),见图 7-3(d);

c. 直方图相比标准差既大又偏,这时要采取措施既减少波动又使平均值回到中心位置,见图 7-3(e)。

四、排列图

排列图作图步骤。

排列图也叫帕累托图。它是将所讨论的因素从最重要到最次要进行排列而采用的一种图示技术。排列图由1个横坐标、2个纵坐标、几个按高低顺序排列的矩形和一条累计百分比折线组成。

排列图建立在帕累托原理的基础上。帕累托原理是意大利经济学家帕累托在分析意大利社会财富分布状况时得到的"少数关键,多数次要"的结论。在质量改进的项目中应用了这一原理,即产生了"至关重要的少数与无关紧要的多数"。

1. 排列图的建立步骤

[例 7-7] 下面结合一个实例来介绍排列图的作图方法。

(1) 选择要进行质量分析的项目,如事故、缺陷项目等。

(2) 选择用于质量分析的度量单位,如次数、成本、不合格品数、金额数或其他度量单位。

(3) 选择进行质量分析的时间范围。时间的长短由质量问题的性质决定,可以是小时,也可以是天,甚至可以是周和月。

(4) 统计各分类项目的数据。统计前先设计一张数据记录表,然后统计每个分类项目的重复次数(即频数),将数据填入数据记录表,并合计。在本例中有如表 7-6 所示的数据。

表 7-6 缺陷项目统计表

缺陷项目	缺 陷 统 计	小 计
断 裂	///// /////	10
擦 伤	///// ///// ///// ///// ///// ///// ///// ///// //	42
污 染	///// /	6
弯 曲	///// ///// ///// ///// ///// ///// ///// ///// ///// ///// ///// ///// ///// ///// ///// ///// ///// /////	90

(续 表)

缺陷项目	缺陷统计	小计
裂 纹	///// ///// ///// ///	18
砂 眼	///// ///// ///// /////	20
其 他	///// ///// ////	14
合 计		200

(5) 作排列图用数据表，表中列有各项缺陷数、累计缺陷数、各项缺陷所占百分比以及累计百分比，如表7-7所示。

表7-7 排列图数据表

缺陷项目	缺陷数	累计缺陷数	百分比(%)	累计百分比(%)
弯 曲	90	90	45	45
擦 伤	42	132	21	66
砂 眼	20	152	10	76
裂 纹	18	170	9	85
断 裂	10	180	5	90
污 染	6	186	3	93
其 他	14	200	7	100
合 计			100	

(6) 按数量从大到小顺序，将数据填入数据表中。

(7) 画1根横坐标、2根纵坐标。其中，在横坐标上，按缺陷项目的频数大小从左到右依次排列；在左纵坐标上，按质量分析时的单位规定，其最大值就是总缺陷数；在右纵坐标上，其标值为百分比值。

(8) 在横轴上按频数大小画直方柱。

(9) 在每个直方柱的上方标上频数，且按累计百分比值描点，用实线连接成曲线。

2. 排列图的分类

(1) 分析现象用排列图。这种排列图往往与不良结果有关，用来发现主要问题。例如，质量方面的缺陷、故障、退货、顾客抱怨等，成本管理的费用支出、损失总数等，交通安全方面的事故率。

(2) 分析原因用排列图。这种排列图往往与过程因素有关，用来发现主要问题。例如，对于操作者而言，班次、组别、年龄、经验、熟练程度等；对于机械设备而言，机械设备、工具、测量仪器、模具、刀具等；对于原材料而言，材料供应厂家、材料的批次、种类等；对于作业方法而言，作业环境、作业安排、工序次序等。

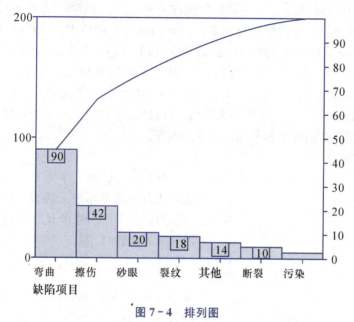

图 7-4 排列图

3. 制作排列图的注意事项

排列图是用来确定"关键的少数"的方法,故在制作排列图时要注意以下内容:

(1) 分类方法不同得到的排列图不同。通过不同的角度观察问题,把握问题的实质,需要用不同的分类方法进行分类,以确定"关键的少数",这也是排列图分析方法的目的。

(2) 为了抓住"关键的少数",在排列图上通常把累计比率分为三类:在 0%~80% 间的因素为 A 类因素,也即主要因素;在 80%~90% 间的因素为 B 类因素,也即次要因素;在 90%~100% 间的因素为 C 类因素,也即一般因素。

(3) 如果其他项所占的百分比很大,则分类是不够理想的。出现这种情况,是因为调查的项目分类不当,把许多项目归在了一起,这时应考虑采用另外的分类方法。

(4) 如果数据可以用金额来表示,画排列图时金额最好在纵轴上表示。

第二节 质量管理的常用统计方法

一、过程能力指数

 过程能力是什么?过程能力指数是什么?σ 是什么?它们有什么关系?

对过程和结果进行分析可以看到,工序质量表现出波动性。同一批产品,即使是同一操作者,用同样的材料、设备、工具,以及在相同的环境下进行制造,其质量特征值总是存在着差别。因此,波动性是工序质量的固有本质,是客观存在的,它能减少但不能消除。引起工序质量波动的因素可分为偶然因素和系统因素两类。偶然因素的出现带有随机性、不易测量和消除,如材料性质的微小变化、刀具的正常磨损、机床的轻微振动、温度电压等的微小变化都会导致偶然因素的发生。系统因素是可以避免的。在生产过程中,如果受到诸如刀具的严重磨损、机床的过度振动、操作者不按规程操作等的影响,工序会产生较大的波动,出现较多的不合格品,这时的工序实际上处于失控状态。因此,对生产过程的分析和控制成为本节探讨的主要内容。

1. 过程能力

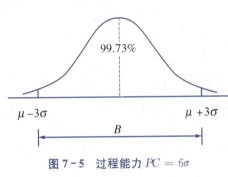

图7-5 过程能力 $PC=6\sigma$

过程能力也叫工序能力,它是指过程处于稳定状态下的实际加工能力。通常,我们把过程能力记作 B。当生产过程稳定,且产品的技术标准为双侧时,则

$$B = 6\sigma \qquad (7-10)$$

式中,σ 为产品质量特性值的标准差;B 为过程能力。

过程能力 B 如图7-5所示。

2. 过程能力指数

由式(7-10)可以看到,过程能力 B 仅与标准差有关,而与产品的技术要求无关。因此,它没有反映出过程对技术要求的满足程度,而只表示一个过程固有的最佳性能。为了能够反映和衡量过程能力满足技术要求的程度,引进一个新的指标,这就是通常所说的过程能力指数。即

$$过程能力指数 = \frac{技术要求}{过程能力}$$

过程能力指数值越大,说明过程能力越能满足技术要求,产品质量越有保证。

1) 双侧技术标准

(1) 双侧技术标准,分布中心无偏移。

假设产品质量特性值服从均值为 μ(样本用 $\overline{X}$ 表示),标准差为 σ 的正态分布(样本标准差为 S),产品质量特性值的标准上限为 T_U、标准下限为 T_L,那么标准范围 $T = T_U - T_L$,标准中心 $M = \frac{T_U + T_L}{2}$ 和 μ 重合,此时过程能力指数为

$$C_P = \frac{T_U - T_L}{6\sigma} = \frac{T}{6\sigma} \approx \frac{T}{6S} \quad (7-11)$$

见图7-6。

由于产品的标准是确定的,即 T 为定

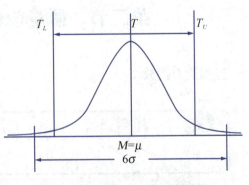

图7-6 双侧技术标准,分布中心无偏移的过程能力指数

值，C_P 的大小直接受 σ 的影响。σ（或 S）越大，产品质量波动就越大，过程能力指数的值越小；反之，σ（或 S）越小，过程能力指数的值越大。

（2）双侧技术标准，分布中心有偏移。

 分布中心有偏移时，过程能力指数计算方法是什么？

如果产品仍具有双侧技术标准，但其分布中心 μ 已经偏离了标准中心 M，此时用(7-11)式计算的 C_P 称为潜在过程能力指数，而实际的过程能力指数用 C_{PK} 表示，其计算公式为

$$C_{PK} = (1-K)\frac{T_U - T_L}{6S} \quad (7-12)$$

式中，K 是修正系数，它的计算公式是

$$K = \frac{\left|\frac{1}{2}(T_U + T_L) - \overline{X}\right|}{\frac{1}{2}(T_U - T_L)} \quad (7-13)$$

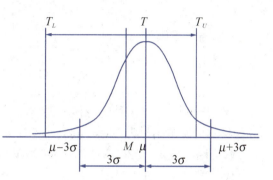

图 7-7 双侧技术标准，分布中心有偏移的过程能力指数

K 值的大小，反映了 μ 偏离 M 的程度（见图 7-7）。K 值越小，μ 偏离 M 程度越小；K 值越大，μ 偏离 M 程度越大，并且规定当 $K \geqslant 1$ 时，$C_{PK} = 0$。

[例 7-8] 车间加工某种零件，其尺寸标准为 $\phi 10^{+0.01}_{-0.02}$，从一批已加工的该种零件中随机抽取 100 件进行测量，如果样本平均值 $\overline{X} = 9.990$，样本标准差 $S = 0.004$，那么，可以知道产品的分布中心为 9.990，已经偏离了产品的标准中心 9.995，故有

$$K = \frac{\left|\frac{1}{2}(T_U + T_L) - \overline{X}\right|}{\frac{1}{2}(T_U - T_L)}$$

$$= \frac{\left|\frac{1}{2}[(10+0.01)+(10-0.02)] - 9.990\right|}{\frac{1}{2}[(10+0.01)-(10-0.02)]}$$

$$= 0.33$$

而

$$C_{PK} = (1-K)\frac{T_U - T_K}{6S}$$

$$= (1-0.33) \times \frac{(10+0.01)-(10-0.02)}{6 \times 0.004}$$

$$= 0.8375$$

2) 单侧技术标准

技术标准为单侧时,过程能力指数有什么不同?

在实际生活中,存在着这样的情况,产品的质量特性只有上限或下限即单侧标准,如电视机的寿命因希望其越长越好而规定标准下限 T_L、摩擦片的磨损越少越好而规定标准上限 T_U。当技术标准为单侧时,过程能力修正为 $B=3\sigma$,过程能力指数的计算如下。

只有标准上限 T_U 时,则

$$C_P = \frac{T_U - \mu}{3\sigma} \approx \frac{T_U - \overline{X}}{3S} \tag{7-14}$$

只有标准下限 T_L 时,则

$$C_P = \frac{\overline{X} - T_L}{3S} \tag{7-15}$$

[例 7-9] 生产某种绝缘体材料,规定其击穿电压不得低于 1 200 V,对样本容量为 50 的样本的实测结果为:$\overline{X} = 4\,000$ V,$S = 1\,000$ V。试求该工序的过程能力指数。

解 因为 $S_L = 1\,200$ V,$\overline{X} = 4\,000$ V,$S = 1\,000$ V

代入式 7-15 有

$$C_P = \frac{\overline{X} - S_L}{3S} = \frac{4\,000 - 1\,200}{3 \times 1\,000} = 0.933$$

因此,该工序的过程能力指数为 0.933。

3. 过程能力指数与产品不合格率的关系

当生产过程处于稳定状态时,一定的过程能力指数 C_P 值与一定的不合格品率 P 相对应。因而,过程能力指数的大小,反映出产品质量水平的高低。

1) 分布中心与标准中心重合的情况

当生产过程处于稳定状态时,产品质量特性值服从正态分布。由于此时 $\mu = M$,根据数理统计的相关知识,可以得到下面公式,为

$$P = 2\Phi(-3C_P) \tag{7-16}$$

其中 $\Phi(x)$ 为标准正态分布函数,在书末附表 1 中可查到函数值。

[例 7-10] 已知 $C_P = 1.33$,试求相应的不合格品率 P。

解 $P = 2\Phi(-3C_P) = 2\Phi(-3 \times 1.33) = 2\Phi(-3.99) = 2 \times 0.000\,033\,04$
    $= 0.000\,066\,08 \approx 0.007\%$

2) 分布中心与标准中心不重合的情况

这时 $\mu \neq M$,由数理统计的知识可知

$$P = \Phi[-3(1+K)C_P] + \Phi[-3(1-K)C_P] \tag{7-17}$$

[例 7-11] 已知某零件的尺寸要求为:70±1.5(mm),抽取样本算出的 $\overline{X} = 70.6$,

$S = 0.5$。试估算零件的不合格率 P。

解 因
$$C_P = \frac{T_U - T_L}{6S} = \frac{71.5 - 68.5}{6 \times 0.5} = 1$$

$$K = \frac{|(T_U + T_L)/2 - \overline{X}|}{(T_U - T_L)/2} = \frac{|(71.5 + 68.5)/2 - 70.6|}{(71.5 - 68.5)/2} \approx 0.4$$

故
$$P = \Phi[-3(1 + 0.40) \times 1.0] + \Phi[-3(1 - 0.40) \times 1.0]$$
$$= \Phi(-4.2) + \Phi(-1.8)$$
$$= 0.000\ 013\ 35 + 0.035\ 913\ 3$$
$$= 0.035\ 926\ 65 \approx 3.59\%$$

4. 过程能力评价

既然过程能力指数能客观而又定量地反映过程能力满足技术要求的程度,所以可根据过程能力指数的大小对过程质量水平作出评价。见下面表 7-8 和表 7-9。

表 7-8 过程能力指数判断标准

等 级	C_P	过程能力判断
特 级	$C_P > 1.67$	过 剩
一 级	$1.67 \geqslant C_P > 1.33$	充 足
二 级	$1.33 \geqslant C_P > 1.00$	正 常
三 级	$1.00 \geqslant C_P > 0.67$	不 足
四 级	$C_P \leqslant 0.67$	严重不足

表 7-9 存在 K 时的判断标准

偏移系数 K	过程能力指数	采 取 措 施
$0 < K < 0.25$	$C_{PK} > 1.33$	不必调整均值
$0.25 < K < 0.50$	$C_{PK} > 1.33$	要注意均值的变化
$0 < K < 0.25$	$1 < C_{PK} < 1.33$	密切观察均值
$0.25 < K < 0.50$	$1 < C_{PK} < 1.33$	采取必要调整措施

二、控制图

1. 制图原理

控制图是过程控制的一种常用统计图。它可用来观察和分析产品质量特性随时间的推移而变化的趋势,判断生产过程和加工过程是否处于稳定状态。

控制图的种类和形式各异,但它们的统计原理基本相同。

您是如何理解造成产品质量波动的正常因素和异常因素的?

1) 产品质量波动的原因

在生产过程中由于受到人、机器、材料、方法、测量以及环境等因素的影响,任何一种产品的质量特性值总是参差不齐,存在一定的波动。

对产品质量特性值的波动进一步的分析研究可以发现,当生产过程稳定时,产品质量特性值的波动是有一定的统计规律的。即计量值数据服从正态分布,计数值数据服从二项分布或泊松分布。也正因为产品质量特性值的波动有一定的规律可循,我们才可以通过分析掌握其变化规律来对它进行控制。

对造成产品质量波动的因素进行分析,就可发现存在两类因素,即正常因素和异常因素。正常因素也称随机因素,遵循一定的统计规律。它们频繁出现在生产过程中,但对产品质量特性值波动的影响较小,如刀具的正常磨损、原材料成分的微小差异等。在一定条件下,要完全消除随机因素的影响,在技术上是困难的,在经济上是不允许的;异常因素也称系统因素,这类因素的出现无规律可循。它不是始终存在于生产过程之中,但它一旦存在,就会使产品质量特性值发生显著变化,使产品质量受到严重威胁,如操作者的违章作业、刀具的过度磨损等。这类因素往往较容易识别。在一定条件下,可以消除其影响,这在技术上是可行的,且在经济上也是允许的。

当生产过程只有随机因素造成的波动时,可以认为此生产过程处于稳定状态或控制状态,此时产品质量的波动是正常的;当生产过程中有系统因素存在时,其生产过程就不稳定,此时必须找出原因所在,以便采取措施,使生产过程恢复稳定。但在实际生产过程中,正常因素和异常因素总是交织在一起的。而控制图则可以查明质量特性值的波动是正常的还是异常的,以此来判断加工工序是否处于稳定状态。

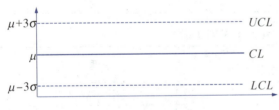

图 7-8 控制图的基本格式

2) 控制图的基本格式

控制图的基本格式如图 7-8 所示。

控制图的横坐标是样本序号,纵坐标是产品的质量特性值。图上通常画有 3 条平行于横坐标的平行线,自上而下分别是:上控制界限线 UCL,中心线 CL 和下控制界限线 LCL。上控制界限和下控制界限统称控制界限。

控制图应用中,一般把表示质量特性值的点描在图上。当点在上下控制界限线内部时,认为工序正常;而当点越出上下控制界限线时,认为工序异常。

3) 两类错误

如何理解第一类错误和第二类错误?

利用控制图来判断生产过程是否稳定,实际上是进行统计推断,因此,由于样本的随机性,就存在着两类错误。第一类错误是将正常判为异常。即当加工过程稳定时,因点子越出控制界限而判断过程不稳定,从而不必要地去分析查找原因,给生产带来损失。犯第一类错误的概率记作 α;第二类错误是将异常判为正常。即当过程不稳定时,因点子落在控制界限之内而判别过程稳定,致使本该采取措施而没有采取措施,导致大量不合格品的产生,也给生产带来损失。犯第二类错误的概率记作 β。为了减少两类错误带来的损失,我们当然希望 α 和 β 越小越好。但统计学研究表明,α 和 β 不能同时减小且呈反向关系,即 α 减小时,β 却增大,因此只能将它们控制在适当的范围内。

4) 千分之三原则

实践经验表明,当加工过程处于稳定状态时,大多数计量值数据都服从正态分布。假设产品的某一质量特性值 X 服从均值为 μ、方差为 σ^2 的正态分布,即 $X \sim N(\mu, \sigma^2)$,那么由正态分布理论可知,当控制图的上、下控制界限取为 $\mu \pm 3\sigma$ 时,对大多数场合使用来说是适当的、合理的。故一般总是将产品质量特性值的均值作为控制图的中心线,均值加、减 3 倍标准差作为控制图的上、下控制界限,即

$$\begin{aligned} UCL &= \mu + 3\sigma \\ CL &= \mu \\ LCL &= \mu - 3\sigma \end{aligned} \qquad (7-18)$$

如图 7-8 所示。

这种将均值加、减 3 倍标准差作为上、下控制界限的方法称为 3σ 原则。又因为此时犯第一类错误的概率为 0.27%,约为千分之三,故被称为千分之三原则。

2. 计量值控制图

按数据性质区分控制图可分为计量值控制图和计数控制图,这里,先介绍计量值控制图。

1) 平均值与极差控制图($\overline{X}$-R 图)

平均值与极差控制图($\overline{X}$-R 图)是由平均值控制图($\overline{X}$ 图)和极差控制图(R 图)合并而成的一种控制图,它适用于大批量生产过程的控制。

(1) 控制图作图步骤。

步骤 1:确定待控制的质量指标,即控制对象。这时要注意下列各点:

选择最重要的指标为控制对象。

若指标之间有因果关系,则选取"因"的指标为控制对象。

控制对象要明确,并获得有关工作人员的同意。

控制对象要能定量描述。

控制对象要尽量容易测量,过程发生异常时,容易对过程采取措施。

直接测量控制对象有困难时,可采用代用特性。

步骤 2:取预备数据。这时须注意:

建议取 35 组样本,至少取 25 组样本。

样本量通常取 4~5。

步骤 3:计算 $\overline{X}_i$,R_i。

步骤 4:计算 $\overline{\overline{X}}$,$\overline{R}$。

步骤 5:计算 R 图控制界限、$\overline{X}$ 图控制界限,并作图。

步骤 6:将预备数据在 R 图中打点,判稳。若判断过程处于稳定状态,则进行步骤 7;

若过程出现了异常,则需执行"查出异因,采取措施,保证消除,纳入标准,不再出现",然后转入步骤2,重新收集数据。

步骤7:将预备数据在$\overline{X}$图中打点,判稳。若判定过程稳定状态,则进行步骤8;若过程出现了异常,则需执行"查出异因,采取措施,保证消除,纳入标准,不再出现",然后转入步骤2,重新收集数据。

步骤8:计算过程能力指数并检验其是否满足技术要求。若过程能力指数满足技术要求,则转入步骤9;若过程能力指数不满足技术要求,则需调整过程,可能要进行员工培训、购买或修理设备等措施,然后转入步骤2,重新收集数据。

步骤9:延长$\overline{X}$-R图的控制界限,进入过程的日常控制阶段。

[例7-12] 某手表厂为了提高手表质量,应用排列图分析造成手表不合格的各种原因,发现"停摆"占第一位。为了解决停摆问题,再次应用排列图分析造成停摆原因,结果发现主要是由于螺栓脱落造成的,而螺栓脱落往往是由螺栓松动造成的。为此厂方决定应用控制图对装配作业中螺栓扭矩进行过程控制。

[分析] 螺栓扭矩是计量特性值,故采用计量值控制图。又由于是大量生产,易获取数据,故决定选用灵敏度高的$\overline{X}$-R图。

解 现按照下列步骤建立$\overline{X}$-R图。

步骤1:取25组预备数据,参见表7-10。

步骤2:计算各样本组的平均值$\overline{X}_i$。

第一组样本的平均值为

$$\overline{X}_1 = \frac{154+174+164+166+162}{5} = 164.0$$

……

余者依次类推,见表7-10。

表7-10 原始数据与$\overline{X}$-R图计算表

序号	X_{i1}	X_{i2}	X_{i3}	X_{i4}	X_{i5}	$\sum_{j=1}^{5} X_{ij}$	$\overline{X}_i$	R_i	备注
1	154	174	164	166	162	820	164.0	20	
2	166	170	162	166	164	828	165.6	8	
3	168	166	160	162	160	816	163.2	8	
4	168	164	170	164	166	832	166.4	6	
5	153	165	162	165	167	812	162.4	14	
6	164	158	162	172	168	824	164.8	14	
7	167	169	159	175	165	835	167.0	16	
8	158	160	162	164	166	810	162.0	8	
9	156	162	164	152	164	798	159.6	12	

(续　表)

序号	X_{i1}	X_{i2}	X_{i3}	X_{i4}	X_{i5}	$\sum_{j=1}^{5} X_{ij}$	$\overline{X}_i$	R_i	备注
10	174	162	162	156	174	828	165.6	18	
11	168	174	166	160	166	834	166.8	14	
12	148	160	162	164	170	804	160.8	22	
13	165	159	147	153	151	775	155.0	18	
14	164	166	164	170	164	828	165.6	6	
15	162	158	154	168	172	814	162.8	18	
16	158	162	156	164	152	792	158.4	12	
17	151	158	154	181	168	812	162.4	30	
18	166	166	172	164	162	830	166.0	10	
19	170	170	166	160	160	826	165.2	10	
20	168	160	162	154	160	804	160.4	14	
21	162	164	165	169	153	813	162.6	16	
22	166	160	170	172	158	826	165.2	14	
23	172	164	159	165	160	820	164.0	13	
24	174	164	166	157	162	823	164.6	17	
25	151	160	164	158	170	803	160.6	19	
						累计	4 081.4	357	
						均值	163.25	14.28	

步骤 3：计算各样本组的极差 R_i。

第一组样本的极差为

$$R_1 = \max\{X_{1j}\} - \min\{X_{1j}\} = 174 - 154 = 20$$

……

余者依次类推，见表 7-10。

步骤 4：计算样本总均值 $\overline{\overline{X}}$ 与样本平均极差 $\overline{R}$。

$\overline{\overline{X}} = 163.25$，$\overline{R} = 14.28$

步骤 5：在实际作图时，一般先作 R 图，R 图稳定，再作 $\overline{X}$ 图。

R 图的中心线及上、下控制线计算公式为

$$UCL_R = D_4 \overline{R}$$

$$CL_R = \overline{R}$$

$$LCL_R = D_3\overline{R}$$

式中的参数 D_4, D_3 已经编成表格可供查用。见书末附表,由附表 2 可知,当样本量 $n=5$ 时,上界限线参数 $D_4 = 2.114$,下界限线参数 $D_3 = 0$,代入计算得到

$$UCL_R = D_4\overline{R} = 2.114 \times 14.28 = 30.19$$

$$CL_R = \overline{R} = 14.28$$

$$LCL_R = D_3\overline{R} = 0$$

由表 7-10 可知,数据均在 UCL_R 与 LCL_R 之间,可见 R 图稳定,故可作出图 7-9 所示的 R 图,且接着再建立 $\overline{X}$ 图。$\overline{X}$ 图有类似的公式为

$$UCL_{\overline{X}} = \overline{\overline{X}} + A_2\overline{R}$$

$$CL_{\overline{X}} = \overline{\overline{X}}$$

$$LCL_{\overline{X}} = \overline{\overline{X}} - A_2\overline{R}$$

其参数 A_2 也可在附表 2 中查得,当 $n=5$ 时,$A_2 = 0.577$,将 $\overline{\overline{X}} = 163.26$,$\overline{R} = 14.28$ 代入 $\overline{X}$ 图的公式,得到

$$UCL_{\overline{X}} = \overline{\overline{X}} + A_2\overline{R} = 163.26 + 0.577 \times 14.28 \approx 171.50$$

$$CL_{\overline{X}} = \overline{\overline{X}} = 163.26$$

$$LCL_{\overline{X}} = \overline{\overline{X}} - A_2\overline{R} = 163.26 - 0.577 \times 14.28 \approx 155.02$$

故可作出图 7-9 所示的 $\overline{X}$ 图。

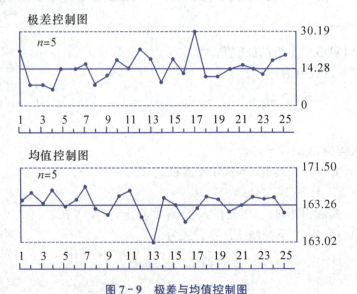

图 7-9 极差与均值控制图

由图 7-9 可知,第 13 组 $\overline{X}$ 值为 155.00,小于 $LCL_{\overline{X}}$,故过程的均值失控。调查其原因发现,夹具松动,采取措施予以调整。一般应重新收集数据,为了简化采用去掉第 13 组数据的方法,重新计算 R 图与 $\overline{X}$ 图的参数。此时

$$\overline{R} = \frac{\sum R}{k} = \frac{357 - 18}{24} = 14.13$$

$$\overline{\overline{X}} = \frac{\sum \overline{X}}{k} = \frac{4\,081.40 - 155.0}{24} = 163.60$$

式中 k 为样本组数。

代入 R 图与 $\overline{X}$ 图的公式,得到 R 图参数为

$$UCL_R = D_4\overline{R} = 2.114 \times 14.13 = 29.87$$

$$CL_R = \overline{R} = 14.13$$

$$LCL_R = D_3\overline{R} = 0$$

从表 7-10 可知,R 图中第 17 组数据 $R = 30$ 出界。于是再次执行"查出异因,采取措施,保证消除,纳入标准,不再出现"。消除异因、纳入标准后,应重新收集数据。为了简化,采用舍去第 17 组数据的方法,重新计算为

$$\overline{R} = \frac{\sum R}{k} = \frac{339 - 30}{23} = 13.43$$

$$\overline{\overline{X}} = \frac{\sum \overline{X}}{k} = \frac{3\,926.40 - 162.4}{23} = 163.65$$

$\overline{R}$ 图: $$UCL_R = D_4\overline{R} = 2.114 \times 13.43 = 28.39$$

$$CL_R = \overline{R} = 13.43$$

$$LCL_R = D_3\overline{R} = 0$$

从表 7-10 知,R 图可判稳,作出 R 图。于是计算 $\overline{X}$ 图的参数。

$\overline{X}$ 图: $$UCL_{\overline{X}} = \overline{\overline{X}} + A_2\overline{R} = 163.65 + 0.577 \times 13.43 = 171.40$$

$$CL_{\overline{X}} = \overline{\overline{X}} = 163.65$$

$$LCL_{\overline{X}} = \overline{\overline{X}} - A_2\overline{R} = 163.65 - 0.577 \times 13.43 = 155.90$$

从表 7-10 可知,$\overline{X}$ 图也稳定,作出 $\overline{X}$ 图。

再将剔除第 13 组和第 17 组数据后 23 组样本的极差值与均值分别打点于 R 图与 $\overline{X}$ 图上,如图 7-10 所示,此时过程的波动情况与均值均处于稳态。

步骤 6:延长上述 $\overline{X}$-R 图的控制界限,以实现对过程的日常控制。

图 7－10　剔除两组数据后的极差与均值控制图

（2）控制图的判断准则。以均值 $\overline{X}$ 控制图为例，判断异常的 8 条检验准则，如图7－11所示。

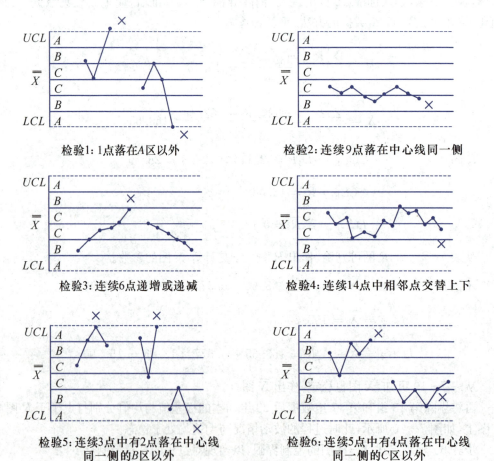

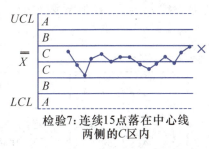
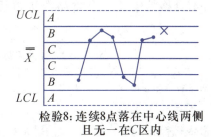

检验7：连续15点落在中心线两侧的C区内　　检验8：连续8点落在中心线两侧且无一在C区内

图 7-11　控制图的判断准则

在点子随机排列的情况下，出现下列情况之一，就判断过程处于稳态，即没有异常的波动的状态。

第一，连续 25 个点，落在控制界外的点数为 0；

第二，连续 35 个点，落在控制界外的点数小于等于 1；

第三，连续 100 个点，落在控制界外的点数小于等于 2。

2）其他计量值控制图

计量值控制图有四对，还有均值-标准差控制图（$\overline{X}-S$ 图），中位数-极差控制图（$Me-R$ 图），单值-移动极差控制图（$x-MR$ 图）。现把四对计量控制图的中心线和上下控制线列于表 7-11 中。$\overline{X}-R$ 图最为常用，其余三种应用并不广泛，故不再详细介绍。

表 7-11　计量值控制图的中心线和上、下控制线

控制图的名称与符号		CL	UCL	LCL
均值-极差控制图（$\overline{X}-R$ 图）	$\overline{X}$ 图	$\overline{\overline{X}}$	$\overline{\overline{X}}+A_2\overline{R}$	$\overline{\overline{X}}-A_2\overline{R}$
	R 图	$\overline{R}$	$D_4\overline{R}$	$D_3\overline{R}$
均值-标准差控制图（$\overline{X}-S$ 图）	$\overline{X}$ 图	$\overline{\overline{X}}$	$\overline{\overline{X}}+A_3\overline{S}$	$\overline{\overline{X}}-A_2\overline{S}$
	S 图	$\overline{S}$	$B_4\overline{S}$	$B_3\overline{S}$
中位数-极差控制图（$Me-R$ 图）	Me 图	$\overline{Me}$	$\overline{Me}+A_4\overline{R}$	$\overline{Me}-A_4\overline{R}$
	R 图	$\overline{R}$	$D_4\overline{R}$	$D_3\overline{R}$
单值-移动极差控制图（$x-MR$ 图）	x 图	$\overline{x}$	$\overline{x}+E_2\overline{R}$	$\overline{x}-E_2\overline{R}$
	MR 图	$\overline{R}$	$D_4\overline{R}$	$D_3\overline{R}$

注：① 表中 A_2，A_3，D_3，D_4，B_3，B_4 与样本量 n 有关，可在附表 2 中查得。
② 表中 $E_2=3/d_2$，当 $n=2$ 时 $E_2=3/1.128=2.66$。
③ 表中 A_4 的值见附表 3。

3. 计数控制图

计数控制图分为计件控制图和计点控制图。

1）计件控制图

计件控制图是以"件"为单位统计不合格品数的。

计件控制图又可分为不合格品率控制图（P 图）和不合格品数控制图（nP 图）。

分别对不合格品率及不合格品数进行控制,其中心线及上、下控制界限如表 7-12 所示。

表 7-12 计件控制图的中心线和上、下控制限

控制图的名称与符号	CL	UCL	LCL	备注
不合格品率控制图(P 图)	$\overline{P}$	$\overline{P}+3\sqrt{\dfrac{\overline{P}(1-\overline{P})}{n}}$	$\overline{P}-3\sqrt{\dfrac{\overline{P}(1-\overline{P})}{n}}$	样本量相等与不等均可用
不合格品数控制图(nP 图)	$\overline{nP}$	$\overline{nP}+3\sqrt{\overline{nP}(1-\overline{P})}$	$\overline{nP}-3\sqrt{\overline{nP}(1-\overline{P})}$	限于样本量相等场合使用

表中字母符号的意义是:

如果抽取 K 组样本,每组样本容量分别为 $n_1, n_2, \cdots, n_K$,其中不合格品数分别记为 $np_1, np_2, \cdots, np_K$,则

$\overline{np}$ 表示平均不合格品数,为

$$\overline{np} = \frac{np_1 + np_2 + \cdots + np_K}{K}$$

$\overline{p}$ 表示平均不合格率,为

$$\overline{p} = \frac{np_1 + np_2 + \cdots + np_K}{n_1 + n_2 + \cdots + n_K}$$

2) 计点控制图

计点控制图是对单位产品上的缺陷数进行控制的。凡一个产品上有 1 个以上的缺陷即为不合格品,只有无缺陷的产品才称合格品。

计点控制图又分为缺陷数控制图(C 图)和单位缺陷数控制图(u 图),其中心线与上、下缺陷数控制线如表 7-13 所示。

表 7-13 计点控制图的中心线和上、下控制限

控制图的名称与符号	CL	UCL	LCL	备注
缺陷数控制图(C 图)	$\overline{C}$	$\overline{C}+3\sqrt{\overline{C}}$	$\overline{C}-3\sqrt{\overline{C}}$	限于样本量相等场合使用
单位缺陷数控制图(u 图)	$\overline{u}$	$\overline{u}+3\sqrt{\dfrac{\overline{u}}{n}}$	$\overline{u}-3\sqrt{\dfrac{\overline{u}}{n}}$	样本量相等与不等均可使用

其中,$\overline{C}$ 与 $\overline{u}$ 的意义如下:

设样本数量为 K,每个样本容量为 $n_1, n_2, \cdots, n_K$,其中的缺陷数之和分别为 $C_1, C_2, \cdots, C_K$,则

$$\overline{C} = \frac{C_1 + C_2 + \cdots + C_K}{K}$$

$$\overline{u} = \frac{C_1 + C_2 + \cdots + C_K}{n_1 + n_2 + \cdots + n_K}$$

根据上述原理,在具体绘制 P 图、nP 图、C 图和 u 图时又各有具体的要求。这里不再详细介绍。

三、散布图

1. 散布图的意义

在质量管理中,了解和掌握产品质量特性与影响因素之间、两种质量特性之间、两种影响因素之间的相互关系是十分重要的。但实际上,两者之间存在某种函数关系的情况是很少的,即使有函数关系,也难以用一个数学式子来表示。大多数情况是两者之间存在某种相关关系。散布图就是研究两个变量之间相关关系的一种图表形式。散布图是将两个变量的数据表示在直角坐标系中,通过研究和分析点的分布状况,推断两个变量有无关系,如有关系确定其相关关系的程度。

2. 散布图的作图步骤

(1) 收集变量数据。为了便于反映两个变量的关系,数据应是成对的,个数不能太少,一般不应少于 30 对。可以把数据列成一一对应的表格。

(2) 画出直角坐标系。一般用横坐标表示影响因素 x,纵坐标表示质量特性 y。一般的直角坐标系横轴和纵轴的单位长度是相等的。但在散布图中,横坐标和纵坐标的单位长度可以不相同,以使横坐标数据的最大值和最小值之差和纵坐标数据的最大值与最小值之差的长度基本相等。这样可以便于作图和分析。

(3) 画点。即把数据对用黑点画在直角坐标系上。

(4) 作出判断。根据点的分布位置,确定两个变量相互关系,如有关系判断其关系的类型及密切程度。

3. 散布图的直观分析

根据作出的散布图,可以根据点的分布进行直观的观察分析,一般有以下几种情况,如图 7-12 所示。

1) 正相关

即 x 增大,y 也相应增大。这又可分为两种情况:

(1) 强正相关,即 x 增大,y 显著增大。这时,一般控制了 x,y 也可以相应的得到控制。

(2) 弱正相关,即 x 增大,y 增大但不显著。这时,还应寻找有无其他因素在起作用,可进一步采用对因素分层的方法另作散布图。

2) 负相关

即 x 增大,y 相应减小。这又可以分为两种情况:

(1) 强负相关,即 x 增大,y 显著减少。这时,一般控制了 x,y 也可以相应的得到控制。

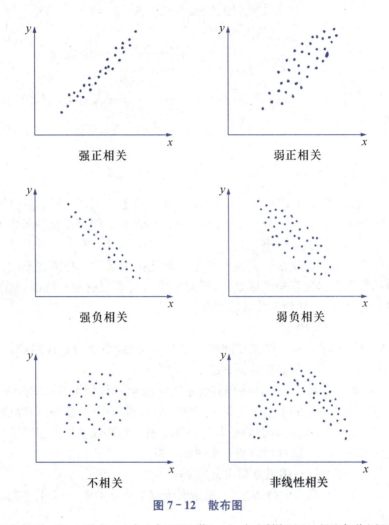

图 7-12 散布图

(2) 弱负相关,即 x 增大,y 减少但不显著。这时,同样可以对因素分层再作散布图。

3) 不相关

这时从图中难以观察到 x,y 之间的相关关系。

4) 非线性相关

这时 x 增大,y 相应增大(减小);但当 x 增大到一定程度时,x 再增大 y 反而减少(增大)。对这种情况,开始阶段按正(负)相关处理;后阶段按负(正)相关处理。

4. 散布图的应用

通过散布图的直观分析,得出其相关性后,可以通过影响因素的控制来达到控制质量特性的目的。例如,对于强正相关关系,如质量特性 y 数值偏大,则可降低影响因素的数据使质量特性降回到正常值。其他各种相关情况也可同样应用。

四、试验设计

在质量管理中,无论是新产品开发,还是旧工艺改革,无论是提高质量,还是降低成本都离不开试验。为了达到良好的试验效果,用较低的成本达到最佳的试验结果,必须进行试验设计。在试验设计中应用较为广泛的是"正交试验方法"。

1. 正交试验法的基本概念

正交试验法是利用一张规格化的数字表——正交表来设计试验方案,并且对试验结果进行数据分析,从而选出最佳工艺条件的一种方法。

下面结合一个具体例子来说明正交试验法的有关名词。

例:某绒线厂洗线车间一直采用工业粉和纯碱溶液洗线,可是产品质量指标——含油率一直不稳定,同时,纯碱价格也比较贵。在质量改进活动中,把提高毛线含油率稳定性作为一个提高质量的目标,并且要求降低成本。在这一质量改进项目中,试用食盐来替代纯碱,这就要先试验再来评估项目的成效。在设计试验方案时就采用正交试验法。

这里就涉及正交试验法的若干个名词首先要予以解释。

1) 指标

在试验中凡是作为评价标准用来衡量试验结果的量,称为试验指标,简称为指标。在上面例题中"含油率"就是指标。有一类指标是直接用数量来表示的,称为定量指标;另一类指标不能直接用数量来表示,称为定性指标。但是,某些定性指标可以采用集体意见综合法、打分数来给出等级或分值,这称为定性指标的数量化处理。这时,无论定性还是定量指标都可以用数量来表示了。这是分析正交试验结果时必须采用的一种方法。

2) 因子

在试验中凡对试验指标有影响的因素称为因子。在上面例子中,工业粉、食盐和纯碱都是在试验中会对指标有影响的因素,都称为因子。因子一般用大写英文字母表示:

A　工业粉(kg)

B　食盐(kg)

C　纯碱(kg)

在正交试验中总是把人们可以加以控制和调节的因素作为因子。

3) 水平

因子变化的各种状态,称为因子的水平。因子可以改变几种状态就称为几水平因子,用表示因子的字母加下标来表示。例如,工业粉在试验中用量分别是 8 kg 和 9 kg,这就是因子的两个水平,可表示为

$$A_1 = 8 \text{ kg} \quad A_2 = 9 \text{ kg}$$

4) 正交表

(1) 正交表的特性。正交表是一张用数字排列而成的矩阵表,它满足以下的特性:

① 每一列中各种数字出现的次数相等;

② 任何两列在同一横行所组成的有序数对出现的次数相等。

表 7-14 即为一张最小的二水平正交表。

表 7-14 二水平正交表

行号 \ 列号	1	2	3
1	1	1	1
2	1	2	2
3	2	1	2
4	2	2	1

在表 7-14 中,每列上"1","2"各出现两次,并且任何两列在同一横行所组成的有序数对(1,1),(1,2),(2,1),(2,2)各出现一次。

(2) 正交表的记号如表 7-14 所示,记为 $L_4(2^3)$。其中,L 表示它是一张正交表,4 表示它有 4 行,用它来安排试验要做 4 个试验;括号内的指数 3 表示它有 3 列,用它来安排试验的,最多可考察 3 个因子;括号内的底数 2 表示表中每个列恰好有"1","2"两种数字,用它来安排试验,被考察的因子要求是二水平的。

书末附表 3 中给出了若干张常用的正交表,其符号与数字的含义与 $L_4(2^3)$ 类似。例如,正交表 $L_9(3^4)$,它表示有 9 行 4 列,表中每列恰由"1","2","3"三种数字组成,用它安排试验时,要做 9 个试验,最多能考察 4 个因子,每个因子都要求是三水平的。又如,$L_8(4 \times 2^4)$ 表示有 8 行 5 列,第 1 列由"1","2","3","4"四种数字组成,后 4 列由"1","2"两种数字组成,用它来安排试验时,要做 8 个试验,最多可以安排 1 个四水平因子和 4 个二水平因子。

2. 正交试验法的应用

正交试验法的应用,采用上例来具体介绍。

1) 确定指标、因子、水平

根据例题选定的项目目标,确定含油量作为项目的指标。它应在 0.5% 左右为最好。对试验有影响的因素有 3 个,即工业粉、食盐、纯碱。工业粉在 7~10(kg) 之间,食盐在 4~7(kg) 之间,纯碱在 3~5(kg) 之间取值。根据实际情况在上述范围内,选定两种数值作为试验的水平。于是,可得出洗线试验因子水平表 7-15。

表 7-15 洗线试验因子水平表

水平 \ 因子	A 工业粉(kg)	B 食盐(kg)	C 纯碱(kg)
1	8	6	3
2	9	5	4

2) 选用正交表

在本项目中因子有 3 个,每个因子都有两种水平。选择正交表有三个原则:

(1) 看水平数。根据水平数,选用底数与水平数相同的正交表。

(2) 看因子数。根据因子数,选用指数不小于因子个数的正交表。

(3) 看试验次数。根据试验所要求的精度和试验工作量大小,选用适当的正交表。

一般来说,当水平数和因子个数满足要求时,试验次数越小越好。依照这一原则选用表 7-14 所示的 $L_4(2^3)$ 为好。

3) 安排洗线试验方案

根据选定的洗线试验采用的正交表 $L_4(2^3)$,即可把因子和水平对应填在正交表上。

(1) 在列号的"1"上填上因子 A(工业粉);

在列号的"2"上填上因子 B(食盐);

在列号的"3"上填上因子 C(纯碱)。

(2) 在第 1 列上,在数字"1"处,填上因子 A 的第 1 水平:$A_1 = 8$(kg),

在数字"2"处,填上因子 A 的第 2 水平:$A_2 = 9$(kg);

在第 2 列上,在数字"1"处,填上因子 B 的第 1 水平:$B_1 = 6$(kg),

在数字"2"处,填上因子 B 的第 2 水平:$B_2 = 5$(kg);

在第 3 列上,在数字"1"处,填上因子 C 的第 1 水平:$C_1 = 0$(kg),

在数字"2"处,填上因子 C 的第 2 水平:$C_1 = 4$(kg)。

得出如表 7-16 所示的洗线试验方案表。

表 7-16 洗线试验方案表

试验号	因子 列号	A 工业粉(kg) 1	B 食盐(kg) 2	C 纯碱(kg) 3	试验指标 含油率(%)
1		8(1)	6(1)	3(1)	
2		8(1)	5(2)	4(2)	
3		9(2)	6(1)	4(2)	
4		9(2)	5(2)	3(1)	

众所周知,对于试验中有 3 个因子,每个因子有 2 个水平的情况,如果按因子和水平的全部搭配做试验,共要做 $2^3 = 8$ 次。现在只做 4 次试验,是不是有代表性呢?是不是能了解到全面情况呢?现在我们把全部搭配都做试验和只做 4 次试验的情况在图 7-13 中予以表示。

图 7-13 中,一个立方体的 8 个顶点,代表了全部 8 次试验,而正交试验做的 4 次试验用 ⊙ 表示,它有两个特点:

a) 每个因子的各个水平在 4 次试验中都出现了相同的次数;

b) 每两个因子的不同水平的搭配也都出现了相同的次数。

这两个特点,在图 7-13 中的表示就是:每条棱上都有且仅有一个端点安排试验,在每一面上有且仅有两个端点安排试验。

具有上述两个特点的试验方案,称之为有均

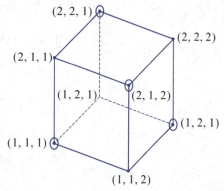

图 7-13 全部搭配都做试验与只做四次试验的图示

衡搭配性,这就是保证试验方案进行的 4 次试验在全部 8 次试验中具有代表性。

4) 做试验

有了设计方案,在实际进行试验时,一般可按表中所列的次序进行,也可以为了操作方便而跳着进行。有时为了排除干扰因素的影响,还可以随机地安排试验的次序。如果在某次试验中已经出现了满意的工艺条件,那么其余的试验可以不再进行。

在本例中,每次试验都应进行,并得出指标的具体数值,如表 7-17 所示。

表 7-17 洗线试验数据表

因子 列号 试验号	A 工业粉(kg) 1	B 食盐(kg) 2	C 纯碱(kg) 3	试验指标 含油率(%)
1	8(1)	6(1)	3(1)	0.32
2	8(1)	5(2)	4(2)	0.66
3	9(2)	6(1)	4(2)	0.18
4	9(2)	5(2)	3(1)	0.70

5) 分析试验结果

因为试验指标含油率为 0.5‰ 最好,分析试验结果一般采用的是综合比较法。

(1) 计算各因子在某一水平下的含油率之平均值。对第 1 列中数字"1"对应的试验指标之和,用 I_1 表示,则

$I_1 = A_1$ 条件下的含油率之和
= 第 1 列中数字"1"所对应的试验指标之和
= 0.32% + 0.66% = 0.98%

因为第 1 列中数字"1"重复两次,所以在 A_1 条件下的平均含油率可记为 $\bar{I}_1$。

$$\bar{I}_1 = 0.98 \div 2 = 0.49\%$$

同样可计算得到

$$II_1 = 0.18\% + 0.70\% = 0.88\%$$

$$\overline{II}_1 = 0.44\%$$

$$I_2 = 0.32\% + 0.18\% = 0.50\%$$

$$\bar{I}_2 = 0.50\% \div 2 = 0.25\%$$

$$II_2 = 0.66\% + 0.70\% = 1.36\%$$

$$\overline{II}_2 = 1.36\% \div 2 = 0.68\%$$

$$I_3 = 0.32\% + 0.70\% = 1.02\%$$

$$\bar{I}_3 = 1.02\% \div 2 = 0.51\%$$

$$\text{II}_3 = 0.66\% + 0.18\% = 0.84\%$$

$$\overline{\text{II}}_3 = 0.84\% \div 2 = 0.42\%$$

T 为 1,2,3,4 次试验指标之和为

$$T = 0.32 + 0.66 + 0.18 + 0.70 = 1.86$$

并且有关系式 $\text{I}_j + \text{II}_j = T$，如不相等，说明计算有误，应重新计算 I_j, II_j。现把计算结果列在表 7-18 中。

表 7-18 试验结果计算表

试验号	因子 列号	A 工业粉(kg) 1	B 食盐(kg) 2	C 纯碱(kg) 3	试验指标 含油率(%)
1		8(1)	6(1)	3(1)	0.32
2		8(1)	5(2)	4(2)	0.66
3		9(2)	6(1)	4(2)	0.18
4		9(2)	5(2)	3(1)	0.70
I_j		0.98	0.50	1.02	
II_j		0.88	1.36	0.84	
$\overline{\text{I}}_j$		0.49	0.25	0.51	$T=1.86$
$\overline{\text{II}}_j$		0.44	0.68	0.42	
R_j		0.05	0.43	0.09	

表中 $R_j = |\overline{\text{I}}_j - \overline{\text{II}}_j|$

并依次作出直观的含油量与因子关系图，如图 7-14 所示。

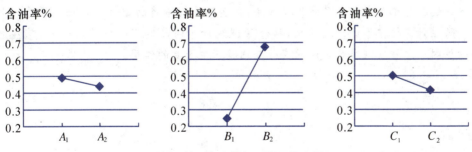

图 7-14 含油量与三因子关系图

（2）根据极差可以找出哪一个因子对试验的影响比较大。在本例中因子 B 的极差最大，因子 A 的极差最小，所以各因子的主次关系是：

主————→次
B C A

对于主要因子因其对试验指标影响较大，故应取"好"的水平。在本例中主要因子 B

(食盐)的一水平与二水平比较,二水平所对应的含油率为 0.68%,比一水平对应的含油率 0.25% 更接近 0.5%,故必须取二水平,即取 $B_2=5(kg)$。对于因子 C(纯碱)是重要性次于 B 的另一个重要因子,同样应取较好的一水平,即选取 $C_1=3(kg)$。因子 A(工业粉)虽是不重要因子,其水平选取可以是任意的,但从试验效果和节约工业原料考虑,应取一水平,就应选取 $A_1=8(kg)$。

经过上述分析,即可得最佳工艺条件为 $A_1B_2C_1$。

但是这一因子水平组合不在已做的 4 次试验之列,故要再做一次试验,结果得到其含油率为 0.49%,比已经做的试验中任何一个组合都好。故最后应决定选择 $A_1B_2C_1$ 为投产条件。

小结和学习重点

- 数据的集中趋势、分散趋势的统计特征数
- 直方图、排列图
- 过程能力指数
- 控制图
- 散布图
- 试验设计方法

本章涉及质量管理统计方法的主要内容,是本课程一个重点章节,理解和掌握这些内容对于在质量管理实际中分析和解决问题具有十分重要的意义。控制图理论应用到较多的数理统计知识,是学习的难点,又是学习的重中之重,学生应结合案例真正掌握实施的具体步骤。

前沿问题

本章的内容都是成熟的质量管理方法,在实际应用中将面临数据量及计算量较大的困难。随着计算机技术的广泛应用,质量管理统计方法的实用软件不断开发,掌握这些实用软件对于质量管理统计方法的实际应用将产生重要的作用。

案 例

案例一
合金强度与合金含碳量相关分析

由专业知识可知,合金的强度 $y(\times 10^7 \text{ Pa})$ 与合金中碳的含量 $x(\%)$ 有关。为了生产强度满足用户需要的合金,在冶炼时需要控制碳的含量,为此必须研究合金强度与合金含碳量的关系。现在冶炼过程中,通过化验和测试得到 12 组数据,列于表 7-19 中。

表 7-19　合金钢的强度与钢中的碳含量数据

序号 i	$x_i(\%)$	$y(10^7 \text{ Pa})$	序号 i	$x_i(\%)$	$y(10^7 \text{ Pa})$
1	0.10	42.0	7	0.16	49.0
2	0.11	43.0	8	0.17	53.0
3	0.12	45.0	9	0.18	50.0
4	0.13	45.0	10	0.20	55.0
5	0.14	45.0	11	0.21	55.0
6	0.15	47.5	12	0.23	60.0

为了研究两个量间存在什么关系,可以画一张散布图,即将一对数据看成直角坐标系中的一个点,得到图 7-15。

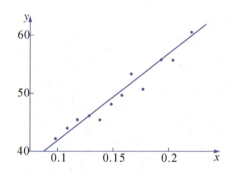

图 7-15　碳含量与合金钢强度关系散布图

从图中我们可以看出,当碳含量增加时,合金钢的强度也有增加趋势,但是它们之间无法用一个函数关系来表示。这两个变量间的关系为强正相关关系。

案例二

金属零件长度 $\overline{X}$-R 控制图

在加工某金属零件时,长度是一个重要的质量特性。为对其进行控制,在生产现场每隔 1 h 连续测量 $n=5$ 件产品的长度,数据为零件真正的长度与某一特定尺寸之差,将其填在表 7-20 中(单位:丝)。试作 $\overline{X}$-R 图。

- 对每一样本计算 $\overline{X}_i$ 与 R_i,结果同时列在表 7-20 中。

表 7-20　数据及计算表

序号 i	测量值					$\overline{X}_i$	R_i
	X_{i1}	X_{i2}	X_{i3}	X_{i4}	X_{i5}		
1	12	8	5	12	3	8.0	9
2	11	13	8	11	4	9.4	9

(续　表)

序号 i	测　量　值					$\overline{X}_i$	R_i
	X_{i1}	X_{i2}	X_{i3}	X_{i4}	X_{i5}		
3	10	3	6	2	7	5.6	8
4	12	12	6	12	4	9.2	8
5	6	9	6	5	5	6.2	4
6	8	11	8	9	2	7.6	9
7	10	9	6	3	7	7.0	7
8	7	12	9	1	3	6.4	11
9	5	9	11	6	7	7.6	6
10	7	7	6	11	11	8.4	5
11	10	13	9	12	15	11.8	6
12	4	7	6	8	13	7.6	9
13	8	4	13	7	11	8.6	9
14	8	4	7	7	4	6.0	4
15	10	6	9	10	14	9.8	8
16	14	7	8	6	5	8.0	9
17	1	11	2	8	8	6.0	10
18	5	6	3	10	6	6.0	7
19	6	7	4	7	10	6.8	6
20	12	7	9	9	13	10.0	6
21	3	11	6	12	6	7.6	9
22	4	2	5	9	8	5.6	7
23	7	12	7	11	10	9.4	5
24	4	5	8	9	7	6.6	5
25	5	9	6	12	5	7.4	7

- 计算过程平均 $\overline{X}$ 与平均极差 $\overline{R}$。

$$\overline{X} = 7.70, \overline{R} = 7.32$$

- 计算 $\overline{X}$-R 图的中心线与控制限。

$\overline{X}$ 图：$CL_{\overline{X}} = 7.70$

$UCL_{\overline{X}} = 7.70 + 0.579 \times 7.32 = 11.93$

$LCL_{\overline{X}} = 7.70 - 0.579 \times 7.32 = 3.47$

R 图：$CL_R = 7.32$

$UCL_R = 2.115 \times 7.32 = 15.48$

$LCL_R = $ 无

- 作 $\overline{X}$ 图与 R 图，见图 7-16。

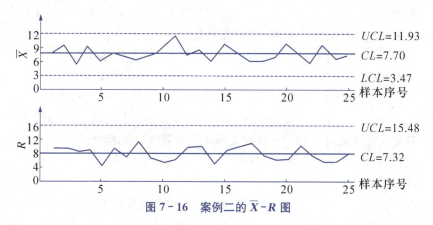

图 7-16 案例二的 $\bar{X}$-R 图

- 从 $\bar{X}$-R 图上显示，过程受控。

练习与思考

一、名词解释

（1）总体；（2）样本；（3）工序能力；（4）工序能力指数。

二、填空题

（1）常用计量控制图有_____、_____、_____、_____。

（2）常用计数控制图有_____、_____、_____、_____。

（3）排列图中寻找主要因素的方法是 ABC 分类法，其 ABC 所占百分比范围分别为 A_____、B_____、C_____。

（4）数据中的最大值与最小值之差被称作_____。

（5）正交表 $L_4(2^3)$ 中 L 表示它是一张_____，4 表示用它来安排试验要做_____，3 表示最多可考虑_____，2 表示考察的因子要求是_____。

三、单项选择题

（1）在正态分布的情况下，质量特性值落在 $\mu \pm 3\sigma$ 范围内的概率为（   ）。

    A. 97.7%   B. 99.73%

    C. 100%   D. 97.9%

（2）频数直方图中长方形的高度表示（   ）。

    A. 数据范围的间隔   B. 在给定间隔内的数据数

    C. 数据的极差   D. 组距

（3）标准差 σ 的大小是说明（   ）。

    A. 数据分散程度   B. 数据大小

    C. 工序能力大小   D. 检查精度

（4）在诸因素处于受控状态下，通常用标准差的（   ）倍来表示工序能力的大小。

    A. 3   B. 6   C. 1.5   D. 12

（5）在控制图中 UCL 和 LCL 之间间隔为（   ）倍标准差。

A. 3　　　　　B. 6　　　　　C. 1　　　　　D. 1.5

（6）工序能力指数的计算公式中"T"指的是(　　)。
　　A. 产品的公差范围　　　　　B. 产品的标准差
　　C. 质量数据分布中心　　　　D. 中心偏移量

（7）控制图中最常用的是(　　)。
　　A. $\overline{X}$—R 图　　B. Me—R 图　　C. X—MR 图　　D. P 图

（8）研究成对出现的两组相关数据之间关系的简单示图称为(　　)。
　　A. 树图　　　　B. 散布图　　　　C. 控制图　　　　D. 直方图

（9）排列图又叫(　　)。
　　A. 鱼刺图　　　B. 管理图　　　　C. 帕累托图　　　D. 矩阵图

（10）工序能力指数 $C_P = (T_U - T_L)/6S$，其中 T_U 为(　　)。
　　A. 公差上限　　　　　　　　B. 公差下限
　　C. 公差中心　　　　　　　　D. 中心偏移量

（11）通常情况下，直方图的横坐标表示(　　)。
　　A. 质量特性值　　　　　　　B. 公差下限
　　C. 频数　　　　　　　　　　D. 数据——极差

（12）排列图中有(　　)个纵坐标。
　　A. 3　　　　　B. 6　　　　　C. 1　　　　　D. 2

（13）在散布图中，当 x 值增加，相应的 y 值减少，则称 x 和 y 之间是(　　)。
　　A. 正相关　　　B. 负相关　　　　C. 不相关　　　　D. 零相关

（14）当工序能力指数大于 1.67，即 $C_P > 1.67$ 时，工序能力等级是(　　)。
　　A. 3 级　　　　B. 2 级　　　　　C. 1 级　　　　　D. 特级

（15）以下不属于控制图的是(　　)。
　　A. $\overline{X}$-R 图　　B. $\tilde{X}$-R 图　　C. X-R_S 图　　D. 直方图

四、多项选择题

（1）影响工序能力指数的三个变量是(　　)。
　　A. 产品质量特性　　　　　　B. 公差范围
　　C. 中心偏移量　　　　　　　D. 标准差

（2）因果图又叫(　　)。
　　A. 石川图　　　　　　　　　B. 目标手段图
　　C. 鱼刺图　　　　　　　　　D. 特性分析图

（3）常见的直方图异常形态有(　　)。
　　A. 双峰型　　　B. 孤岛型　　　　C. 平顶型　　　　D. 锯齿型

（4）$L_4(2^3)$ 正交表安排试验要做四次，如果 $A_1B_1C_1$ 为一次试验，那么其余 3 次试验为(　　)。
　　A. $A_1B_1C_2$　　B. $A_2B_1C_2$　　C. $A_2B_2C_1$　　D. $A_1B_2C_1$

五、简答题

（1）简述产品质量波动的原因。

(2) 简述直方图作图步骤。

六、计算题

(1) 某内径尺寸公差为 $\pm \phi 20^{+0.025}_{-0.010}$，加工数量为 100 件的一批零件，计算得出，$\bar{x} = 20.0075$，$S = 0.0065$，求该工序的工序能力指数 C_P。

(2) 对于样本容量为 6，组数为 20 的数据，得到 $\bar{\bar{x}} = 16.28$，$\bar{R} = 3.48$，求 $\bar{x}$ 控制图的 UCL, CL, LCL 及 R 控制图的 UCL, CL, LCL。

部分参考答案

二、填空题

(1) $\bar{X}$-R 图　$\bar{X}$-S 图　Me-R 图　X-MR 图
(2) P 图　nP 图　c 图　u 图
(3) 0%～80%　80%～90%　90%～100%
(4) 极差
(5) 正交表　4 次试验　3 个因子　二水平的

三、单项选择题

(1) B　(2) B　(3) A　(4) B　(5) B　(6) A　(7) A　(8) B　(9) C　(10) A　(11) A　(12) D　(13) B　(14) D　(15) D

四、多项选择题

(1) B,C,D　(2) A,C　(3) A,B,C　(4) B,C,D

第八章

顾客满意和顾客忠诚

 **学习目标**

学完本章,你应该能够:
(1) 了解顾客满意和顾客忠诚的含义;
(2) 理解顾客满意和顾客忠诚对企业经营的重要作用;
(3) 能够了解顾客满意指数含义及测评方法;
(4) 掌握顾客满意度的调查方法。

 基本概念

顾客满意 顾客忠诚 顾客满意度 顾客满意指数

本章介绍的顾客满意和顾客忠诚是两个关系密切而又相互区别的概念。本章首先介绍顾客满意的经营战略,并且重点介绍顾客满意指数及测评模型,对于企业开展顾客满意度的调查也介绍了实际应用方法。本章还较为深入地探讨顾客满意和顾客忠诚的相关性,以使学生学习后能辩证地理解两者对立又相互转化的能动关系。

> 顾客满意:顾客接受产品和服务后的感知与接受前的期望相比较后感受的被满足程度。当感知高于期望时,顾客感到满意;感知低于期望时,顾客感到不满意;当感知远远超过期望时,顾客感到很满意并能进而转为忠诚。
>
> 顾客忠诚:顾客对某种产品或服务重复或连续购买的心理、言语、行为指向的总和。

第一节 顾 客 满 意

一、企业形象、顾客满意、顾客忠诚

社会生产力的迅速发展,使得商品经济不断完善,市场竞争日趋激烈,随之而来的是

企业经营理念和经营战略的不断变化。20世纪70年代企业正处于市场推销时代,当时流行于工业发达国家的经营理念是"CI"(企业形象)。即企业通过对自身形象的设计,有计划地向社会公众展示围绕企业的鲜明特征,使企业的形象能在众多竞争对手中容易为顾客识别且留下良好印象。20世纪80年代进入市场营销时代,企业的经营理念转为"CS"(顾客满意)。即企业为满足顾客需求,通过顾客满意度测量的结果,改进产品、服务质量,使企业业绩不断提高。这一经营理念于20世纪90年代又开始转向更高层次的"CL"(顾客忠诚),即企业通过有效、及时地理解和处理顾客的抱怨和投诉,不断提高顾客的满意度,使顾客成为企业的忠诚顾客。

企业经营理念从CI到CS,再到CL是市场经济发展的规律,反映了时代的发展、社会的进步。

二、顾客满意战略

什么是顾客满意及顾客满意战略?

1. 顾客满意的含义

顾客满意是企业的一种经营战略,于1986年在美国兴起,90年代流行于全球工商界。1996年起引入我国,并被海尔集团、上海宝钢、中国电信、上海三菱电梯等一大批著名企业运用于企业经营管理的实践中,取得了卓越的业绩。

顾客满意是指顾客通过对一个产品或一项服务的可感知的效果(感知质量)与他的期望(认知质量)相比较后形成的感觉状态,即顾客满意定义为"顾客对其要求已被满足的程度的感受"。

$$顾客满意水平 = f(可感知效果 - 期望值)。$$

也就是说,顾客满意水平是顾客的可感知效果和顾客的期望值之间的差异的函数。当感知低于期望时,期望得不到满足,则顾客不满意;当感知与期望相近时,期望基本感到满足,顾客就满意;当感知远远超过期望时,顾客高度满意,就有可能从满意转为忠诚。如果顾客不满意,就会产生抱怨。一旦顾客的抱怨产生,就应采取积极措施,消除顾客的不满,进而赢得顾客的满意,直到顾客产生忠诚。

顾客满意战略简称"CS"战略,是指企业为了使顾客对自己的产品或服务能完全满意,通过全面、客观地测评顾客满意程度,了解顾客的感知、需求和预期,并根据测定结果,企业整体改进产品、服务及企业文化的一种经营战略。

顾客满意战略中的顾客既包括企业的外部顾客,又包括企业的内部成员,它是以广义的顾客为对象的。

顾客满意战略以顾客为中心,它要建立的是企业为顾客服务、使顾客感到满意的系统。顾客满意战略是一种全新的、全方位的企业赢得竞争优势的战略,往往成为企业质量战略及名牌战略的重要组成部分。

2. 顾客满意战略的产生

顾客满意战略是在市场需求、产品概念、消费观念等发生深刻变化的背景下产生的。

1）市场需求的变化

社会生产力的迅速发展导致商品供应的不断丰富，市场商品由供不应求转向供大于求。经济全球化趋势的加强又导致了市场竞争的日益加剧，大多数企业由卖方市场转为买方市场，企业不再是仅仅依靠强大的生产力就能够赢利。据中国轻工业协会2002年的统计，在中国主要的日用消费品类别中，90％以上存在严重的生产过剩，其他品种大多也是供给略大于需求，供不应求的品种很少。

市场商品的供大于求使顾客在选择商品时拥有很大的空间，如何赢得顾客已成为企业关注的重点。

2）产品概念的变化

产品的概念随着生产力的发展大致经历了如下几个发展阶段：原始的产品概念阶段、品质阶段、品牌阶段、全新的产品概念阶段。

在原始的产品概念阶段，人们对产品的关注主要集中在一般的使用上。随着经济与社会的发展，人们对产品的关注开始由一般的使用转向质量特性的高要求上，因为有些产品虽然一般能用，但不坚固、不耐用、不可靠。所以人们更注重产品的质量，进入到了品质阶段。而当人们的生活水平不断提高，市场上可供选择的商品日渐丰富，质量水平的差异也日益趋小的时候，人们的心理发生了新的变化，那些过去被认为坚固、耐用、可靠的产品如果仅仅如此，也逐渐失去了人们的青睐，人们开始追求美观、气派、有名气的产品，即进入了品牌阶段。这一阶段具有代表性的品牌，如可口可乐、IBM、丰田等等。这时，企业开始实施名牌战略。但随着企业普遍实施名牌战略，尤其是信息技术的发展、产品设计与质量监控方面的提高，使产品之间的品牌差异也变得越来越小，激烈的市场竞争使企业必须为产品概念注入新的要素——服务。于是产品概念又进入一个新的发展阶段，即

$$全新的产品概念＝传统产品概念＋服务$$

企业提供给顾客的最终产品除了传统意义上的有形实体外，还有服务；顾客消费的也不仅仅是传统意义上的产品，也包括满意。一些先进的国际著名大公司对此早有认识。

例如，美国国际商用机器公司提出："IBM就是服务"，美国花旗银行提出："花旗银行的目标是希望能提供像迪斯尼乐园般的服务"。

3）消费观念的变化

在商品供不应求的情况下，社会消费的基本特征是理性消费，即顾客在物质不充裕的条件下消费行为比较理性，这是一种建立在对商品的性质、质量、价格等要素进行全面考察的基础上进行的一种与个人地位相适应的消费行为。理性消费的顾客期望值较低，仅仅满足"量"的基本需求而已。

当市场上的商品供大于求时，社会消费的基本特征将变为感性消费，即顾客在物质非常充裕的条件下消费行为的非理性化，在消费行为中顾客的感情或感受占了主导地位。此时，顾客的期望值较高，基本需求由"量"转变为"质"，顾客更注重产品的性能、功能、特色、品牌、服务，以及消费时的优越感、安全感、受尊重感的满足。

由于市场商品由供不应求转向供大于求，消费者的消费观念也由理性消费转向感

性消费,当今的消费者追求的不仅仅是产品的功能和品牌,而是与产品有关的系统服务。

例如,美国摩托罗拉公司确立顾客服务"零抱怨"策略;中国北京贵友大厦"购物零风险"服务特色,都是应对这种消费观念的成功实践。

面对以上所述的变化,企业唯一的选择就是改变自己的经营战略,顾客满意战略正是在这样的背景下产生的。

3. 顾客满意的构成

顾客满意由理念满意、行为满意和视听满意三个要素构成。

顾客满意由三个要素构成,包括顾客对企业的理念满意、行为满意和视听满意。

(1) 理念满意,是指企业的理念给内、外顾客带来的心理满足状态。企业理念是企业思想、文化理念等意识的总和,是企业经营的宗旨与方针。

企业理念通过企业精神、企业决策、经营宗旨、企业使命、企业目标、企业文化、方针、口号等方面表现出来。企业理念的设计要从顾客的需求出发;从本行业的实际情况出发,突出行业特点;从时代与社会的要求出发,体现与时俱进的精神。

各大著名企业都有自己的独特的经营理念。

"以员工为导向"——美国惠普公司

"我们每一个人都代表公司"——美国波音公司

"顾客第一而不是利润第一"——日产汽车公司

"顾客总是对的——得理也让人"——英国航空公司

"相信顾客是通情达理的"——沃尔玛

"企业经营目标——让所有顾客满意"——海尔集团

(2) 行为满意,是指企业的全部运行状况给内、外顾客带来的心理满足状态,包括行为机制、行为规则和行为模式的满意。

企业要建立一套完善的运行机制,才能获得顾客对企业行为系统的认同和满意。完善的运行机制包括感觉系统、传入系统、决策中枢系统、效应系统、反馈系统。

感觉系统是指企业为了对内、外顾客发出的有关企业、商品、服务的信息进行全面感知而建立的机制;传入系统是信息通道,它将被接收的顾客信息传向企业的运行中枢;决策中枢系统对信息进行分析、加工和处理,把有效的部分吸收到企业行为中;效应系统全面执行决策中枢作出的决定,将企业决策转化为企业行为和行动;企业行为的正确性则由反馈系统加以检验、反馈,系统对企业行为转换给顾客的满意程度进行全面调查、了解并及时反馈。

企业建立了行为满意机制后,还要建立一套行为满意标准,一般从以下几方面来设定:个人工作行为标准;管理、监督者行为标准;对工作满意的标准;对外部顾客的满意标准。然后必须对全体员工进行行为满意培训,使员工深入了解理念满意的内涵,将行为标准真正理解、运用到工作中去。

例如英国航空公司,一架波音747客机准备起飞前发现机械故障,在妥善安排乘客换乘其他班机时,一位78岁的日本老太太不愿换乘,坚持要乘坐该机,结果公司为了恪守"乘客的要求就是公司的承诺"的服务宗旨,决定在排除故障后载着这一位乘客飞往目的地,机上15位服务人员为她一个人提供十分周到的服务,为此公司虽然损失了近10万美元,但他们对顾客的诚信和承诺闻名于世,在乘客心目中留下了难忘的美好回忆,为公司树立了良好的形象。

(3)视听满意,是指企业所具有的各种可视、可闻性的显在形象给外部顾客带来的心理满意状态。它又分为包括顾客对企业名称、企业标志、企业的标准字、企业标准色、企业象征图形、企业宣传标语口号、企业歌曲、企业环境等基本要素满意和包括顾客对企业的事务用品、广告媒体用品、交通工具、制服饰品、室内布置、建筑环境、展示陈列与应用要素满意。

企业视听满意的完善是通过充分调动内部员工的积极性、让他们共同参与、得到他们的认同和首肯,以及根据外部顾客意见反馈信息再作进一步的修改和调整来完成的。

例如,太平洋百货一曲节奏明快、欢乐轻松的店歌让人听了倍感亲切,激起人们强烈的购物欲望;大街上"肯德基爷爷"和"麦当劳叔叔"的形象给男女老少都留下深刻的印象,连3岁的小孩都能识别。

顾客满意是理念满意、行为满意和视听满意的统一体,理念满意是顾客满意战略的核心,行为满意是顾客满意战略的操作重心。

顾客满意作为一种经营理念,它要求企业的经营活动要从顾客的角度、顾客的眼光和顾客的观点来开发、生产、销售自己的产品,并提供从售前、售中到售后的全方位服务。

4. 顾客满意的特征

顾客满意的特征有哪些?

1) 主观性

顾客满意与否是建立在其对产品或服务的体验上的,感受的对象是客观的,而体验则是主观的。顾客满意的程度与顾客自身的条件有关,如学历与阅历、经济收入情况、生活习惯与爱好、价值观念等,还与新闻媒体的广告宣传等有关。

2) 层次性

处于不同需求层次的顾客对同一产品或服务的满意有不同的要求和感觉,因此不同地区、不同阶层的人或同一人,在不同的条件下对某个产品或服务的评价会不完全一样。

3) 相对性

由于顾客对产品的技术指标或服务的成本等经济指标不了解,因此他们往往习惯于把购买的产品和同类其他产品比较、把享受的服务和以前的消费经验相比较而得出满意或不满意的结论,这个结论具有相对性。

4) 阶段性

顾客今天满意不代表明天满意,更不代表永远满意。任何产品都有生命周期,会经历一个从进入市场、成长、成熟和衰退、直到退出市场的生命周期。服务也有时间性,顾客对产品或服务的满意程度来自过去多次购买和提供的服务中的感受,因而也呈现阶段性。

5) 社会性

企业是社会大系统中的一个子系统,企业的生存与发展离不开社会的理解、支持与合作。所以,企业要综合考虑企业利益、顾客利益和社会利益,协调好三者之间的相互关系,把顾客的利益放在首位,具有强烈的使命感和社会责任感。在广泛的社会范围内,赢得人们的理解和支持,推动企业更好地生存与发展。

5. 顾客满意战略对企业经营的重要作用

顾客满意是企业赢得顾客、赢得市场、赢得利润的基础,企业实施顾客满意战略的重要性体现在以下几个方面。

1) 有利于增强企业的竞争力

企业实施顾客满意战略,必将促使企业为顾客满意的精神追求和消费心理,推出让顾客满意的产品和服务;必将积极寻找与竞争者之间的差距,采取有效的对策,不断赶上并超过竞争对手,从而赢得顾客,掌握市场的主动权;必将为企业建立良好的形象,并使企业的竞争力得以增强,为公司赢得经济效益和社会效益。

2) 有利于增强企业员工的素质

企业实施顾客满意战略,首先要对员工进行培训,让他们认同和接受企业全新的经营战略和文化理念,使员工的素质得到提高。企业通过各种方式,使员工深入理解顾客满意的内涵,让他们了解顾客对产品的需求和期望;体验竞争对手与本企业的激烈竞争;感受顾客对产品的不满和抱怨,从而增强他们的市场观念和质量意识、危机感和紧迫感、责任心和事业心。顾客满意又要求企业的经营管理者也要了解和满足员工的需求和期望,关心和爱护员工,调动他们的积极性和创造性,为他们创建良好的工作环境和激励机制,首先让你的员工满意,才能创造顾客的满意。

3) 有利于获得顾客的认同

顾客满意战略将创造使顾客满意的企业形象,并且这种形象会最集中、最有力地表现在企业的产品和服务上。通过顾客满意战略创造出的产品富有文化口味、有个性,使顾客感到舒适、美感,体现自我价值,从而建立对该品牌的偏好和认同。对于围绕顾客满意运作的特色服务,更将使顾客感受到企业的温情、时尚和诚信,有利于顾客的识别和认同。

4) 有利于企业管理水平的提高

企业在实施顾客满意战略的过程中,通过制定顾客满意战略的计划和方案,与内外顾客广泛交流和征求意见,在企业管理的各个环节采取切实有效的措施,确定易于识别的、符合顾客需求和愿望的企业形象,使企业管理的科学性不断提高。

企业实施顾客满意战略,将使企业在思想观念上发生深刻的变化。顾客满意战略以顾客为关注焦点,以实现顾客满意为最终目的,营造企业生存和发展的良好环境,形成企业内部的凝聚力和外部的吸引力,使企业不断发展壮大。

三、顾客满意指数

 什么是顾客满意指数?

随着顾客满意战略的广泛应用，对顾客满意的研究也从定性描述走向了量化处理。在顾客满意战略实施中必须对顾客满意的程度即顾客满意度有一个定量研究。而这种定量研究的一个重大成果即是提出了"顾客满意指数"的概念和测评模型。

顾客满意指数是运用计量经济学理论来处理多变量的复杂总体，全面、综合地测评顾客满意程度的一种指标。是从顾客角度来评价经济运行质量的一种新型的经济指标。

顾客满意指数是一种全新的经济指标，要准确评价经济增长状况应该测评"数量增长"和"质量改进"两个方面。而对国家经济质量改进的测评，以往采取的是由质量监测部门对各个经济领域、各个行业的各种产品和服务按照技术指标进行监测或评比。但是由于产品和服务分布在各行各业，其测评的单位和量化不可能相同，这就使测评结果缺乏可比性，要使其综合成一个全国性的指数就缺乏实际的可行性。因此，必须寻找新的测评思路和方法。顾客满意指数测评其基本特点是以顾客购买和使用产品或服务过程中的实际体验来评价产品和服务，因此，顾客满意程度成为一个统一的对各行各业不同产品和服务的评价标准，这就使测评结果具有可比的基础和综合的基础。正是这一全新的对质量评价的理念使评价宏观经济运行质量水平成为可能，也正因为顾客满意指数是基于这一科学的测评理论基础上，它一经提出和实施，便被众多国家接受并广泛地应用。

20世纪70年代中期开始，发达国家的有关学者对顾客满意程度的度量问题做了大量研究。随着80年代初计量经济学的发展和成熟，1989年，美国密歇根大学商学院质量研究中心费耐尔博士提出了顾客满意指数的理论模型，该模型成为世界上最为成熟、很多国家广泛采用的顾客满意指数理论模型。

1989年，瑞典建立了全国性的顾客满意指数——SCSB，覆盖瑞典的31个行业的100多个公司。1992年，德国建立了国家顾客满意指数——DK。1994年，美国完成了国家顾客满意指数——ACSI。1995年到1998年，新西兰、加拿大、韩国、马来西亚先后开始实施、建立行业顾客满意度指数。

由于美国顾客满意指数模型比较典型成熟，这里作一较详细的介绍。

1. 美国顾客满意指数模型

美国顾客满意指数测评方法基于如图8-1所示的计量经济学模型。

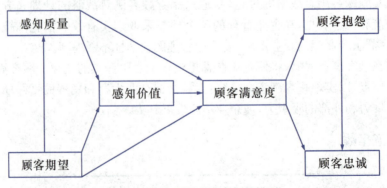

图8-1 美国顾客满意指数模型

下面对这六个变量分别阐述如下。

(1) 顾客期望。是指顾客在购买其所需的产品或服务前对其寄予的期待和希望,它是影响顾客满意指数的第一个因素。当顾客对某一产品或服务有了需求后便产生期望,即期望来自需求又高于需求,期望形成后就成为顾客在购买过程中实际感受的比较评判标准。

(2) 感知质量。是指顾客在购买产品或服务过程中对质量的实际感受,它对顾客满意指数有直接的影响和作用。顾客感知到的质量越好,顾客满意程度越高。顾客对质量的感知又分为对产品质量的感知和对服务质量的感知。

(3) 感知价值。是指顾客在购买产品或服务过程中,对所支付价格的相关的产品或服务质量水平的感受,包括顾客总成本的感知、总价值的感知、价格与质量之比的感知、质量与价格之比的感知。

(4) 顾客满意度。是指顾客对所购买的产品或服务的满意程度。是 CSI 计算中间的一个结果变量,是由顾客期望、感知质量、感知价值三个因素决定的。而以下两个变量则是其结果变量。

(5) 顾客抱怨。是指当顾客对其要求不被满足的程度感受很强时,顾客满意度很低,导致产生抱怨,甚至投诉。顾客抱怨将给企业带来巨大的负面影响。

例如,日本一家调查公司对百货零售业的调查表明:

在不满意的顾客中,一位不满的顾客平均会向 9 个人抱怨;

有 14% 的顾客是因为对产品不满意而停止购货。

(6) 顾客忠诚。是指顾客从特定的产品或服务供应商那里重复购买及向他人推荐该产品或服务的现象。顾客忠诚会给企业带来良好的发展前景。

调查又表明,80% 的销售额来自现有的顾客,60% 新顾客来自现有顾客的热情推荐。

以上六个变量中,顾客期望与感知质量、感知价值相比较而得到的感受决定了顾客满意度,而顾客满意度的高低又决定了顾客抱怨还是顾客忠诚。

对于这六个变量,不能进行直接测评,要测评顾客满意度指数,需将这六个变量逐次展开,形成由一系列可以直接测评的指标组成的顾客满意指数测评指标体系。

2. 顾客满意指数测评指标体系

顾客满意指数测评指标体系由四个层次构成(见图 8-2),上一层次的测评指数通过下一层次的测评指数的测评结果来反映,而下一层次的测评指数是由上一层次测评展开的。

第一层次为"顾客满意指数",即总的测评目标,称为一级指标;第二层次为"指数模型"中的"顾客期望、感知质量、感知价值、顾客满意度、顾客抱怨、顾客忠诚"六大要素,即二级指标;第三层次为根据不同的产品、服务、企业的特点将六大要素展开、具体化,即三级指标;第四层次是将三级指标展开成为问卷上的问题,即四级指标。

其中一级、二级指标基本上适用于所有的产品和服务。

现将三级指标的具体内容表述如下。

顾客期望:对产品或服务质量的总体期望;

    对产品或服务质量的满足顾客需求程度的期望;

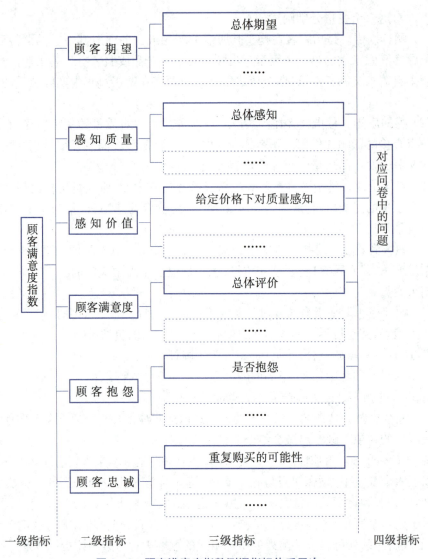

图 8-2 顾客满意度指数测评指标体系层次

对产品或服务质量的可靠性的期望。

感知质量：顾客对产品（服务）质量的总体评价；

顾客对产品（服务）质量的满足需求程度的评价；

顾客对产品（服务）质量的可靠性的评价。

感知价值：给定价格时，顾客对质量识别的评价；

给定质量时，顾客对价格识别的评价。

顾客满意度：总体满意度；

感知与期望的比较；

感知与同类理想产品（服务）的比较。

顾客抱怨：顾客抱怨；

处理顾客抱怨的效果。

顾客忠诚：重复购买的可能性；
         能承受的涨价幅度；
         能抵制的竞争者的降价幅度。

以上三级指标基本适用于各行业，针对某一具体产品或服务的实际测评中，可根据顾客对产品或服务的期望和关注焦点作选择，将三级指标展开即构成了调查问卷中的问题。

3. 顾客满意度指数测评模型的应用

美国 ACSI 在实际测评中建立了如图 8-3 所示的测评体系。

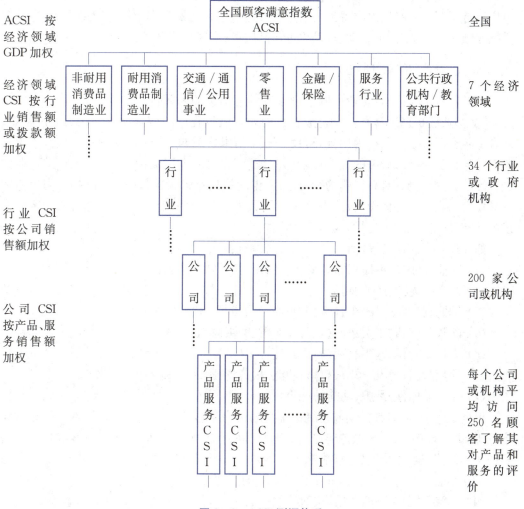

图 8-3　ACSI 测评体系

在图 8-3 中，由上而下展示了全国及 7 个经济领域、34 个行业、200 家公司四个层次。每个公司选择其提供的主要产品和服务，并对近期购买这一产品和服务的约 250 个顾客进行访问，访问采用电话访问的形式。在图 8-3 中，由下而上综合了 ACSI 产生的方法。即由各产品和服务的 CSI 按其销售额为权计算公司 CSI，再由公司的 CSI 按销售额加权计算行业 CSI,再由行业的 CSI 按销售额或拨款额加权计算经济领域 CSI,再由经销领域的 CSI 按各经济领域的 GDP 加权计算 ACSI。

鉴于在实际测评中,存在大量的不确定因素,特别是被访者心理活动的不确定性。为了保持统计的客观性,特别需要精确地处理各测评变量之间的多重相关性,还要采用偏最小二乘法。由于涉及较深的数学理论,不再介绍。

上面介绍的 ACSI 是一种普遍适用的指数,最后得到的信息具有系统性和综合性的特点,其测评的体系适用于各个领域,并且具有跨经济领域、跨行业门类、跨不同的领域共同适用的特点。由于采用了统一的指标体系,一些著名的企业,如可口可乐、摩托罗拉、通用、花旗银行都成为其测评体系中的一个单位,实际上 ACSI 测评过程对其顾客满意度进行了监控。在测评中得到的信息对于这些公司无疑具有十分重要的意义,有利于其把握顾客脉搏、掌握市场动态,以改进产品质量、完善经营管理。

四、顾客满意度调查测评

从微观意义上说,各企业可以进行顾客满意指数的测评,但根据我国目前的实际情况,较多企业还是采用富有自身企业背景的顾客满意程度的调查测评。在测评过程中,结合了顾客消费心理和行为调查,帮助企业了解顾客对自己产品和服务的评价,了解竞争对手与自己产品和服务的优势比较,并且预测自己企业发展的前景,由此改进企业的经营活动。这种测评具有鲜明的针对性,所得的信息对企业具有更加实际的使用价值和指导作用。在实际测评中,吸收顾客满意指数模型的某些特点,但最终得出的顾客满意度缺乏和其他企业的可比性,仅用于企业本身。

如在进行顾客满意度测评时,可以结合调查:
(1) 企业、品牌的不提示知名度和提示知名度、知名来源;
(2) 对产品规格、产地、功能的需求;
(3) 谁购买、谁参与购买、谁决定购买、何处购买、何时购买;
(4) 购买日期、购买次数、重复购买次数、购买原因;
(5) 为什么购买、购买心理、购买态度;
(6) 使用时间、地点、季节、频率、功能、故障特征;
(7) 对产品属性、品牌、功能的评价。

根据这些内容、设计的问卷得到的信息是极为丰富的。这里又可采用常用的频数频率分析、集中趋势分析、分散趋势分析、二元列联分析、相关分析,以揭示顾客满意相关因素的实际情况,这对企业实施顾客满意战略是具有极其重要意义的。

下面结合一个实例来具体介绍企业 CSI 的测评方法。

例:某旅行社在 2008 年"国庆"长假后,为了了解顾客对旅游质量的满意程度,特开展一次顾客满意度测评。

1. 测评背景

随着我国经济的高速发展,人民生活水平的显著提高,旅游消费已经在居民总体消费中占有了越来越大的比重。特别是我国实行春节、"国庆"长假制度后,长假的旅游消费更令商家注目。交通拥阻、宾馆爆满、景点人满为患、购物狂潮迭起,无限商机使长假的"黄金价值"清晰地凸现在人们面前。在人们庆幸黄金周为商家带来滚滚财源之际,顾客对旅游的质量问题的抱怨也不绝于耳。顾客从历次的长假出游的真实质量感知之中,消费热情也从"狂热"转为"理性","国庆"长假的旅游市场更趋有序,则充分表明了这一点。旅游消费涉及社会的方方面面,需要各方沟通信息、协调关系。从国家专门设立一个办公管理机构就可充分说明这一点。某旅行社从独特的视角——"顾客满意"的理论出发,设计并实施了如下的调查:

此次测评的目的主要是:

(1) 通过调查了解"国庆"长假本旅行社顾客出游满意程度;

(2) 通过调查了解"国庆"长假顾客出游的形式、旅途、游程、消费状况;

(3) 通过调查了解上述各项的分层状况,分层指标为性别、年龄、文化、收入。

2. 调查内容

调查内容分三大部分。

第一部分:被访者背景状况。

第二部分:被访者出游状况。

第三部分:被访者出游"满意程度"。

3. 问卷设计逻辑

根据上述调查内容,确定了问卷设计逻辑关系,图8-4是部分问卷设计逻辑。

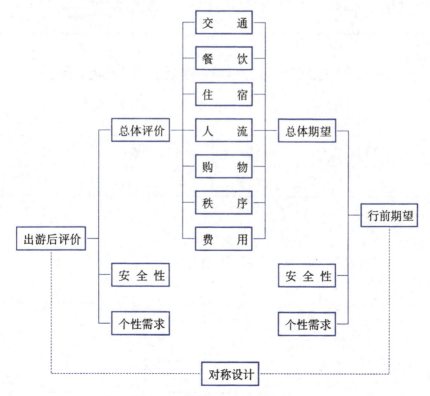

图8-4 部分问卷设计逻辑图示

4. 问卷量表

在问卷中,为便于统一处理均采用了对称型的五级量表。对于不同的问题,五级量表采用了不同形式的"语言",如:

高	较高	一般	较低	低
好	较好	一般	较差	差
高	偏高	一般	偏低	低
很抱怨	抱怨	一般	有点抱怨	无抱怨
很激烈	较激烈	一般	不太激烈	不激烈
完全同意	同意	讲不清	不太同意	完全不同意
涨幅很高	涨幅较高	涨幅一般	涨幅较低	涨幅很低
跌幅很大	跌幅较大	跌幅一般	跌幅较小	跌幅很小

5. 调查形式
采用电话调查形式。

6. 抽样形式
电话号码作为数据库,随机抽样。

7. 调查实施
2008年10月"国庆"长假后第一个双休日,在××市场研究公司电话调查室,由24名访问员分六轮每轮4名访问员同时用电话进行访问,有效样本达132个。

2008年"国庆"长假出游满意度电话调查问卷(部分)

NO_____

电 话	执 行	审 核	录 入

[自我介绍]

您好!我是××市场研究公司访问员。我们正在本地区对市民"国庆"长假出游情况进行调查,您的出行情况亦列入我们调查范围之中,希望您能抽出一定时间接受我们的访问。谢谢!

访问员保证:我保证本问卷所填各项资料、皆由我依照作业程序规定办理,绝对真实无欺。若一份作假,全部问卷作废,并承担相应责任。

访问员签名_____

[甄别问卷]

S1. 请问您或您的直系亲属有无从事下列行业工作?(如有,则终止)广告、咨询、市场调研公司　　A. 是,终止　　B. 否,继续

S2. 您此次"国庆"假期是否在市内或市外进行过旅游?
　　A. 是,继续　　　　　　　　B. 否,终止

[背景资料]

Q1. 记录性别：A. 男　　B. 女

Q2. 您的年龄：
　　A. 19～25 岁　　　　B. 26～30 岁　　　　C. 31～35 岁
　　D. 36～40 岁　　　　E. 41～45 岁　　　　F. 46～50 岁
　　G. 50 岁以上

Q3. 您的受教育程度?
　　A. 初中或以下　　　　　　B. 高中(中专、中技、职高)
　　C. 大专(高职)　　　　　　D. 大学或以上

Q4. 您的家庭月收入?
　　A. 2 000 元以下　　　B. 2 001～2 500 元　　C. 2 501～3 000 元
　　D. 3 001～3 500 元　　E. 3 501～4 000 元　　F. 4 001～4 500 元
　　G. 4 501～5 000 元　　H. 5 000 元以上

[正式问卷]

Q1. 此次出游,您是以何种方式进行的?
　　A. 参加旅行社团体游　　　　B. 参加旅行社自助游
　　C. 单位组织　　　　　　　　D. 家人结伴
　　E. 同学、同事或朋友结伴　　F. 单独　　　　G. 其他

Q2. 从目的地来看,您的旅游属于哪一种?
　　A. 市内旅游　　B. 市郊旅游　　C. 短途旅游
　　D. 长途旅游　　E. 境外旅游　　F. 其他

Q3. 您整个游程共计几天?
　　A. 1 天　　　　　　　　　　B. 2～3 天
　　C. 4～5 天　　　　　　　　 D. 5 天以上

Q4. 整个游程,您(家人)全部的费用支出大致是多少?
　　A. 500 元以下　　　　B. 501～1 000 元　　　C. 1 001～1 500 元
　　D. 1 501～2 000 元　　E. 2 001～2 500 元　　F. 2 501～3 000 元
　　G. 3 001～3 500 元　　H. 3 501～4 000 元　　I. 4 000 元以上

Q5. 此次出游的前后,您对下列方面的期望值与实际评价情况分别怎样?

指　　标	行前期望值					出游后的评价				
	高	较高	一般	较低	低	好	较好	一般	较差	差
交通状况	高	较高	一般	较低	低	好	较好	一般	较差	差
餐饮状况	高	较高	一般	较低	低	好	较好	一般	较差	差
住宿状况	高	较高	一般	较低	低	好	较好	一般	较差	差
景点人流的适度	高	较高	一般	较低	低	好	较好	一般	较差	差
景点购物	高	较高	一般	较低	低	好	较好	一般	较差	差
景点秩序	高	较高	一般	较低	低	好	较好	一般	较差	差
费用支出的合理性	高	较高	一般	较低	低	好	较好	一般	较差	差
旅行社的游程安排及服务质量（仅问参加旅行社的对象）	高	较高	一般	较低	低	好	较好	一般	较差	差
旅途安全	高	较高	一般	较低	低	好	较好	一般	较差	差
与上述方面相关的个人特殊需求的满足	高	较高	一般	较低	低	好	较好	一般	较差	差

（以下略）

8. 统计方法

这里结合"出游后评价"这一结构变量的顾客满意度计算进行介绍。

根据图 8-4 有如下的测评指标结构。

一级指标：u_1，"出游后评价"顾客满意度。

二级指标：u_{11}，顾客满意度总体评价；

　　　　　u_{12}，安全性；

　　　　　u_{13}，个性需求。

三级指标：u_{111}，交通；

　　　　　u_{112}，餐饮；

　　　　　u_{113}，住宿；

　　　　　u_{114}，人流；

　　　　　u_{115}，购物；

　　　　　u_{116}，秩序；

　　　　　u_{117}，费用。

这 7 个指标是针对旅游业特点进行设计的，对其他结构变量也相应地分解为更细更切合实际的测评项目。

统计的方法采用逐级加权平均法。

（1）对问卷分级量表进行频数统计，如在 132 位被访者中对"u_{111}，交通"这一项目。对五级量表统计得到：

	好	较好	一般	较差	差
频 数	87	32	12	1	0
频 率	0.66	0.24	0.09	0.01	0
赋 值	1	0.75	0.5	0.25	0

则"交通"满意度评分=$1\times0.66+0.75\times0.24+0.5\times0.09+0.25\times0.01=0.89$
同样可以得到"餐饮"、"住宿"等指标的满意度评分。

（2）对 u_{11j} 分别给以权重 $w_{11j}(j=1,\cdots,7)$，如

$$w_{111}=0.16 \quad w_{112}=0.16 \quad w_{113}=0.16 \quad w_{114}=0.12$$
$$w_{115}=0.12 \quad w_{116}=0.14 \quad w_{117}=0.14$$

则可计算"总体评价"的顾客满意度；而 u_{12}"安全性"、u_{13}"个性需求"也可同样计算满意度评分；对 u_{11}，u_{12}，u_{13} 分别赋权 w_{11}，w_{12}，w_{13} 后，最后再加权计算出"出游后评价"的满意度。

五、我国顾客满意指数测评

我国于1998年10月，由国家质量技术监督局委托清华大学经济管理学院组织开展"我国用户满意度指数评价方法"的研究工作。到2000年底，研究工作取得较快进展：对顾客满意指数测量涉及的经济部门、行业和企业进行了分类和确认；以国内彩电行业作试点做了顾客满意度问卷调查，对彩电行业的顾客满意度指数进行了试运作。并开始对轿车、摩托车、电视机、个人电脑、空调、洗衣机、冰箱等7项产品和民用航空、固定电话2项服务进行用户满意度试点调查。

近年来，上海质量管理科学研究院组织开展了CSI的研究，先后对制造业、邮电通信业、房产业、建筑业、交通运输业、旅游业、商业等行业的200多个项目的产品质量和服务质量，以第三方公正的身份进行了顾客满意度指数的测评。

顾客满意指数测评可以使我国经济增长的战略目标赋以质量评价的内涵，并可以定量地加以分析研究，从而促使我国经济从数量型增长向质量型增长的方式转变。有了顾客满意指数也有利于我国产品和服务质量与国外产品和服务质量予以比较，寻找差距、确定改进方向。顾客满意指数又可为产品结构调整和优化提示方向，促进优势企业的发展。公布和宣传顾客满意指数又可使广大公众能够了解、熟悉一个新的经济指标，由此增强质量意识。

高校社会满意度测评指标体系

沪上三所高校（教育部部属高校T大学、211工程大学S大学、地方性大学L大学）进行高校社会满意度测评，提出了如下的测评指标体系。

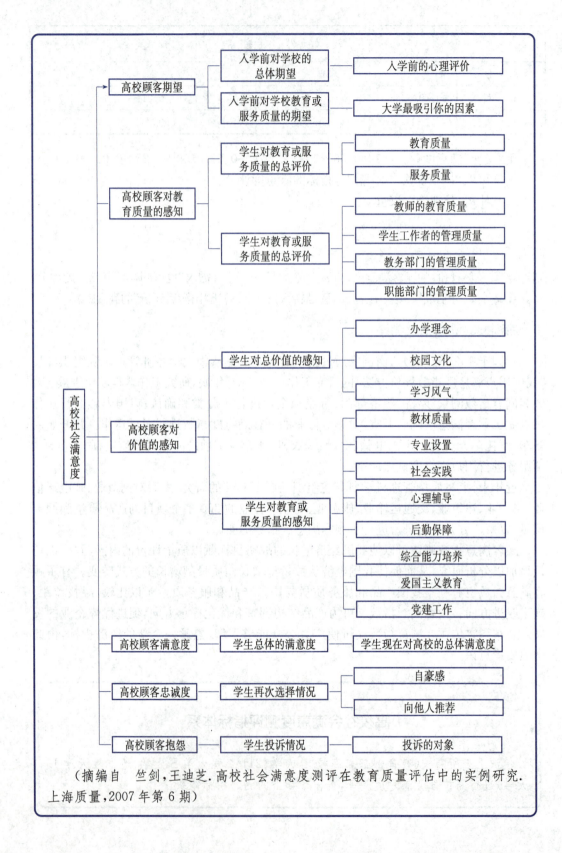

（摘编自 竺剑，王迪芝．高校社会满意度测评在教育质量评估中的实例研究．上海质量，2007年第6期）

第二节 顾客忠诚

一、顾客忠诚的含义

什么是顾客忠诚?

目前,对顾客忠诚的认识有几种不同的观点。

一种观点认为,"顾客忠诚"是一种心理活动。

例如,认为"顾客忠诚"是指顾客的这样一种信念:当顾客想买一种他曾经使用过的商品或者是将来可能需要的商品时,他首先想到的就是你公司。这里的"信念"、"想买"、"想到"仅是指一种心理活动。

又如,认为顾客忠诚是"比其他竞争者更偏爱购买某一产品或服务的心理状态和态度。"这里的"忠诚"表示一种"心理状态"和"态度"。

另一种观点认为,忠诚是"对某种品牌的一种长久的忠心。"这里的"忠心"显然也是一种心理活动。

上面两种观点已提及"态度"一词,这就涉及了又一种观点,这种观点特别关注顾客对某种商品或服务表露的态度,如溢美之词。顾客对某种商品或服务信誓旦旦声称购买,甚至向他人热情推介购买。这种言词表达显然是高于心理忠诚的又一种忠诚形式。

还有一种观点则认为,"顾客忠诚"是一种"行为"即重复购买。认为,"顾客忠诚是由于价格、产品/服务特性或其他因素引力的影响,顾客长久地购买某一品牌产品或服务的行为。"也就是认为,"衡量忠诚的唯一尺度就是看顾客是否重复地购买企业的产品或服务,没有其他尺度。"这里重复的"购买""行为"是顾客忠诚的唯一尺度。

综上所述,顾客忠诚存在着三种不同的层次:

心理忠诚;

言词忠诚;

行为忠诚。

因此,可以把顾客忠诚定义为:顾客忠诚是顾客对某种产品或服务重复或连续购买的心理、言语、行为指向的总和。

二、顾客忠诚的特性

顾客忠诚有哪些特性?

1. 个体顾客忠诚行为的随机性

对于企业而言,关注的重点总是放在顾客的行为忠诚,因为只有顾客的购买行为才能使企业的产品的价值得以实现,才能给企业带来利润。企业总是力图提高顾客心理忠诚、言语忠诚程度,以实现行为忠诚。但是对于一个顾客个体而言,"心理"上和"言词"上的"顾客忠诚"与"行为"上的"顾客忠诚"并不互为"前提"与"结论"。

事实上,即使"顾客忠诚"的心理活动呈强烈态势,也并不总能导致"顾客忠诚"行为(重复购买)的发生。对某一品牌产生强烈心理忠诚的顾客,某种新的品牌往往能以其产品特色及优势价格把其征服。此时,行为的转移在所难免。市场调查数据显示,明确表示将再次购买某种产品和服务的顾客,真正实现购买的大约只有6成,甚至更少。

而反之,对某种产品和服务并无"忠诚"心理及言语倾向,也可能因该产品和服务缺乏竞争对手或由于某种原因处于垄断地位,在别无选择的情况下,长期保持"顾客的行为忠诚"。

这种顾客个体行为的随机性,使人们不能对顾客个体行为作出明确判断,但对顾客群体是可以研究心理忠诚、言语忠诚和行为忠诚之间的规律性关系的。

2. 顾客忠诚的层次性

顾客忠诚作为一种心理、言语、行为的综合活动,是针对某种产品和服务的,而产品和服务与品牌、品种、规格亦有不可分离的相关性。

品牌是产品和服务的形象标志,是企业的无形资产,企业孜孜以求的目标就是顾客对自身产品和服务为载体的品牌,具有心理、言语和行为忠诚。这一品牌忠诚是对其他品牌的差异性比较的结果,同时又是对同一品牌的不同品种、规格的产品和服务的忠诚的综合性提升的结果。

产品和服务的品种忠诚是在品牌忠诚层面的细化和分解意义上展开的。一般,一个企业往往在某一品牌的旗帜下,形成产品线,推出高低不同的产品和服务系列。对于一个企业而言,既要研究顾客的品牌忠诚,又要研究某一品种产品和服务的忠诚差异,推进低忠诚产品和服务的品质改善和形象升华,以达到品牌的顾客忠诚的整体飞跃,而这种差异性的揭示和整体性产品和服务的飞跃,正是企业前进的不竭动力。

某品种产品和服务的顾客忠诚又往往体现为对某种规格的忠诚。这又是品种层面顾客忠诚的细化和分解意义上展开的。一般地,一个企业往往在某一品种的旗帜下形成规格系列,如生产不同大小、重轻、厚薄、长短、精粗的产品,提供这种规格的差异可以是物理、效用、感官、心理、时间、环境、经济诸方面的。一个企业在研究顾客的品牌、品种忠诚的同时,还可以而且必须研究顾客对某品牌、某品种属下的某规格的产品和服务忠诚。这种研究的重要意义同样在于,可以揭示各种规格产品与服务的忠诚差异,推进低忠诚规格的产品和服务的更新换代,以达到产品的顾客忠诚的整体飞跃,而这种差异性的揭示和整体性产品和服务的提升又是企业前进的不竭动力。

3. 顾客忠诚时空性

顾客忠诚的形成必须经历一个或长或短的过程,也即顾客忠诚和时间存在密切相关性,即要以时间某一节点为顾客忠诚测评的依据。当一个品牌的顾客忠诚已经"黄花落地"之时,昔日的辉煌已一去不复返,再创辉煌只能"与时俱进"去追求、去开拓。

一个企业对顾客忠诚的追求不能囿于狭小的空间范围之中,不能陶醉于夜郎自大式的顾客忠诚,要懂得山外有山、天外有天的道理,要突破一区、一市、一地、一省、一国的空间界限。在全球化的前景下,要营造更广阔的顾客忠诚空间,如许多国际著名品牌跨越了国界不断地追求超越时间和空间的新的卓越。

顾客忠诚是具体的。企业应该在具体的、可变的、有条件的时间、环境下探讨本企业的顾客忠诚,并且十分注意顾客忠诚随时间、地点的变化而变化。例如,2003年由于罕见的"非典"的出现,让美的、海尔的健康空调占尽风情,旺销、热销。又如,1973年肯德基初始进军香港时,并不像他们预料的那样风光;1975年,首批进入香港的肯德基全部停业,原因在于地点发生了变化,美国人不了解香港的风土人情、传统文化,他们虽采用了当地的土鸡,但仍采用鱼肉饲料喂养的方式,结果破坏了中国鸡独特的口味。而且他们采用美国式的服务模式,店内不设座位。香港居民习惯于与家人、朋友一起在店里边吃边聊,因而无法吸引回头客,顾客忠诚度偏低;8年后,肯德基改革了营销策略,由熟谙香港传统文化、具有本土文化底蕴的香港本地人来经营,东情西韵相结合,情况大为改观,经营业绩迅速上升,一跃而成为与麦当劳、必胜客齐名的快餐食品。

三、顾客忠诚与顾客转移的矛盾运动

顾客忠诚与顾客转移表现为矛盾的对立和统一。

相对于顾客忠诚,顾客转移是更为经常发生的顾客购买心理、言语和行为。这种心理、言语和行为表现为心理、言语和行为对某种品牌、某种品种、某种规格的产品和服务的背离和停止购买而"移情别恋"。顾客忠诚和顾客转移表现为矛盾的对立和统一。

1. 顾客忠诚与顾客转移的对立性

对于一个个体顾客而言,对于某一品牌、某一产品,由于市场因素的制约和引导,顾客忠诚和顾客转移处于矛盾的对立统一之中。顾客忠诚和顾客转移是对立的,当一位顾客面对某一已经有购买经历的产品和服务,"忠诚"还是"转移"的矛盾总是随时随地发生碰撞,而碰撞的结局总是"忠诚"或是"转移"的一个方面占据主导地位,这种矛盾主导地位的转变,是由主、客观条件决定的。而内因是根据,外因是条件。一位购买空调的顾客,当其迁入新居安装空调时,由于居住环境的显著改善,已有进一步提升空调设施的需求。这种内因为其发生产品转移提供了依据,而中央空调生产厂家及经销商的营销宣传、引导又为其转移行为的发生提供了外在条件。一位顾客对某一品牌的忠诚的确立和持续,往往是其多次享用了这一品牌产品和服务带来的物有所值或物所值的量的积累结果,是其生理和心理的多层次需求多次满足的结果,这种次数的增加和感受的累积最终导致了重复购买发生和延续;而顾客转移的发生也往往由于某一品牌的产品和服务的缺陷引发不满和抱怨,并且这种不满和抱怨在数量上不断积累,这种量的积累最终引发矛盾主要方面的转移,产生质的飞跃,顾客转移在所难免。

2. 顾客忠诚与顾客转移的统一性

顾客忠诚与顾客转移是统一的,没有转移,就没有忠诚;反之亦然。若一个企业所有竞争对手都消失了,没有转移的可能性,则忠诚不复存在,该企业必将因为缺少相互依存的对立面而走向衰亡。顾客忠诚与顾客转移不仅是相互依存的,同时也是相互贯通、相互转化的。在一定条件下,顾客忠诚和顾客转移存在着向自身对立面转化的趋势,故而

倘若一个企业家因为顾客对自己的品牌、产品忠诚度高，就沾沾自喜、高枕无忧、不思进取，则忠诚将转化为转移。例如鹤壁天元企业，在20世纪90年代初期推出的"黛莉丝"品牌的洗发水热销内地的许多城市，有的农村市场还出现脱销现象，在请香港著名影星为该品牌代言之后，市场份额更是一路飞升，似乎已站在了市场竞争的风口浪尖上。然而不久，他们的对手索芙特、纳爱斯等迅速占领了市场，他们的市场份额下降了，原因是他们没有注重蕴藏在高忠诚度内的潜在的危机。倘若一个企业面对顾客对自己的产品的转移毫不气馁，组织力量进行市场调研、积极研发新产品、不断开拓创新，则转移又将可能转化为忠诚。例如，1984年前青岛冰箱厂经营每况愈下，资不抵债、产品忠诚度极低，1984年后张瑞敏调至该厂任厂长后，实施品牌战略创海尔品牌，研发新产品、完善售后服务，从而使海尔发展成为一个几乎涵盖所有家电产品、综合占有率第一的中国家电品牌。显然，转移在一定条件下转化为忠诚。故企业不能凭借忠诚度高而自以为可以永享其成，任何自满、故步自封的情绪都是有害的，应保持清醒的头脑，树立危机意识，未雨绸缪，在忠诚度颇高的情况下，减弱那些令人产生自满的信号，扩大潜存的转移危机信号，使之成为创新的触发器。当然，也不能因为转移度高而灰心丧气、一蹶不振。转移和忠诚之间没有不可逾越的鸿沟。

　　顾客忠诚实际上是对各种产品、品牌选择的一种"对抗平衡"。这种"对抗平衡"的存在是有条件的，即顾客之所以忠诚于某类品牌或品种的产品和服务，或是其确实价廉物美优于其他产品；或由于没有其他更好的替代品；或是虽然优于此产品的替代品存在，但该顾客并不知晓；或即使知晓但该地区无法获得，抑或是由于经济实力的不足，抑或是受宗教文化、社会时尚、价值观制约。诸如此类诸多因素都是致使顾客忠诚于某一类产品的条件，一旦条件发生变化，则忠诚将发生转移。就购房而言，一些工薪阶层的顾客只能忠诚于经济实用型的住宅，而一旦他们的收入有大幅度的提高，他们可能从经济实用型住宅转向舒适环保型住宅。再如，过去许多奶制品用户忠诚于老牌奶制品，而今人们的环保意识日益增强，食用绿色食品成为时尚，所以当伊利、蒙牛以内蒙古大草原无污染的绿色奶制品的姿态横空出世后，即受到顾客的青睐。另外，节约能源也是当今社会的时尚，节水性能好的洗衣机比普通洗衣机更能吸引顾客。故而，顾客忠诚是在一定条件下、一定范围内实现的，是暂时的、局部的，因而是相对的，是顾客转移的特殊状态。

　　而且从人的心理需求来看，人总是向往更美好的事物。求新、求变、求异是人类永恒的追求，人的欲望需求是永无止境的。当自以为满足了最大愿望时，欣喜满足仅是一时的，不久这种满足感将随着时间的推移而逐渐淡化，乃至消失。新的需求又产生了，于是又努力为实现这一欲求而奋斗。所以，转移是必然的、无条件的、绝对的。顾客忠诚自有其产生、发展和衰亡的过程，纵观人类历史，没有一个品牌、没有一种产品能永远统领时代潮流，可口可乐并没有永葆其青春，百事可乐已经争得了相持不下的霸主地位。多品种、多花式的饮料的崛起，又引发了大批顾客对碳酸饮料的忠诚转移。国际知名品牌如此，那些一般品牌更是昙花一现。如果一个产品和服务沉醉于顾客的忠诚之中，错误地理解这种保持是永久的，那么这种产品和服务的生命也就终止了，他们面临的就是产品和服务的衰亡。这是任何一位具有远见的卓越的企业家所必须考虑的。

　　企业领导者应从转移的视角来强化忠诚。企业领导者要提高顾客对其产品的忠诚度,必须变换视角,从顾客转移这个角度来思考问题。企业领导者一方面明确顾客对本企业产品忠诚度的提高意味着对其他产品转移度的提高,因而企业家必须正视转移并重视转移;另一方面即使顾客对本企业产品的忠诚度颇高,也不能高枕无忧,应拓展视野、开发新产品,并注重对同一品牌下具有自身特色的产品和服务的开发——即实现产品的内部转移,从而满足顾客转移的心理需求。

四、顾客忠诚与顾客满意的相关性

如前所述,对于个体顾客而言,顾客满意和顾客心理、言语忠诚,顾客心理、言语忠诚和顾客行为忠诚,顾客满意和顾客行为忠诚两两之间并不存在必然的因果关系。从任何一种顾客状态出发,从顾客个体而言,都可以举出案例导出另一种顾客状态的发生或不发生。但是这三种状态的两两之间就顾客群体而言,确实存在正相关性,如图8-5所示。

也即顾客满意,顾客心理、言语忠诚,顾客行为忠诚三种状态的两两之间,某一种状态的提升必将导致另两种状态的提升。

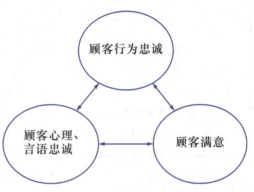

图8-5 顾客满意,顾客心理、言语忠诚,顾客行为忠诚的关系

正是这种顾客群体状况的相关性,使人们在研究顾客满意战略之时,把顾客忠诚作为顾客满意的结果变量来处理。也正因为如此,一个企业的顾客满意战略总是以顾客忠诚为其最终追求的目标。

洗发露顾客满意、顾客忠诚研究

某企业在开展顾客满意度调查时,以洗发露为对象,对280名顾客进行实证研究。对顾客满意度,顾客心理、言语忠诚,顾客行为忠诚都设计了数量化的指标。对于顾客行为忠诚又分别以重复购买次数为指标统计1次行为忠诚、2次行为忠诚、3次行为忠诚等等。

下面是三张数据表:

(1) 顾客满意度和顾客心理、言语忠诚度所得数据

样 本 号	1	2	3	4	…	279	280
顾客满意度	0.6184	0.5439	0.6644	0.5706	…	0.7611	0.7341
顾客心理、言语忠诚度	0.9187	0.2960	0.5621	0.2747	…	0.8442	0.7725

(2) 顾客心理、言语忠诚度所得数据

样 本 号	1	2	3	4	……	279	280
顾客心理、言语忠诚度	0.918 7	0.296 0	0.562 1	0.274 7	…	0.842 2	0.772 5
顾客1次行为忠诚倾向度	1	1	1	1	…	1	1

(3) 顾客满意度和1次顾客行为忠诚度所得数据

样 本 号	1	2	3	4	…	279	280
顾客满意度	0.618 4	0.543 9	0.664 4	0.570 6	…	0.761 1	0.734 1
顾客1次行为忠诚度	1	1	1	1	…	1	1

对这三组数据应用 SPSS 软件进行相关分析,得出在 0.01 显著水平下顾客满意,顾客心理、言语忠诚,顾客行为忠诚存在两两正线性相关性。

小结和学习重点

- 顾客满意、顾客忠诚的含义
- 顾客满意战略
- 顾客满意战略对企业经营的重要作用
- 顾客满意指数及测评模型、测评体系
- 顾客满意度测评方法
- 顾客忠诚与顾客满意的相关性

只有真正了解顾客的需求和期望,使顾客满意,企业才能生存和发展。只有通过顾客满意度的测评,找出重要影响因素,采取对策实施改进,才能使顾客满意度提高,从而成为忠诚顾客。本章首先介绍了顾客满意、顾客满意战略的含义,阐述了顾客满意战略产生的背景、顾客满意的构成、顾客满意战略对企业经营的重要作用;然后重点介绍了顾客满意度指数及其测评模型;最后阐述了顾客忠诚的含义及特性,探讨了顾客满意与顾客忠诚的相互关系。

我国顾客满意指数的测评,无论在理论上还是实践中都取得了长足的进展,但是全国的顾客满意指数测评尚未开展,还有大量的前期准备工作要做。关于顾客忠诚的研究尚需深入地展开,对于顾客忠诚的确切含义、数量化的方法在学术界尚需进一步探讨。

案　　例

案例一
运用国际管理模式　完善质量评价系统——顾客满意度的测评系统

上海兴国宾馆是一座具有悠久历史和光荣传统的国宾馆。早在20世纪50年代就被誉为上海市第一招待所,承担着党和国家领导人的接待任务。改革开放30年来,宾馆在上级党委的正确领导下,勇于创新,不断进取,逐步使一个依赖财政供给的内部招待所成为年营收上亿元、上缴利税上千万元的企业化管理的宾馆。

近年来,兴国宾馆借鉴了国际酒店的管理经验,逐步建立和推进了符合自身特点的科学的质量管理模式及宾客满意度测评系统。

一、宾客满意的测评系统介绍

传统的纸质"宾客满意意见卡"通常是被放在客人的房间、餐厅或是前台的结账处。客人会根据入住酒店的感受,在"宾客满意意见卡"上填写对酒店各方面的评价;也会有餐厅或前台的服务员主动要求客人来填写"宾客满意意见卡"。酒店收集了客人的"宾客满意意见卡"后进行统计,了解宾客意见、掌握服务质量情况。

2006年以后,国际上的酒店管理公司开始盛行使用电子版本的宾客满意度征询系统。它可以较好地反映质量上和服务中的问题,更及时地了解客人的需求,采取有效措施,以减少客人投诉,达到提高服务质量的目的。在卡尔森酒店管理集团里,宾客满意度测评系统(Medallia系统)操作流程是这样的:酒店前台接待员在为客人办理入住手续时礼貌地请客人留下名片或客人e-mail地址,并把客人e-mail地址输入前台的操作系统(Opera系统)中的客人资料栏中。卡尔森总部的CRS系统会每天自动从酒店的Opera系统中收集所有当天退房的客人信息。通常在3个工作日后,离店客人会收到卡尔森总部发出的电子版"宾客满意度征询表",征询表开头部分的内容是:感谢先生、女士在兴国宾馆入住,希望能拨冗完成下列对入住期间的满意度调查问卷。针对每个问题,在1~10分中打分,1代表非常不满意,10代表非常满意。如客人反馈了"宾客满意度征询表",其信息会即刻传输到Medallia网站上。酒店内所有的部门经理都可以登录Medallia网站查看客人的反馈信息,及时了解宾客意见、处理和解决存在的问题。另外,前厅部负责把客人反馈的意见或特殊要求输入Opera系统的备注(note)中,并给客人标上V6的等级(注:宾馆对客人的不同情况,在系统中给予不同的标志,V6表示经由Medallia系统投诉或有特殊需求的客人),以便在客人再次入住时,做好相应的准备,避免类似问题再次发生。酒店的营运总监负责代表酒店管理层在收到意见后24小时内,对有投诉的客人表示歉意并通报问题的处理情况。此外,前厅部还负责整理电子的周报表和月报表,以了解宾客满意度的趋势。

二、新旧宾客满意度测评系统的比较

比较原有的传统的纸质"宾客满意意见卡",这一电子系统有如下特点:

1. 更具真实性和客观性

传统的纸质"宾客满意意见卡"主要是放在客房里让客人填写,或餐厅里的服务员在客人结账时让宾客填写,或前台接待员在客人结账后让客人填写。服务员会根据自己的判断,让随和的客人或是感

觉客人会比较满意的,让他们来填写;服务员一般不会让入住期间有投诉的客人来填写。这样往往会造成满意度分数的虚高。电子意见表可以避免客人在入住期间受到打扰。宾客有充足的时间,并能相对公正地反馈入住期间的感受。不会因为有些服务人员索要意见卡而发生令客人尴尬的情况,因而,真实性和客观性相对有较大的提高。

2. 内容翔实

受纸张大小的影响,传统的纸质"宾客满意意见卡"可供宾客填写入住感受或提出意见和建议的空间比较有限;而电子版本的宾客满意度征询表却不受此限制,宾客可以详尽描述,有的宾客甚至可以写一大篇的入住感受文章。为宾馆管理层了解具体情况,提供了较为翔实的材料。

3. 纵向与横向的比较

点击 Medallia 系统,我们可以看到本宾馆每天、每个月以及历史同期的数据材料,也可以看到相同品牌酒店的数据材料。根据这些材料,我们可以分析宾馆的营运服务的状况与趋势,便于各部门寻找差距,制定相应的行动计划。

4. 有助于宾客数据库的建立和完善

通过对客人名片和 e-mail 收集,可以增强宾馆与客人间的沟通联系的渠道,并丰富宾馆及集团的数据库。对上次入住时 Medallia 系统上有回复的宾客,无论他/她曾提出过什么问题都要记录,下次宾客入住时,宾馆就会给予特别关注。例如,有个客人提出在客房送餐服务时点的牛肉汉堡较干涩,当他再次入住时,营运总监就会在晨会上提醒餐饮部特别留意宾客的这个意见,避免问题的再次发生。

5. 环保节约资源

使用电子版本的宾客满意度征询系统,宾馆不必再去印制大量的纸质意见卡,对保护环境和节约资源起到积极的作用。

(摘编自 马克俊.运用国际管理模式 完善质量评价系统.2008 上海顾客满意论坛论文集.上海质量管理科学研究院,2008 年 12 月)

案例二
2008 年大卖场用户满意度调查报告解读

大卖场的服务质量已经成为和市民生活密切相关的问题了,近日上海市质协用户评价中心发布的2008 年大卖场用户满意度调查报告显示,顾客对大卖场服务质量满意度为 74.78。这是 2001 年市质协用户评价中心发布大卖场用户满意度报告以来最低的一次测评结果。2008 年的数据与 2007 年相比下降了 2.13%,与历史最高点——2003 年的指数相比,下降了 7.04%。

这次测评涉及大润发、好又多、华联吉买盛、家乐福、乐购、麦德龙、农工商、欧尚、世纪联华、沃尔玛、物美、易初莲花(重组后部分已更名为卜蜂莲花)、易买得 13 个品牌的 110 家门店,通过市民信箱进行实名制调查,取得了 6 500 个样本。调查显示,麦德龙、沃尔玛、家乐福三大品牌名列三甲,但具体评价也有降低。

市民评价的降低值得注意,他们对大卖场究竟有哪些不满意,带着这些问题,记者研读了 2008 年的报告以及之前几年大卖场满意度报告,从中找出了一些答案。

一、商品质量抱怨少,购物环境评价高,服务质量成"瓶颈"

要分析 2008 年大卖场满意度下降的原因,要具体看看三个单项的测评结果:商品质量、购物环境、服务质量。

虽然 2008 年的大卖场服务质量满意度指数是下降了,但在一些具体数据上,大卖场却又表现出了进步。例如作为大卖场满意度测评单项之一的"商品质量",市民的评价就还不错,此单项的平均值为74.42,处于中游。但是2008年的调查中,对"大卖场"商品质量有抱怨的被访市民由2007年的20.2%下降了2.8%。可见对产品质量,市民是越来越满意了,从一定程度上说,2007年至2008年有关主管部门全面实施的产品/食品质量专项整治,加大了质量监督抽查力度,取得了一定的成效。加上企业的共同努力提升了管理水平,大卖场加强供应链管理,都对商品质量的提升起到了一定的作用。

第二个单项,即"购物环境"可以说是三个接触点中市民评价最高的一项。这一单项的最高评价——麦德龙达到了79.04,较"商品质量"、"服务质量"单项最高评价的77.00、76.68均高出不少,成了支撑2008年大卖场服务质量满意度的主要因素。但是从历史数据看,2004年之前大卖场的购物环境,市场评价在80以上,2004年开始跌落下来,就一直徘徊不前了,2008年这一单项的平均测评为75.65,较2007年的76.84也是下降的。可见在购物环境这方面顾客还有诸多不满意之处。应该说购物场所在建成后,基本格局就定型了,例如十分影响顾客感受的照明、停车、货架数量等,只要卖场在清洁、维修、摆货常规维护上做到位,基本上顾客的感觉不会有太大变化。只是往往在测评中并没有支撑作用的"购物环境",在2008年的测评中获得了相对较高的评价,某种程度上可以说相比较其他各项,顾客们对购物环境相对满意一些。

让市民评价最低的一项就是服务质量,2008年它获得的平均值只有74.27,处于历史较低点,从8年数据看仅高于2001年、2003年,较2007年的76.40也有较大幅度下降,成为影响整体服务质量满意度的"瓶颈"。而更为遗憾的是,历年的数据和顾客意见反映出,这一问题一直困扰着大卖场,例如收银速度慢,服务人员不能准确告诉顾客他想要的商品在什么位置等等问题,多年来一直不能让顾客感到满意,基本上都低于其他两个服务接触点的测评。

2008年的调查结果对评价水平和被访市民的人群特征进行了比对,发现大卖场的高客流量是触发市民低评价的原因之一。在市民光顾大卖场的三个时间段上,平时晚上与双休日是评价相对较低的,而这两个时段却是客流量最大的。从被访者光顾"大卖场"的具体情况来看,与这两个时段对应的被访者的情况是单次平均消费金额为100~200元,年龄在18~40岁,学历在大专本科的专业技术人员或是企业职工等。当一天工作结束或是一周忙碌之后,去大卖场购物,人流量已是不可避免的,如果服务人员又体现不出应用的专业素质,那这些素质较高,对服务质量要求也较高,单次消费不低于100元的购物的主力军如何能感到满意呢?这直接影响到其对服务的评价。由此也可见对于大卖场工作人员服务质量的改进是一个重要方面。

此次调查报告还给出了顾客不满意、抱怨最多的服务项目。调查显示,顾客抱怨最多的是收银员收银速度慢,其次为收银台开放数量少。从这两个方面看,大卖场应该进行合理排班,保证高峰时段收银台开放数量;同时应加强收银人员的业务培训,使他们熟悉不同付费方式的操作流程,熟练使用收银设备。

二、市场期望日益高 卖场服务趋"同质"(略)

三、国际品牌市民评价一直较高(略)

(摘编自 肖格.从数据看大卖场服务质量.上海质量,2008年第8期)

练习与思考

一、名词解释

(1) 顾客满意;(2) 顾客忠诚;(3) 顾客满意指数;(4) 感知质量。

二、填空题

（1）顾客满意的特征是_____、_____、_____、_____、_____。
（2）顾客满意指数模型中的六个变量是_____、_____、_____、_____、_____、_____。
（3）顾客满意战略是在_____、_____、_____等发生深刻变化的背景下产生的。
（4）顾客满意由_____、_____、_____三个要素构成。
（5）顾客满意，顾客心理、言语忠诚，顾客行为忠诚两两之间就顾客群体而言，存在_____性。

三、单项选择题

（1）顾客满意我们一般采用（　　）表示。
　　A. CI　　　　　B. CS　　　　　C. CL　　　　　D. CSI
（2）顾客满意指数的理论模型是由美国密歇根大学商学院质量研究中心费耐尔博士于（　　）提出的。
　　A. 1979年　　　B. 1985年　　　C. 1989年　　　D. 1992年
（3）美国的国家顾客满意指数用（　　）表示。
　　A. SCSB　　　　B. ACSI　　　　C. DK　　　　　D. CSI
（4）顾客满意指数测评指标体系由（　　）个层次构成。
　　A. 二　　　　　B. 三　　　　　C. 四　　　　　D. 五
（5）在顾客满意指数测评中，将（　　）指标展开即构成了调查问卷中的问题。
　　A. 二级　　　　B. 三级　　　　C. 四级　　　　D. 五级

四、多项选择题

（1）顾客满意由（　　）等要素构成。
　　A. 理念满意　　B. 行为满意　　C. 视听满意　　D. 规模满意
（2）顾客满意的特征有（　　）。
　　A. 主观性　　　B. 相对性　　　C. 社会性　　　D. 阶段性
（3）顾客忠诚与顾客转移表现为（　　）。
　　A. 对立性　　　B. 统一性　　　C. 相对性　　　D. 层次性
（4）顾客忠诚是顾客对某种产品或服务重复或连续购买的（　　）指向的总和。
　　A. 期望　　　　B. 心理　　　　C. 言语　　　　D. 行为
（5）企业的行为满意包括（　　）的满意。
　　A. 行为机制　　B. 行为规则　　C. 行为模式　　D. 感觉机制

五、简答题

（1）简述顾客满意战略产生的时代背景。
（2）试述顾客满意的构成要素。
（3）简述顾客满意度测评的意义及基本模型。
（4）顾客忠诚有哪些特性？
（5）简述顾客满意度测评指标体系的构成。

六、论述题

试述顾客满意战略对企业经营的重要作用。

部分参考答案

二、填空题

(1) 主观性　层次性　相对性　阶段性　社会性
(2) 感知质量　感知价值　顾客满意度　顾客抱怨　顾客忠诚　顾客期望
(3) 市场需求　产品概念　消费观念
(4) 理念满意　行为满意　视听满意
(5) 正相关

三、单项选择题

(1) B　(2) C　(3) B　(4) C　(5) B

四、多项选择题

(1) A,B,C　(2) A,B,C,D　(3) A,B　(4) B,C,D　(5) A,B,C

第九章

6σ 管 理

 **学习目标**

学完本章,你应该能够:
(1) 了解 6σ 管理的产生和发展;
(2) 了解 6σ 管理的概念和特点;
(3) 掌握 6σ 管理的组织和培训;
(4) 掌握 6σ 管理的 DMAIC 模式。

 基本概念

6σ   6σ 管理   DMAIC 模式

本章引导学生从全面质量管理进一步创新的角度,了解 6σ 管理产生的必要性及其征服人心的魅力。本章介绍并要求学生掌握 6σ 管理的基本概念及特点,了解作为 6σ 管理基础的组织和团队培训,重点介绍 6σ 管理的 DMAIC 模式。

 质量管理需要一种新的理念和更有号召力的质量改进方式,正是在这种情况下,6σ 应运而生。

——中国工程院院士
国际质量科学研究院院士
上海质量管理科学研究院首席研究员
刘源张

第一节 6σ 管理的原理

一、6σ 管理的产生

 为什么说 6σ 管理的产生和发展有一段令人寻味的历程?

第九章 6σ 管 理

全面质量管理产生和发展的历史具有一段令人寻味的历程。众所周知,全面质量管理是由美国费柯堡姆于20世纪60年代提出的,但取得丰硕成果却并不在美国,而是在日本。日本的成功在于把全面质量管理的理论与日本的国情密切结合,提出并实践了把全面质量管理和车间班组、职能科室融于一体的"全公司质量管理"的理念和模式。另一个显著特点,则是日本企业的高层领导亲自参与全面质量管理的重大决策,并把其贯彻于整个企业的经营战略之中。

日本实行全面质量管理的成功,使日本产品抛弃了"劣质品"的帽子,其质量走在世界前列。20世纪70年代末,在美国市场上,日本的汽车、电子产品充斥于市。美国人终于醒悟,日本产品质量已经远远高于美国产品,于是历史出演了具有讽刺意味的一幕,作为发明全面质量管理的美国人于20世纪80年代转而向日本人学习全面质量管理。

美国人的一大优点,在于不断追求卓越、不断创新开拓。美国人既学习日本人的成功经验,但又发现日本式的全面质量管理似乎和美国的企业文化并不十分融合,"以和为贵"的东方哲学、"不断改进"的缓慢节奏似乎与美国社会的"高效"、"竞争"、"效率"存在某种差异,尚有进一步渗透的必要。美国人深切地感受到,质量管理需要一种新的理念和更有号召力的质量改进方式,在这种背景下,6σ管理的产生也就十分自然了。

在6σ管理产生和推进的过程中,不能不提到美国的摩托罗拉公司和通用电气公司。美国摩托罗拉公司是6σ管理的起源地,这一公司创建于1929年,现今公司已发展成一个生产电子设备和电子零件的大型公司,拥有13万员工,年营业额超过300亿美元。在20世纪70年代,摩托罗拉公司和日本产品的质量差距是十分明显的。为了更快地提高产品质量,1986年公司通信部门的高级工程师比尔·史密斯向公司提出了一个6σ管理方案。公司CEO鲍勃·高尔文以一位大公司最高领导的远见卓识,全力推进这一方案的实施,并在通信部门首先启动了这一方案,1987年又推向全公司。

摩托罗拉公司推行6σ管理10年,取得了巨大成功,为6σ管理的巨大号召力和震撼力作出了最具权威的说明:1988年,公司获美国国家质量奖——波多里奇奖,1989年获日本对制造业设立的日经奖。员工人数由7万增至13万,销售额增长5倍,利润每年增加20%,节约资金累计140亿美元,股票价格平均每年上涨21.3%。

6σ管理得以在美国乃至全球范围的推广,还得归功于美国通用电气公司的杰克·韦尔奇。正是由于杰克·韦尔奇的坚强领导和丰富实践,通用电气公司自1995年开始推行6σ管理,1997年开始获利,1998年投入4.5亿美元,净收益7.5亿美元,1999年净收益20亿美元,2001年销售收入达1259亿美元。通用电气公司以骄人业绩已跻身于全球500强的第六位。

通用电气公司使6σ管理的核心理念、基本模式得以建立和完善:

(1) 公司最高决策层,特别是公司CEO的参与。
(2) 公司员工对6σ管理的深刻理解和热情参与。
(3) 追求卓越、追求完善,"一开始就把任何一件事做好"的理念的树立。
(4) 以顾客为先导,围绕流程、评估标准等提出问题、思考问题、解决问题。
(5) 赢得顾客、实现利润。
(6) 6σ管理团队的组建,首创并培养了"倡导者"、"黑带大师"、"黑带"、"绿带"等骨干。目前这些称谓已成为6σ管理团体成员的"荣耀"和"责任"。

目前6σ管理已在我国成为质量管理的一种新的模式而得到广泛的推广。上海市质量管理科学研究院已设立6σ管理研究所,组织专家和实际工作者对6σ管理的理论和应用进行专业性的研究,并且广泛地开展6σ管理的国际交流。目前,在上海国际工业博览会已举行了六届6σ论坛。国内外专家在论坛上广泛地交流了学术研究成果和实际应用成果。关于6σ管理的系列丛书也已出版,对6σ管理的普及和深入发展产生了积极的作用。2005年召开的第五届上海国际质量科学研讨会,将以"TQM与六西格玛,赢得竞争力"为主题。……这一切充分表明,作为一种新的理念和方式,6σ管理已经风靡全国。

二、6σ的意义

在广泛使用"6σ管理"一词时,必须对6σ的含义有一个清晰的了解,进而应该明确的是冠以"6σ"的管理为何是一种创新的产物,为何是一种新的质量改进理念和方式。

如何理解σ? 如何理解S? σ和S有什么关系?

众所周知,当产品的某一质量特性可以用连续计量值表示时,其概率分布一般呈现如图9-1所示的正态分布。

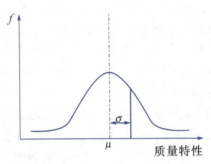

图 9-1 正态分布图

也即它的质量特性在工序稳定的情况下,总是在目标值μ正态分布中心的左右波动。而σ正是质量特性值对分布中心偏离程度的一种度量,当σ较小时表明偏离程度较小,当σ较大时偏离程度较大。

鉴于σ这一指标对于理解6σ管理的重要性,为了更清晰地理解σ的含义,可以从产品线上抽取n个产品,测量其质量特性值

$$x_1, x_2, x_3, \cdots, x_n$$

标准差 $$S = \sqrt{\frac{1}{n-1}\sum(x_i - \overline{x})^2}$$

其中 $$\overline{x} = \frac{1}{n}\sum x_i$$

S有如下特点,当$x_i(i=1,2,\cdots,n)$相对于均值$\overline{x}$波动较大时,S较大;而当其波动较小时S较小。在数理统计中可以证明,可以用S来估计σ。例如,用-2,0,2和-4,0,4两组数代入上式计算,显然后一个数组的S较大,这和人们对数据偏离中心值$\overline{x} = 0$的程度较大是一致的。

在生产实际中,又常常用σ作为度量产品质量好坏的一个统计单位,如人们常常说,这一质量特性的质量水平为3σ。这实际上是把目标值左右减加3σ为产品合格的上下规格,即

下规格为 $LSL = \mu - 3\sigma$

上规格为 $LUL = \mu + 3\sigma$

如取 6σ 水平,则

$$LSL = \mu - 6\sigma$$
$$LUL = \mu + 6\sigma$$

如图 9-2 所示。

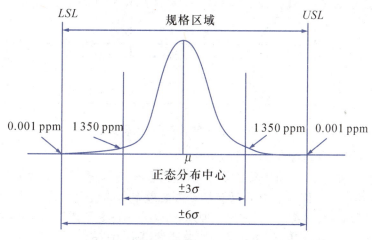

图 9-2 6σ 水平下的产品质量特性

当质量特性落到 LSL 和 LUL 外侧时,产品对这一质量特性来说即为不合格品。

不同 σ 水平下的缺陷率如表 9-1 所示。当质量水平为 3σ 时,可以计算 LSL 和 LUL 外侧,正态分布曲线下方的面积为百万分之 2 700;而当质量水平为 6σ 时,面积为百万分之 0.002。这一面积正表明产生不合格品的概率。

在 6σ 管理中,根据实际生产时质量特性值的分布中心值和规格的目标值总是有一定的偏离的情况,美国质量管理界认为,应该允许在一个方向上有 1.5σ 的偏离,不允许偏离这一要求似乎太苛刻了,允许偏离来计算不合格品率更加符合实际情况。于是得出图 9-3 所示的特性。

> 6σ 管理中追求"一百万次出差错机会中,实际至多只发生 3.4 次差错"这样一种质量水平。

这时在规格之外的面积比不允许偏离的情况要稍大,为百万分之 3.4。这就是人们对 6σ 水平的一个专业性的理解。但是这里有一点需要说明,在 6σ 管理中所说数据落在 6σ 界限之外的数据并不是指缺陷数或不合格品数,而是指造成缺陷的差错机会。即一百万次出差错的机会中,实际只有 3.4 次发生。上面叙述,仅仅是为了说明问题确定性而采用的一种方法。

为了对这一质量水平有一个确切的体会,可以举一个例子:一百万次只允许出错 3.4 次,相等于 29 万次只允许出错 1 次。试想象,当人们阅读一本 30 万字的书,只允许有一

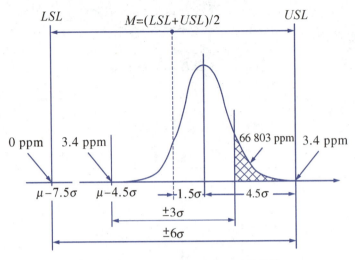

图9-3 允许一定偏离的产品质量特性

个印刷错误,这是一种何等令人欣喜的享受!

当人们确切理解了6σ的含义之后,再回过来思考,6σ管理追求的就是这样一种卓越的质量水平,其号召力和震撼力何以能打动人心就毫不奇怪的了。6σ管理追求的就是"一开始就把任何一件事都做好"这样一种理念,实际上就是要求"不出任何差错"。这就在时间的深度和空间的广度上杜绝了一切差错的可能,真正做到了这一点,那人们享受的质量水平不就到了"完美无缺"的境地吗?

表9-1 不同σ水平下的缺陷率

σ水平	缺陷率($x10^{-4}×100\%$)	
	无偏移	1.5σ偏移
1	317 400	69 770
2	45 400	308 733
3	2 700	66 803
4	63	6 210
5	0.57	233
6	0.002	3.4

三、6σ管理的特点

6σ管理有哪些原则?为什么说这些原则是新的原则?

6σ管理是全面质量管理的深化和提升,其在实践中大力普及并刻意提出了一些新的重要的工作原则。其主要内容有以下几点。

1. 顾客满意允差标准

6σ管理的根本宗旨是"以顾客为关注焦点",以此为确定项目的依据。6σ管理无论是改进模式还是设计模式都是以顾客满意和过程增值为追求目标的,也是以对顾客满意和过程增值产生正向影响作为选择项目标准的。各个企业在质量领域需要改进的内容可以涉及方方面面,企业只能以有限的人力、物力、财力去应对这种改进,那么必须抓住对顾客满意和过程增值最为敏感、最为有效的项目进行实践,这就是所谓的"顾客质量关键特性"。这种特性的界定和优化成为6σ管理的最丰富的源泉和动力。

在质量管理统计方法中,已经介绍了工序能力分析及工序能力指数的概念和方法。这种分析方法在20世纪60年代已经普遍使用了,并且在80年代已经成为ISO 9000系列国际标准的重要内容之一。可以说工序能力指数Cp的概念孕育着6σ质量水平以及6σ管理的萌生。

可以计算当Cp值为1.33时,相当于4σ质量水平,6σ质量水平就相当于2.0的Cp值。6σ管理的一个创新在于Cp值是经过数据测量再与允差要求对比后得出结果,而6σ管理是数据测量之后得出结果再去与允差即顾客的满意程度对比。这种问题的处理方法的优越性在于前者的应用局限性较大,一般用于制造业和工程;而6σ管理可以比较广泛地应用于服务业和其他任何质量管理活动之中。

2. 强调领导实际参与

6σ管理在美国取得重要成绩,特别在诸如摩托罗拉和通用电气公司取得骄人业绩,其最重要的一个特点,是公司最高层的实际参与及对6σ管理的大力支持。在摩托罗拉公司推行6σ管理时,为了深刻揭示现存的产品质量的严重问题,位居销售经理的Art. Sunday在有176名管理层人员参加的会议上,公开批评"本公司产品质量臭名昭著",他之所以敢于如此说,是因为公司的最高领导Robert W. Galvin全力支持和热情鼓舞6σ管理的实施,而揭发质量缺陷成为活动的不容回避的一个最尖锐问题。在全面质量管理推行的实践中,尽管也强调领导参与,但在现实实施时,往往流为一种形式而缺乏实际,使全面质量管理的推行困难重重。因此,6σ管理要取得成功必须强调领导层的实际参与,首先领导者要学习6σ管理的基本理论,树立6σ管理的理念,这已成为推行6σ管理的最根本的保证。

3. 项目团队训练有素

6σ管理在实施时,十分强调重视项目团队的组建和培训。为了在6σ管理的五个阶段(DMAIC),即界定、测量、分析、改进、控制五个阶段开展行之有效的活动,6σ管理组建了一个有"倡导者"、"黑带大师"、"黑带"、"绿带"组成的行动团队,各个层次的团队成员都要进行有计划的、目标明确的培训,并赋予明确的职责,这不是一种"能者为师"的临时性的人员安排,而是一种荣誉并赋予某种待遇。这就为6σ管理提供了最强有力的组织保证。

4. 增收节支的评判标准

6σ管理比全面质量管理更加直接地追求增收节支的经济效益,可以说6σ管理是一种直接财务驱动的质量管理。6σ管理把减少差错缺陷直接与成本的降低、利润的增加结合起来,成为项目直接追求的目标,也成为项目成败的最重要的评判标准。尽管全面质量管理也提出过这样的目标,石川馨曾讲过"不赚钱的质量管理不是质量管理"的名言,但在实践上,往往采用了难以区分的质量成本的角度来考察与获取经济效益,这就使全面质量管理的经济性的实现困难重重。而6σ管理则是把注意力集中在顾客和企业两个方面,提出降低风险的口号。一方面指对顾客而言,降低其购买产品或服务、使用产品及享用服务的风险;另一方面也指降低产品和服务提供者,即企业的风险。对这种风险的理解,应是全面的,也即凡可能对企业质量、能力、周期、库存以及其他关键因素产生财务业绩负面影响的都可称之为风险。于是,追求顾客满意、创造财务业绩成为6σ管理的一大特点,也是其优势。

5. 质量持续突破改进

ISO 9000 质量管理体系中有八项基本原则,这些原则在6σ管理中应该并且可以得到很好的体现。6σ管理是一种可持续发展的长期的经营管理战略。凡是在质量管理实践中,行之有效的方法和手段,都可以拿来应用,从而形成一套富有自身特色的思想、体系和工具,"测量、分析、改进"仍是其项目确定后的基本步骤。这种改进应是一种"突破"性的有效改进。

四、6σ管理的组织与培训

> 6σ管理的组织,从层次分可分为几层?从结构分其组成是什么?其职责是什么?

作为一种管理模式,作为一项系统的改进活动,6σ管理首要的一项基础工作是建立一个完整的组织体系,这一组织体系应有完整的组织结构,各个职能岗位节点应赋予相应的职责与权限于训练有素的团队成员,这是6σ管理活动有效开展的基本保证。

1. 6σ管理的组织结构

6σ管理的组织模式可以从两个角度进行分析。

1) 从层次分析

一般可分为三个层次:领导层、指导层、操作层,见图 9-4。

领导层是指由倡导者、分管质量的经理及财务主管等组成的执行委员会。

指导层包括黑带大师或从外部聘请的咨询师等成员。

操作层由在工作现场和生产第一线进行质量改进活动的黑带、绿带组成。

领导层的职责是6σ管理规划的制定、资源的提供以及改进成果的评审。

指导层的职责是6σ管理成员的培训组织、项目指导并随时检查活动的进度。

操作层的职责则是在指导层的指导下,在第一线按照6σ管理的步骤,有序地开展质量改进活动。

2) 从结构分析

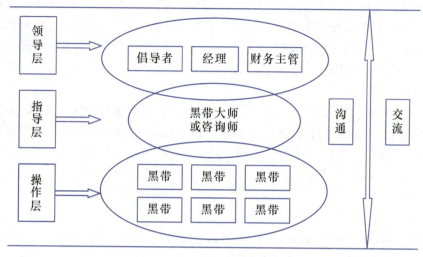

图 9-4 6σ 管理组织层次

6σ 管理的组织结构,如果从人力资源管理和技术管理的角度分析,可由图 9-5 表示。

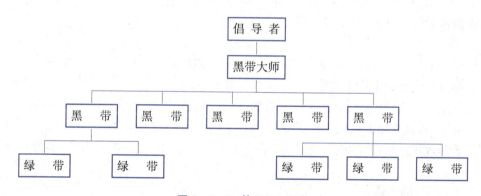

图 9-5 6σ 管理组织结构

即由倡导者、黑带大师、黑带、绿带组成。

2. 6σ 团队成员的职责及作用

1) 倡导者

6σ 管理的一个特点也是优点就是设立倡导者。倡导者对 6σ 管理的深刻认识和满腔激情是 6σ 管理开展最有力的驱动源泉。倡导者一般由企业高层领导担任,有的企业由 CEO 直接担任,有力地保证了 6σ 活动的顺利开展,有的由分管质量工作的副总经理或质量总监担任。6σ 管理的各项活动,是在倡导者的指导下全面展开的。倡导者的工作是属于战略性的领导工作,其要点是战略决策、部署方案、确定目标、协调资源配置和使用、全程监控 6σ 管理的整个活动、管理及领导整个黑带、绿带团队。

2) 黑带大师

黑带大师兼有项目管理和技术指导的双重职责。可以负责全部或一个特定部门的

6σ活动。一般应由专职人员来担任。其具体职责从管理角度说，主要是选择和批准项目、总结评价项目等；从技术角度说，是挑选、培训和指导黑带，以自身熟练掌握的统计知识和技能，对6σ管理的开展提供强有力的技术支持。不同公司黑带大师的职责也可有不同规定，有的强调其管理、监督功能，有的强调其协调以及指导功能，这都可按企业实际情况决定。

鉴于黑带大师的重要性，一般公司对黑带大师的挑选都是非常严格的，如要经过与6σ管理相关的技术及统计方法的培训，经过6σ管理推进技术及管理艺术方面的培训。特别要求黑带大师具有成功实践的经历，如要求具有5年以上实际工作经验，并至少完成一个具有一定经济效益的项目。有的公司还要求有2名副总的推荐和认可。

3）黑带

黑带是成功推进6σ项目的核心力量，是技术骨干，是活动的中坚。因为实际的质量改进总是发生在职业岗位的工作现场和第一线，黑带的工作更具操作性，正是他们带领绿带完成了工作，才使质量改进得以实现。黑带应该是专职的，当然，这并不排斥工作一段时间，如2年后轮换岗位。其职责是，直接向6σ管理的领导汇报工作，具体执行和推进6σ管理活动，培训绿带及员工，为其提供技术支撑。一般黑带人数为全企业员工数的4％，而黑带大师数是黑带总数的十分之一。

4）绿带

绿带一般由第一线员工中的业务骨干或负责人兼职担任，他并不独立完成6σ项目，而是协助黑带完成数据资料收集、原因寻找和分析、项目改进的实施。他们在黑带指导下完成分配的工作，并在工作中取得相关的6σ管理的知识和技术。但是绿带的工作重要性十分突出，这是因为他们分布于企业的各个部门、各个方面，他们提高了质量意识、掌握了质量改进方法，才能使企业的质量改进全面得以实施，这是黑带大师、黑带所不能替代的。

3. 6σ团队的组建

上面介绍了团队成员的职责，但是一个团队要成为一个集体，要有效地工作，还要有组建团队的一些原则，舍此，一个团队仍可能是一盘散沙，不能相互协调地运作，不能完成特定的使命。

1）组成要素

一个团队的组成，除了要有训练有素、专业熟练的领导人员，同样要有一批充满激情的团队成员，整个团队应在以下诸方面达成共识，形成合力。

(1) 使命：明确团队建立的目的，明确要去完成的任务。
(2) 基础：这一使命应与6σ项目的方案密切结合。
(3) 目标：对质量管理的现状和已有业绩提出挑战性的突破性改进。
(4) 角色：绿带、黑带各安其位，扮演角色。
(5) 职责：根据项目，每位成员明确职责和任务。
(6) 主要里程碑：把握项目进程的各时间节点，确定项目报告日期。

表9-2给出了一张黑带团队登记表，表中给出了组建团队的要素。

表 9-2 黑带团队登记表

团队名称	ABU 锻造产品改进团队				
使　　命	减少因表面锻造裂痕引起的退货与返工				
效　　益	降低退货损失、返工损失;缩短周期(生产、供货);降低成本				
里 程 碑	开始:2001年12月份;D阶段:2002年1月;M阶段:2002年3月;A阶段:2002年4月;I阶段:2002年5月;C阶段:2002年6月				
团队成员	张××、何××、王××、李××、周××、钱××、赵××				
团队负责人(黑带)	张××	黑带主管	王××	倡导者	王××
过程管理者	孙××			BU负责人	周××
角色与责任	**黑带**: • 召集团队会议; • 指导团队活动(拟定程序、工作分配、安排优先顺序); • 负责阶段报告; • 确定6σ工具和技术; • 提供项目改进最新信息,协助倡导者开展工作; • 与锻造过程管理者保持联系、协调项目进展。 **成员**: • 参加团队会议和活动; • 就项目涉及的改进与变革提出专业建议和提供技术支持; • 执行改进计划; • 收集资料并加以分析; • 依照团队计划执行; • 确保过程改进。				

2) 团队激励

一个团队的成功人际因素是关键,团队的成功远大于个人的成功,团队的绩效远大于个人的成果,因此团队的组建必须要求作为团队领导的黑带,不仅具有技术性能力,而且具有组织性能力,即具有卓越的领导能力和凝聚能力,并在团队营造相互依存、相互帮助、合作共事的良好氛围。在这里采用必要的激励措施是绝对不可忽略的。这种激励可以包含:尊重事实,以事实为沟通的前提和基础;各负其责,提高成员的使命感和责任感;相互尊重,在尊重中求得理解和支持;学习成长,在项目中学习,在学习中得到成长进步;分级授权,团队成员取得授权,发挥个人特长;建立信任,建立相互信任,齐心合力完成使命。

3) 团队培训

团队培训是6σ管理项目推进的一个关键,只有团队成员整体素质的全面提高,6σ管理项目才可能顺利推进。黑带大师的培训一般由主管部门或专门培训机构负责,黑带培训由黑带大师或专门机构负责,并且在聘任黑带大师和黑带时已作为一项重要资质提出了要求。这里所指的团队培训,主要是指由黑带大师或黑带负责开展的对绿带的培训。这里特别需要强调的是培训包含两大方面的内容,一是"培",即理论性教学,教会"为什么";而另一方面是"训",即实践性教学,教会"如何做"。这一点在培训中是十分需要强调的。这种培训往往是结合实际项目开展的,通过实践要求培训对象掌握技术和工具。

团队培训内容都已编写成教材,绿带培训教材是由黑带培训教材通俗化编写而成,内容更为精简扼要。各企业可以按照项目的实际情况选取内容。

表9-3是一份美国企业常用的黑带培训的课程方案。

表9-3 黑带培训的课程方案

第一周	第二周
• 6σ管理综述和DMAIC路径图 • 过程拟定 • 质量功能展开(QFD) • 失效模式和效果分析(FMEA) • 组织的效益概念 • 使用Minitab的统计基础 • 过程能力 • 测量系统分析	• 回顾第一周的关键内容 • 统计学思想 • 假设检验和置信区间(F分布、t分布等等) • 相关性 • 多因素分析和回归 • 团队评估
第三周	第四周
• 方差分析(ANOVA) • 试验设计(DOE) 　— 因子设计 　— 部分因子设计 　— 平衡区组设计 　— 响应曲面方法 • 多元回归	• 控制计划 • 防差错技术 • 团队建设 • 平等的特定离散、连续过程,行政管理和设计跟踪 • 最终练习

第二节 6σ管理的策划与实施

一、6σ管理的三部曲

作为现代质量管理的一种方法,6σ管理的核心特性是经济性,这种经济性的实现,以顾客第一为导向,以过程中的数据与事实为驱动,以过程和产品的业绩为统计量,从而确定追求卓越的完美目标。因此,6σ管理是一种实现持续领先和突破性改进的一个管理系统。

6σ管理有两种类型或模式,一种模式称之为DMAIC模式,这是一种循序渐进地实施过程改进的模式。但在某些场合,这种循序式地渐进不能迅速地满足顾客的需求,这时,对过程的管理不是逐步改进可以强化和优化的,这就要对过程进行新的设计或在原有的基础上再设计,这时采用的模式称之为过程设计模式——DMADV。在本书中,主要介绍第一种模式。一般,当质量水平已经达到了或超过了4.8σ之后,采用改进模式的改进空间已不大,并且改进的费用过大,不能达到经济性的目的,这时采用第二种模式。

6σ在管理的实施过程中有三个关键要素,也称为6σ管理的三部曲,即6σ管理组织、6σ管理策划、6σ管理改进。对6σ管理的组织已在上节进行了介绍,本节将介绍6σ管理策划、6σ管理改进的具体实施方法。

二、6σ管理策划

DMAIC过程是指:界定、测量、分析、改进、控制。

实施6σ管理策划的根本目的在于选择项目。有效的策划,可以使项目选择的有效性得到保证。对顾客、对员工、对组织具有明显效益的项目,应作为6σ策划的直接切入口,从而使项目的有序开展把握了正确的方向。

6σ管理项目确定之后,要使一个团队有效、有序地开展工作,必须有一个共同采用的方法和共同行动的程序,这就是所谓的DMAIC过程:

界定(define)、测量(measurement)、分析(analysis)、改进(improvement)、控制(control)。

三、界定

1. 界定阶段的任务

界定阶段的任务可以用表9-4来表示。

表9-4 界定阶段任务

任　务	内　容
项目的选择与确定	寻找、筛选、排序、重点
项目的分析	顾客需求、流程、劣质成本
项目的描述	以文件描述:问题与机会、目标、计划、资源、分工

2. 项目的选择与确定

项目的选择和确定有什么原则和准则?

项目的选择一般可以按照表9-5、表9-6进行。

表9-5 项目选择来源

来　源	内　容
外部信息	顾客意见、市场调查信息、竞争对手比较等
内部信息	质量分析报告、质量审核报告、财务分析报告、企业方针、目标诊断报告等

表 9-6 选择的项目分类

类 型	内 容
质量缺陷类	返工、返修率、废品、次品率、退货或拒收产品批次、工艺参数不稳、账单差错率等
资源效率类	原材料效率、能耗效率、设备效率、资金效率、人力效率等
顾客抱怨类	顾客投诉、顾客抱怨、不按时交货、服务质量差等

选择的项目可以有多个,进而要对项目进行评价、筛选、排序以最后确定项目。

项目选择的原则为三"M"原则和"SMART"准则。

三"M"原则是指有意义、可管理、可测量三个原则。

有意义是指经过努力可以实现改进的项目。轻易可以实施或较难实施的项目对项目选择来说是缺乏意义的。

可管理是指项目范围是恰当的,即在这一范围内,团队可以实施项目各个阶段的工作,即可以管理。

可测量是和 6σ 管理以数据说话、以数据作为驱动力是一致的,即要求项目的原因和结果的指标都是可以用数量表示的。

SMART 准则是指简单的(即对"缺陷"能说清是什么)、可测量的(即原因和结果用数量表示)、商定的(即倡导者和执行领导商讨的意见是一致的)、合理的(即兼顾可行性和先进性)、有时间的(即可在一定时间完成的)。

对于 6σ 管理项目的评价,实际上是一个多因素的多级的综合评判问题,其一级评判的因素是:

u_1:顾客满意 u_2:过程能力 u_3:劣质成本 u_4:增值能力

第二级评判的因素对每一个一级因素都是相同,如第一个因素顾客满意可以从以下七个方面进行评价:

u_{11}:资料的可利用性

u_{12}:资源的可利用性

u_{13}:项目实施所需时间的适合性

u_{14}:缺陷定义的意义

u_{15}:投资回报

u_{16}:成功机会

u_{17}:对企业战略目标的支持

在评价时,可以采用五个等级:第 1 等级为最优等级;第 2 等级次之……第 5 等级为最差等级。凡是二级指标有利于项目成功,从而提升顾客满意程度的,应评为较优等级;反之,则评为较差等级。在上述的两级指标的评定中,应该说意义都是比较明确的。在以上述 7 个二级指标来评定一级指标 u_3:劣质成本时,有利于项目成功,是指有利于"劣质成本"的降低。凡有利于"劣质成本"下降的,均应评为较优等级;反之,则评为较差等级。

在实际评定时,对一级评判的 4 个因素,可以根据实际情况赋予权重;对二级评判的 7 个因素,也可赋予不同的权重。最终的评分,则是由二级评分加权后得到的一级评分,再进行加权评分,最终得出评分值。

以上过程,可以用图 9-6 表示。

3. 项目的分析

在项目的选择和确定过程中,还离不开对顾客需求分析、流程分析和劣质成本分析。

(1) 顾客需求分析一般有产品需求分析和服务需求分析两种形式。例如,顾客需要某种自控玩具猫,能快速启动、动作敏捷、用电省。这就是一种典型的顾客产品需求;又如,顾客对地铁车票的购买,要求快速、检验便捷,这就是一种顾客服务需求。

一般顾客需求描述具有模糊性,但作为 6σ 管理,应把顾客需求转化为"过程输出需求",即在过程结束时,将有产品和服务的新的质量特性输出给顾客。如上例中的自控玩具猫,其"输出需求"应明确地表示为数值:"在 0.3 s 内启动",为了达到这一目的"对过程要求"应是"动力装置设计及安装要满足信号传递的要求"。这种需求的明确陈述有利于 6σ 管理的进一步开展。

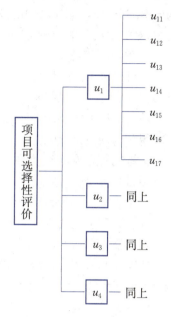

图 9-6 项目可选择性评价表

上述的分析实际上要在供方至顾客之间清晰地建立一个过程链:

供方:过程关键信息、材料及其他资源的源头,可以是个人也可以是企业,可以在企业内部也可以在企业外部。

输入:供方提供的信息、材料及其他资源。

过程:使输入增值的一系列环节。

输出:增值的结果。

顾客:接受输出的受体。

(2) 流程分析是基于这样一种认识:6σ 活动要建立这样一种途径,这种途径将向顾客传递价值的竞争优势。为了达到这一目标,应该分析 6σ 管理项目的核心过程和辅助流程,并把增值的各个环节连接起来形成价值链。这里往往可以采用流程图的方法。

 如何理解"劣质成本"? 如何理解成本好像一座浮在水面的冰山的说法?

(3) 劣质成本分析是使 6σ 管理达到上佳财务贡献的关键,对于一个劣质成本下降空间不大的项目是不应选为 6σ 项目的。在质量管理中,在诸多质量成本项目中,有些成本是显而易见的,如浪费、报废、返工、返修、测试和检验以及顾客投诉、退货所产生的费用,但其大约只占总成本的 5%～10%,占销售额的 4%～5%;而还有某些并不显而易见的费用,如加班过多、上门服务支出过多、文件延迟、对现状缺少跟踪、报价或结账错误、人员流动过于频繁、不必要的快递支出等等,大约要占营运成本的 15%～20%,这些成本在损益表和资产负债表中并不是以成本科目列出的,是"隐藏"的成本,这些部分称为"劣质成本"。在质量管理中有一个形象化的说法,成本好像一座冰山,露出水面的是显而易见的成本部分,而隐藏在水中的成本称为"劣质成本",占的比例更大。在 6σ 管理的项目分析中,对劣质成本的分析是十分重要的,舍此无以使项目具有经济性价值。

4. 项目的描述

项目确定了,项目也进行了分析,为了使项目顺利开展,项目团队应该目标一致、步调整齐、相互协动、规范有序地活动,对项目进行清晰地描述,使其文件化。

项目描述一定要清晰明确地表达以下内容:

团队的项目是什么?
关键问题在哪里?
项目目标是什么?
每个人职责是什么?
在什么时间内完成项目?

由此制定"项目任务书"、"项目计划工作表"、"项目进度表"等文件。图 9-7 所示就是一张某项目在界定阶段的"项目进度图"。

D 阶段	周(5月7日～31日)			
任　务	第1周 5月7日～13日	第2周 5月14日～20日	第3周 5月21日～27日	第4周 5月28日～31日
评价任务和确定项目	■			
确定顾客需求(CTQ)		■	■	
确认过程(KPOV)		■	■	
界定劣质成本(COPQ)		■	■	
估算 SIGMA 质量水平,评价现有数据				■
完成界定阶段,着手测量计划				■

图 9-7　6σ 项目界定阶段进度图

四、测量

测量阶段的任务是什么?

如前所述,6σ 管理是以事实和数据为驱动力的,从某种意义而言数据或具有数量特征的事实成为体现 6σ 管理的精髓。因此,测量数据或事实具有的数值成为 6σ 管理的关

键一环。这一环既是界定阶段的延续和深化,更是下一阶段分析的前提和准备。

测量阶段的主要内容是要对输入变量、过程变量、输出变量、顾客感知变量进行测量。测量的目标是确定输入变量 x 和输出变量 y 之间的某种关系。

图 9-8 以某项目为例,比较形象地展现了对上述四个方面测量的基本内容。

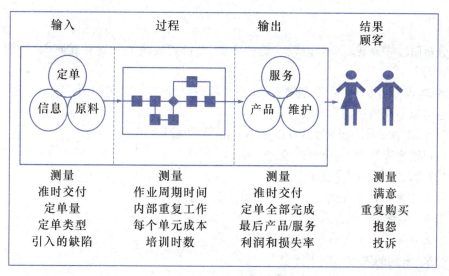

图 9-8　测量基本内容图

图 9-8 清楚地显示,在某项目中,输入变量的测量是以订单、原料、信息等有关内容为对象的,需要测量"订单数量"、"交付时间"、"订单产品的缺陷的类型及数量"等等;过程变量的测量是以过程的各个环节为对象的,需要测量"环节周期"、"重复工作及数量"、"每个单元成本"、"培训时数"等等;输出变量的测量是以产品、服务、维护为对象的,需要测量"交付准时性"、"定单完成数"、"产品和服务的利润和损失率"等等;最后顾客感知变量就是以顾客为测量对象的,需测量其"满意程度"、"重复购买数"、"抱怨数"、"投诉数"等等。

测量阶段的基本任务有如下三项。

1. 选择评价指标

不同产品有不同的评价指标,如产品缺陷是可以计数的,可以用单位产品缺陷数或表示单位产品中缺陷数占全部机会数的比例,即机会缺陷数来表示缺陷的质量水平;对流程的质量水平,则是用流通合格率来表示,如某一产品有三个环节:第一个环节是原材料采购,其合格率为 P_1;第二个环节是一线工人的操作,其合格率为 P_2;第三个环节是装配,其合格率为 P_3。则这一过程的

$$流通合格率 = P_1 \times P_2 \times P_3$$

对于计量型的质量特性的质量水平,则是采用本书前已介绍的工序能力指数予以评价。

2. 确定选样收集方案

一个具体的数据收集方案,应该明确数据收集的站点、数据收集的人员、收集的时间、收集的方法、收集的质量保证等内容。并且在方案中,采用流程图的方法表示,以保证数据操作的有序和规范。

3. 确定数据测量系统

为了保证测量的可靠,要对数据测量系统进行监控。一个可靠的数据测量系统应该能测量质量特性值的细微变化,同时应该是相对稳定的,还应要求这一系统在测量时具有重复性、再现性。

五、分析

分析阶段主要要对测量阶段取得的数据,即已经发现的问题寻找原因,特别是寻找关键原因。

例如,某企业开展 6σ 管理项目,在测量阶段已经找出"库存积压"这一问题,针对这一问题可以不断地追问"为什么?"

"仓库为什么积压?"对此,可以从不同角度予以回答。

如,从"仓库管理"角度可以说:

"没有低于安全库存就已采购"。

那么,"为什么没有低于安全库存就已采购呢?"

原来"未经审核就去采购了。"

那么,"为什么未经审核就去采购了呢?"

原来"采购的规章制度不齐全"。

这就找到了"仓库积压"的一个原因。

又如,从"生产部门"可以得到如下的回答:

"工艺发生变化导致库存积压"。

那么,"为什么工艺发生变化会导致库存积压呢?"

原来"工艺变化零部件需求减少的信息没有及时传递"。

那么,"为什么信息不传递呢?"

原来"信息传递的责任不明确"、

"信息传递的时间没有规定"、

……

这就把原因一一找到了,从中可以找出关键的原因。

寻找主要原因可以采用什么方法?

一般地说,分析阶段的主要任务有以下几项。

1. 寻找影响输出结果的原因

针对不同项目的不同特点,要深入地、全面具体地分析产生缺陷的原因。这种原因的寻找一般可以从人、料、环、机、法五个方面去思考。在具体的项目中这五个方面表现为不同的具体内容。

例如,某汽车在行驶途中失控,造成旅客受到伤害的严重事故,那么可以从"司机"、"道路"、"环境"、"机械"等几个方面去寻找原因。而"司机"方面,原因又可表现为"司机操作鲁莽"、"司机反应迟钝",其原因又在于"疲劳驾驶";而"环境"方面,原因是"路面打滑",进一步原因是路面有"雨、雪、冰、油";"道路"方面,原因是"轮胎爆裂漏气",究其原因是道路面上存在"钉子、石头、玻璃";而从"机械"方面考虑,是因"刹车失灵",而再深层原因是"漏液、踏板磨损"。于是把原因一一揭示了。

这方面可以应用头脑风暴法、因果图的方法,这些方法在"质量改进"一章中已经详细介绍,在 6σ 管理中可以广泛应用。

2. 确定关键原因分析影响程度

造成缺陷的原因,实际上往往可能不是一个,而是有多个,在 6σ 管理中只有抓住主要的原因,集中精力,才能取得突破。一方面因为 6σ 管理中可以动用的资源总有一定限度,人力、物力和时间总有限;另一方面抓住了主要原因,其他原因往往可以迎刃而解,主要原因往往牵一发而动全身,能突破一点扩大战果于全局。

寻找关键原因的主要工具是排列图。其基本思想正如朱兰所说:"在对一般结果发生作用的任何一组因素中,仅有几个相关的少数因素对结果大部分发生作用"。

例如,"一个公司中 80% 的迟到仅由该公司的 20% 员工造成的";"一家超市 60%~70% 的营业额是由 15% 的忠诚顾客带来的";"某企业技术革新中 50% 的合理化建议是由 10% 员工提出的"。

这就是所谓的关键的少数的现象,即一小部分原因说明了问题的大部分。因此,可以把总量的来源分为两类:

(1) 一小部分说明问题的大部分——关键少数类原因。

(2) 大部分原因说明问题的较少部分——有用的多数类原因。

排列图正是基于上述原理制作的,在第八章中已经详尽介绍,排列图的应用可以引导 6σ 团队寻找关键原因,同时也可分析关键少数原因对结果的说明程度。

为了分析原因对结果的影响程度,还可应用散布图。众所周知,散布图是研究两个连续变量是否具有相关关系的一种图形,它可以显示两个因素之间的联系或"相关性"。散布图也已在第八章中作了介绍,在 6σ 管理中采用散布图是十分有效的。

3. 验证分析结果

验证分析结果主要是确定人们可以从多大的可靠程度来确信关键质量特性的原因,这是一种验证式的研究方法。在数理统计中已经提出的假设检验、方差分析等方法,也可用于 6σ 管理这一阶段的任务的完成。这些方法可以参阅有关教材。

图 9-9 表示了分析阶段工作的流程。

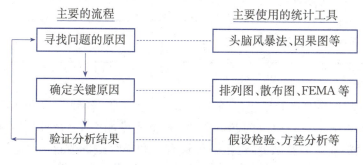

图 9-9 分析阶段工作的流程图

六、改进

6σ管理的改进阶段是"出方案"、"得收益"的阶段,也即在分析的基础上,对消除缺陷原因提出改进措施,并予以实施,以评估其能否取得较好效益的过程。

1. 改进的步骤

改进阶段为完成上述任务可采取以下有效的步骤:

(1) 寻找改进措施,提出改进建议。在这一步可采用各种方法,特别是统计技术及与项目相关的专业技术,群策群力、集思广益。

(2) 比较改进方案,优选改进方案。在实际活动中,提出的改进方案可能不止一个而有多个,于是要确定一个评价标准,对各种方案进行比较、排序、确定最优、次优、再优方案。

(3) 验证改进方案,确认改进效果。对最优的改进方案,应该予以试验,以验证其实际效果,对原有缺陷排除的有效性。

(4) 精心设计策划。在实际试验的基础上,可进一步设计在生产流程中实际采用的方案。实际使用和试验阶段其工艺环境可能有很大差异,这就要对可能出现的实际问题、实际困难估计充分一些,并制定预案,以保证6σ管理改进阶段成果的有效性。

2. 方案制订中的团队精神

改进方案的制订及其实施中离不开团队精神的充分发挥。

(1) 团队的合力。在6σ管理中,特别在改进阶段,要充分发挥团队成员的智慧和才干,充分调用团队成员的技能和专长,要把属于个人的一切有利于改进方案的提出和实施的方面,汇成一股合力,以利于问题突破性地解决。

(2) 团队的互动。上面所述的合力的形成,并不是团队成员知识、能力、素质的简单的一加一叠加,而是团队成员的互动,相互启发、相互促进、相互推动、相互学习,这种互动所激发的思想火花将对改进方案的提出爆发新的活力。

3. 试验设计

在改进阶段,为了比较改进方案、优选改进方案,必须要对各种方案进行试验。试验设计是一种常用的方法,通过试验设计的策划可以以较少的试验次数得出较全面的结果,并可以对收集试验到的数据进行统计分析,以得出有价值的结论。

正交试验设计是一种安排和分析数据的方法,其试验方案使用正交表安排,这一方法也已在第八章中予以介绍。

改进方案的评估的七项标准。

4. 改进方案评估

在6σ管理中,在改进阶段提出的各种方案经过试验,各种方案的效果也已明确了,接着需要对改进方案可以解决问题的程度、对企业可能产生的作用与影响进行评估,并且在评估经济效益的基础上,选定一种最有效和最合适的改进方案。在进行这一活动时,建立一种可接受的行之有效的标准是一个前提,在6σ管理中这一标准主要有七项：

(1) 总成本。实施突破性改进投入适当的经费是必须的，当然这种成本投入不能超出企业可以接受的程度。

(2) 目标达到程度。也即对项目开始时设立的目标达到的程度，就是对提出的需要解决的问题发生了何种可以发挥效用的影响。

(3) 收益与成本比。这是一项经济性指标，显然成本大于收益的项目是毫无价值的，收益与成本比较小的项目也是经济性较差的。因此在评估时，应计算各种方案的收益与成本比，比例较大的项目是较成功的项目。

(4) 文化影响及变革阻力。6σ管理的改进方案必定引发技术、工序以及操作的改变，而原有的技术、工序和操作一般都已融入企业根深蒂固的文化之中，这种文化常常会使人们的行为上和心理上产生某种惰性。一经改变触及的不仅仅是技术或操作问题，而是还触及文化氛围的改变和重建，这时产生阻力是在所难免的。6σ管理并不是消极地担心改变而回避矛盾，而是力图以最小的阻力去实现变革，因此在评估改进方案时，应该分析文化影响及阻力改变之所在，在同样可以达到目标的各种方案中，应取阻力最小的方案。

(5) 时间。改进方案的实施是需要时间的，但有不少问题的解决是有时间要求的，不可能持久地去等待一种新的方案的实施。所以评估要有时效性。一个急于解决的问题，时效性较差的改进方案显然不是一个好的方案。

(6) 效果的确定性。也即一个优秀的改进方案其产生的效益应该是稳定的，应该具有确定性。从某种意义上说，效果不确定，使经费投入成为一种风险，也使项目的成功没有可靠的保障，持续稳定的效果对6σ管理项目来说是绝对必需的。

(7) 健康、安全与环境。6σ管理的改进方案的实施，不应以员工的健康、安全受到威胁和环境的恶化为代价。

上述七项指标的比较，可以采用数量化的处理方法，也即对每一项指标，设立五个等级，并进行评分。七项指标对于不同项目也可以有不同的权重，加权平均的得分，即是各方案排序的依据。

5. 改进方案的实施

一个较优的改进方案确定后，接下来就是实施问题了。实施前应该做好以下各项准备工作：

(1) 对所需达到的目标再次确认。

(2) 对改进方案实施必要的人、财、物等资源充分保证。

(3) 对改进的各项工作进行详细的正确的文字说明，特别是明确组织、政策、程序、系统、模式等一系列问题。因为改进是一种新的运作模式，产生问题并需及时解决是常会发生的，并且这种问题的发生可能不是局部的，也可能表现为局部的而实质是全局的，这就必须及时汇报，并制订好发生意外情况的预案。

(4) 估计人力培训的资源。这是指对有志改革的志愿者以及对其进行培训的各种资源准备。

(5) 分析可能出现的阻力进行预防性清除，以使改进方案顺利实施。

准备工作就绪以后,为了确保万无一失,对改进方案要进行验证。这种测试与前面的试验不一样,而是一种结合实际的正式运行,其操作人员应是最终确定的实施改进方案的志愿者或指定的人员。并且要求其按照新的改进后的方案进行操作,以便最终验证改进方案是不是确实可以实际运行。这一工作取得成功之后,6σ管理的改进方案才真正可以实际施行了。在这一工作中,操作的人员已不是试验者了,而是实际操作的员工了。其中少数人可能是这一项目的6σ团队成员,其对改进是清楚了解其意义的,但更多人则需花费一定的时间要求其了解关于这一项目改进的意义和做法,以确保项目成功。

七、控制

控制阶段是6σ管理最后一个重要阶段,其基本任务在于保持改进的成果。控制阶段是十分关键的,因为生产或服务过程的改进一旦失控,它又会回到原来的状态,6σ管理的成果也会前功尽弃!

控制阶段既然如此重要,人们总得采取有效措施,使6σ管理的成果能对人们的工作方式形成长期的影响并持续下去。为此必须进行两个方面的工作:一是对结果进行测量和监视;二是进一步对6σ管理的观念进行宣传和"推销"。

控制阶段有四个要素:

1. 条件

一个稳定的、可预测的过程得以维持,是需要多方面的条件予以保证的,这种条件主要是个人水平和组织水平两个方面,组织只有对相关员工进行选择、培训、跟踪,特别是给予恰当的评价和奖励,过程的稳定才得以实现。

2. 文件化改进过程

应对6σ管理改进过程予以文件化,即用文件记录过程。为了使文件记录对于过程稳定更有效,让那些将来应用文件的人来帮助创建文件是更为合适的。

3. 持续的过程测量

对过程的持续测量,并在此基础上加以控制,可以采用控制图等方法,以迅速发现过程的异常。在持续的过程测量中,特别要注意对关键过程的测量,只有对关键过程的控制得以实现,才能使6σ管理的成果在更长时间得以维持。

4. 建立过程管理计划

上面所述的监视和测量,仅仅是实际控制过程的第一步,其关键的要素是建立过程管理计划。通过6σ管理建立的一个新的改进过程,不管其如何完善,总还存在某些问题,这些问题无论是否发生都要有一个预案予以应对。这充分体现了6σ管理预防性管理的思想。

6σ管理团队在结束上述各项任务之后,对所管理的项目而言,即完成了历史使命,在此之前,这一团队还应通过陈述和示范"推销"项目,把项目的责任移交给日常工作的人员,还应确定管理者认可的项目长期目标。通过DMAIC方式,每个团队成员可以更加清晰地认识到凭借自身努力构建的新的过程的价值,同时也更加明确地认识到6σ管理的巨大潜力,其必将以深切的感悟,高举6σ大旗,移师新的改进领地。

第九章 6σ 管理

 小结和学习重点

- 6σ管理的意义
- 6σ管理的新的工作原则
- 6σ管理的三部曲
- 6σ管理的DMAIC模式
- 6σ管理界定阶段工作任务
- 6σ管理测量阶段工作任务
- 6σ管理分析阶段工作任务
- 6σ管理改进阶段工作任务
- 6σ管理控制阶段工作任务

6σ管理是一种富有号召力的质量改进方法。学习本章内容,学生应深入理解6σ管理的意义,特别理解其不同于传统质量管理的新的工作原则,6σ管理的DMAIC模式是本章重点内容,必须对界定、测量、分析、改进、控制各个阶段的工作任务及步骤有一个清晰了解,并掌握诸如头脑风暴法、排列图、散布图、试验设计等方法。学生可从本章的案例深入地理解6σ管理实际实施的过程。

 前沿问题

在过去的10多年里,6σ管理风靡全球,取得了辉煌的业绩。在这一热潮中,每一位6σ管理的理论工作者和实际工作者应深刻理解大科学家查尔斯·达尔文的名言:"最终能够生存的,并非是最强大或者是最聪明的,而是那些在变更的环境中最能作出反应的物种。"在未来的世界中,6σ管理应把自身的触角延伸至新的领域,以寻找新的应用天地,也只有在这一实践活动中,6σ管理的理论才会从中吸取最具活力的养分,茁壮成长。

案 例

案例一　服务企业六西格玛管理的DMAIC过程

- 背景

一家中等规模的服务企业;
5亿美元的年收入;
2 000名员工;
50家分支机构以及总部。

- 问题(满意程度低下)

年度的顾客调查显示顾客满意度下降,原因是大多数分支机构的服务差。投诉主要集中在等待时间过长。

一、界定(D)

目标:向顾客承诺并保证最大等待时间为5分钟。
计划:由最新聘用一位主管(绿带)领导该项目的DMAIC过程。
　　　测量等待时间和服务时间,顾客样本量为60。运用时间动作技术来识别问题可能的源头以及改进的机会。
团队:1名绿带做领导,2名接待人员及一名主管。

二、测量(M)

现场　见图9-10。

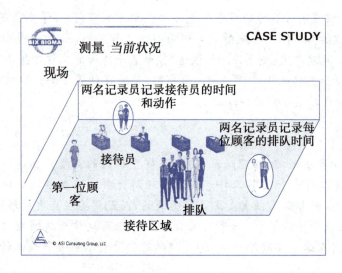

图9-10　现场状况图

当前状况

收集数据　见图9-11。

顾客等待时间(分钟)		接待员浪费的时间(秒)	
1	4.5	寻找表格	30,45,15
2	6	钢笔遗失	10,30
3	6.3	钢笔不能正常使用	20
4	1.5	回答电话	100,140
5	7	找零不对	200,50
Etc		等等	

图9-11　数据图

描绘数据　见图9-12。

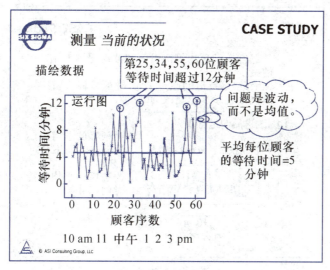

图 9-12 数据描绘图

三、分析(A)

当前过程
- 通常过程测量能提供大量分析的依据。
- 运行图表明在服务时间均值 5 分钟上下的大幅度波动是主要问题。
- 时间和动作观测识别了造成波动的具体源头。

四、改进(I)

过程
团队运用六西格玛工具来识别原因并消除造成时间浪费的源头。
人员
训练主管人员不要打扰接待人员工作。除非是紧急情况下。没有提出减少接待人员差错的措施。
方法
把电子表格和纸表格编入索引并组织起来。将材料的放置位置标准化。
材料
建立严格的材料补给程序。
设备
建立日常的保养计划。
改进过程
- 针对改进后的过程（相同的测量方法）进行试运行。
- 用 3 个小时记录 60 个顾客的数据，而不是 5 小时。
- 记录结果。

改进过程
试运行显示平均等待时间和波动得到大幅的减少。
但有 6 次等待时间超过了 5 分钟的目标。团队决定将顾客承诺改为 6 分钟，见图 9-13。

252 质量管理教程

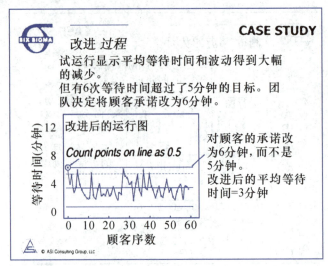

图 9-13 改进过程

改进过程

大量时间浪费源头被消灭,具体数据见表 9-7。

表 9-7 时间改进数据

服务延迟	平均时间(秒)	#	频数	总时间(秒)	
不能找到正确的表格	30	15	2	450	60
钢笔位置放置不得当	20	10	0	200	0
钢笔不能正常书写	20	5	0	100	0
接听电话	120	5	0	600	0
找不出零钱	100	5	1	500	100
主管人员打扰	60	6	0	360	0
收银机不能打开	180	2	0	360	0
钱数错	50	7	7	350	350
打印机缺纸	300	2	0	600	0
输入错误	15	12	12	180	180
改进后的总时间					690=0.19 小时

改进过程

- 平均服务时间从 5 分钟缩短到 3 分钟,从而可以将接待员总数从 250 人减少到 150 人。
- 公司减少了在招聘上的精力,减少了合同制员工数量。辞职、退休等因素将接待员总数减少到 175 人,而没有补充新员工。
- 提前 10 名高薪主管的退休时间,从而节约了 244 万美元。

- 顾客满意度的提升促进了业务量上升,在随后几年中实际收入比预计高出500万美元。

五、控制(C)

过程

保持成果！获得更多经济收益！
- 定期采样记录等待时间。
- 如果等待时间上升,重复时间和动作观测以识别潜在的问题源头。
  在新问题刚出现的时候就要设法解决。

观测

该项目虽然只是一个绿带领导的简单项目,但节约了240万美元并使收入增长500万美元。

黑带一般每年能进行2～4个项目。

"交易"项目可以产生50万～200万美元的节约。

10名黑带每年可以产生1 000万～4 000万美元的节约。

10名黑带的项目在实施后几年中,项目所产生的收入增长量会是成本节约的2～4倍(或0.2～1.6亿美元)。

总结
- DMAIC可以提高企业收入并降低成本;
- 六西格玛方式的部署和过程管理能保证持久的改进变革;
- 六西格玛已经在Allied Signal和GE分别存在了11年和9年;
- 六西格玛将会在众多公司中长保活力。

案例二 降低产品包装损伤的 6σ 管理方法

一家公司的产品包装存在缺陷,导致厂内及装运途中造成损伤,引起返工或退货,使顾客满意度下降。公司成立6σ项目小组应用DMAIC方法解决存在问题,既降低包装成本费用,又减少顾客的抱怨。

一、界定阶段

(1) 问题陈述:
- 托盘和箱子在工厂内或装运途中破损;
- 每个缺陷引起返工成本和顾客不满。

(2) 项目目标:
- 减少与包装破损相关的成本,目标是降低包装损伤成本费用25％以上;
- 用我们的产品和服务使顾客满意。

(3) 主要指标:
- 每星期因包装破损引起厂内返工的成本;
- 每星期因包装破损引起厂外退货的成本;
- 每星期包装破损的单位缺陷数;
- 每星期因包装破损引起的顾客抱怨次数。

项目小组成员:共10人(包括黑带)。

二、测量阶段

(1) 包装损伤的缺陷种类:
- 包装箱中的破洞;
- 托盘破损;
- 脱边;
- 包装箱上有污物;
- 倾斜;
- 箱上书写不当。

(2) 包装破损审查(见图9-14)。

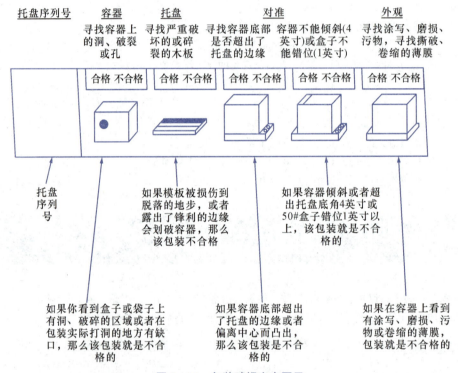

图9-14 包装破损审查图示

三、分析阶段

(1) 首先要了解现状、收集近期的主要指标,作图如下:
- 主要指标1:每星期工厂内部包装破损引起的成本(见图9-15);
- 主要指标2:每星期工厂外部包装破损引起的成本(见图9-16);
- 主要指标3:每星期包装破损的单位缺陷数(见图9-17);
- 主要指标4:包装破损引起的顾客抱怨次数(见图9-18)。

(2) 分析造成包装破损的原因,画因果图(见图9-19)。

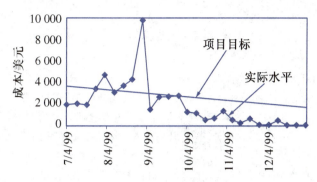

图 9-15 每周厂内包装破损引起的成本

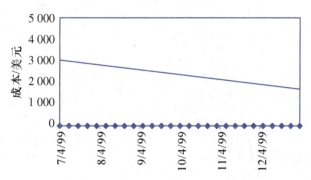

图 9-16 每周厂外包装破损引起的成本

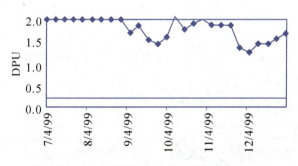

图 9-17 每周包装破损的单位缺陷数

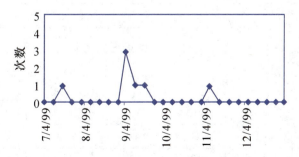

图 9-18 包装破损引起的顾客抱怨次数

256 质量管理教程

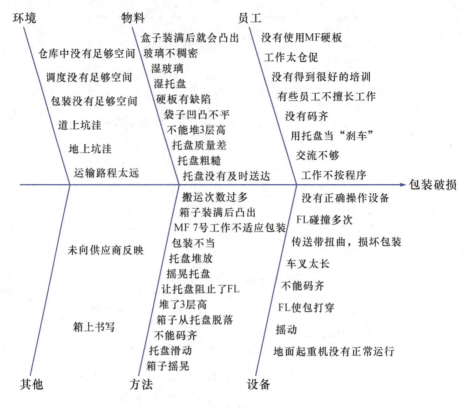

图 9-19 包装破损分析因果图

四、改进阶段

(1) 从上述的因果图上,通过进一步研究,列出如下一些输入变量 x 与输出变量 y 的关系,作 x-y 矩阵分析(见表 9-8,表 9-9)。

表 9-8 x-y 矩阵表

		1	2	3	4	5
输出变量(y)		容器没有洞	托盘无破损	外 观	可卸性	可存储性
输出等级		10	8	5	10	8
输入变量(x)				关 系 表		
进来的物料			6			
仓库管理				10		
存储空间		5		9	5	5
调度空间		10		9	5	5
托盘类型					5	5
大包装袋的使用寿命				9		

(续 表)

	1	2	3	4	5
输出变量(y)	容器没有洞	托盘无破损	外 观	可卸性	可存储性
输出等级	10	8	5	10	8
托盘强度		6		3	3
运输数量		6	6	6	
烘箱中托盘摆放		8			
强化的摇动周期		8			
烘箱序号					
烘箱末端空间		5	9		
摇动系数		10			
车叉对齐	10				
长 度		8	5		
托盘碰撞		7			
与托盘中心对准	10		9	10	10
码头类型		3		3	3
滑动托盘	6	10		3	3
道路状况		6			

表 9-9 矩阵分析

输出变量	顾客优先等级	输出变量	顾客优先等级
外 观	5	容器没有洞	10
托盘无破损	8		
可存储性	8	可卸性	10

输入变量	等 级	百分比(%)	输入变量	等 级	百分比(%)
烘箱序号	0	0.00	码头种类	78	3.63
大包装袋的使用寿命	45	2.09	强化的摇动周期	80	3.72
进来的物料	48	2.23	烘箱中托盘摆放	80	3.72
道路状况	48	2.23	摇动系数	80	3.72
仓库管理	50	2.33	托盘类型	90	4.19
托盘碰撞	56	2.61	烘箱末端空间	95	4.42

（续　表）

输入变量	等级	百分比(%)	输入变量	等级	百分比(%)
车叉对齐	100	4.65	存储空间	185	8.61
托盘强度	102	4.75	滑动托盘	194	9.03
长　度	120	5.58	调度空间	235	10.94
运输数量	138	6.42	容器与托盘中心对准	325	15.12

(2) 排列图与 x^2 检验。

- 第一层排列图：各种缺陷种类作排列图(见图 9-20)。

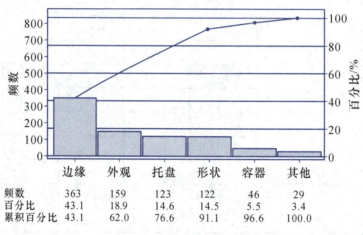

图 9-20　缺陷种类排列图

按包装有无缺陷分为包装合格与不合格，并作列联表的独立性检验，以判断合格与否和缺陷种类有无关联(见表 9-10)。

表 9-10　x^2 检验

缺陷种类	合格	不合格	总　计
容　器	449	46	495
托　盘	372	123	495
边　缘	132	363	495
形　状	373	122	495
外　观	336	159	495
其　他	466	29	495
合　计	2 128	842	2 970

$$x^2 = 714.673, DF = 5, p = 0.000$$

表明在 $\alpha=0.05$ 水平上,包装合格与否和缺陷种类有关,其中"边缘"造成的不合格最多。
- 第二层排列图:对"边缘"缺陷种类作排列图(见图9-21)及 x^2 检验(见表9-11)。

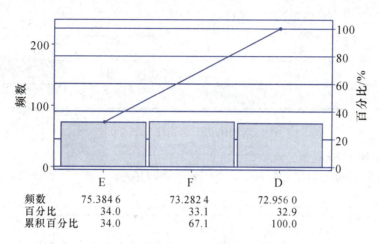

图 9-21　边缘缺陷种类排列图

表 9-11　x^2 检验

边缘缺陷种类	合　格	不合格	总　计
置于边缘处	164	331	495
超出边缘处	463	32	495
合　计	627	363	990

$$x^2 = 388.869,\ DF = 1,\ p = 0.000$$

表明包装合格与否和缺陷种类有关,其中置于边缘处最多。
- 对缺陷所在位置作排列图(见图9-22)及 x^2 检验(见表9-12)。

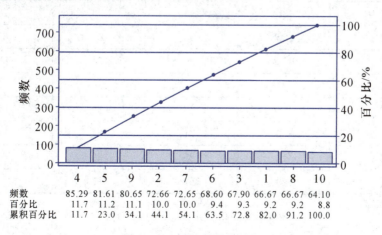

图 9-22　缺陷位置排列图

表 9-12 x^2 检验

缺陷位置	合 格	不合格	总 计	不合格百分比(%)
位置"F"	35	96	131	73.2824
位置"D"	43	116	159	72.9560
位置"E"	48	147	195	75.3864
合 计	126	359	485	

$$x^2 = 0.319, DF = 2, p = 0.852$$

表明包装合格与否和位置无关。

• 缺陷所在工作部位的排列图(见图 9-23)及 x^2 检验(见表 9-13)。

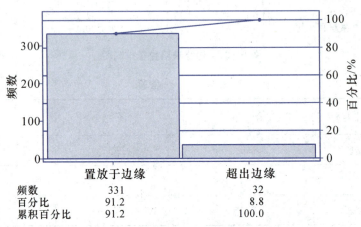

	置放于边缘	超出边缘
频数	331	32
百分比	91.2	8.8
累积百分比	91.2	100.0

图 9-23 缺陷所在工作部位排列图

表 9-13 x^2 检验

所在工作部位	合 格	不合格	总 计	不合格百分比(%)
C02	35	93	128	72.66
C03	26	55	81	65.90
C04	5	29	34	82.29
C06	27	59	86	68.60
C09	6	25	31	80.65
C05	16	71	87	81.61
C10	14	25	39	64.10
合计	129	357	486	

$$x^2 = 10.343, DF = 6, p = 0.111$$

表明包装合格与否和工作部位无关。

(3) FMEA 分析(见表 9 - 14)。

表 9 - 14 FMEA 分析表

序号	过程功能步骤	潜在失效模式	潜在失效后果	严重度	潜在失效原因(X)	频度	当前过程控制	不易探测度	风险顺序数
1	包装步骤								
2	寻找物料								0
3	储存物料	盒子湿了	箱子倒塌	4	门打开,屋顶有漏	7		10	280
		物料受污	损伤	6	地方拥挤	7		10	420
		来自叉车的脏物落到物料上	损伤	6	叉车不洁	7		10	420
4	板条箱包装								
5	装载托盘	容器与托盘不匹配	箱子上有洞	6	不能准确进行	9	操作不谨慎	10	540
		容器与托盘不匹配	可卸性问题	6	不能准确进行	9	操作不谨慎	10	540
		容器与托盘不匹配	箱子仓库倒塌	6	不能准确进行	9	操作不谨慎	10	540
		容器与托盘不匹配	不能装上卡车	6	不能准确进行	9	操作不谨慎	10	540
		容器与托盘不匹配		6	不能准确进行	9	操作不谨慎	10	540
6	装载容器	容器与托盘不匹配	箱子上有洞	6	不能准确进行	9	操作不谨慎	7	378
		容器与托盘不匹配	可卸性问题	6	不能准确进行	9	操作不谨慎	7	378
		容器与托盘不匹配	箱子在仓库中倒塌	6	不能准确进行	9	操作不谨慎	7	378

(4) 试验设计计划(见表 9 - 15)。

托盘加载荷后,其前纵樑易受损,引起了处理问题、外观问题和容器受损。希望通过试验,使托盘更加牢固。

相应变量：载荷。类型：定量。测量单位：kg。

表 9-15 试验设计计划

因 子	水 平(−)	水 平(+)
1 板厚度(英寸)	0.625	0.750
2 钉子数量	3	5
3 放置(英寸)	0	1/2
4 木质强度	白杨木	橡 木

试验设计采用 4 个因子的全因子试验，每个条件重复 2 次，共进行 $2^4 \times 2 = 32$ 次试验。
(5) 试验设计结果的图形分析(见图 9-24)。

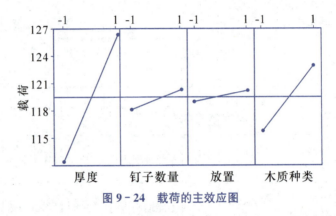

图 9-24 载荷的主效应图

对试验结果还可进行载荷的交互作用分析、载荷回归方程中系数估计及检验、载荷回归方程方差分析。通过重复试验，表明所得回归方程拟合程度较好。从方程中各项系数可找到最佳条件：
厚度采用 0.75 英寸，钉子数量为 3，木质采用橡木，放置为 0。
试验证明，优化后托盘承受载荷得到大幅度提高。

五、控制阶段

控制计划(见表 9-16)。

表 9-16 控制计划

对 象	描 述	对 象	描 述
R1	包装存储区域开展 5S 活动	R5	新的 50 号包装设计
R2	无差错托盘放置	R6	仓库升级
R3	托盘节省装置	R7	暂时路线卡
R4	新托盘设计	R8	叉车损伤标准

练习与思考

一、名词解释
(1) 6σ管理；(2) DMAIC过程。

二、填空题
(1) 美国_____公司是6σ管理的起源地，而6σ管理得以在美国乃至全球推广，还得归功于美国_____。
(2) 6σ管理的团队组建中，首创并培养_____、_____、_____、_____。
(3) 6σ管理的组织模式从层次分，有三个层次：_____、_____、_____。
(4) 6σ管理的三部曲是_____、_____、_____。
(5) 6σ管理项目选择的3M原则是_____、_____、_____。

三、单项选择题
(1) 当产品质量特性服从正态分布，且分布中心和规格的目标值有一个1.5σ偏差时，分布中心±6σ的范围外，产生不合格品概率为百万分之(　　)。
　　A. 23.3　　　　B. 3.4　　　　C. 621.0　　　　D. 668.03
(2) 6σ管理的指导层主要组成成员是(　　)。
　　A. 黑带　　　　　　　　　　B. 决策者
　　C. 黑带大师　　　　　　　　D. 绿带
(3) 6σ管理的分析阶段，要根据已发现的问题，寻找(　　)。
　　A. 原因　　　　　　　　　　B. 主要原因
　　C. 方案　　　　　　　　　　D. 计划
(4) 6σ管理改进阶段，要设计试验方案，一般采用的方法为(　　)。
　　A. 项目设计　　　　　　　　B. 正交设计
　　C. 技术设计　　　　　　　　D. 标准设计

四、多项选择题
(1) 在6σ管理项目分析中，要分析顾客需求，主要是分析(　　)。
　　A. 心理需求　　　　　　　　B. 产品需求
　　C. 生理需求　　　　　　　　D. 服务需求
(2) 6σ管理的驱动力是(　　)。
　　A. 经验　　　　　　　　　　B. 信息
　　C. 事实　　　　　　　　　　D. 数据

五、简答题
(1) 简述6σ管理的重要工作原则。
(2) 试述6σ管理项目评价的一级因素。

六、论述题
试述6σ管理的理念。

部分参考答案

二、填空题

(1) 摩托罗拉 通用电气公司 (2) 倡导者 黑带大师 黑带 绿带 (3) 领导层 指导层 操作层 (4) 组织 策划 改进 (5) 有意义 可管理 可测量

三、单项选择题

(1) B (2) C (3) B (4) B

四、多项选择题

(1) B,D (2) C,D

第十章

质量功能展开

学完本章,你应该能够:

(1) 明确产品质量的市场属性,在理解质量功能展开基本概念的基础上,明确它是一种市场导向的质量策略;

(2) 了解质量功能展开的发生和发展以及在实践中的广泛应用;

(3) 掌握质量功能展开的基本方法,能开展用户需求调查,由此进行需求质量展开、质量要素展开、制作质量表;

(4) 掌握计划质量和设计质量的确定方法。

基本概念

源流管理　聚类法　需求质量展开　质量要素展开　质量表　计划质量　设计质量

本章关于"质量功能展开"是一种市场导向的质量策略的内容,是正确和深刻认识质量功能展开的基础,也是质量功能展开的出发点和归宿。在此基础上,我们将介绍具体的质量功能展开的方法与步骤。其中,先介绍用户需求调查这一基础性技术,然后再逐步阐述需求质量展开、质量要素展开、质量表制作、计划质量和设计质量确定等方法。

> 源流管理:把顾客的需求转化为产品设计的各项特性指标和工序管理的各个环节,以形成一个以顾客为"源头"的实际"流程"。"源流管理"就是一种掌握顾客明确或隐含的需求,并对上述流程从前往后依次进行管理的思想。

第一节　质量功能展开概述

质量功能展开是一种把用户或市场的要求转化为设计要求、零部件特性、工艺要求、生产要求的多层次演绎的分析方法。

这一方法是由日本玉川大学教授赤尾洋二提出的,目前已经在质量管理的许多领域得到应用。本节将介绍质量功能展开的基本思想和实践。

一、质量功能展开——市场导向的质量策略

 根据美国和日本在设计阶段变更件数的比较,说明质量功能展开对促进产品设计的早期进行修改的前导性作用。

在质量管理的实践中,设计质量的保证一直是一个必须高度关注和全力解决的问题。根据产品的设计方案所设定的各种质量指标,在产品尚未生产之前,就预先提示了在生产过程中质量保证的难点和重点。其实,这些难点和重点已经蕴含在设计质量之中,只不过人们没有采用前瞻性的思维模式去预先发现和展示,这就使得质量保证产生很大的盲目性。质量管理基于设计质量,追求生产过程中质量控制重点和质量保证难点的前期确立及解决方案的预先制订,成为质量功能展开的一个重大促动因素。

这种质量保证难点的前期确定和解决方案的预先制订,还反映在问题的另一方面,即一旦发生难以攻克的难点和解决方案难以有效制订,那么反过来它又可促使设计质量、设计方案的重新修订。并且这种修订越早越好,这种修订越是发生在开始阶段,造成的损失就越小,如果根据预先的方案已经购置了生产设备,已经生产了模具再来更改,其损失是十分惨重的。这就从另一个侧面反映了质量功能展开的重要作用。质量功能展开的这种前导性作用所产生的经济效益是十分明显的。

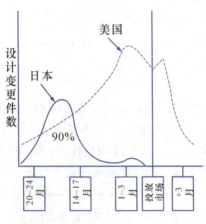

图 10-1 美国和日本设计变更件数的调查统计比较

图 10-1 中的横坐标由左向右以投放市场为界点,表示了时间跨越的月份数,纵坐标表示设计方案中变更内容的件数。

以汽车为例,它一般在投放市场前 3 年就开始计划,前 2 年开始设计。在日本,设计更改内容的 90% 在开发的初期就完成了,在投放市场后,不再更改,这种模式称为"前倒型"。而相比之下,美国是随着设计的进行,更改件数随之增加,超过最大值后,也即经过大量修改后,才投放市场。但是,在投放市场后,用户还是有不少的意见,还要进行为数不少的设计内容的更改,这种模式称为"后倾型"。这两种模式的优劣应该是不言而喻的。

 为什么说质量功能展开是一种将用户需求转化为产品概念,进而向具体设计阶段过渡的技术手段?

质量功能展开不仅是一种揭示继设计之后的生产阶段质量控制重点和难点的方法,而且又是一种将用户需求转化为产品概念,进而向具体设计阶段过渡的技术手段。这一技术手段,在用户的质量要求和设计方案之间构筑了跨越之桥,使这一过程从随意走向规范,从而使企业的质量策略从生产导向转化为市场导向,实现了重大的观念转化。这一方法不仅是质量功能展开对产品质量的有力技术支撑,而且又为质量功能展开的广泛应用提供了广阔空间,更为质量功能展开的进一步发展引入了新的促动因素。

质量功能展开的设想是由赤尾洋二在1966年提出的。赤尾洋二是日本玉川大学教授、工学部长,日本品质管理学会会长,日本科技联盟机关杂志《质量管理》编辑委员长。1976年以后,质量功能展开的应用报告和文献资料显著增多。1978年6月,水野滋和赤尾洋二出版学术专著《质量功能展开》。这一专著从全公司质量管理的角度介绍了质量功能展开的基本原理和方法。从此,日本进入了近10年的质量功能展开的推广应用,以制造业为起点,继而发展到建筑业、医院、软件产业及服务业。

图10-2描述了日本质量管理权威杂志《标准化和质量管理》、《质量管理》和《质量》历年刊登的有关报道质量功能展开的文献数目。从折线趋势看,质量功能展开越来越得到广泛应用,其取得的成果是不容置疑的。

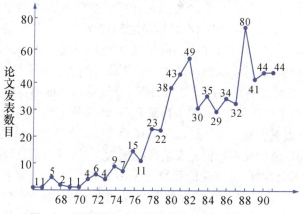

图10-2 与质量功能展开有关的论文发表数目

在图10-2中表明,1978—1988年的10年是质量功能展开推广应用的10年,具有十分重要的意义。

在10年推广的基础上,1988年赤尾洋二编写了《灵活应用质量展开的实践》一书,随后,赤尾洋二、大藤正、小野道照又编写了《质量展开入门》、《质量展开法——质量表的制作和练习》及《质量展开法——包括技术、可靠性、成本的综合展开》等著作。质量功能的理论和方法由此日臻完善。

在质量管理实际中,在术语应用方面,质量功能展开(QFD)包括综合的质量展开、狭义的质量功能展开。综合的质量展开又包括质量展开、技术展开、可靠性展开和成本展开。

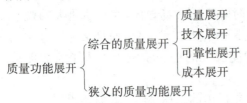

图 10-3 质量功能展开的组成

质量功能展开的组成可用图 10-3 表示。

对于质量功能展开,水野滋作了如下的定义:"用目的手段系列,将形成质量的功能乃至业务,以不同层次,展开到具体的部分。"

最先提出全面质量管理的费根堡博士,曾对质量体系作了如下的定义:"所谓质量体系,是指为了生产能够达到已设定质量标准的产品,所必需的管理及程序网络。"

显然,费根堡博士构筑的质量体系和质量功能展开是一致的。

二、质量的市场属性

1. 质量的市场属性

 如何理解质量起源于市场又归宿于市场的意义?

在"用户"和"市场"的需求基础上,建立一套完整的确定产品的设计要求、零部件特性、工艺要求、生产要求的"转化"方法,是质量功能展开的基本方法和显明特点。其次,设计要求、零部件特性、工艺要求、生产要求是产品质量的最基本的保证。于是,质量功能展开在"用户"或"市场"的"需求"与产品质量之间建立了一个科学的应对关系,并由此构建了质量的"保证环节"。因此,在介绍质量功能展开的具体方法之前,首先应对质量的"市场属性"进行分析,这对于深刻认识质量功能展开的实质是十分重要的。

马克思说:"不论财富的社会形式如何,使用价值总是构成财富的物质内容。""没有一个物可以是价值而不是使用物品,如果物没有用,那么其中包含的劳动也就没有用,不能算作劳动,因此不形成价值。"政治经济学的理论指出:产品质量就是产品的使用价值。商品具有两重性,即价值和使用价值。要使产品成为商品、成为财富,就必须使价值和使用价值统一起来。因此,对产品质量的研究一定不能离开产品的交换问题,特别是产品交换的实现问题。一个产品对质量指标的符合程度再完善,如果在市场上无人问津,那其质量水平只能说是低劣的。因此,人们必须探讨质量的市场属性问题,只有基于对产品质量市场属性的正确且深刻的认识,才能真正地使用质量功能展开方法,并取得实际成效。

质量起源于市场又归宿于市场,市场应该成为并且必须成为质量管理的基本出发点和落实点。质量功能展开正是在这一基本问题上产生了具有特色的提出问题、分析问题和解决问题的方法。因此从某种意义上而言,质量功能展开是一种"起源于市场又归宿于市场"的质量管理的科学方法。

质量的市场属性是指质量与市场因素的相关性,也可以说是质量取得市场认同的一致性。人们可以从以下几个方面来挖掘和展示质量的市场属性。

质量的市场属性一般表现在哪几个方面?

1) 质量的地域属性

质量的地域属性主要表现为产品的质量特性及其质量水平的因地而异,产品品质在不同的地域应该必须具有地域个性特色。例如,一辆在平原地区使用的轿车和在山岭和沙漠地区使用的越野车,应有和使用场合相适应的驱动机理和结构,一般车辆的前驱动或后驱动在一般平坦道路上行驶完全是合适的,但为了克服山岭和沙漠地区的恶劣的行车环境,有的越野车设计了4轮驱动机构,这种质量特性保障了行车的有效性和安全性。又如,在一般地区使用的车辆的轮胎和在冰天雪地里行车的车辆轮胎,其防滑的质量特性和质量水平显然也应该是不同的。如果在上述产品的设计方案中,在质量特性的确定中,无视这种地域差异,要生产出用户满意的产品是不可能的。

2) 质量的消费群体属性

根据营销管理的观点,消费群体是应该进行细分的,也即应该从不同的角度揭示消费群体的差异性,由此有针对性地开发产品。从质量管理的角度而言,应针对这种差异性,进行正确的质量特性及质量水平定位。消费群体的差异性表现为年龄、性别、家庭规模、家庭生命周期、职业、教育、收入、宗教、种族和国籍等等的差异。就以我国最基本的社会细胞——家庭的构成而言,三口之家已成为基本结构,已呈现子女在6岁以下、6岁以上、18岁以下以及18岁以上多种特征。而社会的职业身份也多种多样,如公务员、教师、技术人员、管理人员、厂长经理、工人、服务员、一般员工、个体经营者、离退休人员、待业人员、家庭主妇、学生等等。而消费群体的多侧面的不同属性将对产品及服务的质量特性和质量水平提出富有个性的要求,满足这种要求,必将大大提高顾客的满意度和忠诚度。上海三枪集团就十分重视顾客的不同年龄特征对产品的不同质量需求,如三枪内衣产品在原有针对中年女性为主的产品质量定位基础上,向年长和年幼两个方向扩展,专门为刚出生的宝宝设计了内衣,面料和款式都适合宝宝使用,并配以具有吉祥内涵的图案,为宝宝的成长赋予了最良好的祝福,从而使产品受到广泛的欢迎。

3) 质量的消费心理属性

产品的质量是由实物质量和附加质量组成的,因此是一种综合性的质量。顾客认同的质量是这两种质量的统一体,这种质量的统一体具有十分明显和敏感的消费心理属性。这种消费心理属性可以反映在社会阶层、生活方式、个性喜好等多个侧面,并且在产品实现其使用价值过程中发挥着潜意识的作用,一旦这一属性被顾客心理激活,必将使产品获得顾客的青睐与美誉。因此,这一属性在提高产品与服务质量品位方面是不可忽视的,这一属性从产品与服务参与市场竞争角度而言,绝对是不可或缺的。轿车的质量品位已不仅仅是轿车各项规格符合性指标所能体现的,它已成为轿车主人的财富、地位、权力的综合性的象征,因而必须以轿车长期积累的品牌魅力和整体形象产生的附加质量去迎合高层次顾客的心理需求。万宝路香烟以美国的西部风情和牛仔粗犷的风格,几乎征服了全世界的男子汉;而日本的沙龙香烟之所以为女士所青睐,不能不归功于其塑造了恬静、高雅和温柔的品牌形象和附加质量。

4）质量的消费行为属性

顾客的消费行为一般包括购买过程、使用场合、使用状况、使用频率、追求利益等方面。因此，产品和服务质量的消费行为属性一般表现为其以何种质量特性和水平适应顾客的购买行为和使用特点，从而使顾客的利益和追求目标得以实现。在录像机的生产历史中，曾经有过一段发人深省的经历，一家国际有名的录像机生产企业，历年来以推出新颖、高质的家用电子产品而著称，随着录像机新品的不断推出，录像机的功能也越来越"完善"，但价格也节节攀升。然而经过深入研究，人们却发现，平常的用户追求的并非"完善"而仅是实用，一次市场调查发现，绝大多数的用户，仅是将录像机用于放像而已，对于名目繁多、实在要花费一番周折才能弄懂的多种功能，其实是一种摆设，甚至是累赘。于是该公司调整了产品结构，加大了只有放像功能的单放机的生产和投放市场的比例，并且大幅度下降了价格，从而满足了顾客的需求。从质量特性的丰富性而言，不能说质量是下降了，但是从市场营销观点来看，哪一种质量堪称优秀应该是十分明显的了。

对于质量的市场属性的上述分析，使质量功能展开有了生动和广阔的活动空间，使"源流管理"得以深刻地挖掘和探索目标市场的特异个性，从而激发最具活力的设计激情和动力。从某种意义而言，质量功能展开离开了对质量的市场属性的深刻认识和广泛挖掘必将成为无源之水和无本之木。

从上述的分析可知，质量功能展开追求的质量目标应该是市场目标质量。在传统的目标质量的刻画中，只对产品和服务的质量水平和经济效益进行二元分析，这种分析，或是漠视了市场背景的存在，或是把市场背景固定化、静止化，因而是一种形而上学的分析模式。质量功能展开应在传统的二元坐标的基础上，再增加第三个坐标——市场属性坐标。这种三维的分析方法，使市场目标质量的追求，在质量水平和经济效益因素之外，再动态地考虑质量市场属性的变化，因此是一种更为符合客观实际的分析。这种分析的特点是对于某一确定的质量市场属性，可以讨论相应的质量水平和经济效益的两元关系，寻找最佳点，但这种最佳点是和确定的市场属性相对应的，因而具有明显的局限性。人们还必须深入地探究，当质量市场属性发生变化之时，质量水平和经济效益的新的变化趋势和出现的新的最佳点，从而为质量目标的确定提供更为广阔的背景和空间。

因此，质量功能展开是一种追求产品和服务质量更优化的市场策略。

2. 企业与市场关系的五个阶段

从学科范畴而言，质量功能展开属于现代质量管理，但在学科交融的今天，如果从营销管理的视角来审视质量功能展开，其和以市场为导向的观念是完全一致的，而这种认识对于有效地应用质量功能展开于质量管理实践是具有十分积极的意义的。

企业与市场的关系，经历了生产导向、产品导向、推销导向、营销导向、社会营销观念几个阶段。

在经济发展和社会进步的历史长河中，企业和市场的关系，曾经历了以下几个阶段。

（1）生产导向。这种观念认为，消费者要求产品价格低廉、随处可得到，因此努力组织高效生产，以取得广泛的覆盖面成为企业的唯一追求目标。

(2) 产品导向。这种观念认为,消费者要求高质、高端、富特色、多功能的产品,所以不断改进、完善产品,尽善尽美成为企业的主要任务。

(3) 推销导向。这种观念认为一般而言,消费者对某种产品的购买存在某种保留心理,不会足量购买,因此,企业必须大力开展推销活动,以求绩效。

(4) 营销导向。这种观念认为,企业必须正确确定目标市场的消费需求,在此基础上有效地设计和生产产品,并畅通地送达目标消费者,以满足其期望,由此超越竞争对手。

(5) 社会营销观念。营销导向忽视了消费者需要、消费者利益和长期社会福利之间的和谐,针对这一点,又出现了社会营销的观念。该观念认为,企业的根本任务在于确定目标消费者的欲望、需求和利益,在满足这些欲望、需求和利益的同时又要顾及社会利益并谋求可持续发展,以比竞争者更有效的方式实现消费者和社会发展的整体利益。

以市场为导向的营销观念曾被许多营销大师演绎得非常深刻:

"发现欲望,并满足它们。"

"生产你能够出售的东西,而不是出售你能够生产的东西。"

"我们不能只经销有能力制造的东西,而要学会生产能够销掉的产品。"

……

面对由于高新科技的迅猛发展而引发的消费结构与产品结构的一轮又一轮的急剧调整,市场在深深地呼唤企业应设计、生产、提供能高度满足需求的产品和服务,在这一背景下,这些基本定型于 20 世纪 50 年代的市场营销观念的核心理念被企业家广泛接受并付诸实践是毫不奇怪的。而这种核心理念必定在管理领域,特别在质量管理领域促发新的思考,而质量功能展开作为沟通市场与产品及服务的桥梁被广大企业所接受,实在是顺理成章、合乎自然的。质量功能展开从某种意义上说,正是这种核心理念触发的思想成果。

质量功能展开方法生动地体现了现代设计方法论的思想,其主要体现在哪几个方面?(请注意本部分内容,可在学完整章之后再来体会。)

3. 现代设计方法的体现

诚然,质量功能展开并不等同于营销管理,它是一门独立的具有自身基本特点和方法的学科。这种方法生动地体现了现代设计方法论的思想,其主要有以下几个基本特点。

1) 质量功能展开是系统的分析和构建

质量功能展开把考虑对象视为一个开放的系统,于是在实际运作中生动地体现了系统论的 5 个特征,即整体的集合性、元素的相关性、环境的适应性、协同的目的性、有序的层次性。质量功能展开的过程实际上是一个系统的构建过程。质量功能展开首先以市场为系统的外部环境,以消费需求调查以及用户反馈意见为系统和环境的结合部分,从而使系统富有来自市场实际的"源流",为系统的激活催生了生动的活力。接着,在系统内部又有质量展开、技术展开、成本展开、可靠性展开 4 个子系统,在这 4 个子系统中,如质量展开中,又进一层次地展开为需求质量、质量特性、质量计划、质量设计这相互联系、相互制约的

4个元素,再进一层次又建立功能、机构、零部件的联系;在其余3个子系统中同样进行相同的系统展开、树形分析。上述5个特征在运作过程中,生动地得以实现。

2) 质量功能展开是信息的传输和加工

诚然,质量功能展开的源流首先是市场需求,而实际上在质量功能展开的运作过程中,凡是对产品设计质量提高、工序控制强化具有积极作用的信息都可视为源流的组成部分。这就彻底地坚持了唯物辩证法的基本思想路线,充分发挥了信息论中实事求是、从实际出发、以事实为基础的特点和优点。质量功能展开构建了本系统与外系统、系统与子系统及子系统之间的信息传输和加工的机制。消费者需求就是信息的源流,进入系统后即被加工转化为品质需求语言信息,再通过质量表加工转化为质量因素等等。这种信息的传输和加工,使信息输出相对于信息输入而言具有质的提升和飞跃,将为质量管理提供新的活力。

3) 质量功能展开是整体性和离散性的统一

对客观事物的认识贯穿着分析和综合的矛盾。这种矛盾在质量功能展开中表现为整体性和离散性的统一。质量功能展开首先把市场需求进行离散分析,把一个整体分解为局部,一般分解为三个层次项目。表面上,这把简单转化为复杂了,但是舍此,无以深刻把握认识市场需求。由此,再抽取质量因素,进而确定各个零部件的质量特性设计。正是由于对零部件的质量特性的正确把握,使产品整体的适用性得以实现。这种整体—局部—整体的矛盾运动,使产品与服务的整体质量的全面提高得到了保证。

4) 质量功能展开是功能实现的保证

质量功能展开是以"功能"实现为基本目标的,这也是现代设计方法论的基本目标。一个产品与服务的价值所在正是能以"功能"满足需求,消费者的需求是功能的需求,而不是"物"的需求,这一点在"价值工程"领域得到了深刻的挖掘和展现,而质量功能展开也充分地体现了这一思想。

三、质量功能展开的应用

1. 日本质量功能展开的应用实践

日本拥有质量功能展开领域的第一流专家,理论研究和应用实践相互促进和推动,使质量功能展开的应用成果不断涌现。

自从1966年提出质量功能展开的设想,经10余年的推广,至1976年应用报道和文献资料开始明显增多。从应用成果来看,主要集中在两个方面:一是关于质量保证;二是新产品开发、设计、研制。日本的质量功能展开应用的又一特色是以"用户满意"为"源流"来开展活动。

2. 美国的质量功能展开的应用实践

美国是从日本传入质量功能展开的理论和方法的。在20世纪80年代,美国和日本的竞争日益激化,美国的工业危机感逐步强烈,因而也产生了吸取日本先进质量管理技术的兴趣。1981年,以石川馨为主编的《日科技联》成员应邀来到美国,对美国企业的质量管理予以现场指导,给美国带来了质量功能展开的观念和方法。由此美国开展了广泛的质量功能展开的应用实践。

质量功能展开在其他地区的应用

（1）质量功能展开在欧洲。欧洲于1981年开始关注设计质量管理，但从总体上看，直到20世纪80年代末也尚未对质量功能展开予以重视。在1985年，意大利的Galganol & Associati首先开始了质量功能展开的介绍工作，他们不仅在意大利，而且还利用全欧洲所有重要的研讨会、发表会的机会，宣传推广质量功能展开。

（2）质量功能展开在巴西。巴西的质量功能展开是在日本海外发展协力团和日本科技联的帮助下导入的。其中大藤正教授先后6次赴巴西讲学指导。

（3）质量功能展开在我国台湾地区。台湾地区以赤尾洋二教授首次赴台湾讲授质量功能展开，以及他的著作在台湾出版发行作为契机，于1985年首次系统介绍质量功能展开。1988年起，台湾加大了推广力度，使质量功能展开逐渐为企业所采用。

（摘自张公绪、孙静主编．新编质量管理学（第三版）．高等教育出版社，2003年）

3. 质量功能展开在我国的传播和实践

我国质量功能展开与西方国家相比，差距主要表现在哪些方面？

1994年6月，国家技术监督局质量司邀请日本质量管理专家赤尾洋二来华讲学，介绍由其首创的质量功能展开原理和方法，这是质量功能展开在我国传播的新起点，在此之前，仅有零星的资料被有关人员翻译成中文，影响不大。1995年，赤尾洋二再次来华讲学。1996年7月，大藤正教授来华与北京科立特管理咨询公司共同举办讲习班，全面系统地介绍了质量功能展开原理和方法。在我国颇有影响的《上海质量》杂志，刊登了质量功能展开的介绍文章，推动了质量功能展开的应用。

面对经济全球化和国际竞争激烈的形势，老产品改造和新产品的开发一直是我国企业生存和发展的常新主题，要培养一大批设计创新人才，其必须以先进设计理念为先导、以科学方法为手段，而质量功能展开正能为这类人才的培养提供先进科学的支撑。质量功能展开把产品设计开发乃至生产过程的质量控制的各个环节和方法予以程式化和规格化的分析和展示，并且采用针对产品质量、成本和可靠性的多元设计手段，对于结合企业实际、推出具有竞争力的新产品具有积极促进作用。

同时，质量功能展开能有效地把产品设计和生产中的技术要求和管理方法予以沟通，以质量管理手段提供技术达标的保证。质量功能展开从产品的市场需求出发，继多目标、手段的系列展开，抽出了关键技术和重点工序。这就为关键技术和重点工序的呈现，从而采用有效管理的手段提出解决方案，以确保技术的有效性和工序的稳定性，这无疑能达到向管理要质量、向管理要技术、向管理要效益的目的。

质量功能展开由于基于"源流管理"的理念,以市场为唯一的起点和归宿,因此,尽管从学科范畴而言它是属于质量管理,但从其本源而言,它和营销管理的理念是完全一致的。这就打破了学科的界限,构建了学科交叉和融合的框架,从而达到了优势互补的目的。而这种融质量管理和营销管理为一体的理念正是我国企业十分缺乏和必须大力培育的。质量功能展开的推广无疑将发挥十分积极的作用。

第二节 质量功能展开的基本方法

本节将具体介绍质量功能展开的基本方法,介绍的重点是作为质量功能展开基本一环的用户需求调查的方法以及需求质量展开、质量要素展开和质量表等内容。

一、用户需求调查方法

如前所述,顾客的需求是企业生产和经营的出发点和归宿,离开了顾客需求,企业的生产和经营将成为"无源之水"、"无本之木",同样,离开了顾客需求,企业提供的产品或服务的社会价值将无法实现。这正是"源流管理"思想的基本内涵所在,而质量功能展开正是"源流管理"思想的生动体现,用户需求调查则是质量功能展开的第一项重要工作。

1. 消费需求调查计划书的制订

消费需求调查计划书是设计和组织调查的业务文件,是对调查总体及各个环节的一个统筹安排方案。调查计划书包含以下内容:

(1)调查目的。根据质量功能展开的具体对象,我们可以确定调查的目的。调查目的是开展及评价各项调查活动的依据。它不能笼统、模糊,应该具体、明确,并且完整。

(2)调查内容。根据调查目的,我们可以确定调查所要涉及的信息的范围及各个方面,也就是调查内容。调查内容应该涉及消费需求的各个方面,力求完整,但也要根据质量功能展开的具体对象,突出重点。例如为了开发节能灯具的新品种,除了调查家庭用户的消费需求外,还应了解企事业单位、公用设施、宾馆、餐厅、市容景观等不同用户对节能灯具的消费需求,针对性地开展质量功能展开,开发新品。

(3)调查方法。质量功能展开调查的重点对象应是最终用户,因此比较常用的调查方法应是采用询问调查方法,如街头访问、入户访问、座谈访问以及专访、深度面访等方法。

(4)调查样本。调查样本主要包括两个方面,一是样本的数量,没有一定的样本量不足以保证调查结果的精确性;二是样本的配额,即样本的选择要涵盖各种不同层次、类型的消费用户。例如某种消毒水的调查,不但要访问家庭用户,还应访问单位餐厅、各饮食行业单位等等,这样,调查结果才有广泛的代表性。

(5)调查的实施。在调查计划书中,应对调查实施过程中的组织体系、人员配备作出明确规定。

(6)调查日程。调查计划书应给出调查各个环节的日程安排,唯有按照精密安排的日程开展调查,才能保证调查的时效性和高效率。日程安排可以用进程表的形式,在每一项调查活动对应的时段用阴影线标志,这样就十分清晰、一目了然。日程安排也可用网络图的形式,重要的时间节点用圆圈表示,各时间节点之间连上带着箭头的线,并标上具体工作和时段长短。采用这种方法,能清晰地表示关键路线,使各项工作首尾相接、有条不紊地开展。

(7) 调查经费。为确保调查的顺利开展,应对调查经费做出预算,经费开支应坚持经济性原则,节约开支、提高效率。

2. 调查的资料收集方法

质量功能展开的消费需求调查主要采用原始资料和现成资料收集的方法。资料收集方法有多种形式。这里,针对质量管理的特点,着重介绍以下几种方法。

(1) 使用者调查。使用者调查实际上针对两类消费者,一类是现实消费者;另一类是潜在消费者,从这两类消费者中都能获得有价值的开展质量功能展开的信息。使用者调查一般采用直接询问的问卷记录的方法,这是一种最有效、最直接的收集信息的方法。

(2) 使用者不满、抱怨、投诉、索赔信息。使用者对产品和服务的负面评价,对产品质量改进和新品开发具有重要意义。这种负面评价的表现形式从程度而言,可以分为不满、抱怨、投诉和索赔等等。一旦出现索赔要求,表明产品质量已经发生严重问题,企业应予以高度关注,从中可以取得大量消费者未满足或未完全满足的信息。投诉、索赔记录一般已成为企业质量跟踪系统的一个重要组成部分,只需调用现成资料就可得到。

(3) 使用者意见咨询卡。使用者意见咨询卡一般是产品出售和提供服务时要求使用者记录使用实况,并反馈意见的一种调查表。这种意见咨询卡需要建立使用者联系制度,如疏于管理,则使用者主动反馈的比例会较低。

(4) 公司内部信息。公司内部信息是一种公司在日常业务活动和管理活动中积累起来的现成资料,应用得法,可以节省大量人力和物力。

(5) 媒体资料。随着社会进步,媒体的形式呈现多样化,除报刊、杂志、文摘等等以外,因特网广泛普及使信息沟通的渠道大为拓展。在质量功能展开的消费需求调查中,特别要重视商业类、经济类、管理类、科技类信息的收集。

3. 调查的问卷设计

1) 问卷设计的程序

问卷设计的步骤如下:

(1) 列出清单。具体细化调查内容的每项要求,提出可以直接调查的信息目录,再汇总成调查资料清单。

(2) 初定问题。调查是以提问形式进行的,应把资料清单的每一项转化为一个或多个初步的问题,还要提出提问的形式,比如是封闭题还是开放题、有提示还是无提示等等。

(3) 初拟问卷。把初步提出的问题进行认真推敲和修改,根据先易后难;先封闭、后开放;先事实、后态度等原则编排成初步问卷。

(4) 斟酌修改。对问卷结构进行反复斟酌和推敲,特别注意各问题之间的逻辑结构的合理性。

(5) 模拟问答。对于问卷的初稿,要进行模拟问答,即由部分人担任访问员,部分人担任被访者,配成问答组,一问一答。在这一过程中,一般会暴露问卷在统一性、逻辑性、易读性、易统计性诸方面的不足和不够完善之处。如题意不明、用语不通顺等等,应立即予以修改和完善,在此基础上再确定最终问卷。

(6) 定稿复印。最终问卷完稿后,即可复印。

2) 问卷中的背景资料

在问卷中除了关于消费需求方面的内容之外,还应列入被访者的背景资料,这些资料为消费者的市场细分提供依据,对于质量功能展开的产品或服务的消费者群体的多层次分析是十分必要的。这些资料可包括以下几个方面。

(1) 个性方面,如:年龄、性别、职业、文化、经济、婚姻、家庭等。

(2) 地域方面,如:上海及各区;华东、华南、西南、西北各地区;城市、乡村、沿海及西部等等。

(3) 心理方面,如:性格、生活习惯、生活方式等。

(4) 社会方面,如:社会阶层、职位层次等。

(5) 行为方面,如:首次购买消费者、再次购买消费者、消费数量、消费场合等。

4. 调查问卷的例子

这里选用了日本在开展质量功能展开时进行消费需求调查的问卷,该问卷对于日本开展调查时的深入细致的特点和关注的焦点有较好的体现。

[例 10 - 1] 有关一次性打火机的调查问卷(见表 10 - 1)。

请回答以下的问题,在选中的项目上打"○",并请填写表格,不清楚的地方不填写也不要紧。

表 10 - 1 调查问卷表

性 别	1. 男性 2. 女性	年 龄	岁
职 业	1. 公司职员(事务类) 2. 公司职员(技术类) 3. 公务员 4. 工商个体经营 5. 农业 6. 渔业 7. 自由职业 8. 学生 9. 主妇 10. 其他			
是否已婚	1. 未婚 2. 已婚	孩子的年龄	1. 没有高中生以下的孩子 2. 有学龄前的孩子 3. 有上小学的孩子 4. 有上中学的孩子
购买的商店	1. 车站的商店 2. 文具店 3. 百货商店 4. 杂货店 5. 其他			

(1) 有无买过一次性打火机?

(a) 买过 10 次以上 (b) 买过几次 (c) 没买过

(2) 现在您有几个打火机?

(3) 在用打火机点烟时,您联想到什么场面?

(如感到"啊……真是帅极了"等场面)

①	
②	
③	

(4) 您是注重什么而购买打火机的?

①	
②	
③	

(5) 您认为怎样的打火机是优质的?

①	
②	
③	

(6) 对以前购买的打火机有什么为难与不满吗?如果有请写出来?

①	
②	
③	

[例10-2] 有关100日元打火机的调查问卷。

请回答下列问题:

(1) 使用100日元打火机时,您联想到什么场面?

(如感到"啊……真是帅极了"等场面)

① 在烟雾缭绕中一个人喝酒

② 运动后抽烟休息片刻

③ 沉于思考时

④ 一边聆听钢琴

⑤ 靠在沙发里

⑥ 细雨绵绵中,边淋着雨边点着了火

⑦ 一手执着桌球杆休息片刻

(2) 买100日元打火机时最注重什么?

① 燃气不泄漏

② 手感舒适

(3) 您认为怎样的100日元打火机是优质的?

① 强风中火也不灭
② 手感好,可爱
③ 色彩鲜艳
④ 电子点火
⑤ 燃气不泄漏
⑥ 每天可以变换心情
⑦ 火焰颜色能改变
⑧ 价格稍高但有高级感
⑨ 带有放大镜

[例 10-3] 有关无线电控制器的调查问卷。

这一问卷调查了 3 家公司生产的无线电控制器的适用性质量及各质量特性的消费者重要度。对于适用性质量及消费者重要度均采用 5 级量表的形式,被访者只需在 5 级量表上填入圆圈即可。

无线电控制器的调查问卷

问题有下列两种,有基准项目及回答栏,请同时回答。

问题 1：购买无线电控制器时,所买产品的厂牌是否起决定作用,在表 10-2 内记入判断基准项目,依您的判断觉得很重要的,请于回答栏Ⅰ填入"○"。

问题 2：您目前使用的产品是哪家厂牌呢？

请于下面括号内填入厂牌名称。

X 公司……厂商名称（　　　　）
Y 公司……厂商名称（　　　　）
Z 公司……厂商名称（　　　　）

对于各个厂牌,请按您认为的好坏程度于回答栏Ⅱ填上"○"(见表 10-2)。

表 10-2 调查统计结果

基准项目	回答栏Ⅰ 毫无影响　不影响　都可以　有影响　影响极大	回答栏Ⅱ 非常差　差　还好　好　非常好
携带方便	1　2　3　4　5	X　1　2　3　4　5 Y　1　2　3　4　5 Z　1　2　3　4　5
……		

对于每一项目,统计结果的黑点位置由所有问卷的该项指标的平均得分决定。见表 10-3。

表 10-3 问卷统计结果

项 目	重要度(问题Ⅰ)	评价(问题Ⅱ)
1. 携带方便 2. 操作不累 3. 容易掌握操作 4. 可轻松地操作 5. 困难的事也可以做 6. 性能稳定 7. 性能好 …… 14. 外表极好 15. 外形设计佳 16. 不做错误动作	低　　　　　　　高	差　　　　　　　好

索赔信息记录的实例

(1) 对于以前购买的 100 日元打火机有什么为难与不满吗?如果有请写出来。
① 3 个星期燃气就没有了
② 突然不能使用,很伤脑筋
③ 虽有燃气但不能使用
④ 到了高处就不能使用
⑤ 火焰变大了就不稳定
(2) 索赔信息记录(见表 10-4 的索赔信息记录表)。

表 10-4 索赔信息记录表

No	年/月/日	索赔事例	备 考	年龄	职业	性别	销售地区	对 策
1	1996/12/01	落入水中不能再用	掉落在脸盆中	36	工作人员	男	东北	分析实物未解决
2	1996/12/23	燃气泄漏	批质量不佳	—	—	—	—	调整管道紧固性后解决

（续 表）

No	年/月/日	索赔事例	备 考	年龄	职业	性别	销售地区	对 策
3	1996/01/12	刚买来打火石就落下	落在路上	23	办公室小姐	女	东京	改善缝隙，将1米的下落强度改为2米
4	1996/03/10	燃气泄漏	批质量不佳	—	—	—	—	再次调整管道紧固性后解决
5	1996/04/22	接头处不紧	无燃气泄漏	42	医师	男	关西	改进接口强度，情况不详，未解决
6	1996/05/05	有气但点不着火	无打火石	36	公司职员	男	静冈	变更打火石和接头处部件的缝隙规格后解决
7	1996/05/12	刚买来打火石就落下	不知不觉间掉落	45	公司职员	男	关西	将固定打火石的钩子变更了0.2 mm
……								
212	1999/02/11	弄脏了衬衫口袋	打火石的黑污	36	公司职员	男	东京	根据实物分析，结果是打火石的污垢，无对策
213	1999/03/03	燃气持久性不好	一个月	20	办公室小姐	女	东京	分析实物后，确认为使用频率过高引致
214	1999/03/10	燃气泄漏	批质量不佳	—	—	—	—	调整日常强化检验管道后解决
215	1999/04/29	打火机机身有裂痕	无燃气泄漏	25	公司职员	男	关西	观察了实物但情况不详

5. 消费者明确或隐含质量的调查

在思考基础上举出一个"魅力质量"与"理所当然的质量"的例子。

在质量功能展开的消费者需求调查中，一种富有特色的方法是从"明确"和"隐含"两个角度，深入挖掘消费者的深层需求，以了解消费者心目中的"魅力质量"和"理所当然的质量"。"魅力质量"是指产品或服务的某种质量特性，如果不充足，并不影响产品的使用，也不违背有关标准，但如果这一质量特性得以充分满足，则会使其"魅力"大大增加，消费者的满意程度大大提高，所以"魅力质量"表示的是消费者的一种潜在的隐含的需求。而"理所当然的质量"是指产品和服务的某种质量特性，是消费者要求必须具备的，如果这一特性不充足，则消费者会十分不满意，而其充分具备，消费者认为是理所应当的事情。例如，一种书写笔，其能流利地书写，是消费者对其的基本需求；一种书写笔，如果"流利书写"也不能保证，消费者必定会十分不满意，能够"流利书写"被认为是理所当然的事情。所以，这一质量特性反映的是"理所当然的质量"。而书写笔上附有的时间显示功能这一质量特性，有之，消费者满意度会有明显增加；无之，也不失为仍是一支书写笔，这就是"魅力质量"。能从这两个角度进行深入探讨，无疑将大大加深对产品或服务的消费需求的理解，对于质量功能的深入展开具有十分积极的意义。

传统的对质量的认识，是对某一质量特性的一元化的认识，其可以用图10-4来表示。

图 10-4 质量特性的一元化认识

而"魅力质量"和"理所当然的质量"是一种质量特性的二元化认识方法，图10-5形象的表示了这种方法。

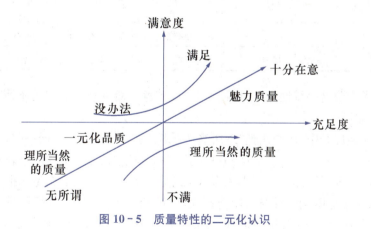

图 10-5 质量特性的二元化认识

在魅力质量曲线上，当质量特征充足度提高时，满意程度快速提升，而当充足度下降时，满意程度缓慢下降。而理所当然的质量曲线呈相反的变化动态。

图 10-5 中的对角线表示了一元化认识的方法,随着质量特性充足度的提高,满意程度也同时相应提高,质量特性与满意程度呈线性关系。而左上方的曲线表示魅力质量,当质量特点充足度提高时,满意程度快速提高,而充足度下降时,满意度的下降则是相对缓慢的。而理所应当质量曲线则呈现相反的变化动态。

可采用如下的调查问卷样式对"魅力质量"和"理所当然的质量"进行调查,表 10-5 是一张冰箱制冷特性的调查表。

表 10-5 满意度征询表

项目	性能充足度	顾 客 满 意 度				
冰箱制冷性	制 冷	很满意	满意	无所谓*	不满意	很不满意
	不制冷	很满意	满意	无所谓	不满意	很不满意*

注:* 表示被访者的意愿

从表 10-5 可见,对于"冰箱制冷"这一质量特性,如果充足即能制冷,在消费者看来是理所当然的,不会表现出非常满意的热情,是一种"无所谓"的态度,故在第一行的"无所谓"中标上了"*"号;而对于"冰箱制冷"这一特性,如不充足即不能制冷,则消费者会"很不满意",故在第二行的"很不满意"上标上"*"号。显然,这是一种"理所当然的质量"。

对于"冰箱门上有温度显示"这一创意,消费者是不是也认为是一种"理所当然质量"呢? 可以进行同样的调查,表 10-6 就是一张征询表。

表 10-6 满意度征询表

项目	性能充足度	顾 客 满 意 度				
冰箱门上有温度显示	显 示	很满意*	满意	无所谓	不满意	很不满意
	不显示	很满意	满意	无所谓*	不满意	很不满意

调查结果表明这一特性充足时,顾客会"很满意";而不充足时,"无所谓"。这显然是一种"魅力质量"。

在质量功能展开中,还采用把"理所当然质量"和"魅力质量"在同一张调查结果汇总分析表上表示的方法。表 10-7 就是一张这样的表格。在表中,"△"号表示"冰箱的制冷"质量特性是"理所当然的质量",其位于"充足—无所谓"和"不充足—很不满意"的交叉处,其意义是十分明确的;同样,用"☆"表示"冰箱门上有温度显示"质量特性是"魅力质量",其位于"充足—很满意"和"不充足—无所谓"的交叉处,其意义同样是十分明确的。

对消费者需求,区分"理所当然的质量"和"魅力质量"是十分有意义的。实际上,了解"理所当然的质量"是质量保证得以实现的前提,而确定"魅力质量",是产品和服务取得市场竞争胜利的条件。

表 10-7 调查结果汇总分析表

充足＼不充足	很满意	满意	无所谓	不满意	很不满意
很满意			☆		
满意					
无所谓					△
不满意					
很不满意					

二、需求质量展开、质量要素展开、质量表

1. 质量功能展开简图

 结合图 10-6 说明从市场需求出发的质量表的制作过程。

质量功能展开可由图 10-6 明确地表示。

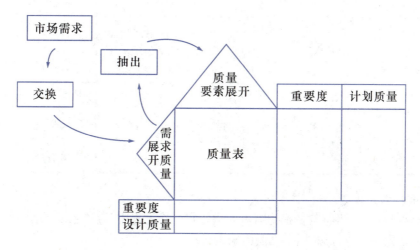

图 10-6 质量功能展开简图

图 10-6 明确地展示了质量功能展开的基本步骤,即从市场需求出发,经过语言变换,进行需求质量展开,由需求质量抽取质量要素,进而进行质量要素展开,由此制作质量表。质量表与计划质量及其重要度和设计质量及其重要度密切相关。

下面按照这一程序,结合一个打火机的质量功能展开的实例,一一予以介绍。

2. 变换语言信息

在进行打火机的消费需求市场调查的过程中,可以收集到大量的消费者需求信息,把这种原始资料按一列记录在表格中,并横向在同一行中,记录直接可以想象的场景,进而再在横向同一行中,用清晰的语言记录作为要求项目。

原始资料、场景和要求项目有什么联系？又有什么区别？

表 10-8 就是一张由打火机消费者需求调查得出的原始资料变换成要求项目的表格。

表 10-8 原始资料变换成要求项目实例

No	被访者		原 始 资 料	场景 WHO WHERE WHEN WHY WHAT HOW	要 求 项 目
	性别	年龄			
1	男	21	强风中火也不灭	在高尔夫球场休息片刻 去山里郊游时 在雨中的车站里	强风中火也不灭 在山上也确实能点火 在山上火焰也很稳定 在雨中确能点着火 在雨中也难以熄灭 的确能点火 火焰很稳定
2	男	21	手感好、很可爱	在聚会中 能放在小口袋中带走	色彩鲜艳 可爱的设计造型 小型
3	男	21	品质好	一边听爵士乐一边喝酒 一边沉思一边喝酒	高档 点火声好听 合上盖子的声音好听
4	男	21	电子点火		打一下就点得着
5	男	21	耐久性好	掉落在雪地上 没有燃气就一扔	耐久性 不会坏 一次性

3. 变换需求质量

根据要求项目，再将其变换为需求质量。在变换过程中，应注意以下各点：

(1) 首先一个人考虑，用自己的话来定义；
(2) 对要求项目持怀疑的态度；
(3) 不要对抽取的需求质量的好坏加以评价；
(4) 对于抽取的需求质量最好接近使用者立场；
(5) 尽可能从一个要求项目中抽取一些需求质量；
(6) 通过改进他人抽取的需求质量以及组合其他几种需求质量来制成新的需求质量；
(7) 研究需求质量中是否有矛盾点；
(8) 研究是否是局限于现有产品的范围内来考虑需求质量的；
(9) 从要求项目及其背景中进行推测、类推和抽取；

(10) 和其他人讨论需求质量。

结合表 10-9 的内容,指出要求项目和需求质量的联系和区别。

表 10-9 给出了打火机消费者的要求项目转换为需求质量的结果。

表 10-9 要求项目转换成需求质量的结果

No	…	要 求 项 目	需 求 质 量
1	…	强风中火也不灭 在山上也确实能点火 在山上火焰也很稳定 在雨中确能点着火 在雨中也难以熄灭 的确能点火 火焰很稳定	在强风中也能点火 在强风中火焰也很稳定 在寒冷处也能点火 在寒冷处火焰也很稳定 在雨中也能点火 在雨中火焰也很稳定 的确能点着火 火焰很稳定
2	…	色彩鲜艳 可爱的设计造型 小型	能选择喜欢的颜色 可爱的颜色使用 可爱的设计 能置于手心 能放入口袋里
3	…	高档 点火声音好听 合上盖子的声音好听	使用精致的色彩 使用质朴的色彩 点火声音好听 合上盖子的声音好听
4	…	打一下就点得着	一只手就点得着火 轻轻触击就能点火
5	…	耐久性 不会坏 一次性	掉落地上也能使用 耐重击 耐用 落在水中也能使用 能扔入垃圾箱

4. 质量的聚类和需求质量展开表

聚类方法的一般步骤。白、蓝、红卡片各表示什么意义?

在质量功能展开中,需要对需求质量进行聚类。聚类采用卡片法,具体步骤如下:

第一步,将内容相同或相近的需求质量进行归并或删除,把能独立存在的每一项需求质量写在一张白色卡片上;

第二步,将意义或内容相近的若干张白色卡片归为一类,标以蓝色卡片,并写上能够表达这一类意义的名称;

第三步,将若干张意义或内容相近的蓝色卡片归为一类,标上红色卡片,并写上能够表达这一类意义的名称。

完成上述步骤后,应检查以下各项:

(1) 检查是否将写在卡片上语言都已进行了归纳。

(2) 检查是否存在游离在外的卡片,如果有的话,要考虑需求质量的意思,再进行归类。

(3) 检查代表归类的需求质量名称和下层需求质量名称是否重复。

(4) 检查红色和蓝色卡片上的语言表达是否简练,以及是否包含了质量要素和特性数值。

图 10-7 就是一张聚类过程记载的表格,从与聚类相反的过程考虑,实际上就形成了需求质量的展开表。

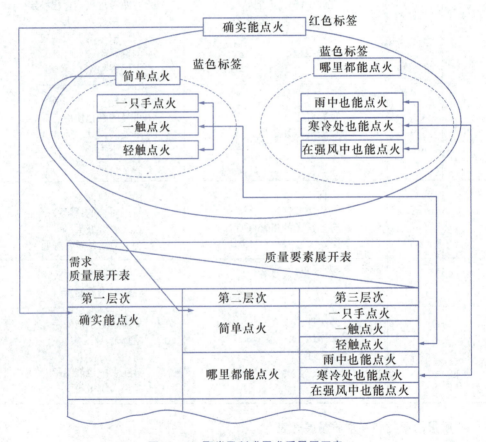

图 10-7　聚类及制成需求质量展开表

5. 质量要素的抽取,质量要素展开表的编制

需求质量和质量要素有什么联系与区别？质量要素一般有哪些方面？

1) 质量要素的类型

接着,还要从需求质量中抽取质量要素,然后再编制质量要素展开表。质量要素一般有以下几种,在编制质量要素展开表时可以作为依据。

(1) 物理性质的要素:

外观特性(大小、长短、重量、厚度);

力学特性(速度、牵引力、强度、脆性);

物理特性(通气性、保温性、耐热性、延伸性);

光学特性(透明度、遮音性、夜光性);

音响特性(音色、遮音性、音响输出功率、信号噪声比);

信息关系(冗长度、信息量、正确性);

化学特性(耐腐蚀性、阻燃性、耐爆性);

电气特性(绝缘性、导电性、诱电性)。

(2) 机能的要素:

效率(能量效率、贸易的难易度、自动化);

安全性(无害性、完全保护设计);

机能多样性(多功能、组合性多样化);

携带性(便携式、可安置性);

使用者范围(面向外行、面向专家)。

(3) 人的要素:

印象(高级品、知名度);

稀有性(特别接受订货产品、进口产品、天然产品);

习惯(传统、新产品);

功能特性(最后加工、手感、味道、居住性);

充实程度(知识性充实感、情绪性充实感);

接待客户性(笑容程度、周密细致、用语纯洁度、注意仪表)。

(4) 时间性要素:

耐环境性(耐寒性、耐湿性、耐尘性);

时间(效果的持续性、迅速见效性);

耐久保存性(耐用年数、故障率、修理难易度);

废弃难易度。

(5) 经济上的要素:

有利性(维持费用便宜);

互换性(部件交换性)。

(6) 生产要素:

作业性(工程量少、修正少、不需要特殊技能、作业标准的弹性);

原材料(品质的弹性、储贮方便、易于检查、适合工程能力);

收获率(收获大、易于修正、易于转换成其他品种)。

(7) 市场要素:

适时性(流行、季节);
品种多样(广泛选择);
使用程度;
决定购买的契机(以各自的基准来选择、决策者的决定、第三者的鉴定);
商品更新周期(周期长、周期短但有吸引力)。
2) 质量要素抽取方法

 结合表 10-10,思考从需求质量抽取质量特性的具体过程。

质量要素的抽取工作要求技术部门、生产制造部门协同进行。对能测试的质量要素(速度、长短、重量、黏度)和不能测试的质量要素(设计性、话题性)要同时抽取质量要素。

质量要素的抽取的过程实际上是将市场世界变换为技术世界的过程。

表 10-10 是打火机质量功能展开中从需要质量中抽取质量要素的实际过程。

表 10-10 从需求质量展开表的需求质量中抽取的质量要素

No	数据	需求质量	对应特性	对应特性	对应特性	对应特性	对应特性	对应特性
1	…	在强风中也能点火 在强风中火焰也很稳定 在寒冷处也能点火 在寒冷处火焰也很稳定 在雨中也能点火 在雨中火焰也很稳定 的确能点着火 火焰很稳定	灭火风力 灭火风力 气压 气压 湿度 湿度 点火压力 连续使用时间	瞬间性风压 瞬间性风压 室外气温 室外气温 点火压力 点火压力 点火次数 火焰稳定性	点火压力 点火压力 温度 湿度 火焰高度	管道内径 火焰高度 点火压力 点火压力 火焰宽度	火焰宽度 火焰高度	管道内径 火焰宽度
2	…	能选择喜欢的颜色 使用可爱的颜色 运用可爱的设计 能置于手心 能放入口袋里	机身的颜色 数量 女性感兴趣程度 高度 重量 重量	外观互换程度 淡色使用率 宽度 容积 尺寸高度	与服饰的匹配度 亮度 厚度 椭圆长轴宽度	彩度 流线度 椭圆短轴厚度	外观连续度	多色度
3	…	使用精致的颜色 使用质朴的颜色 点火时发出令人愉快的声音 合上机盖时发出令人愉快的声音	使用颜色数量 使用颜色数量 点火声音 点火声音	淡色使用率 淡色使用率 发音时间	明度	彩度		
4	…	一只手就点得着火 轻轻触击就能点着火	重量 重量	容积 容积	点火压力 点火压力	表面摩擦力 点火次数		
5	…	掉落地上也能使用 耐强压 耐用 落在水中也能使用 能扔入垃圾箱	下落强度 下落强度 使用时间 回旋摩擦力 内部压力	耐久性 变形能力 使用次数 耐久性 下落强度	耐久性 耐久性			

3) 质量要素的聚类

质量要素的聚类与需求质量的聚类是相同的。把从需求质量中抽取的质量要素作为三级质量要素；再把类似的放在一起进行分组，每组作为二级质量要素，并给以适当的名称；然后把二级质量要素类似的再放在一起，作为一级质量要素，并给以适当的名称。图 10-8 是质量要素聚类的实例。

图 10-8　质量要素聚类实例

图 10-9 是将聚类的结果转记到质量要素展开表中的实例。

> 根据图 10-9 中箭头指示的线路说明，通过聚类把质量要素转记到质量要素展开表中的过程。

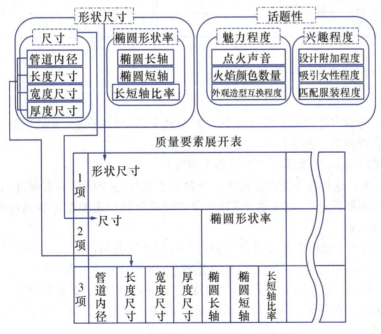

图 10-9　聚类结果转换为质量要素图

6. 质量表

把需求质量按列展开成表，质量要素按行展开成表，并以矩阵形式结合起来，这就编制成质量表，然后在行与列的交叉处用符号表示需求质量与质量要素的对应程度的强弱。

> ◎记值为5,表示强烈对应;○记值为3,表示一般对应;△记值为1,表示弱对应。

◎ 记值为5　表示强烈对应
○ 记值为3　表示一般对应
△ 记值为1　表示弱对应

表10-11是一张把需求质量展开表与质量要素展开表组合成矩阵的实例。

表10-11　质量表

需求质量展开表 ＼ 质量要素展开表	形状尺寸	重量	耐久性	点火性	操作性	设计性	话题性
确实能点火			○	◎	○		
使用简便	◎	◎			○		
安心携带	○	△	◎	○			
长时间使用			◎	○	○	△	
设计良好	○	○				◎	○
使用难以忘怀			△		△	○	◎

三、计划质量和设计质量的确定

1. 计划质量的确定

计划质量的确定是在需求质量展开表的基础上,以市场调查、意见征询等方法收集的大量消费者资料为依据进行的。

计划质量的确立,主要需明确以下各个内容:

(1) 重要度。这里的重要度是指需求质量展开表中各个项目的重要度,其依据来自"顾客"、"公司内部信息"、"将来需求"等三个方面的资料。重要度主要采用数量化的评定方法来加以确定。

(2) 比较分析。比较分析是指把本公司产品与其他公司,如与X公司、Y公司、Z公司的产品在消费者中的满意程度进行相互比较后,用数量来予以表示的。

(3) 计划目标。计划目标分为"计划目标"、"水平提高率"、"商品特性点"三个方面。

计划目标是指在各个项目比较分析的基础上,对产品在这一项目上的质量目标的一个等级化的设定。

水平提高率是指计划目标值与本公司产品评价值之比。

商品特性点是以质量策略为考虑的基点,在综合比较重要度评价和比较分析评价后作出的,表示这一质量特性项目的计划质量实现之后,将受消费者欢迎的程度。它一般采用单圈和双圆圈来表示。"○"表示这一商品质量特性项目是"重要",而"◎"表示这一商品质量特性项目是"特别重要"。数量上"○"表示重要程度为1.2,"◎"表示重要程度为1.5。不加以标志的质量特性项目,其重要程度数值均为1。

(4) 权重。权重有如下的计算公式:

绝对权重值=重要度×水平提高率×商品特性点

需求质量权重值=(绝对权重值)/(各个质量特性项目绝对权重值之和)×100

表10-12是表10-11的扩展,其左边内容即为原有的质量表,而右方则是"计划质量"的内容,并且依次标明了"重要度"、"比较分析"(本公司、X公司、Y公司、Z公司)、计划目标(计划目标、水平提高率、商品特性点)和权重(绝对权重值、需求质量权重)。

表10-12 计划质量的确定

质量要素展开表 \ 需求质量展开表	形状尺寸	重量	耐久性	点火性	操作性	设计性	话题性	计划质量							
								重要度	比较分析				计划目标			权重	
									本公司	X公司	Y公司	Z公司	计划目标	水平提高率	商品特性点	绝对值权重	需求质量权重
的确能点着火			○	◎	○			5	4	5	3	4	5	1.2		6.0	17.1
使用简便	◎	◎		○				5	3	4	3	3	5	1.6	◎	12.0	34.2
安心携带	○	△	◎	○				4	4	4	4	4	4	1.0		4.0	11.4
长时间使用			◎		△			3	3	3	3	3	3	1.0		3.0	8.5
设计良好	○	○			◎	○		4	4	4	4	4	4	1.3		6.2	17.7
使用难以忘怀			△		△	◎	○	3	3	4	3	4	4	1.3		3.9	11.1
																35.1	

以第二行"使用简便"为例,其"重要度"为"5",先是按顾客需求、公司内部资料和将来需求三个方面来确定的,然后再与各个质量特性项目,如"的确能点着火"、"安心携带"等等的重要度相互比较后确立的。

比较分析中的本公司、X公司、Y公司、Z公司评价值分别为3,4,3,3。根据上述计算公式可得:

水平提高率=(计划目标)/(本公司产品评价)
=5/3=1.6

因为"使用简便"这一商品特性点"特别重要",故记为"◎",取值为1.5。根据绝对权重值的计算公式可得:

绝对权重值=重要度×水平提高率×商品特性点
=5×1.6×1.5=12.0

各需求质量项目绝对权重值之和为35.1,故需求质量权重=12/35.1=34.2(%)。

2. 质量要素重要度的计算

（1）独立配点法。质量要素重要度的计算是在质量表已经完成，并且已经确定需求质量重要度的基础上进行的。在质量表中已经把需求质量与质量要素分别按列和按行展开，并对两者相关性的强度依强至弱用"◎"、"○"、"△"表示，为了便于数量化计算，◎记值为5，○记值为3，△记值为1。

表10-13在原有质量表上又增加了一列"需求质量重要度"，在质量表中，在◎、○、△标记下画一斜线，记载这一标记所在的行对应的需求质量重要度数值和这一标记记值的乘积。

例如，"使用简便"的需求质量重要度为5，它和质量要素"形状尺寸"的对应关系为◎，取值为5，因而积为5×5＝25，记于"/"线下方；其次，它和质量要素"重量"的对应关系也为◎，取值为5，因而乘积也为5×5＝25，同样记于"/"线下方；其他"/"下方的数值也可同样计算。最后，把每一质量要素所在列斜线下的数值都相加，即得出这一质量要素重要度，如"耐久性"的重要度即为15＋20＋15＋3＝53。其余质量特性的重要度也可一一算出。其实，质量要素重要度是由与其相关的需求质量重要度以及相关程度决定的。

表10-13 应用独立配点法计算质量要素重要度

需求质量展开表 \ 质量要素展开表	形状尺寸	重量	耐久性	点火性	操作性	设计性	话题性	需求质量重要度
的确能点着火			○/15	◎/25	○/15			5
使用简便	◎/25	◎/25			○/15			5
安心携带	○/12	△/4	◎/20	○/12				4
长时间使用			◎/15	○/9	○/9	△/3		3
设计良好	○/12	○/12				◎/20	○/12	4
使人难以忘怀			△/3		△/3	○/9	◎/15	3
质量要素重要度	49	41	53	41	42	32	27	

（2）比例分配法。比例分配法是一种把需求质量重要度按与其相关的质量要素的相关程度大小，且按比例分配给各质量要素，再累积计算每一质量要素重要度的方法。

表10-14给出了比例分配法的一个例子。在表10-14中，表示需求质量和质量要素相关强弱程度的标记"◎"、"○"、"△"，同样赋值5,3,1。

表10-14 用比例分配法计算质量要素重要度

需求质量展开表 \ 质量要素展开表	形状尺寸	重量	耐久性	点火性	操作性	设计性	话题性	需求质量重要度
确实能点着火			○/1.4	◎/2.2	○/1.4			5
使用简便	◎/1.9	◎/1.9			○/1.2			5

(续　表)

需求质量展开表 \ 质量要素展开表	形状尺寸	重量	耐久性	点火性	操作性	设计性	话题性	需求质量重要度
安心携带	○/1.0	△/0.3	◎/1.7	○/1.0				4
长时间使用			◎/1.3	○/0.7	○/0.7	△/0.3		3
设计良好	○/0.9	○/0.9				◎/1.3	○/0.9	4
使人难以忘怀			△/0.3		△/0.3	○/0.9	◎/1.5	3
质量要素重要度	3.8	3.1	4.7	3.9	3.6	2.5	2.4	

在表 10-14 中，"长时间使用"这一需求质量的重要度为 3，而"长时间使用"和质量要素"耐久性"、"点火性"、"操作性"、"设计性"的相关程度分别为"◎"、"○"、"○"、"△"，用赋值表示为 5,3,3,1。所谓比例分配法即把"长时间使用"的重要度 3，按 5∶3∶3∶1 的比例分配给每一质量要素。于是，用 5+3+3+1=12，计算 3×5/12=1.3，3×3/12=0.7，3×3/12=0.7，3×1/12=0.3，依次记于"长期间使用"这一行的，由左向右各标记斜线下方。其余斜线下方的数值可同样计算。

将各质量要素所在列的各"/"线下方数值相加，即可得出每一质量要素重要度，如"重量"的重要度为 1.9+0.3+0.9=3.1。

如果将表 10-14 的最后一列"需求质量重要度"改为"需求质量权重"，如表 10-15 所示，那么可以应用上述的独立配点法计算质量要素权重。

表 10-15　应用独立配点法计算质量要素权重

需求质量展开表 \ 质量要素展开表	形状尺寸	重量	耐久性	点火性	操作性	设计性	话题性	需求质量权重
确实能点着火			○/51.3	◎/85.5	○/51.3			17.1
使用简便	◎/171	○/171			○/102.6			34.2
安心携带	○/34.2	△/11.4	◎/57.0	○/34.2				11.4
长时间使用			◎/42.5	○/25.5	○/25.5	△/8.5		8.5
设计良好	○/53.1	○/53.1				◎/88.5	○/53.1	17.7
使人难以忘怀			△/11.1		△/11.1	○/33.3	◎/55.5	11.1
质量要素权重	258.3	235.5	161.9	145.2	190.5	130.3	108.6	

在表 10-15 中，需求质量"安心携带"的权重为 11.4。"安心携带"与质量要素"形状尺寸"、"重量"、"耐久性"、"点火性"的相关强弱程度分别是"○"、"△"、"◎"、"○"，其赋值分别为 3,1,5,3。用 11.4 分别乘以 3,1,5,3，把乘积 34.2,11.4,57.0,34.2 分别置于"/"线下方。用同样方法可以计算表中所有"/"线下方的数值。

某一质量要素权重，即为这一质量要素所在列所有"/"线下方数值之和，如耐久性的权重即为 51.3+57.0+42.5+11.1=161.9。

质量要素权重同样可用比例分配法计算。表10－16即为应用比例分配法计算质量要素权重的结果。

表10－16 应用比例分配法计算质量要素权重

需求质量展开表 \ 质量要素展开表	形状尺寸	重量	耐久性	点火性	操作性	设计性	话题性	需求质量权重
确实能点着火			○/4.7	◎/7.8	○/4.6			17.1
使用简便	◎/13.2	◎/13.2			○/7.8			34.2
安心携带	○/2.9	△/0.9	◎/4.7	○/2.9				11.4
长时间使用			◎/3.5	○/2.1	○/2.1	△/0.8		8.5
设计良好	○/3.8	○/3.8				◎/6.3	○/3.8	17.7
使人难以忘怀			△/1.1		△/1.1	○/3.3	◎/5.6	11.1
质量要素权重	19.9	17.9	14	12.8	15.6	10.4	9.4	

3. 设计质量的确定

设计质量的确定是在对本公司和其他公司资料进行比较的基础上进行的。可在质量表下方延伸记载调查所得的资料。在表10－17中，以能收集到的资料为基础进行本公司产品与X公司、Y公司、Z公司产品的比较，然后在此基础上确定产品的设计质量。在表10－17中，由于情报资料仅提供"形状尺寸"、"重量"两个质量要素的资料，故表中也只记载了这两个质量要素的数据。其他数据要在补充调查的基础上才能完成。

表10－17 质量表的延伸

需求质量展开表 \ 质量要素展开表		形状尺寸	重量	耐久性	点火性	操作性	设计性	话题性	需求质量权重
确实能点着火				○/51.3	◎/85.5	○/51.3			17.1
使用简便		◎/171	◎/171			○/102.6			34.2
安心携带		○/34.2	△/11.4	◎/57.0	○/34.2				11.4
长时间使用				◎/42.5	○/25.5	○/25.5	△/8.5		8.5
设计良好		○/53.1	○/53.1				◎/88.5	○/53.1	17.7
使人难以忘怀				△/11.1		△/11.1	○/33.3	◎/55.5	11.1
质量要素权重		258.3	235.5	161.9	145.2	190.5	130.3	108.6	
比较分析	本公司	72	14						
	其他公司 X公司	73	18						
	Y公司	82	21						
	Z公司	73	9						
设计质量		55	5						

由于"形状尺寸"的质量要素权重,在各质量要素权重中高居首位,显示"特别重要"的特征,故"形状尺寸"的设计质量设定在 55 mm。

设计质量确定以后,进一步的工作因产品和行业不同而异,没有固定的方法。以机械组装产品为例,可进一步展开产品功能,考虑满足该功能的结构,并展开该结构;同时讨论在现在的构造下是否能满足功能需要,如不能满足,则将其作为薄弱环节的技术(BNE)抽出,并解决这一薄弱环节;然后考虑实现该构造的单位部件,制作单位部件展开表,将各部件的质量特性展开,就各部件制作 FMEA(失效状态及影响分析),展开生产产品的加工方法,并将这些方法与 QC 工程表连接,制作 QA 表,以追求质量保证。

小结和学习重点

- 产品质量的市场属性
- 用户需求调查
- 需求质量展开
- 质量要素展开
- 质量表

本章介绍的质量功能展开是一种市场导向的质量策略,从这一角度而言,深刻理解质量的市场属性,对学生树立先进的、崭新的质量理念具有重要意义,质量功能展开应成为本章学习的一个重点。本章具体介绍的用户需求调查,是"质量的市场属性"引发的质量功能展开一个不可逾越的起点,掌握这种方法无论在理论上还是在实践中都具有重要意义。而作为质量功能展开的具体实施环节,需求质量展开、质量要素展开和质量表,也是学生应该掌握的重点内容。

前沿问题

本章介绍的质量功能展开内容仅仅是一些最基本的内容,实际上质量功能已经在技术展开、成本展开、可靠度展开、特性展开、加工方法展开、设备展开等等方面取得了成果。从某种意义而言,凡有层次性特性,并有二元交叉影响作用的质量管理活动均可采用"目标—手段"的方法进行展开。质量功能展开还有广阔空间需要开拓。同时,我国质量功能展开的理论研究和实际应用都还需探索新的领域。

案　　例

案例一　　床头灯设计的质量功能展开

本案例是一个床头灯设计中质量功能展开的实际过程。

首先,根据市场调查取得的原始数据归纳出需求质量(三级项目),并用聚类法归纳出二级项目、一级项目,由此编制出需求质量展开表,然后抽出质量要素,如表 10-18 所示。

表 10-18 抽出质量要素

需求质量(三级项目)	质量要素(三级项目)
·灯明亮 ·光线的方向正 ·明亮的扩展 ……	·光源辉度、透射率、反射率、色温、电压、配光值、镜片大小等 ·配光值、镜片大小等 ·光源辉度、透射率、反射率 ……

再次应用聚类法聚类,采取边考虑质量要素(质量特征)之间的关系,边汇总整理成如表 10-19 所示的质量要素展开表。在表 10-19 中专列了"特征值"一栏,将可计测的质量要素的特征值明确化,以便进行数量化的处理。

表 10-19 质量要素展开表

质量要素展开表	一级	配　光								寿命	
	二级	光　束					配　光　值			效率	
	三级	光源辉度(cd/mm²)	透射率	反射率	色温(K)	功率(W)	电压(V)	配光值	镜片大小(mm)	转换角度	照准角度	密封性
	特征值	7.5	0.9以上	0.9以上	3 000	37.5/50	12.8	国际配光要求值	φ160	1°	±4°	5°

床头灯的一张完整质量表如表 10-20 所示。

案例二
超小型射出成型机设计的质量功能展开

日本制钢所横滨工场开发超小型射出成型机(成型力 15 t 以下),以与办公自动化设备及通讯设备等小型精密零部件的生产相配套。在开发中他们应用了质量功能展开的思考方法。

表 10-21 左边栏目是一张需求质量展开表,原始情报通过以下渠道得到:
(1) 在营业部门及其他有关部门开展头脑风暴法;
(2) 对消费者进行问卷调查及用户满意度调查;
(3) 有关部门与顾客接触时的附属情报;
(4) 实地调查;
(5) 类似制品的用户意见分析。
各需求质量的重要度,是从顾客、公司内部及有关将来的需求等不同立场予以评价,最终进行综合

表 10－20 床头灯的一张完整的质量表

质量要素展开	一级		配　　光						计　划　质　量		
	二级		光　　束						比较分析	计划目标	权重
需求质量展开	三级		光源辉度(cd/mm²)	透射率	反射率	色温(K)	功率(W)	电压(V)	配光值	计划目标	商品特性点 水平提高率	绝对质量权重值 需求质量权重值
一级	二级	特性值三级	7.5	0.9以上	0.9以上	3 000	37.5/50	12.8	国际配光要求值			
明亮且看得清楚	看远处清楚	灯明亮 明亮度扩展 光线方向正 没有散光	○ △ ○ ○	⊙ △ △	⊙ △	○	⊙ △		○ ⊙ ⊙			4.1 2.8 2.0 2.2
	即使在特殊条件下也看得清									51.67⊙		
										合计	90	100
设计质量	重要度评价		60	110	75	12	51	96				
	比较分析	A公司 B公司 C公司	7.6 7.5 7	0.91 0.96 0.90	0.90 0.91 0.91	3 000 3 000 3 000	3.71 3.72 3.74	12 14 12				
	设计目标		7.7	0.96	0.91	3 000	3.75	12.8				

评定得出的。在"射出容量小"这一行中，前两项的重要度得分均为 4，从将来的需求立场看重要度为 5，综合考虑后的重要度为 5。

同一行中各公司的比较分析，采用 5 级评分法。S 公司和 T 公司分别为 4，本公司生产的这一产品是新产品，水平不清楚，没有生产超小型射出成型机的经验，因此取为 2。计划质量则取与其他公司相同的水平 4。于是水平提高率为 4/2＝2。"射出容量小"与其他射出成型机相比，有显著的优点，因而作为产品的重要特点标以"◎"（这里"◎"为 1.5，"○"为 1.2）。

刚才所说的重要度，是在计划质量设定前的判断。考虑了水平提高率以及产品重要特点后，该项目的绝对权重值应为：

$$绝对权重值＝重要度\times 水平提高率\times 该产品特性点$$
$$＝5\times 2\times 1.5＝15$$

其他各项目的计算可同样进行。

把各项目的绝对权重值纵向合计并计算每一项的百分比，就得到包含本公司意志及质量策略的需求质量权重。这一权重值大的项目就是重点。

表 10－21 的最上栏左侧的表就是质量要素（特性）展开表，其和需求质量展开表合成矩阵就是质量表。

表 10-21 质量表(质量表子系统展开)

			质量要素			品质特性展开表				计划质量设定					
						重要度评价			比较评价			计划质量			
		1次				顾客	公司内	将来的需求	重要度	本公司	其他公司		计划质量	水平提高率	产品特性点	绝对权重	需求质量权重
		2次	缸体温度(℃)	蜗杆外径(mm)	蜗杆回转度						S公司	T公司				
1次	2次	3次														
成形品精度高	模型精度高	模型精度高				5	5	5	5	(2.5)	4	5	5	2	◎	15	0.59
		模型刚性高				4	4	5	5	(2.7)	4	4	4		○	9	0.35
	运转良好	射出压力高	○ 0.33			5	5	5	5	(5)	5	5	5	1		5	0.20
		高速射出				4	4	4	4	(4)	4	4	4	1		4	0.16
成形品体积小	射出容量小		△ 0.08	◎ 0.32	○ 0.16	4	4	5	4	(2)	4	4	4	2	◎	15	0.59
	模具尺寸小	模具处理简单				4	4	4		4	4	4			○		0.28

	质量要素权重	2.31	1.01	1.90
设计质量设定	现状值		20	
	设计质量		10	
	BNE判定	△	×	△
	修正权重	2.31	3.03	1.90

	1次	2次	3次				权重	QA表No
子系统展开 ○○射出成形表	蜗杆	驱动装置		○ 0.11	◎ 0.35		3.7	0104
	缸体部件	蜗杆			◎ 0.22	△ 0.09	8.6	0105
		缸体		◎ 0.60	△ 0.06	△ 0.09	10.9	0106
成形机	成形装置						13.1	0302
	油压系统			○ 0.3			9.3	0303

在质量表中,需求质量和质量要素的交叉位置,用"◎"、"○"、"△"标出了它们相关强弱程度。据此,可以把"需求质量权重"向"质量要素权重"变换。

以"射出容量小"这行为例,需求质量权重为0.59,该行与各质量特性对应强度分别为"◎"、"○"、"△",其赋值分别为4、2、1,把0.59以4∶2∶1的比例分配。该行与"缸体温度"的交叉点强度为"△",取0.59的1/7,为0.08;与"蜗杆的回转数"的交叉点强度为"○",取0.59的2/7,为0.16;与"蜗杆外径"的交叉点强度为"◎",取5.9的4/7,为0.32。其他各行的质量需求权重也可用同样方法按比例分配。

把上述的得分纵向合计即得出质量要素(特性)的权重。显然,凡与权重高的质量需求关系密切的,质量特性得分也高,如本例中,"蜗杆外径"得分为1.01。对这一质量特性予以高度重视是合乎情理的。

"射出容量小"的"水平提高率"为2,由原有的本公司产品评价值2提高到计划质量4,必须相应设定出与此相应的设计质量。与"射出容量小"关系密切的质量特性有"蜗杆外径"、"蜗杆回转度"。蜗杆外径现为20 mm,为达到计划质量目标,必须减少到10 mm以下,这里取值为10 mm。

设计质量设定后,还必须用部件质量予以保证。因此,可以应用质量功能展开的原理,进一步进行子系统展开和部件展开。

表10-21下部组接的就是子系统展开表,它与质量特性展开表组成矩阵表。超小型射出成型机展开为蜗杆、缸体、支撑部件、成型机等。质量特性与部件关系的强度同样用"◎"、"○"、"△"表示。把质量特性重要度"纵向"按比例分配给各部件,再"横向"把比例分配值相加就得出部件权重。本例中,驱动装置的权重为3.7,蜗杆的权重为8.6。其中,缸体的权重为10.9,成型装置的权重为13.1,两者均为高重要度,这就是提示这些部件的加工在质量保证方面应作重点管理。

在子系统展开表的最右侧记载着各部件加工的QA表(质量保证表)编号。蜗杆的QA表的编号是No.0105。QA表中标有蜗杆的略图(本处略),并明示着各部件的尺寸、公差、容许值达成的必要理由。并明确指出,当设计质量满足不了时,会对部件系统的高一层次产生何种不良影响,这些信息能确实地传递到制造阶段。表中"区分"符号S或A的意思是,前者是指保安特性,后者是指功能特性。保安特性是指超差将会影响到人的生命的质量特性;而功能特性是指即使超差,也不会影响到人的生命,而只仅仅影响产品功能的发挥。

在子系统展开表后还附有各部件加工的QC工序表(本处略)。蜗杆加工工序的QC工序(质量管理工序)表,纵向表示蜗杆的加工顺序,横向表示各加工顺序的机种、加工部位、工艺设备的指定、检查工具的指定、检查要领、S和A的区分及管理点的设定。对不能说明的内容,在备注栏内进行说明。

练习与思考

一、名词解释

(1)质量功能展开;(2)源流管理。

二、填空题

(1)质量的市场属性主要表现为_____、_____、_____、_____。

(2)由消费需求要求项目转换成需求质量,采用的是_____。

(3)在计划质量确定中,绝对权重值等于_____、_____和_____的乘积。

(4)设计质量确定是根据_____和_____比较分析基础上进行的。

三、单项选择题

(1)质量功能展开是一种( )的质量策略。

A. 生产导向　　　B. 产品导向　　　C. 市场导向　　　D. 推销导向

(2) 在质量表中用"◎"、"○"、"△"表示需求质量与质量要素的相关强弱程度,其赋值分别为(　　)。

A. 3、5、1　　　B. 5、3、1　　　C. 5、1、3　　　D. 1、5、3

四、多项选择题

(1) 在原始资料变换成要求项目时,对于场景的描述,要包含(　　)。

A. WHO　　　B. WHERE　　　C. WHEN　　　D. WHY
E. WHAT　　　F. HOW

(2) 质量功能展开取得较广泛应用的国家和地区是(　　)。

A. 美国　　　B. 中国　　　C. 韩国　　　D. 日本

五、简答题

(1) 魅力质量是指什么质量?举例说明之。

(2) 理所当然质量是指什么质量?举例说明之。

六、计算题

(1) 对下表,应用独立配点法计算质量要素重要度。

需求质量展开表＼质量要素展开表	光源辉度	透射率	反射率	色温	电力	电压	配光值	需求质量重要度
灯明亮	○	◎	◎	○	◎	○	○	5
明亮度扩展	△	△	△		△		◎	4
光线方向正		○						4
没有散光		○	△				◎	3
质量要素重要度								

(2) 在上例中应用比例分配法计算质量要素重要度。

部分参考答案

二、填空题

(1) 质量的地域属性　质量的消费群体属性　质量的消费心理属性　质量的消费行为属性　(2) 聚类方法　(3) 重要度　水平提高率　商品特性点　(4) 本公司资料　其他公司资料

三、单项选择题

(1) C　(2) B

四、多项选择题

(1) A,B,C,D,E,F　(2) A,D

六、计算题

（1）独立配点法

需求质量展开表 \ 质量要素展开表	光源辉度 (cd/mm²)	透射率 (%)	反射率 (%)	色温 (K)	功率 (W)	电压 (V)	配光值	需求质量重要度
灯明亮	○/15	◎/25	◎/25	○/15	◎/25	○/15	○/15	5
明亮度扩展	△/4	△/4	△/4		△/4		◎/20	4
光线方向正		○/12						4
没有散光		○/9	△/3				◎/15	3
质量要素重要度	19	50	32	15	29	15	50	

（2）比例分配法

需求质量展开表 \ 质量要素展开表	光源辉度 (cd/mm²)	透射率 (%)	反射率 (%)	色温 (K)	功率 (W)	电压 (V)	配光值	需求质量重要度
灯明亮	○/0.5	◎/1.0	◎/1.0	○/0.5	◎/1.0	○/0.5	○/0.5	5
明亮度扩展	△/0.4	△/0.4	△/0.4		△/0.4		◎/2.4	4
光线方向正		○/4						4
没有散光		○/1	△/0.3				◎/1.7	3
质量要素重要度	0.9	6.4	1.7	0.5	1.4	0.5	4.6	

第十一章 《卓越绩效评价准则》概述

 学习目标

学完本章,你应该能够:
(1) 了解《卓越绩效评价准则》制订的意义;
(2) 了解《卓越绩效评价准则》制订的背景;
(3) 了解《卓越绩效评价准则》制订的特点;
(4) 了解《卓越绩效评价准则》制订的主要内容;
(5) 了解《卓越绩效评价准则》制订的评分方法。

 基本概念

《卓越绩效评价准则》意义、背景、特点、内容、评分方法

本章引导学生在知识经济和经济全球化背景下,深刻理解"大质量"的质量新观念,由此引出理解《卓越绩效评价准则》制订和实施的重要理论意义和实际价值。要求学生能了解《卓越绩效评价准则》的主要内容,特别要求学生能较好地掌握其评分方法,以备应用。

> 《卓越绩效评价准则》要求组织把坚持科学发展置于战略决策的基础性地位。由此,引领组织创造绩效、追求卓越。

第一节 《卓越绩效评价准则》的意义和内容

一、《卓越绩效评价准则》的制订

2004 年 8 月 30 日,国家质量监督检验检疫总局和国家标准化管理委员会发布了《卓越绩效评价准则》国家标准(GB/T19580—2004)和《卓越绩效评价准则实施指南》国家标

准化指导性技术文件(GB/Z19579—2004),这两个文件于2005年1月1日起正式实施。《卓越绩效评价准则》用量化指标(1 000分)来评价企业卓越经营的业绩;《卓越绩效评价准则实施指南》详细说明了追求卓越绩效的经营模式。这套标准的发布和实施是我国质量发展史上一个新的标志。它必将有力地引导企业全面推进质量管理工作,努力地追求卓越绩效,显明地强化质量竞争力,极大地提升质量水平。

这两个标准发布后,国家质量监督检验检疫总局首先在500多个中国名牌产品生产企业、220多个全国质量管理先进企业中组织学习,要求通过2年时间,使企业能以这两个标准为依据对自身的质量改进业绩和企业经营业绩进行评定,以推进质量工作的全面发展,在3年内,要组织5 000家企业学习贯彻卓越绩效经营模式。与此同时,各地的质量组织为标准的实施组织了各类讲座,编著了教材,在某些省市的质量管理奖的评审中,已经采用《卓越绩效评价准则》作为评审标准。可以预见,一个《卓越绩效评价准则》贯彻实施的高潮必将到来。

二、《卓越绩效评价准则》的背景

> 什么是"大质量"?为什么说,《卓越绩效评价准则》是"大质量"观的生动体现?

1.《卓越绩效评价准则》是"大质量"观的生动体现

随着经济发展和社会进步,人们对质量的认识已经进入了"大质量"的阶段,质量已经突破了单纯企业运作的微观层面而进入了包括宏观经济和社会运作在内的宏观范畴。这方面可以从国家领导人的著名论述中得到证明。

邓小平同志早在20世纪80年代就作出了"质量是个战略问题"的断言。

在党的十五届三中全会上,江泽民同志指出,我们的经济增长是质量和效益的增长。

1999年在我国新中国成立以来的第二次全国质量工作会议上,朱镕基同志在重要讲话中指出,在当前经济结构调整的关键时期,质量是主攻方向,没有质量就没有效益……在当年的政府工作报告中,提及"质量"的有十几次之多,并且第一次提出了"经济运作质量"的概念。2000年的政府工作报告又提出"经济增长质量"的问题。诸如"人口质量""运用外资质量"等等崭新提法在这两次政府工作报告中都被提出。在2003年的政府工作报告中还提出,提高产品质量是兴国之道,也是提高竞争力和效益的根本之策。

2004年在经济工作会议上,胡锦涛总书记和温家宝总理在讲话中指出,在加强宏观调控,确保经济平稳较快增长的基础上,要坚持经济发展以提高质量效益为中心,要把工作重点真正放在提高经济增长的质量和效益上来。

2006年底召开的中央经济工作会议,提出2007年经济工作目标是实现经济"又好又快"发展,把"好"放在"快"的前面,这与往年"又快又好"的提法不同。这表明,处理好增长的质量、效益和速度的关系,要落实科学发展观,以"质量为先"。

综上所述,可以清楚地看出,质量概念已经涵盖人口、环境、教育诸多方面,已经延伸到经济运行、经济结构和经济增长的方方面面,从而质量概念已经提升到"大质量"的高度。

《卓越绩效评价准则》是和"大质量"概念高度一致的国家标准。这主要体现在以下几个方面：

1) 质量范畴的广泛性

《卓越绩效评价准则》不仅可以适应于产品质量、服务质量、工程质量等微观层面，而且可以渗透至更广泛的，诸如环境质量、生活质量、人口质量乃至经济运行质量层面。

2) 管理幅度的跨越性

《卓越绩效评价准则》已经涉及组织的所有部分、所有过程和所有员工，而且跨越了单个组织的有限边界，拓展到组织的一切供应链和相关方。

3) 过程结果的统一性

《卓越绩效评价准则》强调过程，同时也强调结果，是"过程"和"结果"的统一评价体系。其既关注产品和服务的设计、生产、销售等"过程"性环节，又重视经营结果，重视"顾客与市场的结果""财务结果""资源结果""过程有效性结果"以及"组织的治理和社会责任结果"。

4) 管理体系的系统性

《卓越绩效评价准则》本身就是一个由许多子系统组成的系统体系。其与质量体系相对应，强调体系整合，系统优化，重视策划的整体性、接口的合理性、重点的突现性、协调的一致性、运作的互补性。这种系统体系生动体现了"大质量"概念的核心，也构成了质量管理的基本模式和运行基础。

5) 质量特性的适应性

《卓越绩效评价准则》涉及的质量特性，具有广泛的适应性，其关注符合性质量，要求产品和服务特性符合规范标准；又强调适用性质量，要求产品和服务对于消费者适用，并且能持久地保持适用；同时又以精确营销的理念为指引，探索顾客的个性化质量满意，大幅度提升顾客满意度和顾客忠诚度。这在"顾客和市场的了解"以及"顾客关系与顾客满意"中都得到了生动的体现。

2. 《卓越绩效评价准则》是国际先进经验与我国实际的有机融合

《卓越绩效评价准则》制订的直接动因与我国国家质量奖制度的建立有密切的关系。它是国际质量管理奖制度与我国实际有机融合的产物。

目前，国际上有60多个国家和地区组织设立了质量奖。1951年日本设立了著名的戴明奖。1987年美国作为世界上最发达的资本主义国家按照《马尔科姆·波多里奇国家质量提高法》设立了国家质量奖。同时制订了作为美国国家质量奖的评价依据的"卓越绩效模式标准"。波多里奇国家质量奖标准的实施，使相关组织的组织业绩得以提高、组织整体绩效得以改进，各组织之间的相互交流得到了推动，而经营管理取得最佳绩效的组织先进经验的广泛传播，使各组织有机会得以分享，从而推动为数众多的组织取得市场的成功。

美国国家质量奖的评价标准凝结着著名的世界级成功企业的经验，因此是世界级质量的生动体现。所以，这一标准成了企业追求卓越的指导书和参照系。世界上有许多国家和地区都引用或参考这一标准作为质量奖的标准。欧洲、加拿大和新加坡是随后设立国家质量奖的国家和地区。质量奖的设立也为这些国家和地区推进质量工作，提高质量水平，增强质量竞争能力发挥了十分积极的作用。

我国的质量奖制度走过了曲折的发展道路。1978年,适应我国改革开放的形势,全面质量管理被引入我国,并广泛地在全国范围内大力推广。为了促进企业质量管理水平的提高,我国于1981年设立了国家质量管理奖,但由于种种原因,这项质量管理奖励制度于1991年停止执行。1993年《中华人民共和国质量法》——我国第一部质量法律颁布,其中规定:"对产品质量管理先进和产品质量达到国际先进水平、成绩显著的单位和个人,给予奖励"。1996年国务院颁布了《质量振兴纲要》,其中提出:"依照《中华人民共和国产品质量法》的有关规定,建立质量奖励制度"。由此,深圳和上海设立了市长质量奖,还有十几个省市自治区进行了省级质量管理奖的评审和表彰。2001年中国质量协会启动了全国质量管理奖评审工作。

面对经济全球化迅猛发展的形势,根据我国加入WTO的实际,为了鼓励企业提高质量管理水平,提高产品、服务质量,国家质检总局会同有关方面开始研究启动国家质量奖励制度。考虑到能够获得国家质量奖的企业只能是少数,需要引导其追求卓越绩效,提高质量管理水平,增强竞争优势的企业却为数众多。所以,在研究建立国家质量奖励制度的同时,提出了制订《卓越绩效评价准则》和《卓越绩效评价准则实施指南》国家标准的任务。目前,已经公布和实施的这两个国家标准,正是国家质量奖励制度的技术文件。这一标准的制订,可以达到三个目的:一是为企业追求卓越提供一个经营模式的框架;二是为企业诊断当前管理水平提供一个系统的检查表;三是为国家质量奖和各级质量奖的评审提供是否达到卓越的评价依据。

《卓越绩效评价准则》在国际先进质量管理经验和方法的最新总结的基础上,参考了最有影响力和代表性的美国波多里奇国家质量奖的评价指标,结合了中国质量管理的实际,是国际先进经验与我国实际有机结合的产物。

《卓越绩效评价准则》从组织领导、战略、顾客与市场、资源、过程管理、测量、分析与改进以及经营结果7个方面规定了评价要求。在标准中特别针对我国质量管理实践中广为关注的热点,增加了经营、名牌战略、可持续发展内容,因而彰显了中国特点。

三、《卓越绩效评价准则》的特点

为什么说,《卓越绩效评价准则》生动体现了科学发展观的基本思想?

《卓越绩效评价准则》生动地体现了科学发展观的基本思想。科学发展观的深刻内涵和基本要求是:坚持以人为本,全面发展、协调发展、可持续发展。

1. 坚持以人为本

《卓越绩效评价准则》从实施战略方针和追求卓越发展目标出发,要求建立以人为本的人力资源开发和管理系统。这一系统引入了员工培训教育体系和员工激励运作机制,提升员工满意度,以调动员工主动性、积极性和潜能的发挥。这一系统营造良好的工作环境和员工参与氛围。这一系统维护全体员工的权益,以多种方式实施与工作和职务相关的知识、素质、能力培养并保证相关目标的实现,以为组织提供必需的和可支撑持续发展的人力资源。

2. 全面发展

《卓越绩效评价准则》坚持全面发展的经营理念,对组织的战略决策、发展目标;对组织的人力资源;对组织的基础设施;对组织的技术发展;对组织与相关方的合作;对产品和服务的结果进行系统的全面的指示。这种全面性还能动地与外部环境、与市场和顾客密切相关,相对互动,以取得最佳绩效。

3. 协调发展

《卓越绩效评价准则》强调组织的战略决策和发展目标具有协调性。既要考虑长期发展的远景,又要考虑短近期发展的阶段性和层次性;既要考虑面临的机遇,又要迎接市场的挑战;还要强调资源的多样性,要正确、科学地评估资源的强势与不足,并有针对性地协调资源的诸多方面,充分发挥其使用效益并且降低其使用成本。

4. 可持续发展

《卓越绩效评价准则》要求组织把可持续发展置于战略决策的不可忽视的基础性地位。为此要考虑人与环境、人与自然的相互协调性,要考虑组织的社会责任和社会义务,对这些重要因素在制订长远规划和近期目标时予以相关的重视和关注,并在付诸实施中给予充分的人力资源及相关资源的支持。

四、《卓越绩效评价准则》的内容

1.《卓越绩效评价准则》基本内容

> 《卓越绩效评价准则》内容构成 7 个类目(4.1~4.7)、22 个评分项(4.1.1~4.7.5)。7 个类目为:4.1 领导、4.2 战略、4.3 顾客与市场、4.4 资源、4.5 过程管理、4.6 测量、分析与改进、4.7 经营结果。

《卓越绩效评价准则》国家标准从领导,战略,顾客与市场,资源,过程管理,测量、分析与改进以及经营结果等 7 个方面规定了组织卓越绩效的评价要求。《卓越绩效评价准则》内容构成 7 个类目(4.1~4.7)、22 个评分项(4.1.1~4.7.5)具体内容列于表 11-1 中。

表 11-1 卓越绩效评价准则的类目与条目

类 目 (7)	条 目 (22)
4.1 领导	4.1.1 组织的领导
	4.1.2 社会责任
4.2 战略	4.2.1 战略制订
	4.2.2 战略部署
4.3 顾客与市场	4.3.1 顾客和市场的了解
	4.3.2 顾客关系与顾客满意

(续 表)

类　目（7）	条　目（22）
4.4　资源	4.4.1　人力资源
	4.4.2　财务资源
	4.4.3　基础设施
	4.4.4　信息
	4.4.5　技术
	4.4.6　相关方关系
4.5　过程管理	4.5.1　价值创造过程
	4.5.2　支持过程
4.6　测量、分析与改进	4.6.1　组织绩效的测量与分析
	4.6.2　信息和知识的管理
	4.6.3　改进
4.7　经营结果	4.7.1　顾客与市场的结果
	4.7.2　财务结果
	4.7.3　资源结果
	4.7.4　过程有效性结果
	4.7.5　组织的治理和社会责任结果

国家质量监督检验检疫总局在颁布《卓越绩效评价准则》国家标准的同时，还颁布了《卓越绩效评价准则实施指南》，以便于对《卓越绩效评价准则》的阅读、理解和实施，使国家标准更具有实用性和操作性。该实施指南不但对评价要求作了详细说明，并且规定了评分系统的具体要求，这对于实施国家标准时的组织沟通、经验共享提供了一个必不可少的有力工具。这两个文件一并使用，使其对广大企业更具有指导意义。

2.《卓越绩效评价准则》的逻辑结构

《卓越绩效评价准则》有7个类目，其可分为两大类型，一种类型是有关"过程"的类目，其包括4.1，4.2，4.3，4.4，4.5，4.6；另一种类型是有关"结果"的类目，其为4.7。

在《卓越绩效评价准则实施指南》的附录A（资料性附录）"卓越绩效评价准则框架图与评分项分值表"中提出了卓越绩效评价准则的框架图（图11-1），其中有"4.1领导""4.2战略""4.3顾客与市场""4.4资源""4.5过程管理""4.7经营结果"6个文本框以及"过程：方法—展开—学习—整合""结果""4.6测量、分析与改进"3个箭头框。形象而生动地展示了卓越绩效评价准则7个模块的逻辑结构。

（1）在图11-1中"过程：方法—展开—学习—整合"和"结果"两个箭头框表达了以下的逻辑：

过程旨在结果，结果通过过程取得，并为过程的改进和创新提供导向。

卓越绩效模式旨在通过卓越的过程获取卓越的结果,即:针对评价准则的要求,确定、展开组织采用的方法,并定期评价、改进、创新和分享,使之达到一致、整合,从而不断提升组织的整体结果,赶超竞争对手和标杆,获得世界级绩效。

(2) 在图 11-1 中,"领导"决定和掌控着组织前进的方向。"领导"、"战略"、"顾客与市场"构成的"领导作用"三角,是驱动性的;"资源"、"过程管理"、"经营结果"构成"资源、过程和结果"三角,是从动性的;而"测量、分析与改进"犹如链接两个三角的"链条",转动着改进和创新的 PDCA。

(3) 在图 11-1 中每只三角中的小箭头表示了各类目之间的相互作用。中间的双向粗箭头表示"领导"密切关注着"经营结果",并通过对经营结果的绩效评审来改进领导系统;下方的粗箭头以及左、右下方的双向粗箭头表示"测量、分析与改进"贯穿于其他所有类目之中,并相互作用。

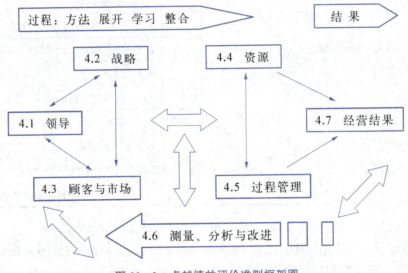

图 11-1 卓越绩效评价准则框架图

《卓越绩效评价准则》也可以分为四个部分:第一部分为"整体",包括"4.1 领导""4.2 战略";第二部分为"过程",包括"4.3 顾客与市场""4.4 资源""4.5 过程管理";第三部分为"结果",包括"4.7 经营结果";第四部分为"基础",包括"4.6 测量、分析与改进"。

第二节 《卓越绩效评价准则》的评分

一、《卓越绩效评价准则》评分方法

《卓越绩效评价准则》的评价是一种诊断式的评价,包括两个部分:其一是对组织的优势和改进机会的定性评价;其二是定量评价,其总分为 1 000 分。定性评价和定量评价是相互联系的,定量评价是以定性评价为基础为依据的,是定性评价的度量。两种评价的联合使用可达到对组织经营管理的成熟度的全方位、平衡式的诊断。

《卓越绩效评价准则》的应用,从评价主体、评价客体、评价人员的组织形态各可分为几种?

《卓越绩效评价准则》的应用可以从评价主体划分为三种:一种是自我评价即第一方评价;第二种是顾客评价即第二方评价;第三种是质量监督评价即第三方评价。从评价的客体又可划分为两种:一种是资料评价,也即评价人员仅对反映组织过程和结果的书面资料进行评价;另一种是现场评价,也即评价人员深入组织的运营现场进行评价。从评价人员的组织形态又可分为两种:一种是独立评价,也即评价人员个体作出评价;另一种是合议评价,也即评价人员组成团队,以集体方式进行讨论,并由此作出综合评价人员个体意见的团队评价结论。

二、《卓越绩效评价准则》评分项结构层次

《卓越绩效评价准则》的评分结构可以分为三个层次结构,即总体要求、基本要求和详细要求。总体要求针对的是核心题目,是使用者在回答条目的核心题目时应针对的主题,是条目要求中最重要的特征。在准则中,每个条目的总体要求是用引导性句子予以表示的。基本要求就是每个条目的标题,其表示了该条目最核心概念所对应的主题,表现为条目的最基本题目。详细要求是指每个要点中,准则使用者应回答的各个提问,是条目要求的细节。评分项的格式由图 11-2 表示。

三、评分项分值

表 11-2 给出了《卓越绩效评价准则》评分项的分值表

表 11-2 《卓越绩效评价准则》评分项分值表

评 分 项 名 称	类目分值	评分项分值
4.1 领导	100	
4.1.1 组织的领导		60
4.1.2 社会责任		40
4.2 战略	80	
4.2.1 战略制订		40
4.2.2 战略部署		40
4.3 顾客与市场	90	
4.3.1 顾客和市场的了解		40
4.3.2 顾客关系与顾客满意		50
4.4 资源	120	
4.4.1 人力资源		40
4.4.2 财务资源		10
4.4.3 基础设施		20
4.4.4 信息		20
4.4.5 技术		20
4.4.6 相关方关系		10

(续表)

评 分 项 名 称	类目分值	评分项分值
4.5 过程管理 ………………………………………………… 110		
4.5.1 价值创造过程 ……………………………		70
4.5.2 支持过程 …………………………………		40
4.6 测量、分析与改进 …………………………………………… 100		
4.6.1 组织绩效的测量与分析 ……………………		40
4.6.2 信息和知识的管理 …………………………		30
4.6.3 改进 ………………………………………		30
4.7 经营结果 ……………………………………………………… 400		
4.7.1 顾客与市场的结果 …………………………		120
4.7.2 财务结果 …………………………………		80
4.7.3 资源结果 …………………………………		80
4.7.4 过程有效性结果 ……………………………		70
4.7.5 组织的治理和社会责任结果 ………………		50

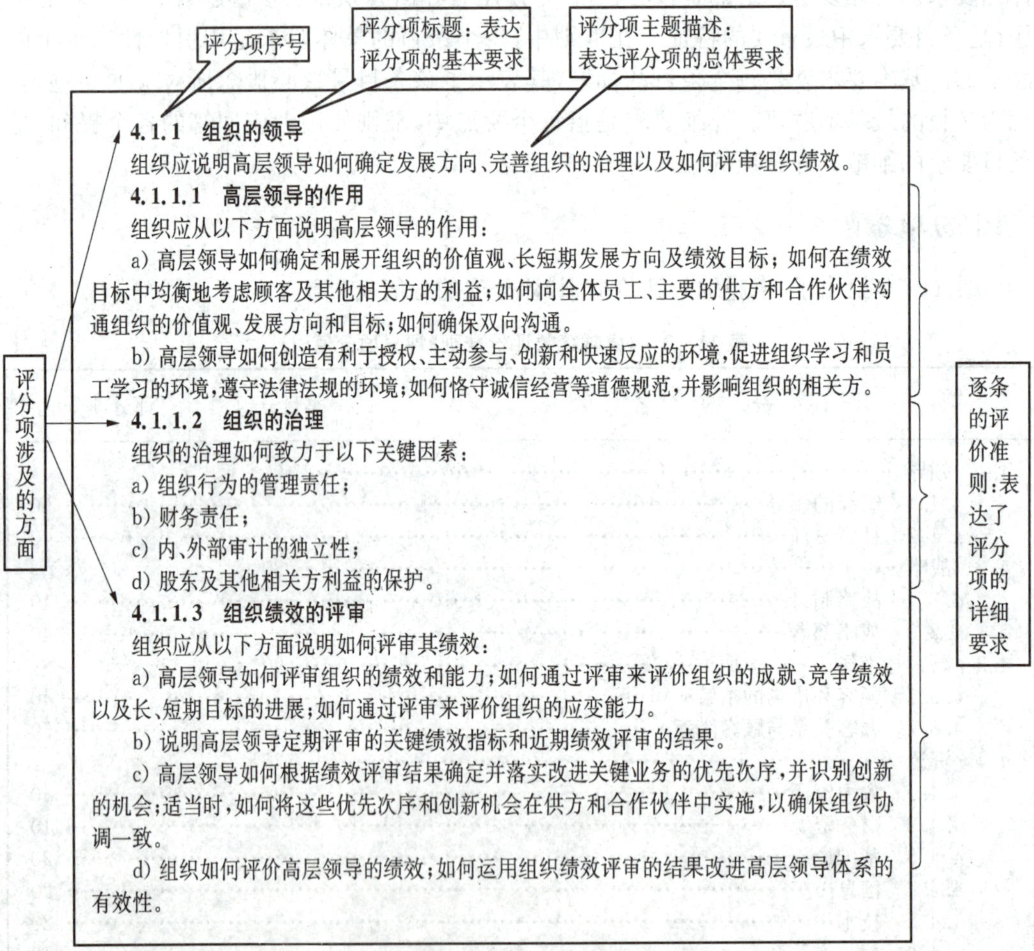

4.1.1 组织的领导
组织应说明高层领导如何确定发展方向、完善组织的治理以及如何评审组织绩效。

4.1.1.1 高层领导的作用
组织应从以下方面说明高层领导的作用：
a) 高层领导如何确定和展开组织的价值观、长短期发展方向及绩效目标；如何在绩效目标中均衡地考虑顾客及其他相关方的利益；如何向全体员工、主要的供方和合作伙伴沟通组织的价值观、发展方向和目标；如何确保双向沟通。
b) 高层领导如何创造有利于授权、主动参与、创新和快速反应的环境，促进组织学习和员工学习的环境，遵守法律法规的环境；如何恪守诚信经营等道德规范，并影响组织的相关方。

4.1.1.2 组织的治理
组织的治理如何致力于以下关键因素：
a) 组织行为的管理责任；
b) 财务责任；
c) 内、外部审计的独立性；
d) 股东及其他相关方利益的保护。

4.1.1.3 组织绩效的评审
组织应从以下方面说明如何评审其绩效：
a) 高层领导如何评审组织的绩效和能力；如何通过评审来评价组织的成就、竞争绩效以及长、短期目标的进展；如何通过评审来评价组织的应变能力。
b) 说明高层领导定期评审的关键绩效指标和近期绩效评审的结果。
c) 高层领导如何根据绩效评审结果确定并落实改进关键业务的优先次序，并识别创新的机会；适当时，如何将这些优先次序和创新机会在供方和合作伙伴中实施，以确保组织协调一致。
d) 组织如何评价高层领导的绩效；如何运用组织绩效评审的结果改进高层领导体系的有效性。

（标注说明：评分项序号；评分项标题：表达评分项的基本要求；评分项主题描述：表达评分项的总体要求；评分项涉及的方面；逐条的评价准则：表达了评分项的详细要求）

图 11-2 评分项格式图例

四、评价指南

根据《卓越绩效评价准则》的规定要求和被评价组织的信息,按过程和结果两种评分项进行评分,具体要点如下所述。

> 你是如何理解"用方法—展开—学习—整合四个要素评价组织的过程处于何种阶段"?

1. 对"过程"的评分要点和指南

对"过程"的评分是指:评价组织为实现标准 4.1~4.6 中各评分项要求所采用的方法、展开和改进的成熟程度。用方法—展开—学习—整合(approach - deployment - learning - integration 简称 A-D-L-I)四个要素评价组织的过程处于何种阶段,其中——

1)"方法"评价要点

(1) 组织完成过程所采用的方式或方法。

(2) 方法对于标准评分项要求的适宜性。

(3) 方法的有效性。

(4) 方法的可重复性,是否以可靠的数据和信息为基础。

2)"展开"评价要点

(1) 为实现标准评分项要求所采用方法的展开程度。

(2) 方法是否持续应用。

(3) 方法是否使用于所有适用的部门。

3)"学习"评价要点

(1) 通过循环评价和改进,对方法进行不断完善。

(2) 鼓励通过创新对方法进行突破性的改变。

(3) 在组织的各相关部门、过程中分享方法的改进和创新。

4)"整合"评价要点

(1) 方法与在标准其他评分项中识别出的组织需要协调一致。

(2) 组织各过程、部门的测量、分析和改进系统相互融合、补充。

(3) 组织各过程、部门的计划、过程、结果、分析、学习和行动协调一致,支持组织的目标。

"过程"评价指南见表 11-3。

表 11-3 "过程"评分指南表

分 数	过 程
0%或5%	■ 显然没有系统的方法:信息是零散的、孤立的。(A) ■ 方法没有展开或仅略有展开。(D) ■ 不能证实具有改进导向:已有的改进仅仅是"对问题做出反应"。(L) ■ 不能证实组织的一致性:各个方面或部门的运作都是相互独立的。(I)

(续 表)

分　数	过　程
10%,15% 20%或25%	■ 针对该评分项的基本要求,开始有系统的方法。(A) ■ 在大多数方面或部门,处于方法展开的初级阶段,阻延了达成该评分项基本要求的进程。(D) ■ 处于从"对问题做出反应"到"一般性改进导向"方向转变的初期阶段。(L) ■ 主要通过联合解决问题,使方法与其他方面或部门达成一致。(I)
30%,35% 40%或45%	■ 针对该评分项的基本要求,有系统、有效的方法。(A) ■ 尽管在某些方面或部门还处于展开的初期阶段,但方法还是被展开了。(D) ■ 开始有系统的方法,评价和改进关键过程。(L) ■ 方法处于与在其他评分项中识别的组织基本需要协调一致的初级阶段。(I)
50%,55% 60%或65%	■ 针对该评分项的总体要求,有系统、有效的方法。(A) ■ 尽管在某些方面或部门的展开有所不同,但方法还是得到了很好的展开。(D) ■ 有了基于事实的、系统的评价和改进过程,以及一些组织的学习,以改进关键过程的效率和有效性。(L) ■ 方法与在评分项中识别的组织需要协调一致。(I)
70%,75% 80%,或85%	■ 针对该评分项的详细要求,有系统、有效的方法。(A) ■ 方法得到了很好的展开,无显著的差距。(D) ■ 基于事实的、系统的评价和改进,以及组织的学习,成为关键的管理工具;存在清楚的证据,证实通过组织级的分析和共享,得到了精确、创新的结果。(L) ■ 方法与在其他评分项中识别的组织需要达到整合。(I)
90%,95% 或100%	■ 针对该评分项的详细要求,全面有系统、有效的方法。(A) ■ 方法得到了充分的展开,在任何方面或部门均无显著的弱项或差距。(D) ■ 以事实为依据,系统的评价和改进,以及组织的学习是组织主要的管理工具;通过组织级的分析和共享,得到了精细的、创新的结果。(L) ■ 方法与在其他评分项中识别的组织需要达到很好的整合。(I)

注：A,方法；D,展开；L,学习；I,整合

2. 对"结果"的评分要点和指南

《卓越绩效评价准则》评价结果的要点是什么？

结果是组织在实现标准 4.7 的要求中得到的输出和效果。评价结果的要点为：
(1) 组织绩效的当前水平；

(2) 组织绩效改进的速度和广度;

(3) 与适宜的竞争对手和标杆的绩效对比;

(4) 组织结果的测量与在"组织概述"和"过程"评分项中识别的重要顾客、产品和服务、市场、过程和战略规划的绩效相链接。

"结果"评分指南见表 11-4。

表 11-4 "结果"评分指南表

分　数	结　　果
0% 或 5%	■ 没有描述结果,或结果很差。 ■ 没有显示趋势的数据,或显示了总体不良的趋势。 ■ 没有对比性信息。 ■ 在对组织关键经营要求重要的任何方面,均没有描述结果。
10%,15% 20% 或 25%	■ 结果很少:在少数方面有一些改进和(或)处于初期的良好绩效水平。 ■ 没有或极少显示趋势的数据。 ■ 没有或极少对比性信息。 ■ 在少数对组织关键经营要求重要的方面,描述了结果。
30%,35% 40% 或 45%	■ 在该评分项要求的多数方面有改进和(或)良好绩效水平。 ■ 处于取得良好趋势的初期阶段。 ■ 处于获得对比性信息的初期阶段。 ■ 在多数对组织关键经营要求重要的方面,描述了结果。
50%,55% 60% 或 65%	■ 在该评分项要求的大多数方面有改进趋势和(或)良好绩效水平。 ■ 在对组织关键经营要求重要的方面,没有不良趋势和不良绩效水平。 ■ 与有关竞争对手和(或)标杆进行对比评价,一些趋势和(或)当前绩效显示了良好到优秀的水平。 ■ 经营结果达到了大多数关键顾客、市场、过程的要求。
70%,75% 80%,或 85%	■ 在对该评分项要求重要的大多数方面,当前绩效达到良好到卓越水平。 ■ 大多数的改进趋势和(或)当前绩效水平可持续。 ■ 与有关竞争对手和(或)标杆进行对比评价,多数到大多数的趋势和(或)当前绩效显示了领先和优秀的水平。 ■ 经营结果达到了大多数关键顾客、市场、过程和战略规划的要求。
90%,95% 或 100%	■ 在对该评分项要求重要的大多数方面,当前绩效达到卓越水平。 ■ 在大多数方面,具有卓越的改进趋势和(或)可持续的卓越绩效水平。 ■ 在多数方面被证实处于行业领导地位和标杆水准。 ■ 经营充分地达到了关键顾客、市场、过程和战略规划的要求。

五、评分过程

1. 了解组织

评价人员如进行自我评价则要通过撰写"组织概述"来了解组织关键影响因素和所面临的挑战,如进行外部评价,则需阅读"组织概述"的书面资料来了解组织。

《卓越绩效评价准则实施指南》的附录 B,其题目为:卓越绩效评价——从组织概述开始。因此"组织概述"既是标准结构的一个重要组织部分,又是评价人员了解组织的切入口。

你是如何理解"组织概述是组织的一幅快照"这句话的意义的?

组织概述是组织的一幅快照,显示组织运作的关键影响因素和所面临的挑战。

将组织概述作为卓越绩效评价的开始的重要性体现在:

有助于组织进行自我评价和编写质量奖申报材料,即选择最合适的切入点,可用为组织初始的自我评价,当从中识别出问题或不足时,就可以直接制订改进计划;

有助于组织关注其关键过程和结果,识别出关键的潜在差距;

有助于评审员在材料评审、现场评审中用于了解组织所考虑的重点。

组织概述包括"组织描述"和"组织面临的挑战"。"组织描述"包括"组织的环境"和"组织的关系";"组织面临的挑战"包括"竞争环境"、"战略要求"和"绩效改进系统"。

组织概述包括"组织描述"如图 11-4 和"组织面临的挑战"如图 11-5。

1) 组织描述

追求卓越(continuous improvement)
——坚持"安全第一、顾客至上、优质服务、追求卓越"的企业精神和质量方针。

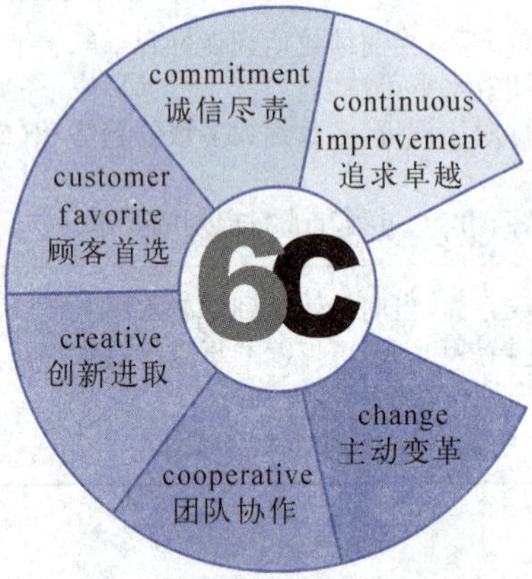

诚信尽责(commitment)
——坚持诚信经营,与相关方共谋发展,坚持向国家、顾客、股东、员工负责的高度统一。

顾客首选(customer favorite)
——把上航建设成国内最好、顾客首选、具有国际水平的航空公司。

创新进取(creative)
——坚持科技创新,锐意进取,实现国际化、枢纽化、集团化发展。

团队协作(cooperative)
——打破边界,首问责任,高效协同。

主动变革(change)
——主动变革,不进则退,居危思进,聚焦突破

图 11-3 上航企业文化 6C 理念

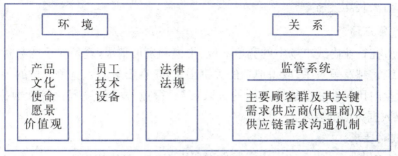

图 11-4 组织概述：组织的环境和组织的关系

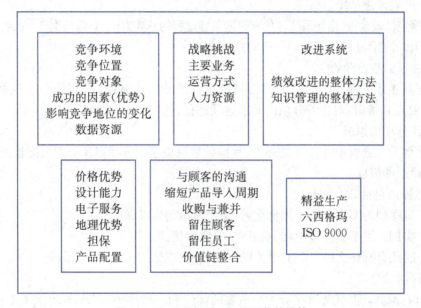

图 11-5 组织概述：组织面临的挑战

(1) 组织的环境。

① 主要的产品和服务及其交付方式、途径，如直接交付、通过经销商销售等。

② 组织文化，组织的目的、愿景、使命和价值观。

③ 员工的基本情况：包括教育水平、职位和年龄构成等，以及特别的职业健康和安全要求。

④ 主要的技术和设备设施。

⑤ 组织运营的法规和政策环境，包括环境、职业健康和安全、财务及产品的法规要求，以及认证及注册登记等方面的要求。

(2) 组织的关系。

① 组织机构和治理系统，董事会、高层领导和母公司之间的报告关系（适合时）。

② 组织的主要顾客群和市场细分，它们对产品和服务的主要要求、期望及其差异点。

③ 价值创造过程中供应商和经销商的角色，最重要的供应商和经销商类别，最重要的供应链要求。

④ 与主要供应商和顾客的伙伴关系和沟通机制。

2) 组织面临的挑战

(1) 竞争环境。

① 在所在行业内或市场中的竞争地位、规模和发展情况，竞争对手的数量和类型。

② 组织超越竞争对手、取得成功的关键因素，正在影响组织竞争地位的主要变化。

③ 行业内比较性和竞争性数据的获取资源，行业外类似过程比较性数据的获取资源，对获取数据方面的要求。

(2) 战略要求。

组织在关键业务、运营和人力资源方面所面临的战略挑战。

(3) 绩效改进系统。

① 聚焦绩效改进、指导系统评价和改进关键过程的总体方法，如精益生产、六西格玛等。

② 组织内学习和共享知识资产的总体方法。

2. 逐项的定性评价

在了解组织的环境、关系、所面临的挑战和绩效改进系统后，评价人员根据评价准则、评分要点和指南，对各评分项的要求逐项评价，逐项写下定性的评语。

1) 评分项的组成

每个评分项通常有 6~10 条评价，具体数量取决于评分项以及组织实际情况。

2) 评语的组成

每项评语包括 3 个部分。

(1) 观察到的事实。基于评价准则，组织所做的或没做的。

(2) 实例。用于支持"观察到的事实"的典型例证。

(3) 因此会有什么结果。对照关键因素、评价准则进行推论。

3) 评语的分类

评语有两类，即"优势"（又分为最重要的优势和一般优势）、"改进机会"（又分为最显著的改进机会和一般改进机会）。

4) 用语

用客观、清晰、简单、语法完整的句子及组织的术语。

5) 用语原则

"优势"不与"改进机会"互相矛盾。

6) 陈述原则

陈述观察到的事实，不做裁决，避免使用"好"、"坏"、"有效的"及"应该"、"不应该"之类的措词。

3. 逐项的定量评价

在确定分数的过程中应当遵循以下原则。

(1) 应当评审评分项中的所有各方面，特别是对组织具有重要性的方面，即：必须考虑过程和结果对关键经营因素的重要度，其最重要的方面应当在"组织概述"和诸如 4.2.1、4.2.2、4.3.1、4.4.1、4.5.1 等评分项中识别。关键顾客要求、竞争环境、关键战略目标和战略规划尤其重要。

(2) 给一个评分项评分时，首先判定哪个分数范围（如 50%~65%）总体上"最适合"

组织在本评分项上达到的水平。总体上"最适合"并不要求与评分范围内的每一句话完全一致,允许在个别要素(过程的 A—D—L—I 要素或结果要素)上有所差距。

(3) 组织达到的水平是依据对四个过程要素、四个结果要素整体综合评价的结果,并不是专门针对某一要素进行评价或对每一要素评价后进行平均的结果。

(4) 在适合的范围内,实际分数根据组织的水平与评分要求相接近的程度来判定。

(5) "过程"评分项分数为 50%,表示方法符合该评分项的总体要求并持续展开,且展开到该评分项涉及的大多数部门;通过一些改进和学习的循环,满足了关键的组织需要。更高的分数则反映更好的成就,证实了更广泛的展开、显著的组织学习以及日趋完善的整合性。

(6) "结果"评分项分数为 50%,表示该评分项在对组织重要的经营方面,有清晰的改进趋势和(或)良好的绩效水平,并有相适宜的对比数据。更高的分数则反映更好的改进速度和(或)绩效水平、更好的对比绩效和更广泛的范围,并与经营要求相融合。

(7) 当由若干评价人员进行合议评价,按照如下合议规则:评分极差小于等于 15% 时,使用中间分;评分极差为 20% 或 25% 时,通过讨论决定或使用中间分;评分极差大于等于 30% 时,必须讨论决定。

4. 综合评价

1) 依据逐条评语,归纳编写"综合评价报告"

(1) 最重要的优势或出色的实践与结果(对其他组织具有潜在价值);

(2) 最显著的改进机会、担忧、弱项或差距。

2) 评分项的得分百分比与该评分项的分值相乘,即为该评分项得分,并将所有评分项得分相加,即得出被评价组织的经营管理成熟度总分。在满分 1 000 分的定量评分系统中,500 分是一个基本成熟的等级。美国波多里奇国家质量奖获奖者的得分在 650~750 分之间,我国全国质量管理奖获奖者的得分则在 500~700 分之间。

小结和学习重点

- 《卓越绩效评价准则》制定的意义
- 《卓越绩效评价准则》7 个类目(4.1~4.7)、22 个评分项(4.1.1~4.7.5)
- 《卓越绩效评价准则》"过程"评分和"结果"评分的方法
- 《卓越绩效评价准则》组织概述的主要内容

  由岑詠霆教授撰写的学术专著《〈卓越绩效评价准则〉实施的数量化方法研究》已由上海科技教育出版社于 2008 年 8 月出版。该书是上海市教育委员会立项课题(课题编号:06SZ002)"《卓越绩效评价准则》实施的数量化方法研究"的研究成果。该成果已通过中国工程院院士、国际质量科学院院士刘源张教授为组长的专家组鉴定,评审意见认为该成果"在理论上有一定创新价值,在实际上也有可用性"。该书共分五章,分别介绍了《卓越绩效评价准则》实施中 13 种模糊集合论方法,并且编制了计算机程序以供使用。

《卓越绩效评价准则》是在知识经济和经济全球化背景下,我国质量管理的新发展和新成果,是国际先进质量管理经验和我国质量管理实践结合的产物。本章简要地介绍了这一历史进程,同时从实际应用的角度出发介绍了《卓越绩效评价准则》的具体内容,以及评分方法。这两个方面是本章重点,特别是具体内容是学生必须掌握的,应在教学中充分重视。

 前沿问题

《卓越绩效评价准则》在我国已付诸实施。无论是我国实施实践还是诸如美国波多里奇国家质量奖的评奖实践,在依据准则进行评分时,总存在如何提升评分科学性、客观性、正确性的困惑。这一问题的解决既是一个重大理论问题,又是一个重大实践问题。由岑咏霆教授提出应用模糊数学方法进行评分,可以说是一个有益的探索,为《卓越绩效评价准则》的应用开拓了一个新的领域。

案 例

案例一 组织面临的挑战

B.2 组织面临的挑战

B.2.1 竞争环境

a) 上海移动竞争环境

2005年,面临移动电话普及率高、城市信息化要求高、客户期望值高及客户维权意识高等"四高"的特殊环境,上海移动继续保持市场主导地位,取得优异成绩,并得到中国移动集团领导的高度评价。全年净增客户85万,增幅为10%,客户总数达到941万户,市场占有率和市场份额分别达到58%和34.46%以上。

上海移动的竞争者为上海联通和上海电信(小灵通)。截止到2005年底,上海联通客户数为500万户;上海电信小灵通客户为188万户。

b) 超越竞争对手取得成功的关键因素

近年来,上海移动面对激烈的市场竞争环境,依托可靠的网络质量、优质的服务、完善的销售渠道、较高的品牌知名度和美誉度等竞争优势,使上海移动始终超越竞争对手,保持市场竞争领导者的地位。

● 至2005年底,在市域范围内上海移动的网络覆盖已达到99%。全市大型商业文化体育场、高速公路、高架道路、地铁、轻轨、磁悬浮、越江隧道及洋山深水港等都实现了移动信号无缝覆盖。

● 持续领先的客户满意度

以2002年服务创新年为契机,实施网络精品工程、财务透明工程、1860畅通工程、窗口创优工程、大客户贴心工程和服务保障工程等十大服务工程,服务质量得到明显提升。2004年通过流程穿越,寻找服务短板,以改善服务流程,保证服务质量的持续提高。同时,聘请三家咨询公司分别从不同角度对上海移动客户满意度进行综合测评,并经过系统提升和改进,上海移动客户满意度持续领先竞争对手15个百分点以上(数据来源:思纬公司)。

- 立体、多元化的营销网络体系

上海移动针对客户需求及时进行营销网点转型,形成了旗舰店、品牌店、一般营业厅、体验站的立体营销网点架构。目前已建成的多元化营销网络,遍布上海各区域,既方便客户办理业务,又促进了新业务的推广和宣传。

- 高知名度和美誉度的品牌

经过多年的品牌建设,上海移动"全球通"、"动感地带"、"神州行"三大客户品牌知晓率平均达到80%以上,远远领先于竞争对手相关品牌。

c) 比较性和竞争性的数据来源

为全面、及时掌握上海移动市场发展的比较性和竞争性数据,上海移动主动与上海通信管理局等行业管理部门、行业协会保持着良好的关系,并且与竞争对手上海联通及上海电信建立了数据交流渠道;在了解、掌握全国移动市场发展的比较性和竞争性数据信息方面,公司主要通过集团公司及其他兄弟公司的信息共享渠道获得相关信息。同时,公司还通过委托专业咨询机构采集竞争对手的客户信息,组织有关人员对国际知名企业的标杆以及竞争对手的发展状况进行分析、比较。这些对上海移动深入了解市场竞争环境,制订正确的发展战略和竞争策略均起到了不可或缺的作用。

B.2.2 战略挑战

尽管上海移动目前仍处于移动市场的绝对领先地位,但随着经济社会向前发展,主要面临以下三方面挑战。

- 上海移动电话普及率较高,依靠单一客户规模的增长模式受到严峻挑战。

截至 2005 年底,上海移动手机普及率已达到 82%。"十一五"期间,上海市人口的年复合增长率为1.1%。上海移动面临着与发达市场的移动运营商一样的挑战,需积极寻找新的增长点,改变依靠客户规模的增长模式。

- 3G 牌照发放和竞争格局的变化,将对上海移动核心业务构成重大威胁。

3G 牌照发放、第三家移动运营商的进入,将带来竞争格局的显著变化,具有资源优势的竞争对手将分流上海移动的用户和核心业务,上海移动的可持续发展受到巨大的威胁。

- 科学发展观的新增长理念与公众不断提高的维权意识,对网络质量及业务服务质量提出了更高要求。

以科学发展观为核心的新增长理念要求上海移动遵循集约型的经济增长方式,更加注重企业的发展质量;在上海建设现代化国际大都市和实现全面小康社会的进程中,公众的维权意识将继续提高,对领先企业的业务服务质量以及网络质量产生更高的期望。

B.2.3 绩效改进系统

a) 关键绩效的改进方法

公司十分重视整体绩效、竞争绩效、关键绩效的改进。运用的整体改进方法有:建立和运行多方位的管理体系、开展客户满意度测评、运用平衡记分卡等方法,全面覆盖、重点突出地对关键绩效实施多层次、有效深入地改进。

- 建立运行,并于 2005 年形成符合企业特点、具有高效增值作用的、"四合一"的管理运行体系(ISO 9000、TL9000、ISO 14000、GB/T28001)。
- 从 2001 年开始连续开展客户满意度测评,了解顾客关键需求,明确绩效改进方向。
- 运用平衡计分卡进行资源合理配置,强化过程管理,实现以财务为中心的卓越绩效。
- 2005 年起上海移动按照《卓越绩效评价准则》(GB/T19580—2004)推进卓越绩效管理,逐一对照标准要求寻找改进和创新的机会,不断提高公司绩效。

b) 创建学习型组织和知识共享

移动运营属于知识密集型的服务性行业,其高附加值和高技术含量的新服务、新业务以及相关的支撑产品推出迅速,对企业的知识管理提出了很高的要求。上海移动通过建设学习型企业文化、营造良好的学习环境、组织知识团队、搭建知识共享平台等措施,建立"知识库系统",创建学习型组织,实施知识管理。

案例二　　高层领导的作用

1. 大众价值观的确立

大众价值观的确立经历了三个阶段:

第一阶段:20世纪80年代末至90年代初,刚刚迈开改革开放步伐的上海出租汽车市场拒载、乱收费的现象随处可见,严重影响了上海的投资环境和城市印象。

时任上海市委书记江泽民同志和市长朱镕基同志做出了关于"在出租汽车行业引进竞争机制,筹建新的出租汽车公司,组建一支严格管理、优质服务,起好表率作用的出租汽车队伍"的指示,大众由此应运而生,500辆红色桑塔纳以崭新的面貌出现在上海的大街小巷。

为不辜负市委、市领导的殷切期望,1988年,杨国平总经理就提出了"处处为大众提供方便"的核心价值观和"从严管理,风正务实"的企业精神。从叫车方式到服务内容,从结账收费到管理措施,无不体现了这一价值观。公司还创造了"扬手即停,上客问路。电脑计费,合理公道。电话订车,约时不误。车辆整洁,礼貌待客"32字服务法。大众的32字服务法给上海的出租汽车市场带来了巨大的活力,得到了乘客市民的广泛认同和一致好评,由此大众出租被市民誉为"红色旋风"。

公司成立1周年之际,朱镕基同志亲笔给公司高层领导杨国平、周秀华写来贺信:"上海大众出租汽车公司的成立,为出租汽车行业树立了一面旗帜。中外群众对你们的反映总的来说是好的,你们为改善上海投资环境,树立公交新风做出了贡献,基本经验是'从严管理,风正务实'。特写此信以资鼓励和期望。"

此阶段的价值观主要体现在乘客大众方面。

第二阶段。20世纪90年代中至90年代末,大众没有辜负领导的期望,也没有辜负人民的期望。大众在核心价值观上不断充实着新的内容,乘客的工薪大众面也随之不断拓展。大众的使命就是要让普通大众都能享受优质出租车服务,而不仅停留在一部分白领大众上,另外大众的范围也向股东延伸。为进一步落实企业的核心价值观,1995年杨国平总经理提出了建设四个一流的要求,即一流的车况车貌、一流的队伍素质、一流的调度服务、一流的收费系统。由此,大众产生了许多创新举措。

第一,为方便顾客乘坐大众车,公司使用桑塔纳2000型车并独家买断薄荷青颜色,让乘客能方便地识别大众车;第二,为给顾客提供一个清洁舒适的乘坐环境,公司率先在出租车上使用白座套;第三,为方便顾客结算,公司在出租汽车行业率先推广使用IC卡电子货币收费系统;第四,为给顾客提供优质服务,公司在出租车行业中推出规范服务流程并做出服务承诺;第五,为提高驾驶员队伍素质,公司开始实施驾驶员星级制;第六,公司率先在行业中制订的"规范服务流程"、"服务承诺制"、"驾驶员星级制"等,为优化出租汽车行业服务提供了范本,公司推出的许多措施目前已在全国出租汽车行业中被广泛采用,成为行业标准。

在1998年公司成立10周年时,时任国务院总理的朱镕基同志打破不题词的惯例,亲笔为大众题词,勉励大众"艰苦创业,来之不易,任重道远,勇攀高峰。"黄菊同志也寄语大众"面向新世纪,争创新业绩。"第二阶段的价值观延伸到了股东大众,公司设立股民热线,为股东提供咨询服务。

第三阶段。20世纪末至今。随着公司不断发展,公司高层领导越来越意识到原来的价值观必须进一步提升和扩充方能适应企业的发展和社会前进的步伐,不辜负朱镕基同志和黄菊同志对大众的勉励。

为贯彻朱镕基总理"勇攀高峰"的指示,2001年,杨国平总经理提出了新的目标,即:到2008年大众出租的服务水平达到或接近日本东京的水平。为此,公司在战略上作出相应的规划,如引进奔驰车为新一代出租车;提高调度系统效率与动能,筹备建设新的系统;扩大计价器的使用范围与功能;进行人力资源创新等。

高层领导对企业文化建设进行了研究,请专家对大众的企业文化建设进行系统的调研。与不同层面的职工进行访谈,并以一定的比例对内部员工和外部顾客进行随机问卷调查。结合调查结果,在广泛听取职工代表意见的基础上,经公司高层领导班子讨论,形成了大众企业文化体系,确定了新的核心价值观,即:一切为大众。其内涵是:为大众客户提供温馨满意的服务;回馈大众股东稳定良好的收益;创造大众员工幸福美好的生活。并在全体员工中导入企业文化体系。

第三阶段的价值观导入了为大众员工创造幸福美好生活的内涵。

为落实企业的价值观和长短期发展方向及绩效期望,公司制订了"让顾客更满意"的质量方针和"从严管理,风正务实;开拓创新,志在一流"的企业理念,及"爱岗敬业,诚实守信"的核心行为准则,并在资金、技术、物质、人力资源方面一一做了安排。

2. 三人合众,一切为之

"一切为大众"的核心价值观全面准确地反映了受益者之间的关系,及公司努力追求的目标。公司将大众客户放在最重要的位置,反映了公司对大众客户的关注。大众客户是公司生存发展之源。公司为顾客创造价值主要体现在:为乘客提供优良的车容车貌,整洁的车厢环境和个性化温馨的服务。大众股东是大众的投资者,公司要为股东提供稳定良好的投资回报。大众员工是大众事业的创造者、实践者,是公司的重要资源之一,公司要为员工创造良好的福利条件。为员工家属提供多方位的支持,努力为员工创造一个良好的工作、学习和生活环境。在供应商和合作伙伴方面,公司与之互惠互利,做到双赢。"三人合众"有机统一的组合,利益关系的有效平衡构成了大众核心价值观的基石。

(摘自　上海质量管理科学研究院.《卓越绩效评价准则》导读.中国标准出版社,2006年)

练习与思考

一、名词解释

(1)《卓越绩效评价准则》;(2)《卓越绩效评价准则实施指南》

二、填空题

(1)《卓越绩效评价准则》要求建立_____的人力资源开发和管理系统。

(2)《卓越绩效评价准则》7个类目中,第一个类目是_____。

(3)"领导"、"战略"、"顾客与市场"构成"_____"三角。

(4)《卓越绩效评价准则》的评分结构总体要求针对的是_____。

(5)《卓越绩效评价准则》对组织评分时,满分为_____。

三、单项选择题

(1)《卓越绩效评价准则》内容构成(　　)个类目(　　)个评分项。
　　A. 6,21　　　　B. 7,22　　　　C. 8,20　　　　D. 9,18

(2)《卓越绩效评价准则》的类目,其可分为两大类型,一种类型是有关(　　)的类目,另一种类型是有关(　　)的类目。
　　A. 描述　评分　B. 描述　过程　C. 过程　结果　D. 过程　评分

(3)《卓越绩效评价准则》有关"结果"的类目,其为( )。
　　A. 4.1　　　　B. 4.3　　　　C. 4.7　　　　D. 4.8
(4)《卓越绩效评价准则》的框架图包括"过程:( )—( )—( )—( )"箭头框。
　　A. 方法—展开—学习—整合　　B. 测量—展开—学习—整合
　　C. 方法—展开—学习—结果　　D. 测量—扩展—提升—结果
(5)《卓越绩效评价准则》评分中,各分数相差( )。
　　A. 10%　　　B. 15%　　　C. 5%　　　D. 20%

四、多项选择题
(1)《卓越绩效评价准则》"4.2战略"包括( )。
　　A. 战略实施　　B. 战略制定　　C. 战略策划　　D. 战略部署
(2)《卓越绩效评价准则》"过程"和"结果"两个箭头框,表达了以下逻辑:过程旨在结果、结果通过过程取得,并为过程的( )提供导向。
　　A. 发展　　　B. 改进　　　C. 转变　　　D. 创新

五、简答题
(1)《卓越绩效评价准则》是和"大质量"观念高度一致的国家标准,主要体现在哪几个方面?
(2)《卓越绩效评价准则》生动体现了科学发展观基本思想,表现在哪几个方面?
(3)《卓越绩效评价准则》基本内容是什么?
(4)《卓越绩效评价准则》逻辑结构是什么?

六、论述题
试述《卓越绩效评价准则》评分的定性、定量方法。

部分参考答案

二、填空题
(1) 以人为本
(2) 4.1领导
(3) 领导作用
(4) 核心题目
(5) 1 000

三、单项选择题
(1) B　(2) C　(3) C　(4) A　(5) C

四、多项选择题
(1) B,C　(2) B,D

第十二章

质量管理的模糊集合论方法

学习目标

学完本章,你应该能够:
(1) 明确普通集合和模糊集合的概念及其表示方法;
(2) 分析质量管理中的模糊现象,并应用模糊集合予以恰当的表示;
(3) 了解模糊综合评判、模糊排序的基本原理和方法;
(4) 能够应用模糊综合评判、模糊排序的方法正确处理质量管理中模糊对象的评判、排序问题。

基本概念

普通集合　模糊集合　模糊综合评判　模糊排序

本章在回顾普通集合的基础上,引入了不同于"随机性"的另一种不确定性,即"模糊性",由此引入了模糊集合。本章将引导学生正确地揭示质量管理中的模糊性现象,要求学生能用模糊集合正确表达这些现象,并在质量管理实际中针对模糊性广泛地采用模糊集合论的方法。本章介绍两种最常用的方法:模糊综合评判和模糊排序。这两种方法充分体现了应用模糊集合论处理质量管理问题的基本特点,是学习其他模糊集合论方法的基础。

普通集合是指具有某种特定属性的对象全体。在所论范围 $U = \{u\}$ 上的模糊集合 $\underset{\sim}{A}$ 是由隶属函数 $\mu_{\underset{\sim}{A}}(u)$ 来表示的,其中 $\mu_{\underset{\sim}{A}}(u)$ 在 $[0,1]$ 上取值,其大小是 u 对 $\underset{\sim}{A}$ 的隶属程度的反映。质量管理中众多具有模糊属性的现象,应该应用模糊集合来表示和处理。

第一节　质量的模糊属性及其表示方法

普通集合论创立于 19 世纪末,模糊集合论创立于 1965 年。模糊集合论由于在处理广泛存在的一种不确定性——模糊性方面的成功,在处理复杂系统方面的简捷有力,在某种程度上弥补了经典数学与统计数学的不足,使之得到了广泛的应用,在质量管理中也受到越来越广泛的重视。

一、两类不确定性

什么是第一类不确定性?什么是第二类不确定性?

客观世界存在着两种不确定性。

第一类不确定性是"随机性"。所谓"随机性"就是指在个别试验中呈现不确定性,也即某些现象在每次试验之前无法预知确切的结果,但是在相同条件下,在大量重复试验中又呈现某种规律性。第一类不确定性的典型例子,就是"掷硬币"。在每次抛掷硬币之前,我们无法预知其究竟是正面向上还是反面向上,但是在相同条件下,在大量重复抛掷中,则正面向上和反面向上的次数的比越来越接近一比一。对于"随机性"的研究,构建了概率论与数理统计的主要内容,并在质量管理中得到了重要的广泛的应用。

第二类不确定性就是"模糊性",它是由于人们不可能给予某些事物以明确的定义和确定性的评定标准而具有的不确定性。而模糊集合论正是研究客观事物模糊性的科学。在质量管理中,具有"模糊性"的事物是广泛存在的。例如,质量等级的划分,一般是以质量特性指标值的各个界点为标准的,这种划分方法必然导致界点邻近的细微变化产生质量等级的跃变,这就产生十分明显的不合理性。事实上,顾客的实际评估,在各质量等级之间并不存在"截然分明"的界点,顾客的心理活动事实上存在着"中介过渡"和"亦此亦彼"的特性,因此,质量等级的边界应该是"软"的、富有"弹性"的。质量管理中,如质量的好差、造型的美观、手感的舒适、操作的灵活、使用的方便、性能的可靠、服务的周到、管理的严格、体系的完善等等,无不具有模糊性,这就为模糊集合论的应用提供了广阔的活动空间。

二、普通集合和模糊集合

什么是普通集合?它如何表示?什么是模糊集合?它如何表示?

1. 普通集合

普通集合是指具有某种特定属性的对象的全体。普通集合一般用大写英文字母表示,如 A, B, C 等;而普通集合中的元素则用小写英文字母表示,如 a, b, c 等。如元素 a 属于集合 A,则记为 $a \in A$;如元素 a 不属于集合 A,则记为 $a \notin A$。当人们涉及集合时,总界定一个讨论对象的范围,这称为论域,一般记为 U。

如论域可以是全体实数,则 $U = \mathbf{R}$;

$A = [2, 4]$ 就是 $\mathbf{R}$ 上的一个集合;

U 中的元素 $u_1 = 3 \in A$,而 $u_2 = 5 \notin A$。

表示集合 A 有三种方法。一种为列举法,即把集合中的每一个元素都一一表示清

楚，如

$$A = \{2, 4, 6\}$$

第二种方法为描述法，即把集合中的元素的特征描述清楚，如

$$A = \{x \mid 2 < x \leqslant 4\}$$

第三种方法为特征函数法，即对 U 中每一个元素给出一个标志值的方法，也就是对 U 中每一个元素赋予一个"特征值"，当其属于 A 时，赋予特征值 1，而当其不属于 A 时，赋予特征值 0，如上述集合 A 可表示为

$$\chi_A(u) = \begin{cases} 1 & 2 < u \leqslant 4 \\ 0 & \text{其余} \end{cases}$$

$\chi_A(u)$ 称为集合 A 的特征函数，它可用图 12-1 表示如下。

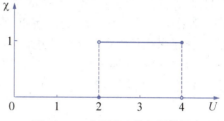

图 12-1 普通集合特征函数图

集合可以表达概念，也即可以用符合概念的对象全体来表达这个概念。但是这种概念对一个对象是否符合这一个概念而言，必须具有"是"、"否"、"两者居一"且"仅居其一"的特征。

2. 模糊集合

实际上，客观世界除了清晰概念以外，模糊概念也几乎无处不在。例如，在质量管理实际中，缺陷的严重、服务的周全、体系的完整、团队的协调，等等，无不是模糊的概念。要表达这些概念，普通集合的应用往往是牵强附会的。对于一个缺陷是否可称"严重"、一项服务是否可称"周全"、一个体系是否可属"完整"、一个团队是否可归"协调"，表面看来似乎不成问题，但一旦进行操作层面，必须给出"严重"、"周全"、"完整"、"协调"的定义和评判标准，这时如果仅仅停留在"是"与"否"的两维抉择模式，那么是难以跨出前进一步的。因为对于这些概念的边界而言，一个对象的归属，是不能简单地在"是"与"否"之间做出"两取其一"且"仅取其一"的抉择的。这里存在着事实上的"过渡"和渐变，这些概念的边界是"模糊的"，是"弹性的"，也即其所包含对象的全体的轮廓具有不确定性。

例如，"年轻人"就是一个典型的模糊概念。不同年龄对于"年轻"而言，有不同的符合程度，对于 18 岁年龄可说完全符合，而对于 27 岁年龄似乎只能说只有 0.8 的符合程度了。

模糊集合正是摒弃了与客观实际不符的两维抉择模式，转而承认对象对概念归属的渐变与过渡，从而成为表达模糊概念的有力工具。

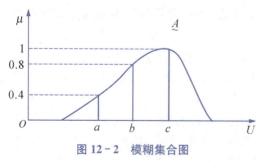

图 12-2 模糊集合图

模糊集合的定义如下：

论域 $U = \{u\}$ 上的模糊集合 $\underset{\sim}{A}$ 是由隶属函数 $\mu_{\underset{\sim}{A}}(u)$ 来表征的，其中 $\mu_{\underset{\sim}{A}}(u)$ 在 $[0, 1]$ 上取值，其大小是 u 对于 $\underset{\sim}{A}$ 的隶属程度的反映。

隶属函数可以用图形表示，从而使颇为抽象的模糊集合有一个直观形象的表示，如图 12-2 所示。

从图中可见，$\mu_{\underset{\sim}{A}}(a) = 0.4$，$\mu_{\underset{\sim}{A}}(b) = 0.8$，$\mu_{\underset{\sim}{A}}(c) = 1$。

请结合实际生活和质量管理实际各举一个具有模糊性的事物的例子。

[**例 12 - 1**] 在 6σ 管理中，顾客要求某机械手的快速启动时间在 0.2 s 之内，采用传统的思维模式，启动时间小于 0.2 s 为"符合"要求，而大于等于 0.2 s 为"不符合"要求。但是这种确定"符合"和"不符合"的模式和顾客要求的实际心理活动是不一致的。顾客的心理活动不可能在 0.2 s 这一界点上产生"突变"和"飞跃"，而是存在事实上的"中介过渡"。于是采用模糊集合来表达顾客要求更为符合实际。图 12 - 3 就是一个表达顾客要求的模糊集合的隶属函数图形。

在图 12 - 3 中，出现了一个 0.19 s～0.21 s 的弹性边界

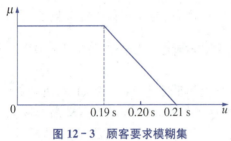

图 12 - 3 顾客要求模糊集

$\mu_{顾客要求}(0.18\ s) = 1$

$\mu_{顾客要求}(0.19\ s) = 1$

$\mu_{顾客要求}(0.20\ s) = 0.5$

$\mu_{顾客要求}(0.21\ s) = 0$

$\mu_{顾客要求}(0.22\ s) = 0$

······

三、质量的模糊属性

什么是质量的"规格符合性"？什么是质量的"用户适用性"？为什么"用户适用性"和质量的模糊属性是一致的？

在质量管理中，对于质量的模糊属性的认识是和质量观念从"规格符合性"向"用户适用性"飞跃密切相关的。

国际质量管理权威朱兰有一段精辟的论述：对用户来说，质量就是"适用性"而不是"规格符合性"，最终用户很少知道规格到底是什么，用户对质量的评价总是以到手的产品是否适用且其适用性是否持久为标准的。

当人们在回顾自身享用一个产品和服务之时，肯定会深切地感受到朱兰的论述确实清晰地刻画了用户对产品和服务评价的心路历程，不禁为其深刻性、客观性而拍案叫绝。

"规格符合性"是以产品的质量特性数值是否符合规定标准来评判质量的；而"适用性"则是指产品或服务一切适合用户"使用要求"的特征和特性的总和。这一质量观是"以市场为导向"、"顾客需求第一"的质量观。这里，"规格符合性"被弱化

了,顾客评判心理活动因素被强调了,从而模糊属性也凸现了。在市场经济的环境下,在仓库里积压无法销售的产品大批存在,如果单纯从"规格符合性"的标准来衡量恐怕都可加盖"合格"印章,然而"市场规律"、"顾客需求"却以铁的规律下达了"死刑"判决书。

"适用性质量"从其实质而言,由于凸现了"用户主体感受"的第一位要素的品格,所以不能避免质量评判标准以及用户评判心理活动的模糊属性。

"适用性质量"观念如果没有合适的数量化工具予以支撑,那么它是无法在质量管理实践中站住脚跟,无法在应用领域中走得更远的。"适用性质量"呼唤新的数学工具的诞生,而模糊集合论正为"适用性质量"提供了一个坚实的基础。

"适用性质量"在质量管理实践中的重要意义还充分体现在"感觉性质量"的评判方面。"感觉性质量"是一种人们无法应用的检测工具和仪器,而只能以人的感觉作为检测手段来检测一种产品的质量,如产品的美感、质感、口味等等。对这类质量特性的评价,只能给出一个对于各种质量评价等级的符合程度,也即采用模糊隶属度予以表达,而绝不是仅用"有无"、"好坏"、"优劣"等评语可以绝对表示的。这里"适用性"、"模糊性"特征是十分明显的。

对于质量管理活动的自身质量的评价,也离不开"适用性"和"模糊性"评价。在全面质量管理中,除了产品质量,还包括工作质量。工作质量是一个企业为保证产品质量而开展的组织、管理、技术、服务等工作的质量及其协调运作的质量的总和,它是产品及服务质量的前提、基础和保证。对工作质量的评价也是缺乏直接的检测工具的,这里离不开人为的评价。一旦试图对工作质量进行数量化表征和处理时,传统数学面临的困难就十分明显地暴露了出来。于是,摒弃其清晰性,转而承认其模糊性,从而采用模糊集合论的方法则是顺理成章的了。

全面质量管理贯穿了产品的设计、制造、使用、辅助的全过程。这里必须源于顾客、归宿于顾客,必须对顾客的需求、满意、抱怨等来自市场的原始信息进行采集和分析处理。这些已经归入质量管理范畴的活动,无不与行为科学、生理学、心理学、社会学等学科密切相关。在这些学科的研究对象中,不能回避模糊信息、模糊对象,不能不进行模糊推理和决策,这时采用传统数学工具是勉为其难的了。

全面质量管理又是一项全员性的管理活动。在企业质量主管的全面负责下,在质量职能部门的具体组织下,在以全员参与为基础的质量管理小组实施下,全面质量管理实际已成为以提高质量为中心的群众性活动。它已不是单纯的技术工作而是需要协调、协动、协力的社会活动,这就必然和具有广泛模糊研究对象的行为科学、心理学、生理学、社会学等学科密切相关,其应用模糊集合论是必然的了。

目前,六西格玛管理正风靡全球,在六西格玛管理中,在界定阶段,需要选择、确定、分析、描述项目;在测量阶段,需要收集数据、发现缺陷;在分析阶段,需要确定原因;在改进阶段,需要揭示输出、输入的内在关系,确定项目的改进优化方案并予以评估、实施;在控制阶段,需要保持过程稳定、巩固成果,并保持持续改进。这些活动都是以团队形式来实施的,在这些活动中揭示对象的模糊性的客观存在,应用模糊集合论方法已经引起广泛注意。

至于对顾客满意和顾客忠诚的测评活动,采用模糊等级量表,以优化原始数据测定的客观性和科学性,也已经进入实用阶段。

四、质量模糊属性的表示方法

质量的模糊属性有几种常用的表示方法？各种方法的特点是什么？

质量模糊属性有以下几种表示方法。

1. 质量特性取离散值的情况

设质量特性论域

$$U = \{u_1, u_2, \cdots, u_i, \cdots, u_n\}$$

其中,$u_i(i=1,2,\cdots,n)$ 表示质量特性的第 i 个取值。

图 12-4 用模糊集合 $\underset{\sim}{A}$ 表示了一个产品的模糊属性。

在模糊集合论中,采用如下的表示式可表达上述模糊集合:

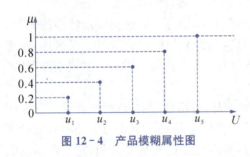

图 12-4 产品模糊属性图

$$\underset{\sim}{A} = 0.2/u_1 + 0.4/u_2 + 0.6/u_3 + 0.8/u_4 + 1/u_5$$

上式表示,当质量特性取值为 u_1 时,其对合格品的隶属度为 0.2;当质量特性取值为 u_3 时,其对合格品的隶属度为 0.6;当质量特性取值为 u_5 时,其对合格品的隶属度为 1。

这里还需指出一个特殊情况。有时可以用模糊集合来表示产品的各个质量特性对"合格品"的符合程度,这时 $u_i(i=1,2,\cdots,n)$ 不是表示一个数值,而是表示某一质量特性,而斜线上侧的数值,则表示对于这一质量特性而言,该产品对"合格品"的隶属程度。

例如,某产品为 75D 化学纤维,其评判的质量特性为"毛丝"、"硬头丝"、"色差"、"油污",对于这4个质量特性,特别对于"色差"、"油污"2个质量特征,显然具有明显的"模糊性",因此可用模糊集合 $\underset{\sim}{A}$ 表示为

$$\underset{\sim}{A}=0.9/毛丝+0.8/硬头丝+0.9/色差+1/油污$$

上式表示,对某一批 75D 化学纤维,从"毛丝"而言,合格程度为 0.9;从"硬头丝"而言,合格程度为 0.8;从"色差"而言,合格程度为 0.9;从"油污"而言,合格程度为 1。

当然,也可用"不合格"模糊集合来表示产品质量,这时,斜线上的数值则是对于某一质量特性而言,某一产品对"不合格"的隶属程度。

2. 质量特性取连续性的情况

设质量特性论域 $U = \mathbf{R}$,u 为 U 中元素。

(1) 双向封闭型。一般产品具有如下特点：当 $a \leqslant u \leqslant b$ 时,产品完全合格;当 $u \leqslant c$,

$u \geqslant d$ 时,完全不合格;而当 $c < u < a, b < u < d$ 时,存在模糊边界,称为弹性合格。模糊边界的设定应根据产品质量特性的具体情况,决定其宽度以及采用何种曲线。图 12-5 表示了双向封闭型"合格"模糊集。

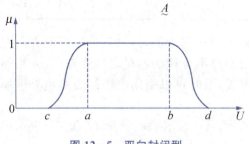

图 12-5 双向封闭型
"合格"模糊集

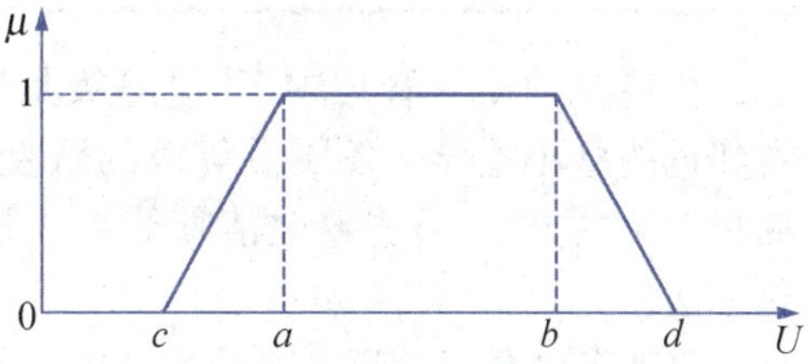

图 12-6 双向封闭型边界取直线
隶属曲线"合格"模糊集

最简单、最常用的模糊边界采用直线型,这时模糊集隶属函数是如图 12-6 所示的曲线。

这时,$\underset{\sim}{A}$ 的隶属函数表示式为

$$u_{\underset{\sim}{A}}(u) = \begin{cases} 0 & u < c \\ \dfrac{1}{a-c}(u-c) & c \leqslant u \leqslant a \\ 1 & a < u < b \\ \dfrac{1}{b-d}(u-d) & b \leqslant u \leqslant d \\ 0 & d < u \end{cases}$$

(2) 右向封闭型。右向封闭型适用于 $u \leqslant b$ 完全合格,$u \geqslant d$ 完全不合格,$b < u < d$ 弹性合格的情况。最简单、最常用的模糊边界采用直线型,这时模糊集隶属函数是如图 12-7 所示的曲线。

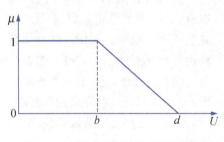

图 12-7 右向封闭型边界取直线隶
属曲线"合格"模糊集

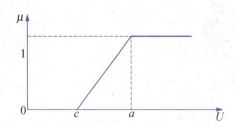

图 12-8 左向封闭型边界取直线隶
属曲线"合格"模糊集

(3) 左向封闭型。左向封闭型适用于 $u \geqslant a$ 完全合格,$u \leqslant c$ 完全不合格,$c < u < a$ 弹性合格的情况。最简单、最常用的模糊边界采用直线型,这时模糊集隶属函数是如图 12-8 所示的曲线。

3. 清晰质量等级边界模糊化方法

> 清晰等级边界模糊化时,模糊等级的隶属度确定有什么原则?其合理性是什么?

在传统的质量管理中,质量等级是用清晰界点来划分的,这种划分势必使界点左右邻近的微小差异引发质量等级的跃变,这是明显不合理的。在质量管理中,采用模糊集合论的方法,首先要改清晰等级为模糊等级,这时可以采用清晰等级的边界模糊化方法。

清晰等级是用区间来表示的,如表 12-1 所示,其中表示了 n 个清晰等级的区间范围和中心值。

表 12-1 清晰等级

等级	1	2	⋯	j	⋯	n
区间	$u_1 \leqslant u < u_2$	$u_2 \leqslant u < u_3$	⋯	$u_j \leqslant u < u_{j+1}$	⋯	$u_n \leqslant u < u_{n+1}$
中心值	$m_1 = \dfrac{u_1 + u_2}{2}$	$m_2 = \dfrac{u_2 + u_3}{2}$	⋯	$m_j = \dfrac{u_j + u_{j+1}}{2}$	⋯	$m_n = \dfrac{u_n + u_{n+1}}{2}$

对应第 j 个清晰等级的模糊等级,现记为 $\utilde{U}_j$,它实为一个模糊集合,对这一模糊集合规定如下的隶属函数确定原则是合理的。

(1) $\mu_{\utilde{U}_j}(m_j) = 1$,因为 m_j 是第 j 个清晰等级的中心值,完全属于模糊等级 $\utilde{U}_j$,因此隶属度为 1 是合理的。

(2) $\mu_{\utilde{U}_j}(u_j) = \mu_{\utilde{U}_{j-1}}(u_j) = 0.5$,因为 u_j 是第 $j-1$ 个、第 j 个清晰等级的界点,其属于模糊等级 $\utilde{U}_{j-1}$ 及 $\utilde{U}_j$ 的程度相同,因此隶属度均为 0.5 也是合理的。

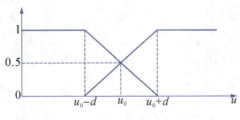

图 12-9 直线型隶属曲线构建的模糊边界

能够符合这两条原则的隶属函数可以有多种,最简单也是最常用的有两种:直线型和正弦型。采用这两种函数时,模糊边界在界点两侧的宽度一般取为相同。

(1) 直线型。图 12-9 表示以 u_0 为界点的清晰等级,在界点两侧各取 d 为宽度,采用直线型隶属曲线构建模糊边界。

> 请记住模糊集隶属函数的表示式有什么特点,掌握什么特点就容易记住了。

这时,左侧的模糊等级隶属函数为

$$\mu_{左}(u) = \begin{cases} 1 & u \leq u_0 - d \\ -\dfrac{1}{2d}(u - u_0) + 0.5 & u_0 - d < u \leq u_0 + d \\ 0 & u_0 + d < u \end{cases}$$

右侧的模糊等级隶属函数为

$$\mu_{右}(u) = \begin{cases} 0 & u \leq u_0 - d \\ \dfrac{1}{2d}(u - u_0) + 0.5 & u_0 - d < u \leq u_0 + d \\ 1 & u_0 + d < u \end{cases}$$

(2) 正弦型。图 12-10 表示，以 u_0 为界点的清晰等级，在界点两侧各取 d 为宽度，采用正弦型隶属曲线构建模糊边界。

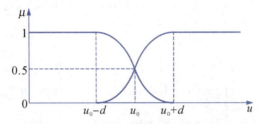

图 12-10 正弦型隶属曲线构建模糊边界

这时，左侧的模糊等级隶属函数为

$$\mu_{左}(u) = \begin{cases} 1 & u \leq u_0 - d \\ \dfrac{1}{2}\left[\sin\left(\dfrac{u - u_0 + d}{2d} + \dfrac{1}{2}\right)\pi + 1\right] & u_0 - d < u \leq u_0 + d \\ 0 & u_0 + d < u \end{cases}$$

右侧的模糊等级隶属函数为

$$\mu_{右}(u) = \begin{cases} 0 & u \leq u_0 - d \\ \dfrac{1}{2}\left[\sin\left(\dfrac{u - u_0 - d}{2d} + \dfrac{1}{2}\right)\pi + 1\right] & u_0 - d < u \leq u_0 + d \\ 1 & u_0 + d < u \end{cases}$$

[例 12-2] 某产品质量的清晰等级如表 12-2 所示，试采用边界模糊化的方法建立模糊等级。

表 12-2 某产品质量清晰等级

质量等级	Ⅰ	Ⅱ	Ⅲ	Ⅳ
区间范围	<140	280~140	400~280	>400

现在界点 140 双侧各取 80 宽度的边界建立模糊边界。
在界点 280 双侧各取 60 宽度的边界建立模糊边界。

在界点 400 双侧各取 40 宽度的边界建立模糊边界。

(1) 直线型。模糊等级可用图 12-11 表示。

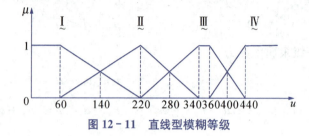

图 12-11 直线型模糊等级

图 12-11 中各模糊等级的隶属函数可用下式表示为

$$\mu_{\underset{\sim}{\mathrm{I}}}(u) = \begin{cases} 1 & u \leqslant 60 \\ -\dfrac{1}{160}(u-140)+0.5 & 60 < u \leqslant 220 \\ 0 & 220 < u \end{cases}$$

$$\mu_{\underset{\sim}{\mathrm{II}}}(u) = \begin{cases} 0 & u \leqslant 60 \\ \dfrac{1}{160}(u-140)+0.5 & 60 < u \leqslant 220 \\ -\dfrac{1}{120}(u-280)+0.5 & 220 < u \leqslant 340 \\ 0 & 340 < u \end{cases}$$

$$\mu_{\underset{\sim}{\mathrm{III}}}(u) = \begin{cases} 0 & u < 220 \\ \dfrac{1}{120}(u-280)+0.5 & 220 \leqslant u < 340 \\ 1 & 340 < u < 360 \\ -\dfrac{1}{80}(u-400)+0.5 & 360 < u \leqslant 440 \\ 0 & 440 < u \end{cases}$$

$$\mu_{\underset{\sim}{\mathrm{IV}}}(u) = \begin{cases} 0 & u < 360 \\ \dfrac{1}{80}(u-400)+0.5 & 360 \leqslant u \leqslant 440 \\ 1 & 440 < u \end{cases}$$

(2) 正弦型。模糊等级可用图 12-12 表示。

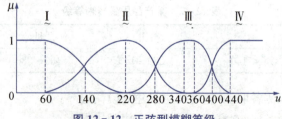

图 12-12 正弦型模糊等级

图 12-12 中的模糊等级的隶属函数可用下式表示。

$$\mu_{\mathrm{I}}(u) = \begin{cases} 1 & u < 60 \\ \dfrac{1}{2}\left[\sin\left(\dfrac{u-60}{160}+\dfrac{1}{2}\right)\pi+1\right] & 60 \leqslant u < 220 \\ 0 & 220 \leqslant u \end{cases}$$

$$\mu_{\mathrm{II}}(u) = \begin{cases} 0 & u < 60 \\ \dfrac{1}{2}\left[\sin\left(\dfrac{u-220}{160}+\dfrac{1}{2}\right)\pi+1\right] & 60 \leqslant u < 220 \\ \dfrac{1}{2}\left[\sin\left(\dfrac{u-220}{120}+\dfrac{1}{2}\right)\pi+1\right] & 220 \leqslant u < 340 \\ 0 & 340 \leqslant u \end{cases}$$

$$\mu_{\mathrm{III}}(u) = \begin{cases} 0 & u < 220 \\ \dfrac{1}{2}\left[\sin\left(\dfrac{u-340}{120}+\dfrac{1}{2}\right)\pi+1\right] & 220 \leqslant u < 340 \\ 1 & 340 \leqslant u < 360 \\ \dfrac{1}{2}\left[\sin\left(\dfrac{u-360}{80}+\dfrac{1}{2}\right)\pi+1\right] & 360 \leqslant u < 440 \\ 0 & 440 \leqslant u \end{cases}$$

$$\mu_{\mathrm{IV}}(u) = \begin{cases} 0 & u < 360 \\ \dfrac{1}{2}\left[\sin\left(\dfrac{u-440}{80}+\dfrac{1}{2}\right)\pi+1\right] & 360 \leqslant u < 440 \\ 1 & 440 \leqslant u \end{cases}$$

4. 模糊统计法

在模糊统计中,评价的模糊性是如何体现的?

在质量模糊属性的表示中,模糊统计法是一种应用十分广泛的常用方法,这一方法的最显著特点就是,由与评价质量相关的专家和工作人员,根据自身的经验和体验进行等级评价,而最终的评价则是评价人员意见的综合统计。这一结果具有明显的客观依据和科学性。

模糊统计方法的基本原理如下。

设 $\underset{\sim}{A}$ 为论域 U 上的一个描述某一模糊概念的模糊集合,$u_0 \in U$,现按如下步骤确定 u_0 对 $\underset{\sim}{A}$ 的隶属程度:

(1) 聘请 n 名与被描述的模糊概念相关的专家、管理人员和实际工作者,参与评价,每人评价一次;

(2) 在每次评价中要求评价者根据自身对模糊概念的理解,确定一个作为 $\underset{\sim}{A}$ 的近似表示的普通集合 A^*,A^* 实际上是对 $\underset{\sim}{A}$ 的模糊边界的一种"清晰化"的固定;

(3) 要求评价者确定 u_0 是否属于 A^*,由于 A^* 是普通集合,u_0 对 A^* 的关系,仅作"两取其一"的抉择;

(4) u_0 对 $\underset{\sim}{A}$ 的隶属频率可由以下方法计算,即

$$u_0 \text{ 对 } \underset{\sim}{A} \text{ 的隶属频率} = \frac{\text{“}u_0 \in A^*\text{” 的次数}}{n}$$

实际表明,当 n 越来越大时,隶属频率会趋于稳定。频率稳定的那个数值就是 u_0 对 $\underset{\sim}{A}$ 的隶属度。

[**例 12-3**] 在 6σ 管理中,要对若干个改进方案进行选择,需评价各改进方案对等级Ⅰ,Ⅱ,Ⅲ,Ⅳ,Ⅴ的隶属度,试用模糊统计方法确定之。

现聘请专家和管理人员 10 人组成评定级,应用模糊统计方法评定。

10 人确定的固定化集合为

$$A_1^* = \{Ⅰ,Ⅱ\}$$
$$A_2^* = \{Ⅱ,Ⅲ\}$$
$$A_3^* = \{Ⅱ,Ⅲ\}$$
$$A_4^* = \{Ⅰ,Ⅱ\}$$
$$A_5^* = \{Ⅲ\}$$
$$A_6^* = \{Ⅱ,Ⅲ,Ⅳ\}$$
$$A_7^* = \{Ⅱ,Ⅲ\}$$
$$A_8^* = \{Ⅲ,Ⅳ\}$$
$$A_9^* = \{Ⅳ\}$$
$$A_{10}^* = \{Ⅲ,Ⅳ\}$$

由此,可得

$$u_Ⅰ = \frac{\text{“}A^* \text{ 中含 Ⅰ” 的次数}}{10} = \frac{2}{10} = 0.2$$

$$u_Ⅱ = \frac{\text{“}A^* \text{ 中含 Ⅱ” 的次数}}{10} = \frac{6}{10} = 0.6$$

$$u_Ⅲ = \frac{\text{“}A^* \text{ 中含 Ⅲ” 的次数}}{10} = \frac{7}{10} = 0.7$$

$$u_Ⅳ = \frac{\text{“}A^* \text{ 中含 Ⅳ” 的次数}}{10} = \frac{4}{10} = 0.4$$

$$u_Ⅴ = \frac{\text{“}A^* \text{ 中含 Ⅴ” 的次数}}{10} = \frac{0}{10} = 0.0$$

于是,这一方案可用模糊集合 $\underset{\sim}{A}$ 表示为

$$\underset{\sim}{A}=0.2/\mathrm{I}+0.6/\mathrm{II}+0.7/\mathrm{III}+0.4/\mathrm{IV}+0/\mathrm{V}$$

或用模糊向量表示为

$$\underset{\sim}{A}=(0.2,0.6,0.7,0.4,0)$$

这里需注意,在确定固定化集合中,由于考虑到模糊性可以选择若干个相邻的等级,因此,$\underset{\sim}{A}$ 的隶属度之和可以不为 1。但在某些情况下,为了统一处理某些对象,还是要求隶属度之和为 1,这时可以作归一化处理,即把每一个等级的隶属度除以各隶属度之和,得到

$$\underset{\sim}{A}=(0.11,0.32,0.36,0.21,0)$$

这时,实际上不是把评判者人数作为统计基数,而是把所有选择的等级数之和作为统计基数,这也是有合理的实际意义的。

　　质量模糊属性的表示方法。
1. 质量特性取离散值的情况。
2. 质量特性取连续值的情况:
(1) 双向封闭型;(2) 右向封闭型;(3) 左向封闭型。
3. 清晰质量等级边界模糊化方法:
(1) 直线型;(2) 正弦型。
4. 模糊统计法。

第二节　质量管理的模糊集合论方法

基于对质量的模糊属性的认识,在质量管理的理论与实践中引入模糊集合论方法是顺理成章、合乎自然的。质量管理中的模糊集合论方法主要涉及模糊综合评判、模糊排序、模糊推理、模糊聚类等。本节主要介绍前两种方法的应用。

　　《模糊质量管理学》是国内出版的比较完整地论述模糊质量管理的专著,反映了当前国际和国内研究水平。全书共十一章,分别是:质量的模糊属性及其表示、模糊质量的综合评判、模糊质量的比较和分类、模糊质量的常用统计方法、模糊工序能力分析、模糊控制图、模糊质量的抽样检验、正交试验结果的模糊分析、模糊可靠性、模糊质量设计、模糊质量经济分析。
　　　　　　　　　　(岑詠霆.模糊质量管理学.贵州科技出版社,1994 年)

一、模糊综合评判

> 评判因素集是什么？举例说明之。
> 评语等级集是什么？举例说明之。

模糊综合评判的步骤如下。

1. 确立"评判因素集"和"评语等级集"

模糊综合评判的第一步即是确定评判的角度，或指标，或因素，一般记为"评判因素集"，表示为

$$U = \{u_1, u_2, \cdots, u_i, \cdots, u_m\}$$

式中，$u_i(i = 1, 2, \cdots, m)$ 为评判的第 i 个角度。

模糊综合评判还要确定评语的等级，据此建立"评语等级集"，表示为

$$V = \{v_1, v_2, \cdots, v_j, \cdots, v_n\}$$

式中，$v_j(j = 1, 2, \cdots, n)$ 为第 j 个评语等级。这些等级应理解为模糊等级，一般用模糊语言表示，如很满意、满意、一般、不满意、很不满意等等。

2. 单因素评判

单因素评判是指从某一因素，如 u_i 着眼，评判事物对各评语等级，如对等级 v_j 的隶属度，即 $r_{ij} = \mu_{v_j}(u_i)$ $(j = 1, 2, \cdots, n)$。

由此得出单因素评判模糊向量为

$$\underset{\sim}{r_i} = (r_{i1}, r_{i2}, \cdots, r_{ij}, \cdots, r_{in})$$

式中，$r_{ij} = \mu_{v_j}(u_i)$。

如果在对某一对象进行评判时，只需从一个评判因素考虑，或者对象仅有一个评判因素，那么上面得出的评判结果就是该对象的最终评判结果。为与后文中应用的符号一致，可记为

$$\underset{\sim}{B} = (b_1, b_2, \cdots, b_j, \cdots, b_n)$$

式中，$b_j = r_{ij}(j = 1, 2, \cdots, n)$。

3. 多因素评判

如果对某一现象进行评判时，需从 $u_1, u_2, \cdots, u_m$，m 个因素进行评判，则可得到 m 个模糊向量为

$$\underset{\sim}{r_1} = (r_{11}, r_{12}, \cdots, r_{1j}, \cdots, r_{1n})$$

$$\underset{\sim}{r_2} = (r_{21}, r_{22}, \cdots, r_{2j}, \cdots, r_{2n})$$

……

$$r_{\sim m} = (r_{m1}, r_{m2}, \cdots, r_{mj}, \cdots, r_{mn})$$

这些向量可简记为 $m \times n$ 模糊矩阵,称为模糊评判矩阵,表示为

$$R_{\sim} = \begin{bmatrix} r_{\sim 1} \\ r_{\sim 2} \\ \vdots \\ r_{\sim m} \end{bmatrix} = \begin{bmatrix} r_{11}, r_{12}, \cdots, r_{1j}, \cdots, r_{1n} \\ r_{21}, r_{22}, \cdots, r_{2j}, \cdots, r_{2n} \\ \cdots \cdots \\ r_{m1}, r_{m2}, \cdots, r_{mj}, \cdots, r_{mn} \end{bmatrix}$$

4. 综合评判

至此得到的结果,还仅仅是单个因素评判结果的排列,为了对评判对象有一个整体的了解,还必须对多因素评判结果进行综合处理。这里必须对各个因素的作用进行明确,即需引入因素作用向量 $A_{\sim}$,即

$$A_{\sim} = (a_1, a_2, \cdots, a_i, \cdots, a_m)$$

其中,$a_i (i = 1, 2, \cdots, m)$ 表示第 i 个因素 u_i 在综合评判中所起作用的度量,其在 $[0, 1]$ 上取值。

模糊集合论指出,为了保证综合评判的结果的合理性,$a_1, a_2, \cdots, a_m$ 的取值应符合一定要求。

有了 $A_{\sim}$ 和 $R_{\sim}$ 以后,就可进行综合评判。这里采用的是向量与矩阵的"合成运算",最终得出的综合评判结果为 $B_{\sim}$,即

$$B_{\sim} = [b_1, b_2, \cdots, b_j, \cdots, b_n]$$

$$B_{\sim} = A_{\sim} \cdot R_{\sim}$$

$$= (a_1, a_2, \cdots, a_i, \cdots, a_m) \cdot \begin{bmatrix} r_{11}, r_{12}, \cdots, r_{1j}, \cdots, r_{1n} \\ r_{21}, r_{22}, \cdots, r_{2j}, \cdots, r_{2n} \\ \cdots \cdots \\ r_{m1}, r_{m2}, \cdots, r_{mj}, \cdots, r_{mn} \end{bmatrix}$$

式中,"∘"是合成运算符号,其具体运算法则,由如下的计算式给出,为

$$b_j = (a_1 \overset{\bullet}{*} r_{1j}) \overset{+}{*} (a_2 \overset{\bullet}{*} r_{2j}) \overset{+}{*} \cdots \overset{+}{*} (a_m \overset{\bullet}{*} r_{mj})$$

$$(j = 1, 2, \cdots, n)$$

式中,$\overset{\bullet}{*}$ 为一种称为广义"与"运算的符号,$\overset{+}{*}$ 为一种称为广义"或"运算的符号。

它们是成对出现的,记为 $(\overset{\bullet}{*}, \overset{+}{*})$,比较常用的运算有

(1) $(\overset{\bullet}{*}, \overset{+}{*}) = (\wedge, \vee)$

式中，$a \wedge b = \min(a, b)$，$a \vee b = \max(a, b)$。

对应于这种运算，因素作用向量 $\underset{\sim}{A} = (a_1, a_2, \cdots, a_m)$ 应满足

$$a_1 \vee a_2 \vee \cdots \vee a_m = 1$$

(2) $(\overset{\bullet}{*}, \overset{+}{*}) = (\cdot, \oplus)$

式中，$a \cdot b = ab$，$a \oplus b = \min(a+b, 1)$。

对应于这种运算，因素作用向量 $\underset{\sim}{A} = (a_1, a_2, \cdots, a_m)$ 应满足

$$a_1 + a_2 + \cdots + a_m = 1$$

> 合成运算的意义，$(\wedge, \vee)$型的合成运算意义、$(\cdot, \oplus)$型的合成运算意义，对应的因素作用向量 $\underset{\sim}{A}$ 的特点。

5. 二级模糊综合评判

在质量管理实际活动中，模糊综合评判可以在两个层次上开展，并逐级综合，最终得出结果，这就是二级模糊综合评判。二级模糊综合评判可以推广至多级模糊综合评判。

二级模糊综合评判步骤如下：

(1) 分解因素论域。设因素论域为 U，评语论域为 V，把因素论域 U 按某种标准分成 s 个互不相交的子集：$U_1, U_2, \cdots, U_s$

且满足

$$\bigcup_{i=1}^{s} U_i = U, \quad U_i \cap U_j = \varnothing \ (i \neq j)$$

(2) 进行一级模糊综合评判。对每个因素子集 $U_k(k = 1, 2, \cdots, s)$，采用同一个评语等级集 V，进行第一级模糊综合评判。

对 U_k 中各个因素，取因素作用向量为 $\underset{\sim}{A}_k$，评判矩阵为 $\underset{\sim}{R}_k$，并且在综合评判中取同一类型的合成运算 "∘"。于是，一级模糊综合评判的结果为

$$\underset{\sim}{B}_k = (b_{k1}, b_{k2}, \cdots, b_{kn})$$

$$= \underset{\sim}{A}_k \circ \underset{\sim}{R}_k$$

实际上，$\underset{\sim}{B}_k$ 即为把因素子集 U_k 看作一个因素进行单因素评判所得的评判向量。

(3) 进行二级模糊综合评判。取因素论域 $U = \{U_1, U_2, \cdots, U_s\}$，评语等级集仍为 V，因为对因素 $U_k(k = 1, 2, \cdots, s)$ 的单因素评判向量已经得出，即为 $\underset{\sim}{B}_k$，所以二级模糊综合评判的评判矩阵已经得出，即为

$$\underset{\sim}{R} = \begin{bmatrix} \underset{\sim}{B_1} \\ \underset{\sim}{B_2} \\ \vdots \\ \underset{\sim}{B_s} \end{bmatrix} = \begin{bmatrix} \underset{\sim}{A_1} \circ \underset{\sim}{R_1} \\ \underset{\sim}{A_2} \circ \underset{\sim}{R_2} \\ \vdots \\ \underset{\sim}{A_s} \circ \underset{\sim}{R_s} \end{bmatrix} = \begin{bmatrix} b_{11}, b_{12}, \cdots, b_{1n} \\ b_{21}, b_{22}, \cdots, b_{2n} \\ \cdots\cdots \\ b_{s1}, b_{s2}, \cdots, b_{sn} \end{bmatrix}$$

在二级模糊综合评判中,还需根据因素子集 $U_1, U_2, \cdots, U_s$ 在综合评定中所起的作用,确定因素作用向量 $\underset{\sim}{A}$,然后,采用与一级模糊综合评判中相同的合成运算,即

$$\underset{\sim}{B} = \underset{\sim}{A} \circ \underset{\sim}{R} = \underset{\sim}{A} \circ \begin{bmatrix} \underset{\sim}{A_1} \circ \underset{\sim}{R_1} \\ \underset{\sim}{A_2} \circ \underset{\sim}{R_2} \\ \vdots \\ \underset{\sim}{A_s} \circ \underset{\sim}{R_s} \end{bmatrix}$$

式中,$\underset{\sim}{B}$ 即为二级模糊综合评判的结果。

二级模糊综合评判是如何由两个一级模糊综合评判组成的?

二级模糊综合评判可用图 12-13 表示。

[例 12-4] 宾馆质量等级的模糊综合评判。

对宾馆的质量等级的评价,可以采用模糊综合评判的方法。

(1) 针对宾馆的特点、选定评判因素集 $U = \{$设施 服务 价格$\}$。

(2) 评语等级集 $V = \{$很好 好 一般 不好 很不好$\}$,也可用 Ⅰ,Ⅱ,Ⅲ,Ⅳ,Ⅴ 依次表示"好"到"差"的评语等级。

(3) 单因素评判。聘请若干名专家、员工及顾客,采用模糊统计的方法,针对各个因素进行评判,可得单因素评判结果。

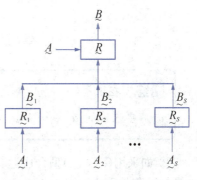
图 12-13 二级模糊综合评判示意

对"设施"因素,单因素评判结果为

$$\underset{\sim}{r_1} = (0.3 \quad 0.4 \quad 0.2 \quad 0.1 \quad 0)$$

对"服务"因素,单因素评判结果为

$$\underset{\sim}{r_2} = (0.1 \quad 0.5 \quad 0.3 \quad 0.1 \quad 0)$$

对"价格"因素,单因素评判结果为

$$r_3 = (0.4 \quad 0.3 \quad 0.2 \quad 0.1 \quad 0)$$

于是,有评判矩阵为

$$R = \begin{bmatrix} 0.3 & 0.4 & 0.2 & 0.1 & 0 \\ 0.1 & 0.5 & 0.3 & 0.1 & 0 \\ 0.4 & 0.3 & 0.2 & 0.1 & 0 \end{bmatrix}$$

(4) 综合评判。

 在采用($\wedge$,$\vee$)型合成运算时,因素作用向量 $A = (a_1, a_2, \cdots, a_n)$,要求 $a_1 \vee a_2 \vee \cdots \vee a_n = 1$

① 如采用($\wedge$,$\vee$)型合成运算,则根据经验,因素作用向量为

$$A = (0.5 \quad 1 \quad 0.2)$$

于是

$$B = A \circ R$$

$$= (0.5, 1, 0.2) \circ \begin{bmatrix} 0.3 & 0.4 & 0.2 & 0.1 & 0 \\ 0.1 & 0.5 & 0.3 & 0.1 & 0 \\ 0.4 & 0.3 & 0.2 & 0.1 & 0 \end{bmatrix}$$

$$= (0.3 \quad 0.5 \quad 0.3 \quad 0.1 \quad 0)$$

 在采用($\cdot$,$\oplus$)类型合成运算时,因素作用向量 $A = (a_1, a_2, \cdots, a_n)$,要求 $a_1 + a_2 + \cdots + a_n = 1$

② 如采用($\cdot$,$\oplus$)型合成运算,根据模糊集合论可以证明,这时的合成运算转变为向量与矩阵的乘法运算。

设因素作用向量为

$$A = (0.3 \quad 0.6 \quad 0.1)$$

于是

$$B = A \circ R = (0.3, 0.6, 0.1) \circ \begin{bmatrix} 0.3 & 0.4 & 0.2 & 0.1 & 0 \\ 0.1 & 0.5 & 0.3 & 0.1 & 0 \\ 0.4 & 0.3 & 0.2 & 0.1 & 0 \end{bmatrix}$$

$$= (0.19, 0.45, 0.26, 0.1, 0)$$

6. 模糊评判向量的处理与应用

 最大隶属度方法和等级赋值法适用的对象有什么不同？各有什么特点？

模糊综合评判得到的模糊评判向量如何进行处理和应用，这是模糊综合评判中必须要解决的一个问题。

这里介绍两种方法：

(1) 最大隶属度法，即在模糊评判向量中，哪一等级隶属度最大，即属于哪一等级。

如例 12-4 中，$\underset{\sim}{B}=(0.3,0.5,0.3,0.1,0)$，由此，这个宾馆属于"很好"的隶属度为 0.3，"好"的隶属度为 0.5，"一般"的隶属度为 0.3，"不好"的隶属度为 0.1，"很不好"的隶属度为 0。可以认为这个宾馆属于"好"这一等级是合理的。

如果另一宾馆的模糊评判向量为 $\underset{\sim}{B}=(0,0.9,0.2,0,0)$，则"好"的隶属度最大，因此也可属于"好"这一等级。

这种方法一般适用于应用 $(\wedge,\vee)$ 模型的合成运算。但从模糊评判向量的各等级隶属度比较，两个宾馆的评价还是存在显著差别的。因此，还可采用如下的方法。

(2) 等级赋值法。针对最大隶属法的不足，可以提出更为精细地处理模糊评判向量的方法。表 12-3 表示了等级赋值的方法。

表 12-3 等级赋值表

等 级	$U_1, U_2, \cdots, U_j, \cdots, U_n$
隶属度	$b_1, b_2, \cdots, b_j, \cdots, b_n$
赋 值	$\alpha_1, \alpha_2, \cdots, \alpha_j, \cdots, \alpha_n$

依据表中数值可以采用加权平均的方法计算对应于模糊评判向量

$$\underset{\sim}{B}=(b_1,b_2,\cdots,b_j,\cdots,b_n)$$

的评判指标值 α，得到

$$\alpha=\frac{\sum_{j=1}^{n}b_j\alpha_j}{\sum_{j=1}^{n}b_j}$$

在例 12-4 中采用表 12-4 所示的等级赋值表，则

$$\alpha=\frac{0.19\times 5+0.45\times 4+0.26\times 3+0.1\times 2+0\times 1}{0.19+0.45+0.26+0.1+0}$$

$$=\frac{3.73}{1}=3.73$$

表 12－4　例 12－4 的等级赋值表

等　级	很好	好	一般	不好	很不好
隶属度	0.19	0.45	0.26	0.1	0
赋　值	5	4	3	2	1

这种方法适用于(·，⊕)类型的合成运算。对于(∧，∨)类型的合成运算，需先将评判向量"归一化"后再应用等级赋值法。本例中，模糊评判向量已经归一。

二、模糊排序

具有模糊属性的事物在进行排序时，会和清晰事物的排序有什么不同？

1. 模糊排序的特点

在质量管理实际中，人们离不开"比较"这样一种思维方式，人们在辨别管理多个对象的质量优劣时，往往是从两两比较开始的，也即人们往往以比较两个事物的优劣为基础，进而辨别多个对象的优劣次序。然而当人们对一组对象质量优劣进行比较时，往往无法克服由于特性及其评价的模糊性带来的思维上的困惑。当研究对象的质量特性是清晰的时候，人们自然会以这一清晰特征的数量指标的大小来排列对象的优劣次序；而当所要比较的对象带有模糊性时，则不能由第一对象优于第二对象，第二对象优于第三对象，从而推出第一对象优于第三对象。这时出现矛盾评判的现象不但具有现实的可能性，而且存在由于模糊性产生的现实必然性。这样，针对模糊性采用模糊集合论的方法是十分自然的了。

2. 模糊择优比较法

模糊择优比较法是常用的一种模糊排序方法，它是在一组对象的两两比较基础上进行整体排序的。这里，通过一个质量改进方案排序的实例来说明这种方法。

(1) 确定排序对象的择优比较优先比。择优比较得分是指通过一对一比较，确定甲对乙的优越程度得分，以及乙对甲的优越程度得分，两者之和为 1。择优比较得分一般可以直接由评价人员按经验评定，也可用模糊统计法评定。

在质量改进中，一般可以提出若干个改进方案，对改进方案的评价一般可从以下九个方面进行比较：

u_1：改进方案名称；u_2：总成本；u_3：对问题的影响；u_4：收益/成本比；u_5：文化影响/变革阻力；u_6：实施时间；u_7：效果的不确定性；u_8：健康与安全；u_9：环境。

评语等级为五个模糊等级，分别是：

| 很满意 | 满意 | 一般 | 不满意 | 很不满意 |
| Ⅴ | Ⅳ | Ⅲ | Ⅱ | Ⅰ |

在两两对比中进行模糊统计试验，由 10 位团队成员参加，得到如下比较结果：

$A_1^* = \{\text{Ⅲ} \quad \text{Ⅳ}\}$ $B_1^* = \{\text{Ⅳ} \quad \text{Ⅲ}\}$

$A_2^* = \{\text{Ⅱ} \quad \text{Ⅲ}\}$ $B_2^* = \{\text{Ⅳ}\}$

$A_3^* = \{\text{Ⅲ} \quad \text{Ⅳ}\}$ $B_3^* = \{\text{Ⅲ} \quad \text{Ⅱ}\}$

$A_4^* = \{\text{Ⅱ}\}$ $B_4^* = \{\text{Ⅳ} \quad \text{Ⅲ}\}$

$A_5^* = \{\text{Ⅰ} \quad \text{Ⅱ}\}$ $B_5^* = \{\text{Ⅳ} \quad \text{Ⅲ}\}$

$A_6^* = \{\text{Ⅱ} \quad \text{Ⅲ}\}$ $B_6^* = \{\text{Ⅴ} \quad \text{Ⅳ}\}$

$A_7^* = \{\text{Ⅲ} \quad \text{Ⅳ}\}$ $B_7^* = \{\text{Ⅴ} \quad \text{Ⅳ}\}$

$A_8^* = \{\text{Ⅱ} \quad \text{Ⅲ}\}$ $B_8^* = \{\text{Ⅴ} \quad \text{Ⅲ}\}$

$A_9^* = \{\text{Ⅱ} \quad \text{Ⅲ}\}$ $B_9^* = \{\text{Ⅳ} \quad \text{Ⅲ}\}$

$A_{10}^* = \{\text{Ⅱ}\}$ $B_{10}^* = \{\text{Ⅲ} \quad \text{Ⅱ}\}$

经统计得：   经统计得：

$\mu_\text{Ⅴ}(A) = 0.0$ $\mu_\text{Ⅴ}(B) = 0.3$

$\mu_\text{Ⅳ}(A) = 0.3$ $\mu_\text{Ⅳ}(B) = 0.7$

$\mu_\text{Ⅲ}(A) = 0.7$ $\mu_\text{Ⅲ}(B) = 0.7$

$\mu_\text{Ⅱ}(A) = 0.7$ $\mu_\text{Ⅱ}(B) = 0.2$

$\mu_\text{Ⅰ}(A) = 0.1$ $\mu_\text{Ⅰ}(B) = 0.0$

经归一化得向量：   经归一化得向量：

(0.0, 0.16, 0.39, 0.39, 0.06)   (0.16 0.37 0.37 0.10 0)

于是，   于是，

优先得分 $= 0.0 \times 5 + 0.16 \times 4 + 0.39$ 优先得分 $= 0.16 \times 5 + 0.37 \times 4 + 0.37$

    $\times 3 + 0.39 \times 2 + 0.06 \times 1$ $\times 3 + 0.10 \times 2$

    $= 2.6$ $= 3.6$

A 对 B 优先比 $= \dfrac{2.6}{2.6+3.6}$ B 对 A 优先比 $= \dfrac{3.6}{2.6+3.6}$

      $= \dfrac{2.6}{6.2} = 0.419$ $= \dfrac{3.6}{6.2} = 0.581$

（2）列出优先比统计表。对于每一个评价因素均可得出优先比，记于表 12-5 中。

表 12-5　优先比及权重统计表

评价因素	权　重	方案 1	方案 2
u_1	0.05	0.526	0.474
u_2	0.1	0.425	0.575
u_3	0.05	0.419	0.581
u_4	0.15	0.613	0.387
u_5	0.15	0.511	0.489
u_6	0.15	0.426	0.574

(续　表)

评价因素	权　重	方案 1	方案 2
u_7	0.15	0.325	0.675
u_8	0.1	0.378	0.622
u_9	0.1	0.875	0.125
总计		0.496	0.504

(3) 列出优先比矩阵表。对于 4 个改进方案,在两者比较的基础上,可得表 12-6。

表 12-6　方案择优比较表

优\劣比	方案 1	方案 2	方案 3	方案 4	∑	%	顺　序
方案 1	—	0.496	0.681	0.325	1.502	0.250	3
方案 2	0.504	—	0.743	0.297	1.544	0.257	2
方案 3	0.319	0.257	—	0.385	0.961	0.160	4
方案 4	0.675	0.703	0.615	—	1.993	0.332	1
					6.000		

在表中 ∑ 列为按行累计优先比的总数。

(4) 排列优劣顺序。从上面的计算结果,得出 4 个方案的优劣顺序为

方案 4＞方案 2＞方案 1＞方案 3

3. 优先关系排序法

一般原理是在方案选择中,有时需要一个方案有同样的程度优于其余方案,这时采用优先关系排序法是合适的。

设有几个对象 $u_1, u_2, \cdots, u_n$,优先关系排序法的步骤如下:

(1) 在对象之间,建立两两优先关系。以 C_{ij} 表示 u_i 比 u_j 优越成分值,且要求

① $C_{ii} = 0, 0 \leqslant C_{ij} \leqslant 1 \quad (i \neq j)$

② $C_{ij} + C_{ji} = 1$

(2) 把两两优先关系,用矩阵表示为:

$$C = \begin{bmatrix} 0 & C_{12} & C_{13} & \cdots & C_{1n} \\ C_{21} & 0 & C_{23} & \cdots & C_{2n} \\ \cdots & \cdots & \cdots & \cdots & \cdots \\ \cdots & \cdots & \cdots & \cdots & \cdots \\ C_{n1} & C_{n2} & C_{n3} & \cdots & C_{nn} \end{bmatrix}$$

(3) 取阈值 $\lambda \in [0, 1]$,作矩阵 C 的 λ — 截矩阵为

$$C_\lambda = \begin{bmatrix} 0 & C_{12}^\lambda & C_{13}^\lambda & \cdots & C_{1n}^\lambda \\ C_{21}^\lambda & 0 & C_{23}^\lambda & \cdots & C_{2n}^\lambda \\ \cdots & \cdots & \cdots & \cdots & \cdots \\ \cdots & \cdots & \cdots & \cdots & \cdots \\ C_{n1}^\lambda & C_{n2}^\lambda & C_{n3}^\lambda & \cdots & C_{nn}^\lambda \end{bmatrix}$$

其中，$C_{ij}^\lambda = \begin{cases} 1 & \text{当 } C_{ij} \geqslant \lambda \\ 0 & \text{当 } C_{ij} < \lambda \end{cases}$。

λ 的取值由 1 递减至 0，若对 λ 的某一取值 λ_1，λ_1 一截矩阵首先具有如下性质：它的第 i 行元素除对角线之外全都为 1，那么 u_i 称作是第一优越对象。

（4）在矩阵 C 中划去第 i 行、第 i 列所有元素，对所有矩阵再重复上述过程，直至所有元素排出优劣次序。

> 在优先关系排序法中"一致优越"的具体意义是什么？它在排序中是如何实现的？

[**例 12 - 5**] 某公司为发展业务招聘销售人员，根据实际工作需要制订了进取性、坚韧性、艰苦性、专业性、技术性为主要内容的评价标准，以一致优越为原则，对 4 名应聘者进行排序。

（1）对人选 1，人选 2，人选 3，人选 4 列出优先矩阵为

$$C = \begin{bmatrix} 0 & 0.47 & 0.61 & 0.32 \\ 0.53 & 0 & 0.74 & 0.29 \\ 0.39 & 0.26 & 0 & 0.38 \\ 0.68 & 0.71 & 0.62 & 0 \end{bmatrix}$$

（2）λ 由 1→0 依次取值为

$$C_{0.74} = \begin{bmatrix} 0 & 0 & 0 & 0 \\ 0 & 0 & 1 & 0 \\ 0 & 0 & 0 & 0 \\ 0 & 0 & 0 & 0 \end{bmatrix}$$

$$C_{0.71} = \begin{bmatrix} 0 & 0 & 0 & 0 \\ 0 & 0 & 1 & 0 \\ 0 & 0 & 0 & 0 \\ 0 & 1 & 0 & 0 \end{bmatrix}$$

$$C_{0.68} = \begin{bmatrix} 0 & 0 & 0 & 0 \\ 0 & 0 & 1 & 0 \\ 0 & 0 & 0 & 0 \\ 1 & 1 & 0 & 0 \end{bmatrix}$$

$$C_{0.62} = \begin{bmatrix} 0 & 0 & 0 & 0 \\ 0 & 0 & 1 & 0 \\ 0 & 0 & 0 & 0 \\ 1 & 1 & 1 & 0 \end{bmatrix}$$

矩阵首次出现第 4 行除对角线元素外全部为 0,说明人选 4 较人选 1,2,3 有一致的优越程度,故人选 4 最优选。

(3) 把第 4 行、第 4 列元素划去得

$$C = \begin{bmatrix} 0 & 0.47 & 0.61 \\ 0.53 & 0 & 0.74 \\ 0.39 & 0.26 & 0 \end{bmatrix}$$

$$C_{0.74} = \begin{bmatrix} 0 & 0 & 0 \\ 0 & 0 & 1 \\ 0 & 0 & 0 \end{bmatrix}$$

$$C_{0.61} = \begin{bmatrix} 0 & 0 & 1 \\ 0 & 0 & 1 \\ 0 & 0 & 0 \end{bmatrix}$$

$$C_{0.53} = \begin{bmatrix} 0 & 0 & 1 \\ 1 & 0 & 1 \\ 0 & 0 & 0 \end{bmatrix}$$

第 2 行出现除对角线元素为 0,其余元素为 1 的状况,故人选 2 比人选 1,3 具有一致优越的性质,故人选 2 作为第二优选人选。

(4) 划去第 2 行、第 2 列元素得

$$C = \begin{bmatrix} 0 & 0.61 \\ 0.39 & 0 \end{bmatrix}$$

$$C_{0.61} = \begin{bmatrix} 0 & 1 \\ 0 & 0 \end{bmatrix}$$

(5) 故人选 1 一致优于人选 3。

最后得出在一致优越原则下的方案排序为

人选 4＞人选 2＞人选 1＞人选 3

小结和学习重点

- 普通集合和模糊集合
- 质量的模糊属性及其表示方法
- 清晰等级的边界模糊化技术和模糊统计方法

- 模糊综合评判的要素及其步骤
- 模糊综合评判向量的处理方法和应用
- 模糊排序的择优比较原理
- 模糊排序的优先关系排序原理和特点

客观世界除了存在第一类不确定性——"随机性"以外,还存在第二类不确定性——"模糊性",由于在质量和质量管理实际中模糊性的现象广泛存在,因此引入模糊集合论的方法具有必要性和可行性。本章从揭示质量的模糊属性出发,介绍了普通集合、模糊集合、质量模糊属性的表示方法,以及模糊综合评判和模糊排序的原理和方法。

 **前沿问题**

模糊集合论正在质量管理应用中不断开拓新的领域,在顾客满意度测评、顾客忠诚度测评以及 6σ 管理中,应用模糊集合论方法也有新的研究成果。

案 例

案例一　自动仪表某部件开孔直径的质量特性值分布模糊直方图

某自动仪表一个关键部件有一圆孔,其直径尺寸需严格进行质量控制。由于测量操作方面原因,难于大规模抽样,只抽取 20 个样本数据。由于根据传统直方图作法得出的直方图具有缺齿,为了克服这一缺陷,采用模糊集合论方法构作直方图,以弥补这一缺陷。这一方法明显地展示了模糊集合论关于使清晰界点模糊化的基本原理,富有特色。

1. 传统直方图

质量特性经取样获得下列 20 个数据,把它们分为 5 个区间,组距为 3,画出频数直方图。

(1) 数据。

62.7	65.7	68.9	71.7	74.7	76.0	71.8
71.9	71.1	67.1	63.3	64.1	68.0	64.7
68.1	65.0	67.9	67.5	67.7	68.1

(2) 整理。

$x_{\max} = 76.0$　　$x_{\min} = 62.7$
$R = 13.3$
$k = 5$
$h = 3$

组号	界限	中心值	频数统计	频数	频率
1	62.5～65.5	64	正	5	0.25
2	65.5～68.5	67	正丅	8	0.40
3	68.5～71.5	70	丁	2	0.10
4	71.5～74.5	73	下	3	0.15
5	74.5～77.5	76	丅	2	0.10

(3) 作图。

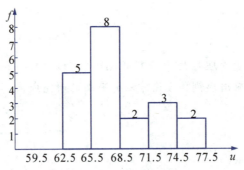

图 12-14 频数直方图

在图 12-14 中出现明显的双峰缺点的现象，现采用模糊直方图方法予以修正。

2. 模糊直方图

(1) 采用直线型隶属函数曲线，把清晰区间边界模糊化。在数据归属统计时，把各组视为模糊区间，为简化统计，每一模糊区间仅和相邻模糊区间渗透，并且在相邻两模糊区间的模糊边界上，同一数据对于两个模糊区间的隶属度之和为1。

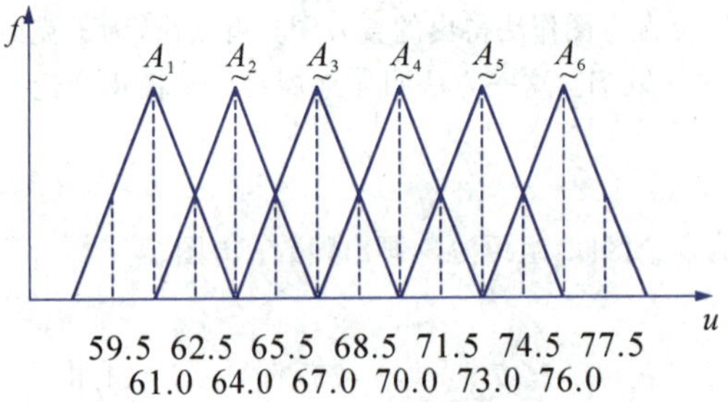

$\underset{\sim}{A_i}(i=1,2,3,4,5,6)$ 的解析式为

$$\mu_{\underset{\sim}{A_i}}(u) = \begin{cases} \dfrac{1}{3}(u-A_i+3) & A_i-3 < u \leqslant A_i \\ -\dfrac{1}{3}(u-A_i-3) & A_i < u \leqslant A_i+3 \\ 0 & \text{其余} \end{cases}$$

图 12-15 模糊等级图

式中，A_i 为 $\underset{\sim}{A_i}$ 顶点的横坐标。

如当 $u=62.7$ 时，则

$$\mu_{\underset{\sim}{A_2}}(62.7) = \frac{1}{3}(62.7-64+3) = 0.57$$

$$\mu_{\underset{\sim}{A_1}}(62.7) = -\frac{1}{3}(62.7-61-3) = 0.43$$

(2) 统计模糊频数。某一模糊等级统计得到的频数是各数据对该模糊区间的隶属度之和，称为"模糊频数" f。f/n 称为模糊频率。

现把计算结果列于表 12-7 中。

表 12-7 模糊频数、频率统计表

μ \ A_i / u	A_1	A_2	A_3	A_4	A_5	A_6
62.7	0.43	0.57				
63.3	0.23	0.77				
64.1		0.97	0.03			
64.7		0.77	0.23			
65.0		0.67	0.33			
65.7		0.43	0.57			
67.1			0.97	0.03		
68.0			0.67	0.33		
68.1			0.63	0.37		
67.9			0.70	0.30		
67.5			0.83	0.17		
67.7			0.77	0.23		
68.1			0.63	0.37		
68.9			0.37	0.63		
71.7				0.43	0.57	
71.8				0.40	0.60	
71.9				0.37	0.63	
71.1				0.63	0.37	
74.7					0.43	0.57
76.0					0	1
$\sum$	0.66	4.18	6.73	4.26	2.6	1.57
$\sum/20$	0.033	0.209	0.336 5	0.213	0.130	0.078 5

(3) 作模糊直方图。作直角坐标系,横轴表示变量,画上各清晰区间端点,纵轴表示模糊频数。以各组的清晰区间为底,各组模糊频数为高,在每一清晰区间上,画一个长方形,即得模糊频数直方图,如图 12-16 所示。

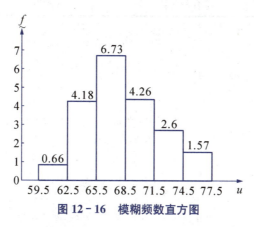

图 12-16 模糊频数直方图

由图可见,经修正,直方图已为标准型。

案例二　　6σ 项目选择的模糊综合评判方法

起源于摩托罗拉的 6σ 管理,正风靡全球。在 6σ 管理中,需对可供改进的项目进行评判,由此,确定 6σ 管理的项目。这里是某一公司在选择 6σ 管理项目时,应用模糊综合评判方法的实例。

1. 项目选择因素集

一级因素有:

u_1:顾客满意;

u_2:过程能力;

u_3:劣质成本;

u_4:增值能力。

u_1、u_2、u_3、u_4 均可分解同样的 7 个二级因子因素,如 u_1 顾客满意可分为如表 12-8 所示的 7 个子因素。

2. 项目评语集

评语集为 $V = \{v_1 \quad v_2 \quad v_3 \quad v_4 \quad v_5\}$

其中,$v_1 \to v_5$ 为从高→低的评语等级。

项目选择因素集和评语集可用表 12-8 表示。

表 12-8　项目选择因素集和评语集

因素集 \ 评语集	v_1	v_2	v_3	v_4	v_5
u_{11}:资料的可用性	很可用	可用	一般	不可用	很不可用
u_{12}:资源的可利用性	很可利用	可利用	一般	不可利用	很不可利用
u_{13}:项目时间	很合适	合适	一般	不合适	很不合适
u_{14}:质量(缺陷)的定义	很明确	明确	一般	不明确	很不明确
u_{15}:投资回报	很有回报	有回报	一般	无回报	很无回报
u_{16}:成功机会	很有机会	有机会	一般	无机会	很无机会
u_{17}:目标	很符合	符合	一般	不符合	很不符合

3. 一级评判结果

对项目 A

对 u_1:顾客满意的一级评判结果为

$$\underset{\sim}{R_1} = \begin{matrix} u_{11} \\ u_{12} \\ u_{13} \\ u_{14} \\ u_{15} \\ u_{16} \\ u_{17} \end{matrix} \begin{bmatrix} v_1 & v_2 & v_3 & v_4 & v_5 \\ 0 & 0 & 0.9 & 0.1 & 0.05 \\ 0 & 0.8 & 0.2 & 0 & 0.05 \\ 0 & 0.2 & 0.6 & 0.2 & 0.15 \\ 0.8 & 0.2 & 0 & 0 & 0.15 \\ 0.7 & 0.2 & 0.1 & 0 & 0.3 \\ 0 & 0.6 & 0.2 & 0.2 & 0.2 \\ 0.9 & 0.1 & 0 & 0 & 0.1 \end{bmatrix}$$

$$A = (0.05 \quad 0.05 \quad 0.15 \quad 0.15 \quad 0.3 \quad 0.2 \quad 0.1)$$

采用加权型：$B_1 = A \circ R_1 = (0.42 \quad 0.29 \quad 0.215 \quad 0.075 \quad 0)$

对 u_2：过程能力的一级评判结果为

$$\underset{\sim}{R_2} = \begin{bmatrix} 0 & 0.2 & 0.8 & 0 & 0 \\ 0.1 & 0 & 0 & 0.1 & 0.8 \\ 0 & 0.3 & 0.7 & 0 & 0 \\ 0 & 0.2 & 0.4 & 0 & 0.4 \\ 0.3 & 0.1 & 0.6 & 0 & 0 \\ 0 & 0.1 & 0.4 & 0.5 & 0 \\ 0.1 & 0 & 0 & 0.9 & 0 \end{bmatrix}$$

$$B_2 = A \circ R_2$$

$$B_2 = (0.105 \quad 0.135 \quad 0.465 \quad 0.195 \quad 0.1)$$

对 u_3：劣质成本的一级评判结果为

$$\underset{\sim}{R_3} = \begin{bmatrix} 0 & 0.2 & 0.5 & 0.3 & 0 \\ 0.1 & 0 & 0.9 & 0 & 0 \\ 0 & 0.1 & 0.9 & 0 & 0 \\ 0.3 & 0.1 & 0 & 0 & 0.6 \\ 0 & 0 & 0.2 & 0.8 & 0 \\ 0 & 0.3 & 0 & 0.3 & 0.4 \\ 0.7 & 0.2 & 0 & 0.1 & 0 \end{bmatrix}$$

$$B_3 = A \circ R_3$$

$$B_3 = (0.12 \quad 0.12 \quad 0.265 \quad 0.325 \quad 0.17)$$

对 u_4：增值能力的一级评判结果为

$$\underset{\sim}{R_4} = \begin{bmatrix} 0.9 & 0.1 & 0 & 0 & 0 \\ 0.2 & 0 & 0 & 0.6 & 0.2 \\ 0 & 0.7 & 0.3 & 0 & 0 \\ 0 & 0 & 0.2 & 0.8 & 0 \\ 0 & 0 & 0.1 & 0 & 0.9 \\ 0.1 & 0 & 0.9 & 0 & 0 \\ 0 & 0.6 & 0 & 0.2 & 0.2 \end{bmatrix}$$

$$B_4 = A \circ R_4$$

$$B_4 = (0.075 \quad 0.17 \quad 0.285 \quad 0.17 \quad 0.3)$$

4. 二级评判

对 B_1, B_2, B_3, B_4 组成二级评判矩阵为

$$R = \begin{bmatrix} 0.42 & 0.29 & 0.215 & 0.075 & 0 \\ 0.105 & 0.135 & 0.465 & 0.195 & 0.1 \\ 0.12 & 0.12 & 0.265 & 0.325 & 0.17 \\ 0.075 & 0.17 & 0.285 & 0.17 & 0.3 \end{bmatrix}$$

取因素作用向量为

$$A = (0.25 \quad 0.25 \quad 0.25 \quad 0.25)$$

$$B = A \circ R$$

$$B = (0.18 \quad 0.17875 \quad 0.3075 \quad 0.19125 \quad 0.1425)$$

同样对项目 B 进行模糊综合评判,综合评判的模糊矩阵为

$$R' = \begin{bmatrix} 0.31 & 0.16 & 0.37 & 0.13 & 0.03 \\ 0.11 & 0.2 & 0.275 & 0.115 & 0.3 \\ 0.15 & 0.07 & 0.53 & 0.135 & 0.115 \\ 0.38 & 0.29 & 0.215 & 0.08 & 0.035 \end{bmatrix}$$

由 $B' = A \circ R'$,得:

$$B' = (0.2375 \quad 0.18 \quad 0.3475 \quad 0.115 \quad 0.12)$$

5. 评判结果

对由高至低的等级,赋予参数 $\alpha_1 = 5, \alpha_2 = 4, \alpha_3 = 3, \alpha_4 = 2, \alpha_5 = 1$
则项目 A 的综合评判得分为

$$\alpha_A = \frac{\sum_{j=1}^{n} b_j \alpha_j}{\sum b_j} = \frac{0.18 \times 5 + 0.17875 \times 4 + 0.3075 \times 3 + 0.19125 \times 2 + 0.1425 \times 1}{1}$$

$$= 3.0625$$

$$\alpha_B = \frac{0.2375 \times 5 + 0.18 \times 4 + 0.3475 \times 3 + 0.115 \times 2 + 0.12 \times 1}{1}$$

$$= 3.3$$

显然把项目 B 作为 6σ 的对象是合适的。

练习与思考

一、名词解释
(1) 随机性;(2) 模糊性;(3) 普通集合;(4) 模糊集合。

二、填空题
(1) 清晰等级边界模糊化,要求清晰等级中心对于模糊等级的隶属度为_____,界点对于两个相邻模糊等级的隶属度均为_____。
(2) 清晰等级边界模糊化,一般在界点两侧设置_____的模糊边界。

(3) 质量特性论域 $U = \{u_1, u_2, \cdots, u_i, \cdots, u_n\}$ 中的元素 u_i 表示_____,特别地,也可表示_____。

(4) 进行模糊统计时,评价者根据自身对模糊概念的理解,确定一个对应模糊概念的_____,且近似表示为_____,然后确定对象对其_____还是_____。

(5) 模糊综合评判中作为评判角度组成的集合称为_____。

三、单项选择题

(1) 在模糊统计时,一个对象对于等级Ⅰ,Ⅱ,Ⅲ,Ⅳ,Ⅴ的归属可以是( )。
    A. 一个   B. 二个   C. 相邻若干个   D. 若干个

(2) 模糊综合评判采用 $(\wedge, \vee)$ 类型合成运算时,因素作用向量 $\widetilde{A} = (a_1, a_2, \cdots, a_n)$ 满足( )。
    A. $a_1 + a_2 + \cdots + a_n = 1$ B. $a_1 \vee a_2 \vee \cdots \vee a_n = 1$
    C. $a_1 \cdot a_2 \cdot \cdots \cdot a_n = 1$ D. $a_1 \wedge a_2 \wedge \cdots \wedge a_n = 1$

(3) 模糊综合评判中的评语等级集是( )。
    A. 清晰集合
    B. 模糊集合
    C. 普通集合
    D. 可以是普通集合也可以是模糊集合

(4) 在优先关系排序法中,C_{ij} 表示( )。
    A. u_i 比 u_j 优越成分   B. u_j 比 u_i 优越成分
    C. u_i 比 u_j 不足成分   D. u_j 比 u_i 不足成分

(5) 在二级模糊综合评判中,各级的评语等级集合要求( )。
    A. 可以不同   B. 不同
    C. 相同   D. 可以相同

四、多项选择题

(1) 模糊综合评判中合成运算类型有( )。
    A. $(\cdot, \wedge)$型   B. $(\cdot, \oplus)$型   C. $(\wedge, \vee)$型   D. $(\vee, \oplus)$型

(2) 模糊综合评判向量的处理方法有( )。
    A. 最大隶属原则   B. 归一化法
    C. 加权平均法   D. 等级赋值法

五、简答题

(1) 清晰等级边界模糊化的原理是什么?
(2) 模糊综合评判的步骤有哪些?
(3) 模糊优先关系排序法中"一致优越"的意义是什么?

六、论述题

试述质量的模糊属性。

七、计算题

(1) 某产品质量等级的清晰等级如下表所示,试采用边界模糊化方法建立模糊等级。模糊边界双侧各取宽度10,采用直线型和正弦型两种方法。

质量清晰等级表

质量等级	Ⅰ	Ⅱ	Ⅲ
区间范围	>500	500~250	<250

(2) 请对某一护肤品质量进行模糊综合评判。其中,因素集 $U=\{$质地　色泽　香味$\}$,评语等级集为 $V=\{$很满意　满意　一般　不满意　很不满意$\}$,得到的评判矩阵为

$$R = \begin{bmatrix} 0.8 & 0.1 & 0.1 & 0 & 0 \\ 0 & 0.7 & 0.2 & 0.1 & 0 \\ 0 & 0.8 & 0.1 & 0.1 & 0 \end{bmatrix}$$

① 采用 $(\wedge, \vee)$ 型时,$\underset{\sim}{A} = (1, 0.5, 0.4)$。
② 采用 $(\cdot, \oplus)$ 型时,$\underset{\sim}{A} = (0.6, 0.3, 0.1)$。

部分参考答案

二、填空题
(1) 1　0.5　(2) 宽度相等　(3) 质量特性的取值　质量特性　(4) 模糊集合 $\underset{\sim}{A}$　普通集合 A^*　属于　不属于　(5) 评判因素集

三、单项选择题
(1) C　(2) B　(3) B　(4) A　(5) C

四、多项选择题
(1) B,C　(2) A,D　其他(略)

附　　表

附表1　标准正态分布函数表 $\Phi(x)$

$$\Phi(x) = \int_{-\infty}^{x} \frac{1}{\sqrt{2\pi}} e^{-\frac{x^2}{2}} dx$$

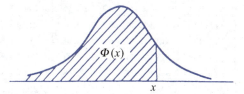

x	0.00	0.01	0.02	0.03	0.04	0.05	0.06	0.07	0.08	0.09
0.0	0.5000	0.5040	0.5080	0.5120	0.5160	0.5199	0.5239	0.5279	0.5319	0.5359
0.1	0.5398	0.5438	0.5478	0.5517	0.5557	0.5596	0.5636	0.5675	0.5714	0.5753
0.2	0.5793	0.5832	0.5871	0.5910	0.5948	0.5987	0.6026	0.6064	0.6103	0.6141
0.3	0.6179	0.6217	0.6255	0.6293	0.6331	0.6368	0.6406	0.6443	0.6480	0.6517
0.4	0.6554	0.6591	0.6628	0.6664	0.6700	0.6736	0.6772	0.6808	0.6844	0.6879
0.5	0.6915	0.6950	0.6985	0.7019	0.7054	0.7088	0.7123	0.7157	0.7190	0.7224
0.6	0.7257	0.7291	0.7324	0.7357	0.7389	0.7422	0.7454	0.7486	0.7517	0.7549
0.7	0.7580	0.7611	0.7642	0.7673	0.7704	0.7734	0.7764	0.7794	0.7823	0.7852
0.8	0.7881	0.7910	0.7939	0.7967	0.7995	0.8023	0.8051	0.8079	0.8106	0.8133
0.9	0.8159	0.8186	0.8212	0.8238	0.8264	0.8289	0.8315	0.8340	0.8365	0.8389
1.0	0.8413	0.8438	0.8461	0.8485	0.8508	0.8531	0.8554	0.8577	0.8599	0.8621
1.1	0.8643	0.8665	0.8686	0.8708	0.8729	0.8749	0.8770	0.8790	0.8810	0.8830
1.2	0.8849	0.8869	0.8888	0.8907	0.8925	0.8944	0.8962	0.8980	0.8997	0.9015
1.3	0.9032	0.9049	0.9066	0.9082	0.9099	0.9115	0.9131	0.9147	0.9162	0.9177
1.4	0.9192	0.9207	0.9222	0.9236	0.9251	0.9265	0.9279	0.9292	0.9306	0.9319
1.5	0.9332	0.9345	0.9357	0.9370	0.9382	0.9394	0.9406	0.9418	0.9429	0.9441
1.6	0.9452	0.9463	0.9474	0.9484	0.9495	0.9505	0.9515	0.9525	0.9535	0.9545
1.7	0.9554	0.9564	0.9573	0.9582	0.9591	0.9599	0.9608	0.9616	0.9625	0.9633
1.8	0.9641	0.9649	0.9656	0.9664	0.9671	0.9678	0.9686	0.9693	0.9700	0.9706
1.9	0.9713	0.9719	0.9726	0.9732	0.9738	0.9744	0.9750	0.9756	0.9761	0.9767
2.0	0.9773	0.9778	0.9783	0.9788	0.9793	0.9798	0.9803	0.9808	0.9812	0.9817
2.1	0.9821	0.9826	0.9830	0.9834	0.9838	0.9842	0.9846	0.9850	0.9854	0.9857
2.2	0.9861	0.9864	0.9868	0.9871	0.9875	0.9878	0.9881	0.9884	0.9887	0.9890
2.3	0.9893	0.9896	0.9898	0.9901	0.9904	0.9906	0.9909	0.9911	0.9913	0.9916
2.4	0.9918	0.9920	0.9922	0.9925	0.9927	0.9929	0.9931	0.9932	0.9934	0.9936
2.5	0.9938	0.9940	0.9941	0.9943	0.9945	0.9946	0.9948	0.9949	0.9951	0.9952
2.6	0.9953	0.9955	0.9956	0.9957	0.9959	0.9960	0.9961	0.9962	0.9963	0.9964
2.7	0.9965	0.9966	0.9967	0.9968	0.9969	0.9970	0.9971	0.9972	0.9973	0.9974
2.8	0.9974	0.9975	0.9976	0.9977	0.9977	0.9978	0.9979	0.9979	0.9980	0.9981
2.9	0.9981	0.9982	0.9983	0.9983	0.9984	0.9984	0.9985	0.9985	0.9986	0.9986
3.0	$0.9^2865\,0$	$0.9^3032\,4$	$0.9^3312\,9$	$0.9^3516\,6$	$0.9^3663\,1$	$0.9^3767\,4$	$0.9^3840\,9$	$0.9^3892\,2$	$0.9^4276\,5$	$0.9^4519\,0$
4.0	$0.9^4683\,3$	$0.9^4793\,4$	$0.9^4866\,5$	$0.9^5146\,0$	$0.9^5458\,7$	$0.9^5660\,2$	$0.9^5788\,7$	$0.9^5869\,9$	$0.9^6206\,7$	$0.9^6520\,8$
5.0	$0.9^6713\,3$	$0.9^6830\,2$	$0.9^7003\,6$	$0.9^7421\,0$	$0.9^7666\,8$	$0.9^7810\,1$	$0.9^7892\,8$	$0.9^8401\,0$	$0.9^8668\,4$	$0.9^8819\,2$
6.0	$0.9^9013\,6$									

附表 2 计量控制图计算控制线的系数表

子组中观测值个数 n	控制限系数											中心线系数			
	A	A_2	A_3	B_3	B_4	B_5	B_6	D_1	D_2	D_3	D_4	c_4	$1/c_4$	d_2	$1/d_2$
2	2.121	1.880	2.659	0.000	3.267	0.000	2.606	0.000	3.686	0.000	3.267	0.7979	1.2533	1.128	0.8865
3	1.732	1.023	1.954	0.000	2.568	0.000	2.276	0.000	4.358	0.000	2.574	0.8862	1.1284	1.693	0.5907
4	1.500	0.729	1.628	0.000	2.266	0.000	2.088	0.000	4.698	0.000	2.282	0.9213	1.0854	2.059	0.4857
5	1.342	0.577	1.427	0.000	2.089	0.000	1.964	0.000	4.918	0.000	2.114	0.9400	1.0638	2.326	0.4299
6	1.225	0.483	1.287	0.030	1.970	0.029	1.874	0.000	5.087	0.000	2.004	0.9515	1.0510	2.534	0.3946
7	1.134	0.419	1.182	0.118	1.882	0.113	1.806	0.204	5.204	0.076	1.924	0.9594	1.0423	2.704	0.3698
8	1.061	0.373	1.099	0.185	1.815	0.179	1.751	0.388	5.306	0.136	1.864	0.9650	1.0363	2.847	0.3512
9	1.000	0.337	1.032	0.239	1.761	0.232	1.707	0.547	5.393	0.184	1.816	0.9693	1.0317	2.970	0.3367
10	0.949	0.308	0.975	0.284	1.716	0.276	1.669	0.687	5.469	0.223	1.777	0.9727	1.0281	3.078	0.3249
11	0.905	0.285	0.927	0.321	1.679	0.313	1.637	0.811	5.535	0.256	1.744	0.9754	1.0252	3.173	0.3152
12	0.866	0.266	0.886	0.354	1.646	0.346	1.610	0.922	5.594	0.283	1.717	0.9776	1.0229	3.258	0.3069
13	0.832	0.249	0.850	0.382	1.618	0.374	1.585	1.025	5.647	0.307	1.693	0.9794	1.0210	3.336	0.2998
14	0.802	0.235	0.817	0.406	1.594	0.399	1.563	1.118	5.696	0.328	1.672	0.9810	1.0194	3.407	0.2935
15	0.775	0.223	0.789	0.428	1.572	0.421	1.544	1.203	5.741	0.347	1.653	0.9823	1.0180	3.472	0.2880
16	0.750	0.212	0.763	0.448	1.552	0.440	1.526	1.282	5.782	0.363	1.637	0.9835	1.0168	3.532	0.2831
17	0.728	0.203	0.739	0.466	1.534	0.458	1.511	1.356	5.820	0.378	1.622	0.9845	1.0157	3.588	0.2787
18	0.707	0.194	0.718	0.482	1.518	0.475	1.496	1.424	5.856	0.391	1.608	0.9854	1.0148	3.640	0.2747
19	0.688	0.187	0.698	0.497	1.503	0.490	1.483	1.487	5.891	0.403	1.597	0.9862	1.0140	3.689	0.2711
20	0.671	0.180	0.680	0.510	1.490	0.504	1.470	1.549	5.921	0.415	1.585	0.9869	1.0133	3.735	0.2677
21	0.655	0.173	0.663	0.523	1.477	0.516	1.459	1.605	5.951	0.425	1.575	0.9876	1.0126	3.778	0.2647
22	0.640	0.167	0.647	0.534	1.466	0.528	1.448	1.659	5.979	0.434	1.566	0.9882	1.0119	3.819	0.2618
23	0.626	0.162	0.633	0.545	1.455	0.539	1.438	1.710	6.006	0.443	1.557	0.9887	1.0114	3.858	0.2592
24	0.612	0.157	0.619	0.555	1.445	0.549	1.429	1.759	6.031	0.451	1.548	0.9892	1.0109	3.895	0.2567
25	0.600	0.153	0.606	0.565	1.435	0.559	1.420	1.806	6.056	0.459	1.541	0.9896	1.0105	3.931	0.2544

资料来源：ASTM，Philadelphia，PA，USA．

附表 3 A_4 的值

n	2	3	4	5	6	7	8	9	10
A_4	1.88	1.19	0.80	0.69	0.55	0.51	0.43	0.41	0.36

附表 4　正交试验表

1. $L_4(2^8)$

列号\行号	1	2	3
1	1	1	1
2	1	2	2
3	2	1	2
4	2	2	1

注：任两列的交互作用列为另一列。

2. $L_8(2^7)$

列号\行号	1	2	3	4	5	6	7
1	1	1	1	1	1	1	1
2	1	1	1	2	2	2	2
3	1	2	2	1	1	2	2
4	1	2	2	2	2	1	1
5	2	1	2	1	2	1	2
6	2	1	2	2	1	2	1
7	2	2	1	1	2	2	1
8	2	2	1	2	1	1	2

3. $L_9(3^4)$

列号\行号	1	2	3	4
1	1	1	1	1
2	1	2	2	2
3	1	3	3	3
4	2	1	2	3
5	2	2	3	1
6	2	3	1	2
7	3	1	3	2
8	3	2	1	3
9	3	3	2	1

注：任两列的交互作用列为另外两列。

4. $L_{16}(4^5)$

列号\行号	1	2	3	4	5
1	1	1	1	1	1
2	1	2	2	2	2
3	1	3	3	3	3
4	1	4	4	4	4
5	2	1	2	3	4
6	2	2	1	4	3
7	2	3	4	1	2
8	2	4	3	2	1
9	3	1	3	4	2
10	3	2	4	3	1
11	3	3	1	2	4
12	3	4	2	1	3
13	4	1	4	2	3
14	4	2	3	1	4
15	4	3	2	4	1
16	4	4	1	3	2

注：任两列的交互作用列为另外三列。

5. $L_8(4\times 2^4)$

列号\行号	1	2	3	4	5
1	1	1	1	1	1
2	1	2	2	2	2
3	2	1	1	2	2
4	2	2	2	1	1
5	3	1	2	1	2
6	3	2	1	2	1
7	4	1	2	2	1
8	4	2	1	1	2

6. $L_{16}(4^8\times 2^8)$

列号\行号	1	2	3	4	5	6	7	8	9
1	1	1	1	1	1	1	1	1	1
2	1	2	2	1	1	2	2	2	2
3	1	3	3	2	2	1	1	2	2
4	1	4	4	2	2	2	2	1	1
5	2	1	2	2	1	2	1	1	2
6	2	2	1	2	2	1	2	1	1
7	2	3	4	1	1	2	2	1	1
8	2	4	3	1	1	2	1	1	2
9	3	1	3	1	2	2	2	2	1
10	3	2	4	1	2	1	1	1	1
11	3	3	1	2	1	2	2	1	1
12	3	4	2	2	1	1	1	2	1
13	4	1	4	2	1	1	2	2	1
14	4	2	3	2	1	2	1	2	1
15	4	3	2	1	2	2	1	1	2
16	4	4	1	1	2	1	2	2	2

7. $L_{16}(4^4\times 2^8)$

列号\行号	1	2	3	4	5	6	7
1	1	1	1	1	1	1	1
2	1	2	2	2	1	2	2
3	1	3	3	3	2	1	2
4	1	4	4	4	2	2	1
5	2	1	2	3	2	2	1
6	2	2	1	4	2	1	2
7	2	3	4	1	1	2	2
8	2	4	3	2	1	1	1
9	3	1	3	4	1	2	2
10	3	2	4	3	1	1	1
11	3	3	1	2	2	2	1
12	3	4	2	1	2	1	2
13	4	1	4	2	2	1	2
14	4	2	3	1	2	2	1
15	4	3	2	4	1	1	1
16	4	4	1	3	1	2	2

8. $L_{12}(3\times 2^4)$

列号\行号	1	2	3	4	5
1	1	1	1	1	1
2	1	1	1	2	2
3	1	2	2	1	2
4	1	2	2	2	1
5	2	1	2	1	1
6	2	1	2	2	2
7	2	2	1	1	1
8	2	2	1	2	2
9	3	1	2	1	2
10	3	1	1	2	1
11	3	2	1	1	2
12	3	2	2	2	1

9. $L_{16}(3 \times 2^8)$

列号 行号	1	2	3	4	5	6	7	8	9
1	1	1	1	1	1	1	1	1	1
2	1	2	2	2	2	2	2	2	2
3	2	1	1	1	1	2	2	2	2
4	2	2	2	2	2	1	1	1	1
5	3	1	1	2	2	1	1	2	2
6	3	2	2	1	1	2	2	1	1
7	4	1	1	2	2	2	2	1	1
8	4	2	2	1	1	1	1	2	2
9	5	1	2	1	2	1	2	1	2
10	5	2	1	2	1	2	1	2	1
11	6	1	2	1	2	2	1	2	1
12	6	2	1	2	1	1	2	1	2
13	7	1	2	2	1	1	2	2	1
14	7	2	1	1	2	2	1	1	2
15	8	1	2	2	1	2	1	1	2
16	8	2	1	1	2	1	2	2	1

图书在版编目(CIP)数据

质量管理教程/岑詠霆主编.—2 版.—上海：复旦大学出版社,2010.2(2021.1 重印)
(复旦卓越·21 世纪管理学系列)
ISBN 978-7-309-06661-6

Ⅰ. 质…　Ⅱ. 岑…　Ⅲ. 质量管理-高等学校-教材　Ⅳ. F273.2

中国版本图书馆 CIP 数据核字(2009)第 081726 号

质量管理教程(第二版)
岑詠霆　主编
责任编辑/李　华

复旦大学出版社有限公司出版发行
上海市国权路 579 号　邮编：200433
网址：fupnet@fudanpress.com　http://www.fudanpress.com
门市零售：86-21-65102580　团体订购：86-21-65104505
外埠邮购：86-21-65642846　出版部电话：86-21-65642845
浙江临安曙光印务有限公司

开本 787×1092　1/16　印张 23.5　字数 508 千
2021 年 1 月第 2 版第 6 次印刷
印数 22 401—24 000

ISBN 978-7-309-06661-6/F·1491
定价：35.00 元

如有印装质量问题,请向复旦大学出版社有限公司出版部调换。
版权所有　侵权必究

复旦大学出版社向使用本社《质量管理教程》(第二版)作为教材进行教学的教师免费赠送多媒体课件,该课件有许多质量管理方面的案例、以及教学PPT。欢迎完整填写下面表格来索取多媒体课件。

教师姓名:＿＿＿＿＿＿＿＿＿＿＿＿＿＿＿＿

任课课程名称:＿＿＿＿＿＿＿＿＿＿＿＿＿＿＿＿＿＿

任课课程学生人数:＿＿＿＿＿＿＿＿

联系电话:(O)＿＿＿＿＿＿＿＿ (H)＿＿＿＿＿＿＿＿ 手机:＿＿＿＿＿＿＿

e-mail 地址:＿＿＿＿＿＿＿＿＿＿＿＿＿＿＿＿＿＿

所在学校名称:＿＿＿＿＿＿＿＿＿＿＿＿＿＿＿ 邮政编码:＿＿＿＿＿＿＿

所在学校地址:＿＿＿＿＿＿＿＿＿＿＿＿＿＿＿＿＿＿＿＿＿＿＿＿＿

学校电话总机(带区号):＿＿＿＿＿＿＿＿ 学校网址:＿＿＿＿＿＿＿＿

系名称:＿＿＿＿＿＿＿＿＿＿＿＿＿＿＿ 系联系电话:＿＿＿＿＿＿＿

每位教师限赠多媒体课件一个。

邮寄多媒体课件地址:＿＿＿＿＿＿＿＿＿＿＿＿＿＿＿＿＿＿＿＿＿＿

邮政编码:＿＿＿＿＿＿＿＿＿＿＿＿

请将本页完整填写后,剪下邮寄到上海市国权路579号

复旦大学出版社李华收

邮政编码:200433　　联系电话:(021)65642851

复旦大学出版社将免费邮寄赠送教师所需要的多媒体课件。